早稲田実業学校高等部

〈収録内容〉

2024 年度 ……………………………… 数・英・国

2023 年度 ……………………………… [illegible]

2022 年度 ……………………………… [illegible]

2021 年度 ……………………………… [illegible]

2020 年度 ……………………………… 数・英・国

2019 年度 ……………………………… 数・英・国

平成 30 年度 ……………………………… 数・英・国

DL 平成 29 年度 ……………………………… 数・英

DL 平成 28 年度 ……………………………… 数・英

便利な DL コンテンツは右の QR コードから

解答用紙　過去年度　非対応 リスニング ⇒

※データのダウンロードは 2025 年 3 月末日まで。
※データへのアクセスには、右記のパスワードの入力が必要となります。 ⇒ 159731

〈合格最低点〉

	男　子	女　子		男　子	女　子
2024年度	—	—	2019年度	179点	183点
2023年度	207点	204点	2018年度	169点	183点
2022年度	—	—	2017年度	210点	210点
2021年度	177点	184点	2016年度	181点	177点
2020年度	178点	190点			

本書の特長

実戦力がつく入試過去問題集

- ▶ 問題 ……………… 実際の入試問題を見やすく再編集。
- ▶ 解答用紙 …… 実戦対応仕様で収録。
- ▶ 解答解説 …… 詳しくわかりやすい解説には、難易度の目安がわかる「基本・重要・やや難」の分類マークつき（下記参照）。各科末尾には合格へと導く「ワンポイントアドバイス」を配置。採点に便利な配点つき。

入試に役立つ分類マーク

基本 確実な得点源！
受験生の 90%以上が正解できるような基礎的、かつ平易な問題。
何度もくり返して学習し、ケアレスミスも防げるようにしておこう。

重要 受験生なら何としても正解したい！
入試では典型的な問題で、長年にわたり、多くの学校でよく出題される問題。
各単元の内容理解を深めるのにも役立てよう。

やや難 これが解ければ合格に近づく！
受験生にとっては、かなり手ごたえのある問題。
合格者の正解率が低い場合もあるので、あきらめずにじっくりと取り組んでみよう。

合格への対策、実力錬成のための内容が充実

- ▶ 各科目の出題傾向の分析、合否を分けた問題（過去 3 年分）の確認で、入試対策を強化！
- ▶ その他、学校紹介、過去問の効果的な使い方など、学習意欲を高める要素が満載！

解答用紙ダウンロード 解答用紙はプリントアウトしてご利用いただけます。弊社ＨＰの商品詳細ページよりダウンロードしてください。トビラのＱＲコードからアクセス可。

＋α ダウンロード 2019 年度以降の数学の解説に ＋α が付いています。弊社ＨＰの商品詳細ページよりダウンロードしてください。トビラのＱＲコードからアクセス可。

UD FONT 見やすく読みまちがえにくいユニバーサルデザインフォントを採用しています。

早稲田大学系属早稲田実業学校高等部

生徒数　1082名
〒185-8505
東京都国分寺市本町1-2-1
☎042-300-2121
中央線・西武線国分寺駅　徒歩7分

６年間の探究活動・総合プロジェクトを通じ、ものごとの本質を見抜く力を育む

URL	https://www.wasedajg.ed.jp/

プロフィール

社会で活躍するOB・OGが資産

早稲田大学の前身・東京専門学校の教育構想の一環として、1901（明治34）年に開校。若年層の実業教育を目的に発展してきたが、1963（昭和38）年、大学の系列下に復帰し、普通科と商業科を併設した。

早大系属校として、早大の建学の精神・教旨を踏まえた教育を行っており、物事の本質を見極めるという去華就実・三敬主義を校訓として、社会に多くの貢献を成し得る人物の育成に努めている。また、2001年度にキャンパスを国分寺に移転。さらに翌年に初等部を新設し、商業科の募集を停止、男女共学校としてスタートした。社会の第一線で活躍するOB・OGが本校の資産である。

環境

理想的な教育環境

国分寺キャンパスは、広大な敷地と豊かな緑に恵まれ、最新の施設・設備を誇る理想的な教育環境であり、21世紀のモデル校としての役割も果たすキャンパスである。情報教育を実施するPC教室には、最新のコンピュータが150台設置され、国際教育を行うCALL教室にはパソコンを利用した最新のシステムが整っている。７万冊の蔵書を収容し147席の閲覧室がある図書館、２つの体育館、柔道場、剣道場、野球場、弓道場などもそろっている。

広大な人工芝の校庭

カリキュラム

生徒の主体的な学びを促すカリキュラム

将来早稲田大学の中核となるために必要な学力を育成し、調和のとれた人間教育を目標としたカリキュラムを編成している。情報化・国際化社会への対応にも配慮している。2年次より、文系・理系のコース別クラス編成を行い、3年次には、進学する早大の学部別に分かれ、高度に専門的な内容を学ぶ「特別授業」を早大教授・本校職員が実施し、大学での学びにスムーズに転換できるようになっていく。高等部各学年に、興味、関心、志望学部に応じ生徒が選択できる選択科目を設置し、主体的な学びを促すようになっている。

学校生活

体育系クラブが活躍 早慶戦の応援も

クラブは、「大器晩成」にちなんで「大成会」と称され、特に体育系クラブの活躍が目立つ。硬式野球部は甲子園出場も数多く、第88回選手権大会で優勝した。ゴルフ部、ラグビー部、硬式テニス部や音楽部も全国大会クラスの実力を持つ。

［文化系クラブ］ 英語、演劇、音楽、科学、考古学、写真、珠算、商業経済、書道、吹奏楽、美術、文芸

［体育系クラブ］ アイススケート、弓道、剣道、ゴルフ、サッカー、山岳、柔道、少林寺拳法、水泳、スキー、ソフトボール、卓球、硬式テニス、軟式テニス、バスケットボール、バドミントン、バレーボール、ハンドボール、米式蹴球、ボート、硬式野球、軟式野球、ラグビー、陸上競技、空手道

［同好会］ 軽音楽、茶道、将棋・囲碁、鉄道研究、馬術、漫画研究、数学研究、ダンス

豊かな緑に囲まれたキャンパス

進路

卒業生のほぼ100%が早大の各学部へ

高等部から早稲田大学へは、人物・成績共に優れた生徒が各学部に推薦され入学する。推薦は、生徒本人の志望する学部・学科と、在学時に修めた成績、人物の評価などを総合的に判断した上で実施され、ほぼ100％の卒業生が早稲田大学の各学部へ進んでいる。日本医科大学への内部推薦制度もスタートした。

トピックス

探究学習・総合プロジェクト

早実では６年間にわたる探究学習・総合プロジェクトを進めている。中１では国分寺巡検・ボランティア、中２ではJTBパブリッシングのサポートを得て「るるぶ国分寺」の作成、中３では取材・実験を含む卒業研究、高１では「早稲田大学を知る」というテーマでOB・OGに取材し発表、高２からはユニークなテーマの少人数ゼミ形式の講座・早実セミナーを受講し、論文を作成する。

2024年度入試要項

試験日　1/22（推薦）
　　　　2/10（一般）

試験科目　課題作文＋面接（推薦）
　　　　　国・数・英（一般）

2024年度	募集定員	受験者数	合格者数	競争率
推薦	約40	77/24	36/10	2.1/2.4
一般	約50/約30	441/272	127/59	3.3/4.6

※人数はすべて男子/女子
※定員は帰国生若干名を含む

過去問の効果的な使い方

① **はじめに**　入学試験対策に的を絞った学習をする場合に効果的に活用したいのが「過去問」です。なぜならば，志望校別の出題傾向や出題構成，出題数などを知ることによって学習計画が立てやすくなるからです。入学試験に合格するという目的を達成するためには，各教科ともに「何を」「いつまでに」やるかを決めて計画的に学習することが必要です。目標を定めて効率よく学習を進めるために過去問を大いに活用してください。また，塾に通われていたり，家庭教師のもとで学習されていたりする場合は，それぞれのカリキュラムによって，どの段階で，どのように過去問を活用するのかが異なるので，その先生方の指示にしたがって「過去問」を活用してください。

② **目的**　過去問学習の目的は，言うまでもなく，志望校に合格することです。どのような分野の問題が出題されているか，どのレベルか，出題の数は多めか，といった概要をまず把握し，それを基に学習計画を立ててください。また，近年の出題傾向を把握することによって，入学試験に対する自分なりの感触をつかむこともできます。

過去問に取り組むことで，実際の試験をイメージすることもできます。制限時間内にどの程度までできるか，今の段階でどのくらいの得点を得られるかということも確かめられます。それによって必要な学習量も見えてきますし，過去問に取り組む体験は試験当日の緊張を和らげることにも役立つでしょう。

③ **開始時期**　過去問への取り組みは，全分野の学習に目安のつく時期，つまり，9月以降に始めるのが一般的です。しかし，全体的な傾向をつかみたい場合や，学習進度が早くて，夏前におおよその学習を終えている場合には，7月，8月頃から始めてもかまいません。もちろん，受験間際に模擬テストのつもりでやってみるのもよいでしょう。ただ，どの時期に行うにせよ，取り組むときには，集中的に徹底して取り組むようにしましょう。

④ **活用法**　各年度の入試問題を全問マスターしようと思う必要はありません。できる限り多くの問題にあたって自信をつけることは必要ですが，重要なのは，志望校に合格するためには，どの問題が解けなければいけないのかを知ることです。問題を制限時間内にやってみる。解答で答え合わせをしてみる。間違えたりできなかったりしたところについては，解説をじっくり読んでみる。そうすることによって，本校の入試問題に取り組むことが今の自分にとって適当かどうかが，はっきりします。出題傾向を研究し，合否のポイントとなる重要な部分を見極めて，入学試験に必要な力を効率よく身につけてください。

数学

各都道府県の公立高校の入学試験問題は，中学数学のすべての分野から幅広く出題されます。内容的にも，基本的・典型的なものから思考力・応用力を必要とするものまでバランスよく構成されています。私立・国立高校では，中学数学のすべての分野から出題されることには変わりはありませんが，出題形式，難易度などに差があり，また，年度によっての出題分野の偏りもあります。公立高校を含め，ほとんどの学校で，前半は広い範囲からの基本的な小問群，後半はあるテーマに沿っての数問の小問を集めた大問という形での出題となっています。

まずは，単年度の問題を制限時間内にやってみてください。その後で，解答の答え合わせ，解説での研究に時間をかけて取り組んでください。前半の小問群，後半の大問の一部を合わせて50％以上の正解が得られそうなら多年度のものにも順次挑戦してみるとよいでしょう。

英語

英語の志望校対策としては，まず志望校の出題形式をしっかり把握しておくことが重要です。英語の問題は，大きく分けて，リスニング，発音・アクセント，文法，読解，英作文の5種類に分けられます。リスニング問題の有無(出題されるならば，どのような形式で出題されるか)，発音・アクセント問題の形式，文法問題の形式(語句補充，語句整序，正誤問題など)，英作文の有無(出題されるならば，和文英訳か，条件作文か，自由作文か）など，細かく具体的につかみましょう。読解問題では，物語文，エッセイ，論理的な文章，会話文などのジャンルのほかに，文章の長さも知っておきましょう。また，読解問題でも，文法を問う問題が多いか，内容を問う問題が多く出題されるか，といった傾向をおさえておくことも重要です。志望校で出題される問題の形式に慣れておけば，本番ですんなり問題に対応することができますし，読解問題で出題される文章の内容や量をつかんでおけば，読解問題対策の勉強として，どのような読解問題を多くこなせばよいかの指針になります。

最後に，英語の入試問題では，なんと言っても読解問題でどれだけ得点できるかが最大のポイントとなります。初めて見る長い文章をすらすらと読み解くのはたいへんなことですが，そのような力を身につけるには，リスニングも含めて，総合的に英語に慣れていくことが必要です。「急がば回れ」ということわざの通り，志望校対策を進める一方で，英語という言語の基本的な学習を地道に続けることも忘れないでください。

国語

国語は，出題文の種類，解答形式をまず確認しましょう。論理的な文章と文学的な文章のどちらが中心となっているか，あるいは，どちらも同じ比重で出題されているか，韻文(和歌・短歌・俳句・詩・漢詩)は出題されているか，独立問題として古文の出題はあるか，といった，文章の種類を確認し，学習の方向性を決めましょう。また，解答形式は，記号選択のみか，記述解答はどの程度あるか，記述は書き抜き程度か，要約や説明はあるか，といった点を確認し，記述力重視の傾向にある場合は，文章力に磨きをかけることを意識するとよいでしょう。さらに，知識問題はどの程度出題されているか，語句(ことわざ・慣用句など)，文法，文学史など，特に出題頻度の高い分野はないか，といったことを確認しましょう。出題頻度の高い分野については，集中的に学習することが必要です。読解問題の出題傾向については，脱語補充問題が多い，書き抜きで解答する言い換えの問題が多い，自分の言葉で説明する問題が多い，選択肢がよく練られている，といった傾向を把握したうえで，これらを意識して取り組むと解答力を高めることができます。「漢字」「語句・文法」「文学史」「現代文の読解問題」「古文」「韻文」と，出題ジャンルを分類して取り組むとよいでしょう。毎年出題されているジャンルがあるとわかった場合は，必ず正解できる力をつけられるよう意識して取り組み，得点力を高めましょう。

早稲田実業の数学

——出題傾向と対策 合否を分けた問題の徹底分析——

出題傾向と内容

〈出題形式〉

例年大問数は5題，小問数(設問数)にして13～16題程度である。問題数はその内容からして多めである。今年度は[1]が独立した5題の小問群で，[2]はやはり独立した2題の小問群であった。通常[1]，[2]が2～5題ほどの独立した小問群で構成されている。[3]以降が大問で，大問は初めの問題が次の問題のヒントになる誘導形式をとりながら，順に難しくなっていくように工夫されていて，最後に難解な問題が置かれていることが多い。出題範囲は年度によっての差異はあるものの，中学数学全般に及んでいる。

〈本年度の出題内容〉

[1]　(1)因数分解を利用しての素因数分解の問題。(2)は二次方程式を利用して式の値を求める問題。(3)は度数分布表を用いた方程式の応用問題。(4)は累乗を含む掛け算を使った場合の数。(5)は座標平面上での最短距離の問題。いずれも単純な形での出題ではない。

[2]　(1)は1種類の合同な正多角形で平面を隙間なく敷き詰めるとき，その多角形の辺の数には制限があることをテーマにして，正多角形の角度や面積について考えさせ，最終的には周囲の長さが等しい正多角形の面積の比を求めるようになっている。

[3]　関数・グラフと図形の融合問題で，比例定数や座標を文字で表して，図形の性質を用いながら文字の値を求める問題である。最後の難しい問題が解けるように誘導形式の構成になっている。

[4]　扇形の弧の両端を結ぶ線分と，その線分に平行でその弧に接する直線を用いて，πの大きさの範囲を求めさせる問題である。扇形の内側にある三角形の面積と外側にある三角形の面積を求めなければならないが，そこで図形のさまざまな性質を用いるように作られている。

[5]　正八面体を2回切断して，最初に切断するときの切断面の形や面積を求めさせ，2回目に切断してできる立体の体積を求めさせている。2回目に切断するときの切断面の位置や，切り取られる立体の体積の求め方などにやや難しさがある。

〈全体的な傾向〉

年度によっての偏りがあるものの，数年間を通してみると，中学数学の全分野からバランスよく出題されている。いずれの問題も深い読み取りと，基本となる知識に基づいての高度な思考力，応用力を必要とするものであり，問題数も多めで，高いレベルの出題である。

来年度の予想と対策

来年度もほぼ同様の傾向が続くと思われる。中学数学の全分野から，大問にして5題，小問数にして13～16題前後が出題されるだろう。関数・グラフ，平面図形については，標準レベル以上の問題にあたって，座標や直線，線分の位置関係を見抜く力，必要な補助線を引いて用いる力を身につけておこう。場合の数・確率についても高度な処理能力が要求される問題が出題されるだろう。数の性質や整数，自然数に関してはレベルの高いものが出題されることがある。空間図形も複数の図形の組み合わせや切断の問題がよく出題される。証明問題や図形の作図問題が混じることもある。それらすべてを通して，複雑な数値が使われることが多いので，分数や平方根，文字式の扱いなどの計算力も十分に養っておこう。

年度別出題内容の分析表 数学

	出題内容	27年	28年	29年	30年	2019年	2020年	2021年	2022年	2023年	2024年
数・用語	整数・自然数の性質	○	○	○	○		○			○	○
	倍数・約数		○		○						○
	用語の意味										
	規則性・新しい記号		○								
計算問題	数・式の計算・式の値	○	○		○	○		○	○		○
	分数・小数を含む数・式の計算	○						○			
	平方根	○	○	○		○		○	○		
	多項式の展開・因数分解	○	○	○			○			○	○
方程式・不等式	連立方程式を含む一次方程式	○		○		○	○				
	二次方程式			○		○	○	○		○	○
	不等式			○							
	等式の変形	○									
	方程式・不等式の応用	○	○	○	○	○			○	○	○
関数・グラフ	比例・反比例					○		○	○		
	一次関数	○	○	○	○	○	○	○	○	○	○
	$y=ax^2$の二次関数	○	○	○	○	○	○	○	○	○	○
	その他の関数										
	座標・式を求める問題	○	○	○	○	○	○	○	○	○	○
	グラフの作成										
大問で使われる計算等	複雑な数・式の計算	○	○	○	○	○	○	○	○	○	○
	平方根の計算	○	○	○	○	○	○	○	○	○	○
	因数分解	○				○	○				
	やや複雑な方程式・不等式	○	○	○	○	○	○	○	○		○
	その他の計算										
図形の性質	平行線の性質	○	○	○		○	○		○	○	
	多角形の性質										○
	円の性質	○	○	○	○	○	○	○	○	○	○
	合同		○		○			○		○	○
	相似・平行線と線分の比	○	○	○	○	○	○	○	○	○	○
	三平方の定理	○	○	○	○	○	○	○	○	○	○
	動点										
	立体の切断・位置関係	○	○	○	○		○	○		○	○
	図形の移動・回転		○			○	○				○
	説明・証明・作図					○	○	○		○	○
図形の計量	角度	○	○	○			○		○		
	長さ・面積・体積	○	○	○	○	○	○	○	○	○	○
	面積・体積の比	○	○			○			○	○	○
確率・統計	場合の数・確率	○	○		○	○	○	○	○	○	○
	資料の整理・代表値・平均					○	○	○	○	○	○
	標本調査						○				
融合問題	関数・グラフと図形	○	○	○		○		○	○	○	○
	関数・グラフと確率・場合の数										
	図形と確率・場合の数									○	
	その他の融合問題		○	○						○	○
記述問題											
その他の問題					○		○	○	○	○	

早稲田実業学校高等部

2024年度 早稲田実業学校高等部 合否を分けた問題 数学

1　(1)

問題の指示通りに205^2を計算すると42024と1違いの42025が求められる。そのことから$A^2-B^2=(A+B)(A-B)$の因数分解が使えることがわかる。

1　(2)

$3x^2-4x-2=0$の解がa，bであることから$3a^2-4a-2=0$，$3b^2-4b-2=0$がいえるので，与えられた式を変形してそれらを代入することを考えればよい。$3a^2-4a+2=3a^2-4a-2+\square$，$6b^2-8b=2(3b^2-4b)=2(3b^2-4b-2+\square)$と考える。

2　(1)のイ

$mn-2m-2n$を変形するのは難しい。$(n-2)(m-2)=\square$の形が出ているので，この式の左辺を展開してみるとよい。すると，$mn-2m-2n+4$となるので，$mn-2m-2n+4=4$の式を作ることに気がつく。

3　(2)の①

△OABと△OACの面積を文字で表して解く方法もある。右図のように△OABの外側に台形OAEFを作ると，△OAB＝(台形OAEF)－△AEB－△OBF＝$\frac{1}{2}(2t+5)\times25a-\frac{1}{2}(t+5)(25a-at^2)-\frac{1}{2}t\times at^2=\frac{1}{2}(50at+125a-25at+at^3-125a+5at^2-at^3)=\frac{1}{2}(5at^2+25at)$　　△OAC＝$\frac{1}{2}\times5\times25a=\frac{1}{2}\times125a$

△OAB：△OAC＝3：4から，$(5at^2+25at)$：$125a=3:4$

$20at^2+100at=375a$　　$4t^2+20t-75=0$　　これで本文解説と同じ方程式が求められる。

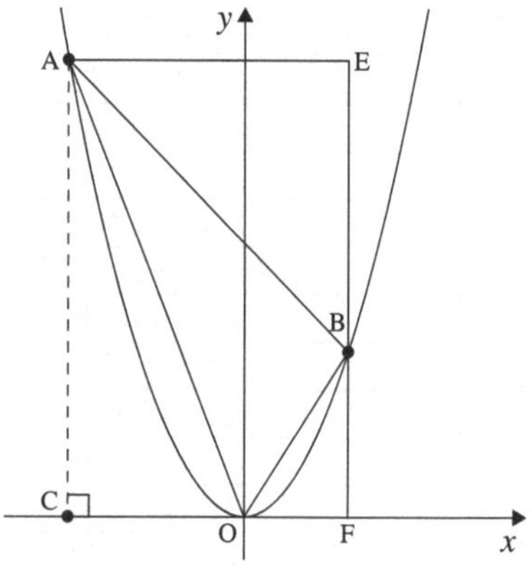

4　(4)

(3)でOH^2の値を求めさせていることから，面積の比が相似比の2乗であることを使う問題だとわかる。なお，内角の大きさが15°，75°，90°の直角三角形の辺の比を覚えている人ならそれを使って面積を出すことができる。IC：OI＝1：$(2+\sqrt{3})$　　IC：$2\sqrt{3}=1:(2+\sqrt{3})$　　IC＝$\frac{2\sqrt{3}}{2+\sqrt{3}}$　　△OCD＝2△OIC＝$2\sqrt{3}\times\frac{2\sqrt{3}}{2+\sqrt{3}}=\frac{12}{2+\sqrt{3}}$

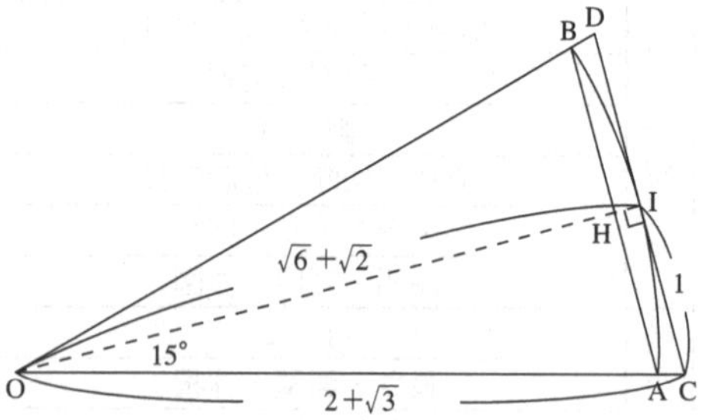

5　(3)

四角すいE－QGFHの体積を求めるのに苦労した人がいたかもしれない。四角すいのまま考えるよりも三角すいに分割した方が考えやすいことが多い。本問題では，三角すいF－EGHの高さがFOに等しいことに気づきにくい。なお，Q－EGHと三角すいF－EGHは底面が共通だから，底面積をS，それぞれの高さをh_1，h_2とすると，$\frac{1}{3}Sh_1+\frac{1}{3}Sh_2=\frac{1}{3}S(h_1+h_2)$　　普段からこの考え方を使っている人の方が気づきやすかったかも知れない。

◎本校の問題はいずれもよく工夫されている。中学数学を総復習し，応用力や思考力を磨く上で最良の参考書でもある。しっかり研究しておこう。

2023年度 早稲田実業学校高等部 合否を分けた問題 数学

1 (1)

本文解説では，$(x+1)a^2$を展開して整理し直して，共通因数の$(a-1)$を見つける方法で解いた。これが$\mathrm{A}a^2+(\mathrm{A}+\mathrm{B})a+\mathrm{B}=(\mathrm{A}a+\mathrm{B})(a+1)$の形であることに気づくと，$\mathrm{A}=x+1$，$\mathrm{B}=x-1$とみることで因数分解できる。$(x+1)+(x-1)=2x$なので，$(\mathrm{A}a-\mathrm{B})(a-1)=\mathrm{A}a^2-(\mathrm{A}+\mathrm{B})a+\mathrm{B}$が利用できる。よって，$\{(x+1)a-(x-1)\}(a-1)=(a-1)(xa+a-x+1)$

1 (4)

2023がすぐ素因数分解できれば解決が早い。素数を2乗して得られる数に慣れておくとよい。$11^2=121$，$13^2=169$，$17^2=289$，$19^2=361$は何回か書いたりして覚えておこう。144，196，225，256，324は覚えておかなくても2や3で割ってみることでそれぞれ12^2，14^2，15^2，16^2，18^2であることがわかるが，覚えられるなら覚えておく方がよい。

2 (2)

深く考えずに見当をつけて書いた人もいたと思う。∠AOBの二等分線を引いて直線lとの交点をCとした場合でも，OA＝OB，OCは共通，∠AOC＝∠BOC　2辺とその間の角がそれぞれ等しいので，△OAC≡△OBC，∠OAC＝∠OBC＝90°がいえる。

3

座標平面上で，両端の座標が$(x_1,\ y_1)$，$(x_2,\ y_2)$である線分の長さは$\sqrt{(x_2-x_1)^2+(y_2-y_1)^2}$で求められる。線分の長さを求めなければならないときに使うが，線分の比や三角形の面積，面積の比などを求めるときに使うことはあまりない。

同じ直線上の線分の比は，線分の両端の座標のx座標の差（またはy座標の差）を利用するとよい。平行な直線上の線分の比も同様に求められる。

座標平面上の三角形の面積の求め方は何通りもあり，与えられた条件によって使い分けられるようにしておこう。

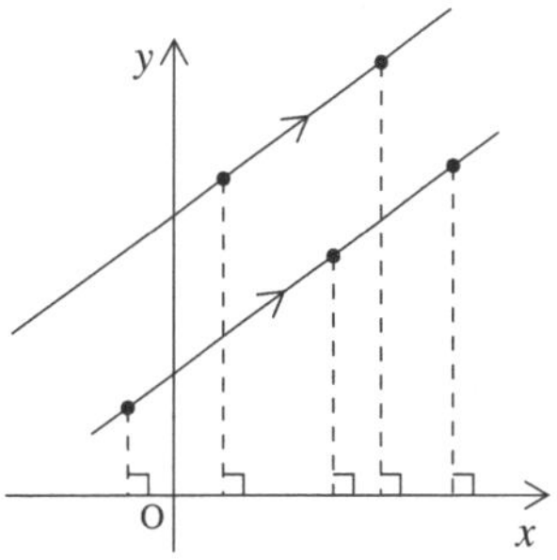

4

正四面体を含む正三角すいの高さは頂点と底面の正三角形の重心を結ぶ線分の長さである。本文解説ではていねいに進めたが，正三角形の重心についての性質を知っておくと手早くできる。

三角形の重心は頂点と向かい合う辺の中点を結ぶ線分（中線という）の交点であり，重心は中線を2：1の辺に分ける。1辺の長さがaである正三角形の高さ（中線の長さ）は$\frac{\sqrt{3}}{2}a$だから，頂点から重心までの距離は，$\times\frac{2}{3}=\frac{\sqrt{3}}{3}a$

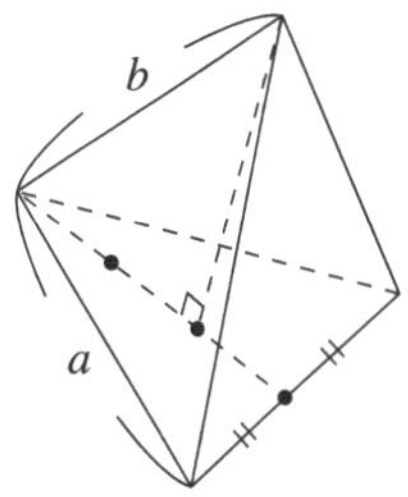

正四面体の高さは，正四面体の頂点から底面の正三角形の頂点までの距離をbとすると，$\sqrt{b^2-\left(\frac{\sqrt{3}}{3}a\right)^2}$で求められ，正四面体の場合には$b=a$だから，$\sqrt{\frac{2}{3}a^2}=\frac{\sqrt{6}}{3}a$となる。また，底面の正三角形の面積が$\frac{\sqrt{3}}{4}a^2$なので，正四面体の体積は，$\frac{1}{3}\times\frac{\sqrt{3}}{4}a^2\times\frac{\sqrt{6}}{3}a=\frac{\sqrt{2}}{12}a^3$

◎本校の問題はいずれもよく工夫されている。中学数学を総復習し，応用力や思考力を磨く上で最良の参考書でもある。しっかり研究しておこう。

2022年度 早稲田実業学校高等部 合否を分けた問題 数学

1

項が3つの多項式の積については，$(a+b+c)(a+b-c)$と$(a+b-c)(a-b+c)$では難しさが違う。

$(a+b+c)(a+b-c)$は$(a+b)$にすぐ気づき，$\{(a+b)+c\}\{(a+b)-c\}=(a+b)^2-c^2$とすることができる。

$(a+b-c)(a-b+c)$の方は，$-b+c=-(b-c)$として同じものを作ることができる。$(a+b-c)(a-b+c)=\{a+(b-c)\}\{a-(b-c)\}=a^2-(b-c)^2$と進めていく。

2の(1)

バスが走った道のりは，PQ間の54kmの他にRS間の往復があることから$(54+2y)$kmだったことがわかる。

2の(2)

四分位数は対象となるデータを小さいものから並べたときに，中央に来るもの，つまり中央値を第2四分位数とする。データの個数をnとするとき，小さいものから$\frac{n+1}{2}$番目のデータの数値が第2四分位数である。本問題の場合，データの個数が40なので，$\frac{40+1}{2}=20.5$　よって，20番目の数値と21番目の数値の平均が第2四分位数となる。20番目の生徒と21番目の生徒が共に5点であり，5点の生徒が10人いるが，第1四分位数，第3四分位数はそれぞれ，20.5番目より順位の数が小さい20人，20.5番目より順位の数が大きい20人の中央の値を第1四分位数，第3四分位数とする。

3

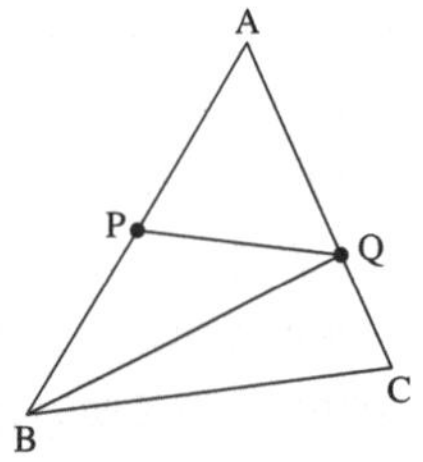

本問題では，2直線が垂直に交わることを用いて三角形の面積の比を表したが，2辺が垂直に交わらない三角形の場合でも辺の比から面積の比を表すことができる。右図で，AB，AC上の点P，Qについて，AP：AB＝m：b，AQ：AC＝n：cであるとき，△APQ：△ABC＝mn：bcとなる。

△APQと△ABQはAP，ABをそれぞれの底辺とみたときの高さが共通なので，△APQ：△ABQ＝AP：AB＝m：b　△APQ＝$\frac{m}{b}$△ABQ…①　△ABQと△ABCについても同様に，△ABQ＝$\frac{n}{c}$△ABC…②　②を①に代入して，△APQ＝$\frac{m}{b}\times\frac{n}{c}$△ABC＝$\frac{mn}{bc}$△ABC　よって，△APQ：△ABC＝$mn$：$bc$

5

立方体の体積から抜き取った部分の体積を引けば残りの体積が求められるが，抜き取る部分が複数あり，それらの一部が重なっているとき，2重，3重に引いてしまうことに注意が必要である。例えば，体積Vの物体から体積v_1，v_2，v_3の物体を抜き取るとき，v_1とv_2の重なる部分の体積がaであり，v_1とv_2とv_3が重なる部分の体積がbであれば，残りの体積は$V-(v_1+v_2+v_3-a-2b)=V-(v_1+v_2+v_3)+a+2b$となる。

本問題の(2)，(3)では，抜き取るときに重なる部分の形を見抜くのに苦労するかも知れない。普段から立面図と平面図から立体の見取り図を書く訓練をしておくことが役に立つ。

◎本校の問題はいずれもよく工夫されている。中学数学を総復習し，応用力や思考力を磨く上で最良の参考書でもある。しっかり研究しておこう。

早稲田実業の英語

——出題傾向と対策 合否を分けた問題の徹底分析——

出題傾向と内容

本年度は語彙問題，正誤問題，語句整序問題，和文英訳問題が各1題，長文読解問題3題および放送問題1題，の計8題が出題された。大問数は昨年度と同じで，非常に分量が多い。長文読解問題は高校レベルの内容である。設問は読解に関するものが中心で，本文の内容と一致する文を選ぶ問題や，本文の内容から考えられることを選ぶ問題が出題されている。

A　語彙問題。3は答えるべき単語があまり一般的ではないため難しい。

B　正誤問題。各文から誤りのある1か所を選び，訂正する形式である。昨年度の形式(長文中の10か所から誤りのある4か所を選んで訂正する)よりも，解きやすい。

C　語句整序問題。並べ替える単語数が多く，構文も複雑で難度が高い。

D　『不思議の国のアリス』より，和文英訳問題。(2)は動詞 help を正しく使えるかがポイントである。

E　オーガニック食品に関する長文読解問題。オーガニック食品についてさまざまに紹介する文章だが，筆者の主張や是非の判断などがなく，客観的記述のみである。

F　ケルムという愚か者が住む町の，愚かな長老たちの物語。児童文学で比較的読みやすい。児童文学や昔話によくある「笑い話(バカ話)」は突飛なストーリー展開になる場合が多い。

G　余命いくばくもない大学教授が「時間は有限である」と強く意識しながら，学生たちに時間管理の方法を講義したもの。文中の単語・文法は高校レベルで，わかりにくい表現が多い。文章内容が高度なだけでなく，筆者の状況も読み取りにくいため，苦戦した受験生が多いだろう。

H　放送問題。対話文とそれに関する質問を聞いて答えを選択する問題，英語の講義とそれに関する質問を聞いて答えを選択する問題，対話を聞き，それに関する英文の質問を読んで文章の空欄に適語を入れる問題，の計3パターンが出題された。

学習のポイント

総合問題形式の長文読解問題を数多く練習しよう。時間を決めて集中して読む練習が不可欠である。文章量・設問数ともに多いので，読みながらそのつど設問を解くよう，効率的に取り組もう。

来年度の予想と対策

来年度も，文法問題4～5題，長文総合問題2～3題，および放送問題が出題されるだろう。問題数，英文量とも非常に多いことを前提に学習に取り組み，速読速解の力を身に着けよう。

長文読解対策としては，難関校向け読解問題集などであらゆるジャンルの長文にあたり，800～1000語程度の長文に慣れることが重要だ。ここ数年，長文読解問題のスタイルが年度ごとに若干異なっている。短めの文章が複数出題されたり，2つの英文を読み比べる新しい形式が出題されたり，と変化が見られる。本校は非常に長い物語文が特徴的だが，出題されない年度もあった。どのような出題形式でも文章量が非常に多いことに変わりはない。本番がどのような出題形式でも動揺せず，文章量に圧倒されないようにしておこう。

英文法は高校初級レベルまで学習する必要がある。単語を覚える際には，見出し語だけでなく派生語や反意語も一緒に覚えるようにしよう。英英辞典などを用いて，単語の定義を英語で説明する文に慣れておくことも効果的な対策となる。

放送問題の対策としては，CDやテレビ，ラジオなどを活用して，聞く力を養っておくとよい。

年度別出題内容の分析表 英語

		出題内容	27年	28年	29年	30年	2019年	2020年	2021年	2022年	2023年	2024年
設問形式	話し方・聞き方	単語の発音										
		アクセント										
		くぎり・強勢・抑揚										
		聞き取り・書き取り	○	○	○	○	○	○	○	○	○	○
	語彙	単語・熟語・慣用句	○	○	○	○	○	○	○	○	○	○
		同意語・反意語			○	○			○	○		○
		同音異義語									○	
	読解	内容吟味	○	○	○	○	○	○	○	○	○	○
		要旨把握	○	○	○	○	○	○	○		○	○
		語句解釈	○	○		○	○	○	○		○	○
		段落・文整序	○		○	○		○	○		○	
		指示語	○	○		○	○		○	○	○	○
		会話文				○						
		文補充・選択	○	○	○	○	○	○	○	○	○	○
	文法・作文	和文英訳		○	○	○	○	○	○	○	○	○
		語句補充・選択	○	○	○	○	○	○	○	○	○	○
		語句整序		○	○		○	○	○	○		○
		正誤問題				○	○	○	○	○	○	○
		言い換え・書き換え	○		○					○	○	
		語形変化		○	○	○						
		英問英答										○
		自由・条件作文										
		英文和訳(記述・選択)		○								
文法事項		文　型										
		時　制		○	○			○		○	○	
		間接疑問文		○			○					
		進行形		○						○		
		助動詞	○	○	○		○	○	○	○	○	
		付加疑問文										
		感嘆文										
		命令文		○				○				
		不定詞	○	○	○	○	○	○		○		○
		分　詞									○	
		動名詞		○	○	○			○	○		○
		比　較			○	○			○	○		○
		受動態	○	○			○		○			○
		完了形			○	○		○		○	○	
		前置詞	○	○	○	○	○	○	○			○
		接続詞		○	○	○	○	○	○	○		
		代名詞		○					○	○		
		関係代名詞		○	○		○	○			○	

早稲田実業学校高等部

2024年度 早稲田実業学校高等部 合否を分けた問題 英語

G

Gは末期がんで余命宣告を受けたアメリカの大学教授ランディ・パウシュの講義を文章化したもの。「残された時間がわずかである」という自身の状況から，「時間は有限である」という信念のもと，学生に時間の大切さやその管理法を講義している。筆者の「余命わずか」という状況は，この文章を理解するうえで非常に重要な情報だが，事前に与えられておらず，文章から読み取らなくてはならない(問1)ため，難度が高い。

なお，パウシュは2006年9月，45歳の時に余命3ヶ月から半年の宣告を受け，翌年2007年9月に母校カーネギーメロン大学で『最後の授業』と呼ばれる講義(この文章の元になったもの)を行い，2008年7月に47歳で亡くなった。本文中にあるように，パウシュは39歳で結婚したため，子供たちはまだ幼く，この講義は将来，自分の子供たちが父の考えを知ることができるように，という意図で行われたものだった。

問2

筆者が喜んで店を出た理由について答える問題。筆者は16.55ドルを取り戻すために15分を費やすくらいなら16.55ドルを余計に払ったほうがマシだと思っており，筆者にとってはお金より時間のほうが大切とわかる。

①「彼は時間を買えないと思ったから」は「時間はお金では買えない」という意味で，時間は何よりも大切という文意なので，正答である。

②「彼は後でお金を簡単に取り戻せると知っていたから」(×)「後でお金を取り戻す」ことについては文章中で述べられていない。

③「彼がセルフレジを使うのに約16ドルしかかからなかったから」(×) 16ドルはセルフレジの使用料ではない。

④「彼は33.10ドルではなく，実際には16.55ドル支払ったと気づいたから」(×) 16.55ドルを2回分支払ったので，実際には33.10ドルを支払った。

問6

電話で長時間保留状態にして待たせておきながら，その間メッセージで「お客様の電話は私どもにとって大切です」と言うことは「矛盾している，おかしい」と筆者は感じている。それは，実際にはひどいことをしている(彼女の顔を殴る)にも関わらず口では良いことを言う(実は愛していると言う)ようなものである。よって①が適切。

②「素敵なレストランで彼女と食事をする」「実は愛している」および③「彼女の顔を殴る」「本当に大嫌いだ」は行動と言葉が矛盾しないので不適切。

④「素敵なレストランで彼女と食事をする」「本当に大嫌いだ」は矛盾するが，「良い行動」と「ひどい言葉」という組み合わせが，電話の保留時の状況と逆になるので不適切。

2023年度 早稲田実業学校高等部 合否を分けた問題 英語

E 問2は文整序問題。文整序問題では，so「そこで」，therefore「それゆえ」，but「しかし」，however「しかしながら」などの文の接続関係を表す語や，first「まず，最初に」，then「次に」，finally，at last「最後に，ついに」などの順序を表す語に着目する。また，this，these「これ，これら」，that，those「あれ，あれら」などの指示語が何を指すのか確認すること。さらに，代名詞やa，the の冠詞にも注意する。英語では初出の数えられる名詞の単数形には冠詞 a が付いて〈a ＋名詞〉となる。次にその語が使われる時には冠詞 the が付いて〈the ＋名詞〉となるか，代名詞 it にかわる。

この問題には接続関係や順序を表す語が含まれていないため，名詞と代名詞のつながりを見ることが重要である。空所の前の文から，文の流れを確認しよう。

But beavers do far more to reshape the environment around them.

「もっと多くのことをする」

↓具体的に言うと「水路を掘る」

ウ They also dig canals from their ponds out into the surrounding lands.

also「～も」は追加を表す。ここでは第1段落に述べられた「ダムを作ること」に加えて，「水路を掘る」ことを述べる。

ア These canals look like tiny rivers and are filled with water from the ponds.

イ As a result, even plants that grow a bit farther away from the pond get enough water from the canals.

as a result「結果として」は結果を導く言葉。原因や事実の後に置かれる。

F 問4

F は procrastination「先延ばし」に関する論説文。この単語は大学レベルの単語で知っている受験生はほとんどいないと思われるが，下線部アの直後に the tendency to delay unpleasant but important acts「不快だけれども重要な行動を遅らせる傾向」と定義されているので，意味を推測できるだろう。

問4は空所に入る単語を本文中から抜き出し，必要ならば適切な形に直して答える問題である。空所の前後の文を見てみよう。

The period of self-control had drained their mental energy － or willpower － which they now needed to solve the problem. Willpower is like a（ エ ）, at least in the short time. If it is depleted, future challenge will falter.

This is a fundamental insight. Self-control is no available around the clock. It needs time to refuel.

下線を引いた drain「消耗する」，deplete「使い果たす」，refuel「補給する」という単語から，willpower「意志力」は「使うとなくなってしまい，補給が必要なもの」というイメージが沸く。そのような単語を探していくと，最終段落最終文に she refueled her batteries「彼女は自分のバッテリーを補給した」という表現が見つかる。空所(エ)の前には冠詞 a があるので，batteries を単数形 battery に直して入れる。

2022年度 早稲田実業学校高等部 合否を分けた問題 英語

D は語句整序問題。英文の表す内容が日本語で与えられていないので，難度が高い。2は人以外を主語にした無生物主語の文である。英語では無生物を主語にし，人を目的語にすることがあるが，この構文を日本語に直訳すると不自然なため，訳するときは人を主語にして，無生物主語を条件，原因理由，譲歩などに言い換えるとよい。

〈主語を**条件**に訳す〉
A few minutes' walk will take **you** to the beach.
主語(無生物)　　　　　目的語(人)
「数分間の歩行が**あなた**をその海岸に連れていくだろう」
→「**あなた**は数分歩けばその海岸に着くだろう」

This application enables **you** to order your meal.
「このアプリは**あなた**が食事を注文するのを可能にする」
→「このアプリを使えば**あなた**は食事を注文できる」

〈主語を**原因・理由**に訳す〉
What made **you** go there alone?
「何が**あなた**を一人でそこへ行かせたのか」
→「どうして**あなた**は一人でそこへ行ったのか」

〈主語を**譲歩**に訳す〉
The news of his failure didn't surprise **us**.
「彼の失敗の知らせは**私たち**を驚かせなかった」
→「彼が失敗したと聞いても**私たち**は驚かなかった」

E (2)
和文英訳問題。(2)は仮定法過去の文である。事実ではなく，仮定や願望などを述べる方法を仮定法という。

〈仮定法過去〉…現在の事実に反することを仮定する
If ＋主語＋**動詞の過去形**～，主語＋**助動詞の過去形**＋動詞の原形…
もし～なら　　　　　　…だろうに[…するのに]
if節の中でbe動詞を使う場合は，原則として主語の人称・数に関係なく were を使う

If my grandfather **were** still there, I **could** watch movies with him.
「もし祖父が今でもいたら，私は彼と一緒に映画が見られるのに」
(実際には，祖父はいない)

〈I wish ＋主語＋**助動詞の過去形**＋動詞の原形…〉…現在の事実に反したことを望む
I wish I could watch movies with him.「彼と一緒に映画が見ることばできればなあ」

早稲田実業の国語

――出題傾向と対策　合否を分けた問題の徹底分析――

出題傾向と内容

(問題文の種類：一随筆・二論説文・三古文)

随　筆　1994年にノーベル文学賞を受賞した大江健三郎(1935－2023)の随筆集『「新しい人」の方へ』に収められた『数十尾のウグイ』からの出題。筆者の子供時代の不思議な経験が幻想的に描かれている文章で，川の中の神秘的な情景やそこで起きた出来事に対する筆者の心情，さらに，筆者の性癖や命の危険にさらされた筆者に対する父母の対応が淡々と描写されている。設問は，筆者の経験のうち「確かなこと」と「夢のような思い出」を区別させ，いまだに謎として残っていることを問うものである。文章の中に用いられている繊細な表現を見落とすことなく，丁寧に文脈を読み取ることが要求されている。

論説文　國分功一郎(1974－)は日本の哲学者で，さまざまな哲学者の思想を通して現代社会を読み解く文章を多く発表している。採用文が収められている『目的への抵抗』も，現代社会における「目的」と「自由」の関係を考察する内容となっている。二題の記述問題は，「目的を超越する」ことと「自由な行為」の語に着目させ，その内容を自分の言葉を補ってまとめさせるものである。漢字の読み書きも大問に含まれる形で出題されており，新聞や論理的な文章などでよく目にする語が問われている。

古　文　『今昔物語集』は平安時代後期の説話集で，天竺(インド)，震旦(中国)，本朝(日本)の三部から成る。採用文は，本朝の怪異譚『牛を借りた怨霊』の一部である。指示語や心情の理由，古文の口語訳を通しての内容理解や文脈把握が問われている。問題文の前後に注釈は付されているが，古文を読み慣れていなければ，指定時間内に解き切ることは難しい。内容理解や文脈把握の他に，例年通り，文学史や古方位・古時刻など古典の基本的な知識が問われている。

●出題の特徴

☆現代文・古文ともに解答時間の配分を考慮しつつ，話題と主題を意識しながら読み通す力が要求される。

☆選択式(五択)に加えて，本年度は，空欄補充の記述式2題が出題された。記述式の設問は，本文全体がその対象であり，かなり難解である。

☆選択肢には紛らわしいものが多い。本文と選択肢の語句を厳密に対応させて考えなければならない。

☆知識問題は漢字の書き取りや文学史，古典の知識や口語訳などが出されるが，その比重は少なく，現代文・古文ともに内容読解にかかわるものが圧倒的に多い。

来年度の予想と対策

現代文2題，古文1題の構成が続くと考えられる。現代文は例年通り文学的文章と論理的文章の出題になるだろう。小説や随筆は，最近の作品だけでなく，発表から数十年が経過したものが採用されることもあるので，読み慣れておくなどの対策も怠らないようにしたい。設問は，現代文・古文とも，今年度同様に内容理解が中心になるだろう。小説は登場人物の把握，それぞれの人物の立場や他の人物との関係，場面の展開を読み取ること。論説文は，設問との関連を踏まえて，キーワードの理解と全体の論旨把握がポイントになる。古文は，場面の把握と，「誰が・どうした」のかを正確におさえていくことが大切だが，基本的な古語知識なども必須である。ほかに古典知識(旧国名，作品のジャンル，成立年代など)もおさえておきたい。漢文についても基本的な知識は確認しておこう。

学習のポイント

> 現代文は，ハイレベルな内容の長い文章に慣れておくことが先決である。そのうえで，選択肢を本文と対照して分析する力が必要。古文は，登場人物の関係や人物像の把握を中心に置き，語句の意味や敬語動詞などの知識事項も十分身につけておきたい。

年度別出題内容の分析表 国語

出題内容			27年	28年	29年	30年	2019年	2020年	2021年	2022年	2023年	2024年
内容の分類	読解	主題・表題					○	○				○
		大意・要旨	○	○			○	○	○	○	○	○
		情景・心情	○	○	○	○	○	○	○		○	○
		内容吟味	○	○	○	○	○	○	○	○	○	○
		文脈把握	○	○	○	○	○	○	○	○	○	○
		段落・文章構成	○			○						
		指示語								○		
		接続語						○		○		○
		言い換え										
		脱文・脱語補充	○	○	○	○	○	○	○	○	○	○
	漢字・語句	漢字の読み書き	○	○	○	○	○	○	○	○	○	○
		筆順・画数・部首										
		語句の意味	○				○			○	○	○
		同義語・対義語										
		三字・四字熟語										
		熟語の構成										
		ことわざ・慣用句・故事成語			○		○	○				
	記述	作文										
		要約・説明				○		○			○	○
		書き抜き	○	○	○	○	○					
		その他										
	文法	文と文節・品詞分類						○		○		
		品詞・用法	○				○					
		敬語		○								
		仮名遣い						○			○	
		返り点・書き下し文										
	古文・漢文の口語訳		○	○	○	○	○	○			○	○
	古文の省略に関する問題											
	表現技法			○		○			○		○	
	文学史		○	○	○	○	○	○	○	○	○	○
問題文の種類	散文	論説文・説明文	○	○	○	○	○	○	○	○	○	○
		小説・物語		○	○	○	○	○	○	○	○	
		随筆・紀行・日記	○					○				○
	韻文	詩										
		和歌・短歌										
		俳句・川柳							○			
	古文		○	○	○	○	○	○	○	○	○	○
	漢文・漢詩											

2024年度 早稲田実業学校高等部 合否を分けた問題 国語

二　問3

★ 合否を分けるポイント（この設問がなぜ合否を分けるのか？）

本文は「自由な行為」について論じるもので，空欄部分を補充することで筆者の考えを簡潔にまとめさせる設問である。本文の要約ともなり，指定語や字数の条件に合うように的確な内容を入れられるかどうかが，合否を分けることになる。

★ こう答えると「合格」できない！

空欄を含む文の形式に注目することなく，やみくもに「自由な行為」とはどのようなことかを考えても，筆者の考えには十分ではなく，「合格」できない。指定語の「真剣」と「不可欠」，さらに指定字数を大きなヒントと考えて，「遊び」という言葉をキーワードに文の形式に合う一文を探し出すことから始めよう。

★ これで「合格」！

空欄を含む文の形式に注目すると，「自由な行為は」で始まり「～ということ。」で終わる。さらに，AとBは「また」という並列の意味を表す語で結ばれていることを確認しよう。――線2の「目的によって開始されつつも目的を超え出る行為，手段と目的の連関を逃れる活動」こそが「自由な行為」で，筆者は「遊び」と言い換えている。したがって，この「遊び」について二つの事項を並列して述べている最終文に着目しよう。最終文の「遊びは真剣に行われるものである」という前半部分は指定語の「真剣」も含んでおり，この内容を空欄に合うように組み立て直す。後半部分の「ゆとりとしての遊びは活動がうまく行われるために欠かせないものです」の「活動」は，「自由な行為」を意味し，また「欠かせないものです」が指定語の「不可欠」に置き換えられるので，この内容を「～ということ。」につながるようにまとめよう。読み返して不自然なつながりがなければ「合格」だ！

三　問8

★ 合否を分けるポイント（この設問がなぜ合否を分けるのか？）

二の記述問題はかなり時間を必要とするので，三の古文にかけられる時間は少ない。ただし，三は得点の可能性が高い。限られた時間の中で，三をいかにすばやく解き切るかが合否を分けるポイントとなる。問8も内容を正確に想起できる力が問われており，それぞれの選択肢の細かい部分にまで着目する必要がある。

★ こう答えると「合格」できない！

選択肢を丁寧に読み込むよりも，牛がどうしたのか，河内の禅師はどうしたのか，さらに佐大夫は何者なのかに注目して本文全体の内容を大きくとらえることが大切になってくる。全体の内容があやふやなまま選択肢にあたってしまうと，選択肢の内容がどこに書かれているのかを探すのに時間を取られてしまい，「合格」できない。

★ これで「合格」！

本文は，河内禅師が怪力で有名だった牛を探しているときに，夢に死んだはずの佐大夫が現れて借りている牛を六日目に返すと言い，その夢の通りに六日目に牛が帰ってきたという内容である。この内容が読み取れていれば，選択肢に書かれている該当箇所を，本文中からすばやく見つけ出すことができる。前段落の最後「『かかる怪しき夢をこそ見つれ』と人に語りて止みにけり」は，「このような不思議な夢を見たのだ」と人に話して，牛を探すことを止めたという意味なので，「不思議な夢を誰かに話そうとして，結局話さなかった」とあるエはふさわしくない。アは「近くより遠きまで尋ねさせけれども」，イは「日に一度樋集の橋の許に行きて苦しびを受ける」に，ウは最終段落の内容に，オは最終文の内容にふさわしいことを確認して，ふさわしくないものとして正答のエを選べば，「合格」だ！

2023年度 早稲田実業学校高等部 合否を分けた問題 国語

一　問9

★ 合否を分けるポイント（この設問がなぜ合否を分けるのか？）

主題に通じる設問なので，この問題に答えられるかどうかが合否を分ける。本文全体の内容と，表現の特徴を正確にとらえ，六択の中から正答を慎重に選ばなければならない。それぞれの選択肢のうちで不適当な部分をすばやく探し出し，外していくことが重要になってくる。

★ こう答えると「合格できない！」

それぞれの選択肢を最初から最後まで読み本文と丁寧に照合させていたのでは，最終的に時間が足りなくなってしまい「合格」できない。情景を思い浮かべながら本文を読み進めていくことが，正答を選び出す確かな根拠となる。

★ これで「合格」！

本文は，「どうしたんだ，みんな。……同郷の人がいじめられているんだ。たった一人じゃないか」や「ぶち，無理矢理闘わすのに，今，自分が闘わないのはどうしたことだ」「まわりを見てごらん。ここで生まれ，育った人達だけなんだ……僕も平気だ。ランニングシャツと半ズボンの僕だって，暑さなんかへのかっぱさ」などの少年の内面の言葉が，語り手が語る内容にはさみこまれる構成となっている。最終段落の語り手が語る内容は，戦後の外国人と沖縄人の関係性に通じるもので，これを「少年の理解を超える」と説明しているオを正答の候補としよう。最終部分の「耐える」という表現にアの「応戦」はそぐわない。本文は外国人と青年，周りをとりかこむ人々に焦点をあてており，イの「基地の内部の世界」の描写やエの牛と沖縄人の姿は主題に通じるものではない。人々の様子にウの「ほくそ笑む」や「卑屈さ」は読み取れない。カの「外国人と沖縄人との間で英語と方言が飛び交っている」状況ではないことを確認して，正答のオを選べば，「合格」だ。

二　問4

★ 合否を分けるポイント（この設問がなぜ合否を分けるのか？）

3題の記述式の設問のうちの1題であり，本文の中心テーマである死者と生者との関係性の変化をまとめさせる設問である。本年も本文にはない指定語が提示されており，指定語を効果的に用いながらまとめられるかどうかが，合否を分けるポイントになる。

★ こう答えると「合格できない！」

近世から現代にかけての死者の存在の変化については最終段落に書かれているが，どの内容を中心にまとめるのかを取捨選択しなくては，指定字数におさまらず「合格」できない。近世から現代にかけて，死者という存在に対して最も変わったのはどのような点なのかに注目しよう。

★ これで「合格」！

本文の後半では，墓地で死者を供養するといった従来の様式から，自然葬や樹木葬とともに故人の写真を部屋に飾るといった手元供養が注目されるようになったことを述べている。筆者は「その背後にある世界観と死生観のそのものが，今日大きな変容の過程にある」とし，その死者と生者の関係の変化を最終段落で説明している。最終段落の「知っている人を記憶できればいい，知っている人に記憶されればそれでいいという現代の意識」は「死者と生者の関係の個人化にほかならない」とあるのに対し，「かつてのように生者と死者の関係は家を媒介とした関係，社会的な関係ではなくなり」という叙述から，近世では死者は社会的な存在であったが，現代では死者は個人的な存在となったという変化が浮かび上がる。この「社会的な存在」に，指定語の「世代」を用いて，世代を超えて供養されるなどという説明を加えてまとめれば，「合格」だ！

2022年度 早稲田実業学校高等部 合否を分けた問題 国語

二 問4

★ 合否を分けるポイント(この設問がなぜ合否を分けるのか？)

例年50字程度の記述式の問題が複数出題されているが，本年は25字以内でまとめるものが2題，そして本問の50～60字でまとめるものが出題された。問4は，「バイアス」に対する筆者の考えをまとめさせるものであるが，指定語の「否定」「特性」という語は本文には見られない。本文全体の内容をとらえた上で，指定語を効果的に用いてまとめさせる高度な問題だ。指定語をヒントととらえて，本問に取り組めるかどうかが合否を分けるだろう。

★ こう答えると「合格できない！」

「バイアスに対する見方」を問われているからといって，本文の「バイアス」について述べている部分を探して「さまざまなバイアスに冒された認識をする人間は劣っている」とする考えを挙げてまとめようとしたり，「私たちがさまざまなバイアスをともないながらも，周囲の物事や自己や他者を認識するのは，世界から自分なりに意味をツムぎ出している努力」などの語を用いてまとめようとしても，「否定」と「特性」という指定語をうまく取り入れることができず，「合格」できない。

★ これで「合格」！

本文全体の構成を大きくとらえよう。本文の前半では，冒頭の段落にあるように「バイアスとは認知のゆがみ」なので「緩和しなくてはならない」，また「バイアスを伴う人間は劣った認知マシンである」という考えを述べている。その解決のために，筆者は，「少し，視点を変えてみましょう」と述べ，この後に「バイアスに対して少し違った見方」を提示するという構成になっている。この構成を，「否定」という指定語を用いて「(バイアスを)人間の認知のゆがみと否定するのではなく，」などの形で説明しよう。傍線部2の直後の「すなわち」は説明の意味を表すので，この後の「私たちが自分にとって意味のある世界認識を，自分自身の五感からくる情報などを手がかりとして作り出していくときの癖が，バイアスであるといえます」が，筆者が提示する「バイアス」の「特性」だ。この「特性」を述べて「～見方。」に続くようにまとめれば，「合格」だ。

三 問6(1)(2)

★ 合否を分けるポイント(この設問がなぜ合否を分けるのか？)

一つの古文だけではなく，同じ題材を扱った別の古文を提示し，語句の意味を推察させる問題だ。見慣れない形式だが，二つ以上の文章を並べて考察させる形式は今後増加すると思われる。語句の意味がわからなくとも，提示された内容と持っている知識を照らし合わせて推察できるかどうかが，合否を分ける。

★ こう答えると「合格できない！」

「影」と「あながちに」という古語の意味がわからず，現代語の意味を重ねたり，『古今著聞集』の文章だけを見て前後の文脈から推察するのでは，正答を選べず「合格」できない。

★ これで「合格」！

『古今著聞集』の冒頭に「白河院」とあるので，『沙石集』の「白河院」が登場する場面と重ね合わせよう。「白河院にまゐらせたりければ，ことに悦ばせたまひて，御宝の中に加へて，鳥羽の宝蔵に納められにけり」と「白河院，この道，御このみありて，かの影をめして勝光明院の宝蔵に納められけり」とあるので，——線Xの「影」は白河院が宝蔵に納めたものだとわかる。白河院が宝蔵に納めたのは，人麻呂の絵だ。また，『古今著聞集』の「あながちに申して」は，『十訓抄』では「やうやうにたびたび申し，申し出して，信茂を騙りて」に相当する。何度もお願いし，あげくの果てには信茂という人の名前を騙ったというのであるから，無理やりに，という意味が選べるだろう。見慣れない形式でも，落ち着いて設問と本文を読んで答えられれば，「合格」だ。

ふだんから重要な古語を覚えておくことで，自信を持って答えられる問いでもある。現代語とは意味の異なる古語や，現代では用いられない古語の意味を積極的に学習して，解答時間の短縮につなげよう。

2024年度

★★★★★★★★★★★★★★★★★★★★★★★

入　試　問　題

2024年度

早稲田実業学校高等部入試問題

【数　学】（60分）　＜満点：100点＞

【注意】　1．答えは，最も簡単な形で書きなさい。
2．分数は，これ以上約分できない分数の形で答えなさい。
3．根号のつく場合は，$\sqrt{12}=2\sqrt{3}$のように根号の中を最も小さい正の整数にして答えなさい。

$\boxed{1}$ 次の各問いに答えよ。

⑴　205^2の値を利用して，42024を素因数分解せよ。

⑵　２次方程式 $3x^2-4x-2=0$ の２つの解を a, b とするとき，$(3a^2-4a+2)(6b^2-8b)$ の値を求めよ。

⑶　下の表は，ある50人のボール投げの記録をまとめた度数分布表である。20以上30未満の階級の累積相対度数が，30以上40未満の階級の相対度数のちょうど２倍であった。このとき，20以上30未満の階級の度数を求めよ。

階級（m）	度数（人）
以上　未満 0 ～ 10	3
10 ～ 20	10
20 ～ 30	
30 ～ 40	
40 ～ 50	8
合計	50

⑷　$\boxed{1}\boxed{2}\boxed{3}\boxed{4}$の４枚のカードを「$\square^{\square}\times\square\square$」のように並べて式を作る。例えば，$\boxed{2}^{\boxed{3}}\times\boxed{1}\boxed{4}$と並べるとその値は112である。式の値が３の倍数となるような並べ方は全部で何通りあるか。

⑸　座標平面上に２点A$(-3,\ 0)$，B$(4,\ 5)$があり，直線 $y=x$ 上に点Pをとる。AP＋BPが最小となるような点Pの座標を求めよ。答えに至るまでの過程も丁寧に記述すること。

$\boxed{2}$ 後の各問いに答えよ。

⑴　次は，先生と生徒の会話である。会話が成立するように，$\boxed{\text{ア}}$ ～ $\boxed{\text{エ}}$ を埋めよ。ただし，$\boxed{\text{ウ}}$ には答えだけではなく考え方も記述すること。

生徒	ミツバチの巣って，一つひとつの部屋の形がどうして正六角形なのですか。 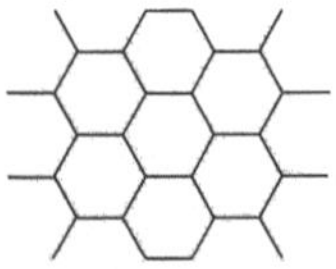
先生	これはできるだけ少ない材料で，なるべく広い部屋を作るためのとても合理的な形なんだ。
生徒	それならまず部屋と部屋の間にすき間があったらだめですよね。すき間なく並べられる部屋の形は，正六角形以外にはないのですか。
先生	1種類の合同な正多角形で平面をすき間なく敷き詰めることを考えよう。1点の周りに正 n 角形が m 個集まるとして，方程式を作れるかな。n は3以上の整数，m は正の整数としよう。
生徒	正 n 角形の1つの内角の大きさは，[ア]° だから， [ア] × m =360 この式を変形して， $(n-2)(m-2)=$ [イ] この式を満たす n と m の組み合わせを求めると， [ウ] となるので，平面をすき間なく敷き詰められる正多角形は，正三角形，正方形，正六角形の3種類しかないということですね。ではなぜこれらの中でも正六角形なのですか。
先生	材料が一定，つまり周の長さが等しいとして，3つの図形の面積を比較するとどうかな。
生徒	面積の比は，(正三角形)：(正方形)：(正六角形) ＝ $4\sqrt{3}$：9：[エ] だから，正六角形の部屋が一番広いということになりますね。自然界の現象を数学で説明できるなんて面白いですね。

(2) 3600m離れた2地点A，Bがある。太郎と次郎の2人が同じ道を，太郎はAからBへ，次郎はBからAへ同時に出発した。2人がすれ違ったあと，太郎がBに着くまで16分かかった。2人がすれ違うのは，出発してから何分後か求めよ。ただし，次郎の速さは分速80mとする。

3 次のページの図のように，放物線 $y=ax^2\ (a>0)$ 上に2点A，Bがある。点Aの x 座標は－5，点Bの x 座標は $t\ (t>0)$ である。また，点Aから x 軸に下ろした垂線の足をCとする。後の各問いに答えよ。

(1) 直線OBと直線ACの交点の座標を a，t を用いて表せ。

(2) △OABと△OACの面積の比が3：4のとき，次の①，②に答えよ。

① t の値を求めよ。

② 4点O，A，B，Cが同一円周上にあるとき，a の値を求めよ。

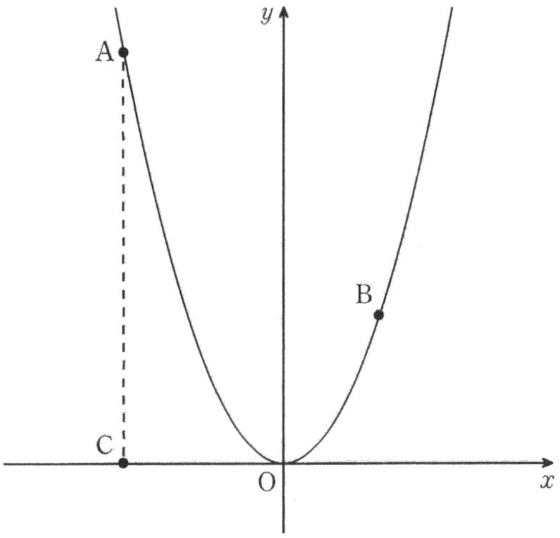

4 下の図のような，中心角が30°，面積が π の扇形OABがある。扇形の中心Oから弦ABに引いた垂線と，弦との交点をH，弧との交点をＩとする。また，Ｉにおける扇形の接線と，OA，OBを延長した直線との交点をそれぞれC，Dとする。このとき，△OAB，扇形OAB，△OCDの面積を比べると，

$$\boxed{\text{ア}} < \pi < \frac{12}{\boxed{\text{イ}}}$$

となる。次の各問いに答えよ。

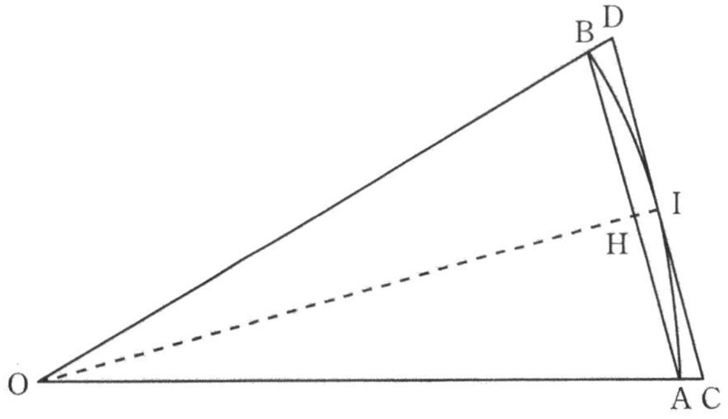

(1) 扇形OABの半径を求めよ。

(2) $\boxed{\text{ア}}$ に当てはまる値を求めよ。

(3) OH^2 の値を求めよ。

(4) $\boxed{\text{イ}}$ に当てはまる値を求めよ。

5 下の図のような，１辺の長さが６㎝の正八面体を，次の手順に従って切断する。ただし，２点Ｐ，Ｑは辺AEの３等分点である。

> **＜切断１＞**
>
> ３点Ｐ，Ｂ，Ｄを通る**平面Ｘ**で正八面体を切り，切り分けられた２つの立体のうち頂点Ｅを含む方の立体を**立体ア**とする。
>
> **＜切断２＞**
>
> 点Ｑを通り**平面Ｘ**と平行な平面で**立体ア**を切り，切り分けられた２つの立体のうち頂点Ｅを含まない方の立体を**立体イ**とする。

次の各問いに答えよ。

⑴ **＜切断１＞**において，**平面Ｘ**と辺CFとの交点をＲとする。

① **＜切断１＞**によってできる切り口を解答用紙の図に書き込め。FRの長さも記入すること。

② PRの長さを求めよ。

⑵ **＜切断２＞**によってできる切り口の面積を求めよ。

⑶ **立体イ**の体積を求めよ。

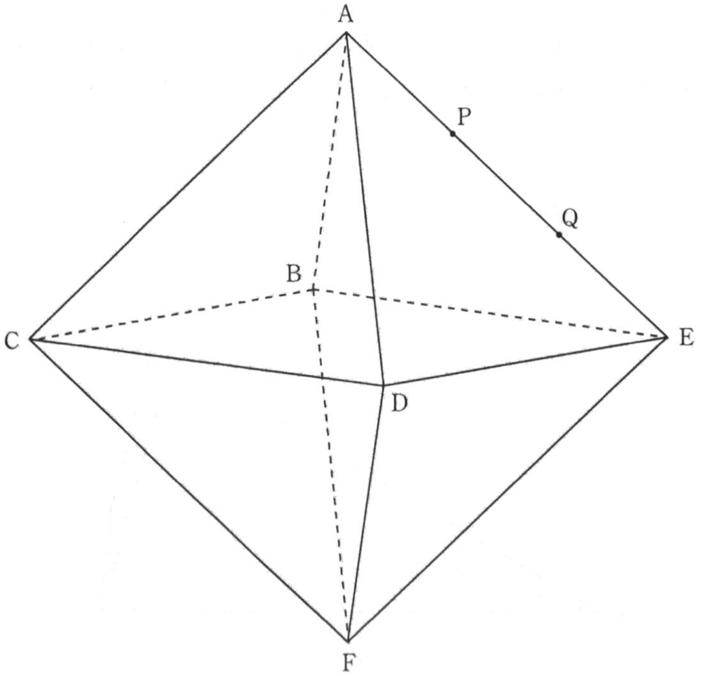

【英　語】（70分）　＜満点：100点＞

【注意】 試験開始後53分たったら，チャイムの合図でHの放送問題が始まります。

A 次の１～３は，ある単語の定義とその例文です。それぞれの例文の（　）に当てはまる１語を**適切な形で**答えなさい。ただし，書き出しの文字が与えられている場合は，その文字で始まる語を答えること。

1　shared by or belonging to two or more people

It is (c-　　　) *knowledge among many scientists.*

2　to fail to remember something that has happened in the past

Do you think we've (　　　) *such terrible things?*

3　advice, information, comments from other people to help improve or learn something

Please give us your (f-　　　). *We appreciate your honest opinion.*

B 次の各英文には，文法・語法上の誤りがあります。以下の例にならって，誤りを含む下線部の記号を１つ指摘し，その下線部全体を正しい形に書きかえなさい。

例：He ア don't want playing tennis today イ because he ウ is feeling sick now.

記号	訂正
ア	doesn't want to play

1　If you ア go traveling with イ someone else, it ウ will be more エ excited.

2　I am often ア said that I イ talk too much ウ about myself and don't listen エ to others at all.

3　There is ア no doubt that fried イ chickens are one of ウ the most loved エ dishes in the world.

C 適切な英文になるように【　】内の語を並べ替えなさい。ただし，解答番号が示されている箇所に当てはまる語のみ**マーク**しなさい。なお，文頭に来る語も小文字で始めてあります。

1　あなたほど賢くてもこんなことがわからないとはね。

I can't believe that【 ① this　② you　③ a　④ didn't　⑤ even　⑥ like　⑦ smart　⑧ understand　⑨ person 】.

I can't believe that (　　)(1)(　　)(　　)(2)(　　)(3)(　　)(　　).

2　あなたはなぜアメリカで働こうと思ったのですか。

【 ① the　② work　③ decide　④ made　⑤ to　⑥ in　⑦ what　⑧ US　⑨ you 】?

(　　)(4)(　　)(5)(　　)(6)(　　)(　　)(　　)?

3　どうやら僕は自分で思うほどスポーツが得意ではないようだ。

It seems that I【 ① as　② as　③ sports　④ at　⑤ not　⑥ am

⑦ think　⑧ good　⑨ I 】 I am.　　＊①と②の順序は問わない

It seems that I (　　)(　　)(　　)(7)(　　)(8)(　　)(　　)(9) I am.

D　下線部を英語にしなさい。ただし，(2)は help を用いること。

Alice drank the contents of the bottle that had "DRINK ME" printed on it. She had a strange feeling that she was getting smaller! Now, she was only 25 centimeters tall.

Alice felt happy. "I can go through that small door now!" But (1)小さくなりすぎて，テーブルの上のカギに手が届きませんでした。

Alice sat down and cried. But (2)泣いてもどうにもならないので，アリスは泣くのをやめました。 After she dried her tears, she saw a glass box under the table.

（Lewis Carroll. *Alice's Adventures in Wonderland.* より）

E　次の文章を読み，問いに答えなさい。

Organic food is very popular these days. It can also be very expensive. Some organic food costs twice as much as non-organic food. Parents of young children, and even some pet owners, will pay high prices for organic food if they think it's healthier. But many others think organic food is just a waste of money.

There is one main difference between organic and non-organic food. Organic farms do not use agricultural chemicals such as pesticides that stop insects from damaging crops. In many countries foods that claim to be organic must have special labels that guarantee they're grown organically.

[10] But over time organic farming has become big business, with many organic foods now being grown by large agricultural companies that sell their products far from where they're grown. Processed food made with organic *ingredients has also become more popular. At first, only small companies produced these products. But as ア demand overtook supply, big food companies that had been selling non-organic products for many years also began selling organic products. Small organic food companies found it difficult to compete with these big companies, and many didn't stay in business much longer.

[11] This is an important part of the debate. Many farmers and consumers believe it is. They think agricultural chemicals can cause serious illnesses like cancer, but there isn't much *evidence proving this is true. However recent studies have shown that eating organically-grown produce reduces your chances of developing heart disease. Many doctors think イ it's more important to stop dangerous bacteria from *contaminating foods. These bacteria can contaminate both organic and non-organic fruit and vegetables, and doctors recommend washing produce carefully

before eating it. Meat, fish and chicken can also become contaminated, so washing your hands before handling these foods is also very important. Many doctors also believe we should reduce the amount of sugar in our diets, and there is a lot of evidence to support this idea. They recommend carefully checking the list of ingredients on processed food and drinks for all the words that really mean sugar, like glucose, sucrose and fructose. And they remind us that the aim of most big food companies is to make lots of money, even if they damage our health while doing so. This means processed foods that are called "organic" can also be very unhealthy if they contain lots of sugar.

Most people agree that naturally grown food tastes better. Is tastier food worth the extra money? That's a matter of opinion. *Whether organic food is healthier or not is still not clear, so more research is needed. However, consumers of organic food often say "better safe than sorry" when it comes to what we eat.

ingredient：原料，材料　evidence：証拠　contaminate：～を汚染する　whether：～かどうか

https://www.englishclub.com/reading/health/organic.php

問１　10 ， 11 に入る最も適切な文を１つずつ選び，それぞれの解答番号に**マーク**しなさい。

① Is organic food really chemical-free?
② Is organic food safer and more nutritious?
③ Growing organic food was once environmentally friendly and sustainable.
④ Some people think organic also means " locally grown," and originally this was true.

問２　下線部**ア**の意味に最も近いものを１つ選び，解答番号 12 に**マーク**しなさい。

① processed organic food became more popular than organic food itself
② big companies also overtook small companies in the field of organic food
③ more and more people became more aware of ingredients in processed food
④ small companies couldn't keep up with the increasing popularity of processed organic food

問３　下線部**イ**を次のように説明するとき，それぞれの空欄に**３語以内**の英語を入れなさい。

In order to [　　　　　], it is more important to remove dangerous bacteria than to [　　　　　].

問４　本文中に述べられている医者からのアドバイスを次のようにまとめるとき，それぞれの空欄に**３語以内**の英語を入れなさい。

・Wash [　　　　　] before consuming them.
・Clean your hands when you touch meat, fish and chicken.
・Choose the food which contains [　　　　　].

問５　筆者の organic food に対する見解として最も適切なものを１つ選び，解答番号 13 に**マーク**しなさい。

① The author is against buying organic food.
② The author recommends that consumers buy more organic food.

③ The author thinks organic food tastes better than non-organic food.

④ The author has not expressed his or her own opinion clearly.

問6　この英文にタイトルをつけるとき，最も適切なものを1つ選び，解答番号 [14] にマークしなさい。

① The Harm of Organic Food

② The History of Organic Food

③ The Facts about Organic Food

④ How Organic Food Has Become Popular

⑤ Why Organic Food Is Good for the Health

[F] 次の物語を読み，問いに答えなさい。

Chelm was a village of fools, fools young and old. One night someone ア<u>spied</u> the moon reflected in a barrel of water. The people of Chelm imagined it had fallen in. They sealed the barrel so that the moon would not イ(e-　　　). When the barrel was opened in the morning and the moon wasn't there, the villagers decided it had been stolen. They sent for the police, and when the thief couldn't be found, the fools of Chelm cried and moaned.

Of all the fools of Chelm, the most famous were its seven Elders. Because they were the village's oldest and greatest fools, they ruled in Chelm. They had white beards and high foreheads from too much thinking.

Once, on a *Hanukkah night, the snow fell all evening. It covered all of Chelm like a silver tablecloth. The moon shone; the stars twinkled; the snow shimmered like pearls and diamonds.

That evening the seven Elders were sitting and pondering, *wrinkling their foreheads. The village was in need of money, and they did not know where to get it. Suddenly the oldest of them all, Gronam the Great Fool, exclaimed, "The snow is silver!"

"I see pearls in the snow!" another shouted.

"And I see diamonds!" a third called out.

It became clear to the Elders of Chelm that a treasure had fallen from the sky.

But soon they began to worry. The people of Chelm liked to go walking, and they would most certainly *trample the treasure. What was to be done? Silly Tudras had an idea.

"Let's send a messenger to knock on all the windows and let the people know that they must remain in their houses until all the silver, all the pearls, and all the diamonds are safely gathered up."

For a while the Elders were satisfied. They rubbed their hands ウ<u>in approval of</u> the clever idea. But then Dopey Lekisch called out in consternation, "The messenger himself will trample the treasure."

The Elders realized that Lekisch was right, and again they wrinkled their high foreheads in an effort to solve エthe problem.

"I've got it!" exclaimed Shmerel the Ox.

"Tell us, tell us," pleaded the Elders.

"The messenger must not go on foot. He must be carried on a table so that his feet will not tread on the precious snow."

Everybody was delighted with Shmerel the Ox's solution; and the Elders, clapping their hands, admired their own wisdom.

The Elders immediately sent to the kitchen for Gimpel the errand boy and stood him on a table. Now who was going to carry the table? It was lucky that in the kitchen there were Treitle the cook, Berel the potato peeler, Yukel the salad mixer, and Yontel, who was in charge of the community goat. All four were ordered to lift up the table on which Gimpel stood. Each one took hold of a leg. On top stood Gimpel, grasping a wooden hammer with which to tap on the villagers' windows. Off they went.

At each window Gimpel knocked with the hammer and called out, "No one leaves the house tonight. A treasure has fallen from the sky, and it is forbidden to step on it."

The people of Chelm obeyed the Elders and remained in their houses all night. Meanwhile the Elders themselves sat up trying to figure out how to make the best use of the treasure once it had been gathered up.

Silly Tudras proposed that they sell it and buy a goose which *lays golden eggs. Thus the community would be provided with a steady *income.

Dopey Lekisch had another idea. Why not buy eyeglasses that make things look bigger for all the *inhabitants of Chelm? Then the houses, the streets, the stores would all look bigger, and of course if Chelm looked bigger, then it would be bigger. オIt would no longer be a village, but a big city.

There were other, equally clever ideas. But while the Elders were weighing their various plans, morning came and the sun rose. They looked out of the window, and, alas, they saw the snow had been trampled. The heavy boots of the table carriers had destroyed the treasure.

The Elders of Chelm clutched at their white beards and *admitted to one another that they had made a mistake. Perhaps, they reasoned, four others should have carried the four men who had carried the table that held Gimpel the errand boy?

After long deliberations the Elders decided that if next Hanukkah a treasure would again fall down from the sky, カthat is exactly what they would do.

Although the villagers remained without a treasure, they were full of hope for the next year and praised their Elders, who they knew could always be counted on to find a way, no matter how difficult the problem.

Hanukkah：ハヌカー（冬に行われるユダヤ教の祭り）　wrinkle：（顔）にしわを寄せる
trample：～を踏みつける　lay：（卵）を産む　income：収入　inhabitant：住民
admit：～だと認める

Issac Bashevis Singer. *The Snow in Chelm.* KINSEIDO.

問１　下線部ア，ウの意味に最も近いものを１つずつ選び，解答番号 15 ， 16 にマークしなさい。

ア　spied　15

① collected secret information about　② happened to notice
③ secretly took a photo of　④ stole and put in

ウ　in approval of　16

① in support of　② in honor of　③ on top of　④ with the help of

問２　空欄イ（e-　）に入る最も適切な１語を答えなさい。ただし，与えられた文字から始めること。

問３　下線部エの指す内容として最も適切なものを１つ選び，解答番号 17 にマークしなさい。

① the decisions made by the Elders of Chelm
② the messenger's chance of crushing the treasure
③ the surprising discovery of the treasure hidden in the snow
④ the villagers' fear of losing the treasure because of their footsteps

問４　Lekisch が下線部オのように考えた理由を次のように説明するとき，空欄に入る日本語をそれぞれ答えなさい。

眼鏡をかけて［　　　　　　　　］のであれば［　　　　　　　　］から。

問５　下線部カの指す内容を30字程度の日本語で説明しなさい。

問６　本文の内容に合うものを３つ選び，解答番号 18 にマークしなさい。

例：②④⑥を選ぶ場合

解答番号	解答欄
18	① ● ③ ● ⑤ ● ⑦ ⑧ ⑨ ⓪

① The seven Elders were the oldest in Chelm, and so they had white beards and high foreheads.
② Gronam was the first to notice silver, pearls, and diamonds in the snow.
③ Gimpel the errand boy played an important role in the success of keeping the treasure safe.
④ Yontel, one of the seven Elders, carried the messenger on a table to the villagers' houses.
⑤ It took a whole day for the messengers to visit all the villagers' houses.
⑥ The treasure in the snow was successfully protected from being trampled by the villagers.
⑦ The seven Elders stayed up all night discussing how to use the treasure.
⑧ Silly Tudras recommended buying a goose because its large eggs could be sold at a high price.

⑨ The seven Elders of Chelm were trusted by the villagers for their wisdom.
⓪ Not all the names of seven Elders are mentioned in the story.

G 次の英文は，Randy Pausch という大学教授の講演の一部を書き起こしたものです。次の文章を読み，問いに答えなさい。

Jai sent me out to buy a few groceries the other day. After I found everything on the list, I figured I'd get out of the store faster if I used the self-scan aisle. I slid my credit card into the machine, followed the directions, and scanned my groceries myself. The machine chirped, beeped and said I *owed $16.55, but issued no receipt. So I swiped my credit card again and started over.

Soon, two receipts popped out. The machine had charged me twice.

At that point, I had a decision to make. I could have *tracked down the manager, who would have listened to my story, *filled out some form, and taken my credit card to his register to remove one of the $16.55 charges. The whole tedious ordeal could have stretched to ten or even fifteen minutes. It would have been zero fun for me.

*Given ア my short road ahead, did I want to spend those precious minutes getting that refund? I did not. Could I afford to pay the extra $16.55? I could. So イ I left the store, happier to have fifteen minutes than sixteen dollars.

All my life, I've been very *aware that time is *finite. I *admit I'm overly logical about a lot of things, but I firmly believe that one of my most appropriate *fixations has been to manage time well. I've *railed about time management to my students. I've given lectures on it. And because I've gotten so good at it, I really do feel I was able to *pack a whole lot of life into the shortened lifespan I've been handed.

Here's what I know:

Time must be explicitly managed, like money. My students would sometimes *roll their eyes at what they called "Pauschisms," but I stand by them. *Urging students not to *invest time on irrelevant details, I'd tell them: ウ "It doesn't matter how well you polish the underside of the banister."

You can always change your plan, but only if you have one. I'm a big believer in to-do lists. It helps us break life into small steps. I once put "get *tenure" on my to-do list. That was naive. The most useful to-do list breaks tasks into small steps. It's like when I encourage Logan to clean his room by picking up one thing at a time.

Ask yourself: Are you spending your time on the エ(r-　　) things? You may have causes, goals, interests. Are they even worth pursuing? I've long held on to a clipping from a newspaper in Roanoke, Virginia. It featured a photo of a pregnant woman who had lodged a protest against a local construction site. She worried that the sound of jackhammers was injuring her unborn child. But get this: In the photo, the woman is holding a cigarette. If she cared about her unborn child, the time she spent railing against jackhammers would have been better spent *putting out that cigarette.

Develop a good filing system. When I told Jai I wanted to have a place in the house where we could file everything in alphabetical order, she said I sounded way too *compulsive for her tastes. I told her: "Filing in alphabetical order is better than running around and saying, オ'I know it was blue and I know I was eating something when I had it.'"

Rethink the telephone. I live in a culture where I spend a lot of time *on hold, listening to "Your call is very important to us." Yeah, right. That's like a guy [カ] on a first date and saying, "[キ]." Yet that's how modern customer service works. And I *reject that. I make sure I am never on hold with a phone against my ear. I always use a speaker phone, so my hands are free to do something else.

I've also collected techniques for keeping unnecessary calls shorter. If I'm sitting while on the phone, I never put my feet up. In fact, it's better to stand when you're on the phone. You're more apt to speed things along. I also like to have something in view on my desk that I want to do, so I have the urge to wrap things up with the caller.

Over the years, I've picked up other phone tips. Want to quickly クdispatch telemarketers? Hang up while you're doing the talking and they're listening. They'll assume your connection went bad and they'll move on to their next call. Want to have a short phone call with someone? Call them at 11:55 a.m., right before lunch. They'll talk fast. You may think you are interesting, but you are not more interesting than lunch.

***Delegate.** As a professor, I learned early on that I could trust bright, nineteen-year-old students with the keys to my kingdom, and most of the time, they were responsible and impressive. It's never too early to delegate. My daughter, Chloe, is just eighteen months old, but two of my favorite photos are of her in my arms. In the first, I'm giving her a bottle. ケIn the second, I've delegated the task to her. She looks satisfied. Me, too.

Take a time out. It's not a real vacation if you're reading email or calling in for messages. When Jai and I went on our *honeymoon, we wanted to be left alone. My boss, however, felt I needed to provide a way for people to contact me. So I came up with the perfect phone message:

"Hi, this is Randy. I waited until I was thirty-nine to get married, so my wife and I are going away for a month. I hope you don't have a problem with that, but my boss does. Apparently, I have to be reachable." I then gave the names of Jai's parents and the city where they live. "If you call directory assistance, you can get their number. And then, if you can convince my new in-laws that your emergency merits interrupting their only daughter's honeymoon, エ they have our number."

We didn't get any calls.

Some of my time management tips are dead-on serious and some are a bit tongue-in-cheek. But I believe all of them are worth considering.

Time is all you have. And you may find one day that you have less than you think.

owe：（金額）の支払い義務がある　track down：～を見つけ出す　fill out：～を記入する
given：～を考えると　aware：気づいて　finite：有限の　admit：～だと認める　fixation：執念
rail about：～についてうるさく言う　pack：～を詰め込む　roll：～を丸くする
urge ～ to…：～に…するよう促す　invest：～を投資する　tenure：（大学教授の）終身在職権
put out：～を消す　compulsive：強迫観念にとらわれた　on hold：保留にされて
reject：～を拒絶する　delegate：～の代理を頼む　honeymoon：新婚旅行

Randy Pausch. *The Last Lecture.* Hyperion.

問1　下線部アは，筆者のどのような状況を表しているか。最も適切なものを1つ選び，解答番号 [19] にマークしなさい。

① 大学を定年退職する寸前の状況
② 病気で余命いくばくもない状況
③ 目的地まであと少しでたどり着く状況
④ 短気な性分のため，気長に待てない状況

問2　下線部イについて，次の英語の質問の答えとして最も適切なものを1つ選び，解答番号 [20] にマークしなさい。

Why did the speaker leave the store happily?

① Because he thought he couldn't buy time.
② Because he knew he could easily get his money back later.
③ Because it cost him only about $16 to use the self-scan machine.
④ Because he realized he actually paid $16.55, not $33.10.

問3　下線部ウの表す意味として最も適切なものを1つ選び，解答番号 [21] にマークしなさい。

① 手すりの裏側を掃除することは，結果的に時間の節約につながるということ。
② 手すりの裏側を磨くような作業にも，楽しみが潜んでいるということ。
③ 注目度の低い手すりの裏側であっても，掃除を怠ってはいけないということ。

④ 手すりを掃除するのであれば，人が触る部分だけでよいということ。

問4 空欄**エ**（r-　）に入る最も適切な1語を答えなさい。ただし，与えられた文字から始めること。

問5 下線部**オ**のような発言をする人はどのような人物であると推測できるか。最も適切なものを1つ選び，解答番号 22 にマークしなさい。

① a person who cannot focus on finding items in need
② a person who is good at organizing items by color
③ a person who is always looking for necessary items
④ a person who always carries important items with him or her

問6 空欄［**カ**］，［**キ**］に入れるものの組み合わせとして最も適切なものを1つ選び，解答番号 23 にマークしなさい。

① **カ** hitting a girl in the face
　 キ I actually do love you
② **カ** having dinner with a girl at a fine restaurant
　 キ I actually do love you
③ **カ** hitting a girl in the face
　 キ I really hate you
④ **カ** having dinner with a girl at a fine restaurant
　 キ I really hate you

問7 下線部**ク**の本文中の意味に最も近いものを1つ選び，解答番号 24 にマークしなさい。

① send for　② look for　③ talk with　④ finish with

問8 下線部**ケ**の写真はどんな写真だったのか。Chloe の行動を具体的に説明するとき，空欄に入る日本語を指定された字数で答えなさい。

Chloe が［　15字程度　］写真。

問9 Randy の同僚であるあなたが下線部コに至るまでの手順を次のようにまとめました。（A）～（E）に入る適切な日本語をそれぞれ答えなさい。なお，人物名を書く場合は英語表記のままで構いません。

留守番電話を聞いて（　A　）の名前と（　B　）の情報を得る。
↓
番号案内サービスに電話をかける。
↓
（　A　）の電話番号を入手。（　A　）に電話をかける。
↓
（　C　）が（　D　）よりも重要であると（　A　）を納得させる。
↓
（　E　）の電話番号を入手。

放送中にメモを取っても構いません。

H

放送問題Ⅰ　これから対話とそれに関する質問を1回ずつ放送します。答えとして最も適切なものを①～④の中から1つずつ選び，マークしなさい。

25 ① The woman loves the beach she visited last year.
② The woman wants the man to make the plan by himself.
③ The man wants to plan the vacation with the woman.
④ The woman feels like going hiking to the mountains.

26 ① The family has a plan to build a new house.
② The woman is not interested in discussing the job offer.
③ The man has already accepted the new job.
④ The woman is worried about moving to a new town.

27 ① The students should go to the restrooms before they leave.
② The students should be in groups at all times.
③ The students should come together after noon.
④ The students should eat something for lunch in the park.

28 ① \$9.50　② \$10.50　③ \$11.50　④ \$12.50

放送問題Ⅱ　これからある講義の一部をチャイムをはさんで2回放送します。それぞれの質問の答えとして最も適切なものを選び，マークしなさい。

Q1 What did the speaker notice about buses in Nepal? 29
① They left when they became full.
② They were small in size.
③ They came very frequently.
④ They served tea to passengers.

Q2 What did the speaker learn from his teaching experiences? 30
① Tea is as popular as coffee in Japan.
② Japan and Nepal have a similar history of tea.
③ Tea time helps develop relationships in Nepal.
④ Teachers in Nepal are working strictly on schedule.

Q3 According to the speaker, which **TWO** of the following are true? 31

例：④⑥を選ぶ場合

解答番号	解 答 欄
31	① ② ③ ● ⑤ ● ⑦ ⑧ ⑨ ⓪

① The speaker has taught in Japan for three years.
② Teachers in Nepal often drink tea with other teachers.
③ More and more people in Nepal are trying to take in the Japanese way of life.
④ People in Japan keep the time better than those in Nepal.
⑤ People in Nepal think of tea as a drink for special events.
⑥ People in Japan consume more tea than those in Nepal.

放送問題Ⅲ 対話を聞き，次の問いに答えなさい。対話はチャイムをはさんで2回放送します。

Q 1 What does the father tell his daughter to do to remember her dreams better? 32

① Set an alarm to the same time every day before going to bed.

② Write down the things she remembers when she wakes up.

③ Do not eat and drink too much for dinner.

④ Try to get some physical exercise to get a deeper sleep.

Q 2 According to the father, what are some good points of remembering and exploring your dreams? Fill in the following blanks.

(1) You can know about __________ though you may not realize.

(2) You can be more __________ in some activities.

Q 3 Why did the father tell her daughter to remember bad or scary dreams? 33

① She may help her not to have the same kind of dreams.

② She may feel when something bad will happen in the real world.

③ She may find some ways to get over negative feelings.

④ There is nothing good in particular, so she should forget about them immediately.

※リスニングテストの放送台本は非公表です。

いものを次の中から選び、記号で答えなさい。

ア　牛を返してほしいからといって、強引な手段を用いるべきではない。

イ　亡くなった者の罪を責めて大騒ぎするのは、見苦しいからやめなさい。

ウ　自分が犯してしまった罪を大々的に追及するのは、もう勘弁してほしい。

エ　いなくなった牛を探して大騒ぎするのは、もう終わりにしなさい。

オ　大切にしていた牛が死んだことを嘆くのは、いい加減やめなさい。

問8　本文から読み取れることとして、ふさわしくないものを次の中から一つ選び、記号で答えなさい。

ア　黄斑の牛が見当たらなかった河内禅師は、近隣の地域のみならず、遠方まで捜索させた。

イ　佐大夫は、自分が犯した罪のために死後樋集橋の袂《たもと》に毎日赴いて、罰を受けている。

ウ　黄斑の牛は、佐大夫が夢の中で告げた通りの日に、河内禅師の元へ帰ってきた。

エ　佐大夫と夢で出会った河内禅師は、その不思議な夢を誰かに話そうとして、結局話さなかった。

オ　黄斑の牛は、大仕事をしてきたような様子で、どこからともなく夢のお告げ通りに帰ってきた。

問9　この文章の出典である『今昔物語集』は、和文と漢文両面の要素を合わせ持った「和漢混交文」の先駆けとして知られているが、この文体で書かれた文学作品を次の中から一つ選び、記号で答えなさい。

ア　『竹取物語』　　イ　『枕草子』　　ウ　『源氏物語』

エ　『平家物語』　　オ　『論語』

かったから。

イ　牛車の事故で死んでしまった佐大夫が、夢の中で何かを話そうとし始めたから。

ウ　海辺で行方不明になっていた佐大夫が、平然とした様子でどこからか現れたから。

エ　牛と共に失踪《しっそう》していた佐大夫が、夢の中で自分がいつ帰るのかを語り始めたから。

オ　海で殺したはずの佐大夫が、何食わぬ顔で現れた経緯《けいい》が分からなかったから。

問3　古方位・古時刻の規則について、次の問いに答えなさい。

(1)　A　には北東に相当する古方位が入るが、この空欄を埋める語句として最もふさわしいものを次の中から選び、記号で答えなさい。

ア　甲子　イ　辰巳　ウ　丑寅　エ　庚午　オ　戊亥

(2)　B　には午前一〇時に相当する古時刻が入るが、この空欄を埋める語句として最もふさわしいものを次の中から選び、記号で答えなさい。

ア　子の時　イ　卯の時　ウ　巳の時　エ　未の時　オ　酉の時

問4　――線3「乗物の堪へずして」とあるが、なぜ乗り物は佐大夫が乗ることに耐えられないのか。その理由として最もふさわしいものを次の中から選び、記号で答えなさい。

ア　罪の報いとして川に投げ込まれ、水でずぶ濡《ぬ》れになった服が非常に汚らしいから。

イ　自分が犯した罪の重さに応じ、死霊《しりょう》となった体は重くなってしまっているから。

ウ　生前に犯した罪の報いとして、体が重い牛に生まれ変わってしまったから。

エ　重大な罪を犯した罰として、重たい石を背負い続ける刑に処せられているから。

オ　犯した罪の重大さのために、誰からも忌み嫌われる怨霊《おんりょう》になってしまったから。

問5　――線4「かち」とあるが、本文の内容を踏まえて適切な漢字二字に直しなさい。

問6　――線5「暫く借り申して乗りて罷り行く」とあるが、なぜ佐大夫はこのような行動を取ったのか。その理由として最もふさわしいものを次の中から選び、記号で答えなさい。

ア　黄斑の牛を飼う河内禅師だけは、重罪を犯した自分を乗せることに応じたから。

イ　怪力で知られた黄斑の牛は、怨霊である自分に対しても怖気《おじけ》づかなかったから。

ウ　黄斑の牛が牽く牛車は、自分が乗っても壊れるような様子ではなかったから。

エ　黄斑の牛の飼い主は、川の水でずぶ濡れになった自分が乗ることを許したから。

オ　河内禅師が飼っている黄斑の牛は、体の重い自分を乗せることができたから。

問7　――線6「な求め騒がせたまひそ」の解釈として、最もふさわしまた、[B 二十字以上三十字以内] ということ。

三 次の文章を読んで、後の問いに答えなさい。

京都の伏見の辺りの樋集《ひつめ》橋から、ある日牛車が落ちそうになった。その車を牽《ひ》いていた牛（黄斑《あめまだら》の牛）は足を踏ん張ってそれに耐え、ついに鞅《むながい》（車と牛を連結する帯）が切れて車は転落してしまったが、牛はそれに引きずられることなく無事だった。それを見た人々は、牛の怪力ぶりを称賛した。

その牛を労《いたは》り飼ひける程に、いかにして失せたりとも無くて、その牛失せにけり。＊河内禅師《かうちのぜんじ》、「1これはいかなる事ぞ」とて求め騒ぎけれども、無ければ、「離れて出《い》でにけるか」とて近くより遠きまで尋ねさせけれども、遂《つひ》に無ければ、＊求め繚《あつか》ひてある程に、河内禅師が夢に、かの失せにし＊佐大夫《さだいふ》が来たりければ、河内禅師、「海に落ち入りて死にきと聞く者は、いかで来たるにかあらむ」と夢心地にも、「2怖《おそろ》し」と思ふ思ふ出で会ひたりければ、佐大夫がいはく、「己は死にて後、この[A]の角の方になむはべるが、それより日に一度樋集の橋の許《もと》に行きて＊苦しびを受けはべるなり。それに、己が罪の深くて極めて身の重くはべれば、3乗物の堪へずして、4かちより罷《まか》り行くが極めて苦しくはべれば、この黄斑の御車《おほむくるま》牛の力の強くて乗りはべるに堪へたれば、5暫《しばら》く借り申して乗りて罷り行くを、いみじく求めさせたまへば、今五日ありて六日と申さむ[B]ばかりに返し申してむとす。あながちに6な求め騒がせたまひそ」といふ、と見る程に、夢覚めぬ。河内禅師、「かかる怪しき夢をこそ見つれ」と人に語りて止みにけり。

その後、その夢に見えて六日といふ[B]ばかりに、この牛俄《にはか》に＊いどこより来たりとも無くて、歩《あゆ》び入りたり。この牛、いみじく大《だい》事《じ》したる気にてぞ来たりける。

＊河内禅師…牛の飼い主。

＊求め繚ひて…探しあぐねて。捜索したものの、思うような結果が得られずに困っている様子。

＊佐大夫…河内禅師の親類。

＊苦しび…「苦しみ」と同義。

＊いどこ…「いづこ（どこ）」と同義。

問1 ――線1「これ」が示す内容として、最もふさわしいものを次の中から選び、記号で答えなさい。

ア 大切に飼っていたにも関わらず、牛がある日突然死んでしまったこと。

イ 牛が一生懸命に牽いていた車が、平坦な橋から落下してしまったこと。

ウ 佐大夫が亡くなると共に、牛も忽然《こつぜん》と姿をくらましてしまったこと。

エ 河内禅師が飼っていた牛が、理由も分からずどこかに姿を消したこと。

オ 怪力の牛を飼おうとしたものの、どこで買えるのかが分からないこと。

問2 ――線2「怖し」とあるが、河内禅師がこのように思った理由として最もふさわしいものを後の中から選び、記号で答えなさい。

ア 海に落ちて死んでしまった佐大夫が、夢に現れた理由が分からなないのにこうして話を聞きにきてくれた皆さんがいることが素直にうれしい。皆さんのおかげでこの講話が実現しているわけですから。動機づけや目的を超えるというのはそういうことじゃないでしょうか。

2ここで一つの言葉を導入したいと思います。目的によって開始されつつも目的を超え出る行為、手段と目的の連関を逃れる活動、それは一言で言うと「遊び」ではないでしょうか。たとえば、子どもは砂場に行くと砂で山を作って、そこにトンネルを通そうとする。ある意味では、砂場を見た瞬間に山を作ろうという目的に導かれているのだとも言えるかもしれませんが、もちろん、その目的は目的としてはどうでもいいものです。なぜならば、山を作り、トンネルを通すということそれ自体が楽しみの対象であるからです。遊びには、明らかに手段と目的の連関を逃れる側面があります。

遊びなどというとふざけているのかと思われるかもしれません。たった今、政治における自由の話をしたばかりであり、そもそもこの講義はコロナ危機下の社会についての考察から始まりました。最終的に遊びの話になるとはどういうつもりか、真剣にやっているのかと言われるかもしれません。しかし、そもそも勘違いしてはならないのは、遊びは真剣に行われるものだということです。砂場の山作り、トンネル作りも、この講話も、文化祭の活動も、真剣に行われるから楽しいのです。充実感があるのです。

そして、「遊び」という日本語が持つ「ゆとり」という意味にも注意を促しておきたいと思います。「ハンドルの遊び」のような言い回しで、この語は、機械の連結部分がぴったりと付いていないでゆとりを持っていることを意味します。これは必要を超え出て、目的をはみ出る贅沢《ぜいたく》の経験を思い起こさせます。遊びは目的に従属する行為、哲学的な用語で硬く言えば、合目的的な活動から逃れるものに他なりません。そして、合目的性を逃れることは少しも不真面目であることを意味しません。遊びは真剣に行われるものであるし、ゆとりとしての遊びは活動がうまく行われるために欠かせないものです。

（國分功一郎『目的への抵抗　シリーズ哲学講話』による）

＊　アーレント…ドイツ出身の政治哲学者。

＊　ラフ…堅苦しくなく、気取らないさま。

問1　〰〰線①「ヒハン」、②「マッショウ」を漢字に直し、③「充て」の漢字をひらがなに直しなさい。

問2　――線1「目的を超越する限りで現れる自由な行為と言う時、これとそんなに違うことは言っていないと思います」とあるが、筆者は「目的を超越する」ことをどのようなことだととらえているか。次に示す形式に合わせて説明しなさい。ただし、Bでは「手段」という言葉を必ず用いること。

[A　十字以内]　にとらわれず、[B　十五字以上二十字以内]　。

問3　――線2「ここで一つの言葉を導入したいと思います。目的によって開始されつつも目的を超え出る行為、手段と目的の連関を逃れる活動、それは一言で言うと「遊び」ではないでしょうか」とあるが、筆者は「遊び」という言葉を導入することで、「自由な行為」についてどのようなことが述べたかったと考えられるか。「自由な行為は、」の後に続けて、後に示す形式に合わせて説明しなさい。ただし、Aでは「真剣」を、Bでは「不可欠」という言葉を必ず用いること。

自由な行為は、[A　二十字以上三十字以内]　であり、

二　次の文章を読んで、後の問いに答えなさい。解答の字数については、句読点等の記号も一字として数える（なお問題の都合上、一部表記を改めている）。

行為は、自由であろうとすれば、一方では動機づけから、しかも他方では予言可能な結果としての意図された目標からも自由でなければならない。行為の一つ一つの局面において動機づけや目的が重要な要因でないというわけではない。それらは行為の個々の局面を規定する要因であるが、こうした要因を超越しうるかぎりでのみ行為は自由なのである（＊アーレント「自由とは何か」『過去と未来の間――政治思想への8試論』引田隆也＋齋藤純一訳、みすず書房、一九九四年、二〇四ページ）。

〈中略〉

先ほどの引用部では、自由に並んで、行為にとっての「動機づけ」「意図された目標」「目的」といった「要因」が言及されています。ここでは「目的」でこれらの要因を代表させることにしましょう。アーレントが言っているのは、行為にとって目的が重要な要因であることは間違いないが、しかし行為は目的を超越する限りで自由なのだということです。ここには目的の概念を考える上での大いなるヒントが記されているように思います。アーレントは目的の概念を徹底して①ヒハン的に考察していました。しかし、だからといって目的を②マッショウせよということではない。目的が行為する上で重要な役割を果たすことは間違いないのです。

けれども、そうした要因に規定されたまま行為するに留まっていたとしたら、その行為は自由ではない。つまり、「こういう動機でやっています」とか「こういう目標を達成するためにやっています」としか言えない行為は自由ではない。

たとえば文化祭の出し物を決めるために、学級会で話し合いをしますね。その最初には「文化祭に参加する」という目的がある。その目的によって話し合いが始まるわけだけれども、話し合いそのものが、話し合われている内容によってワクワクするものになっていくことがありますよね。簡単に言うと楽しくなるということです。その時、その話し合いは、もはや、文化祭に参加しなければならないから行われている話し合いではない。話し合いで決まった出し物を準備するにあたっても、その過程そのものが楽しみになることがあります。これは学校の文化祭では稀《まれ》にしか起こらない幸福な経験なのかもしれませんが、確かにそういうことはあります。僕は経験したことがある。アーレントが自由な行為、1目的を超越する限りで現れる自由な行為と言う時、これとそんなに違うことは言っていないと思います。

今日も僕は「学期末特別講話」と題してお話をしています。大学ではきちんと講義さえ行えばいいのですから、自分から進んでこのような場を設ける必要はありません。けれども、一学期間授業を行ってきて、最後にもうすこし＊ラフにお話する機会があっていいなという気持ちが僕の中に芽生えてきた。そして、どうせやるならば面白いものにしたいと思うようになった。すると、最後にラフにお話をする機会を設けようという当初の目的すら、どこか超え出てしまっていて、この講義の準備自体に楽しみを感じるようになる。いや、もちろん、準備は結構大変なんですけどね。こうした活動は完全に大学において僕に③充てがわれている目的を超越しています。実際、僕はいまとても自由にお話して、皆さんと関わることができていると感じています。だから、単位とは関係が

イ　朝早くなにか決心した顔つきで川へ降りて行った時から、一日中ずっと自分に注意を向けさせてきたから

ウ　夢にまで見たウグイの群れを、裂け目の向こうについに見いだし、このまま死んでも本望だと思ったから

エ　岩の裂け目から助け出してくれたものの、そのまま浅瀬に置き去りにされたことで母に失望していたから

オ　溺れかかっているうちに、生来の無気力な側面が頭をもたげ、このまま死んでも構わないと決心したから

問6　[4] に当てはまる言葉として適当なものを次の中から一つ選び、記号で答えなさい。

ア　誰かが両足をつかんで、引っ張り出そうとしていた

イ　このままでは溺れ死んでしまう、と取り乱していた

ウ　よし、このままでいよう、と決心したのでもあった

エ　このまま溺死すれば、村の伝説として語り継がれる

オ　自分の風変わりな性格が、またしても災いを招いた

問7　――線4「夢のようなこと」の説明として最もふさわしいものを次の中から選び、記号で答えなさい。

ア　岩の裂け目を偵察し、ウグイにまつわる噂《うわさ》話が本当なのかこの目で確かめてみたい。

イ　一尾のウグイとなって裂け目の向こう側に進み出て、群れに紛れ込んでしまいたい。

ウ　岩の裂け目の向こう側にあるという、水族館さながらのウグイの群れを見てみたい。

エ　ウグイに生まれかわり、裂け目に引っかかっている、以前の自分の姿を目にしたい。

オ　このままウグイとして生きていくと決心した以上、母の怒りに触れても仕方がない。

問8　この文章における「私」の説明として最もふさわしいものを次の中から選び、記号で答えなさい。

ア　日頃は臆病であるにもかかわらず、一度決心すると、無謀な計画であっても決行しようとする奇妙な性格が淡々とした口調で語られている。

イ　村の子供たちの間で怖れられていた深い淵に自分だけが接近し、死の危険と隣り合わせの偵察に身を投じた武勇伝が回想的に語られている。

ウ　頭の傷痕にまつわる記憶から、後に当時の情景を再構成してみたものの、それでもなお残る謎が出来事の核心として印象深く語られている。

エ　悠々と泳ぐウグイの群れに同化したいという幼少期からの願望を抑えきれず、ついにそれを果たした瞬間の達成感が鮮やかに語られている。

オ　死の危険に直面した際、両親のどちらが自分を救ってくれたかという問いに、執拗《しつよう》にこだわる自己の煮え切らなさが自嘲的に語られている。

カ　村に言い伝えられている禁忌を犯し、ウグイの群れに近づいたことで、家族との会話もよそよそしくなっていく過程が詳細に語られている。

らく前に考えていたことを見ぬいて、怒っていたからこそ、母はそうしたのじゃないでしょうか？

　自分の失敗で溺れそうになりながら、4夢のようなことを考えて、自分を助ける努力をしなかった子供に、母親は失望してしまったのだろう。私には、その思いがあったのです。それならばどんなに謝っても、母が許してくれることはありそうにないと、私は恥ずかしい気持であきらめていたようにも思います。

（大江健三郎「数十尾のウグイ」による）

問1　――線1「私は決心していました」の内容を具体的に説明したものとして、最もふさわしいものを次の中から選び、記号で答えなさい。

ア　たとえ母の怒りに触れることになろうとも、他の村の子供たちに先んじて水中の岩の裂け目にたどりつきたい。
イ　日頃から子供たちに怖れられているがゆえに、岩にあたった水流が作ったとされるトンネルに近づいてみたい。
ウ　岩のくびれに手をかけて身体を安定させ、水が逆流している場所から深く潜り、裂け目の向こうに進み出たい。
エ　岩のくびれの端の逆流に近づいて裂け目の向こう側に入り込み、自分も一尾のウグイのように生きて行きたい。
オ　話に聞いていた水の逆流している場所を何とかして探り当て、水に頭を沈めて裂け目の向こう側を偵察したい。

問2　[1]・[2]に、共通して当てはまる言葉を次の中から一つ選び、記号で答えなさい。

ア　それどころか　　イ　それゆえに
ウ　それでいて　　エ　それはそうと
オ　それ以上に

問3　――線2「続いてこちらは確かな記憶があります」とあるが、「確かな記憶」に当てはまらないものを次の中から二つ選び、記号で答えなさい。

ア　ウグイの一尾になった自分の目に、男の子が岩の裂け目に引っかかっているのが見える。
イ　私の両足を強い力の手がつかんで私を裂け目に突き入れてからねじり、引っぱり出した。
ウ　引っぱり出された瞬間、自分の頭から出た血が、煙のように水に立ちのぼるのが見えた。
エ　呼吸している私を見届けた後、怒りを露わにしてその場を立ち去る母の足音が聞こえた。
オ　気を失っていた私が、気がつくと、淵からの水が広い瀬になった浅い所に運ばれていた。

問4　[3]に当てはまる言葉として適当なものを次の中から一つ選び、記号で答えなさい。

ア　誰が自分を助けたのか、しつこく問いただしている
イ　自分が失敗したことを反省して、しょげこんでいる
ウ　自分を助けた人が誰なのか、お互いがわかっている
エ　自分の決心には正しいところがある、と話している
オ　自分のとった軽率な行動が、母親を失望させている

問5　――線3「母親に正直にいえなかった理由」として最もふさわしいものを後の中から選び、記号で答えなさい。

ア　溺れかかり、慌てふためく一方、助かろうともがくこともせず死に身を任せようという思いがあったから

その私の脇から、浅瀬の底の砂利《じゃり》をザッ、ザッと踏んで立ち去って行く足音が、水につかっている側の耳に聞こえました。

　これからが、私の経験したことのなかで、なにより不思議なところなのです。私にはいまも、左耳の上に痕《あと》が残っている傷をつけて、岩の裂け目から引きずり出してくれたのが、誰だったかわからないのです。

　まだ父が生きていた時のことですから、この人であったかも知れません。いつも裏座敷に坐《すわ》って仕事をしている父が、一息入れようと川の側の縁側に立ち、風景を眺めていて、私のおかしなふるまいに気がついた。それはありえます。しかし、それから川に駆け降りたとして、私の救助には間にあわなかったのじゃないでしょうか？

　朝早く、なにか思い立ってひとりで川へ降りて行く私に、どこか普通じゃないものを感じとり、後をつけてきた母親が助けてくれたのかも知れません。母は小柄な人でしたが、手は大きく、なにかの際には、とても敏捷《びんしょう》に立ち働く人でした。

　それでも、父か母が私を救ってくれていたのであれば、そのことが家庭の話題になったはず。そう皆さんは思われるでしょう。ところが、そうしたことがあったとして、両親には子供の私になにもいわないままでいることがありえた、という気もするのです。そういう人たちだった、と私は感じています。

　とくに父が、子供じみた冒険のせいで死にそうになった息子を救わねばならなかったのだとしたら、おそらく私にはなにもいわなかったろう、と思います。

　私は実際に死ぬほど苦しい目にあったのです。そして[3]のです。それに対しては、黙っている――日頃も、あまり子供たちに話しかけない人でした――。それが父親にはふさわしい態度だったように思います。そして、二、三年のうちに父が死ぬまで、私はあのことについて質問する勇気がありませんでした。

　母親にも、私はなにもたずねませんでした。頭にけがをしていたのですが、そのことも言い出すことができず、富山から来る薬売りが置いて行く薬袋から、塗り薬を取り出して、自分で塗りました。そのために化《か》膿《のう》して傷痕が残ったのだったかも知れません。私は心配している妹にも手を出させないで、せっせと薬を塗ったものです。私のせいなのですから。

　そして、私には、3母親に正直にいえなかった理由があったのです。私は裂け目の向こうの水のなかにきれいなウグイの群れを見ながら、自分の考えたことを気にかけていました。苦しくてもこのままにしていれば、自分も一尾のウグイになって水のなかで生きて行くことができる。私はそう思ったのでした。

　それだけでなく、

――[4]ように感じられたのです。

岩に頭をはさまれて溺れようとしていながら、自分で何とか生き延びられるよう努力するどころか、その反対のことをねがっていたのです。そして、あの強い力の手が引き出してくれなかったとしたら、私はバス二台を重ねたような岩の下に潜って溺死《できし》した子供として、村の新しい伝説になっていたはずなのです。

　私を助けてくれたのが母親だったなら、浅瀬へ連れ戻してはくれたでしょうが、そこに引っかかり、呼吸できているのを見とどけると、そのまま強く川底を踏む音をたてて遠ざかったのも母です。私がほんのしば

［2］、この決心には自分として正しいところがあるのだと、はっきり言葉にして、頭のなかでいってみたり、紙に書きつけてみたりすることができないのを、私はずっと気にかけていました。（中略）

　私は浅瀬からの急流の端の方に乗っかって、あまり強い力では岩にぶつからないように、しかし岩から離れはしないように何度も流れくだりました。そのうち、とうとう岩のくびれの端につかまることができたのです。そこには、話に聞いていたとおり、小さい逆流があって、岩から手を離しても流されることはありませんでした。私は水に頭を沈めては、岩の裂け目を「偵察」しました。戦争中のことで、子供たちは「戦争ごっこ」をやり、敵の陣地を「偵察」する、というように、よくこの軍隊用語を使っていたのです。

　それから、私は大きく息を吸い込んで深く潜り、裂け目に頭を入れました。しかも、できるかぎり奥深く。そして私は、話に聞いていたとおり、すぐ目の前に、静かに泳いでいる数十尾のウグイを見ました！

　ウグイはそろって私のひろげた手のひらよりも長く、すべすべした銀灰色でした。エラ呼吸して、ゆっくり動くウグイの頭のこちら側の、黒い点のような目が、いっせいに私を見ました……

　その光景は、いまも鮮やかに、私の心にきざみつけられています。ところが、私にはそれに自分がどのように反応し、どういうふるまいに出たかということが、思い出せないのです。いろんな情景がバラバラに浮かんでくるだけです。

　あれから、何回となく、よく思い出そうとしました。夢のなかでその光景を見て、ああ、こうだったんだと発見して喜んで、目がさめてから夢にすぎないと失望したこともあります。

　そのようにして、後から私が組み立てて行った情景の初めは、ウグイの群れに少しでも近づこうとして、岩の裂け目に頭を突っ込んでいるところです。下半身が水の流れにあおられて、前へ押し出されたようにも思います。

　続いて、もっとよく見ようとしたとたん、頭とあごとが、岩にガッキとはさまれました。頭を引こうとしますが、動きません。このままでは溺《おぼ》れ死んでしまうと、私は驚き、恐れています……

　ところが、私にはもうひとつの情景が――いわば、心のなかの情景が――忘れられないのです。それこそ、夢に見たような思い出なのですが……

　苦しくても、このままじっとしていればいい。そうすると、自分にもエラ呼吸ができるようになって、水のなかで生きて行くことになる。身体も銀灰色になり、黒い点の目をして。

　そして、数十尾のウグイの一尾になった自分の目に、男の子が岩の裂け目に引っかかっているのが見える、とも感じていました……

　2続いてこちらは確かな記憶があります。水の流れに揺れている私の両足を、強い力の手がつかんで、私を裂け目に深く突き入れてから、横にねじり、そして乱暴に引っぱり出したことです。自分の頭から出た血が、煙のように水に立ちのぼるのを見ました。

　そして気を失っていた私が、気がつくと、淵からの水が広い瀬になった浅いところに運ばれていました。私の身体は流れのせいで斜めになって、引っかかっていました。あお向いているので呼吸はできるのですが、よじれた水中眼鏡が目を圧迫して、青い空がチラリと見えただけでした。

【国　語】（六〇分）〈満点：一〇〇点〉

一　次の文章を読んで、後の問いに答えなさい。

子供の時の出来事で、いまになっても私自身に不思議なままのものがありました。私は七歳か八歳でした。家の下の川を、とくに増水していなければどこでも自由に泳ぎ渡れるようになっていたのですから。

裏口から川岸に向かって降り、竹藪《たけやぶ》を通りぬけて川ぞいに登って行くと、村にやって来ていたバスを見るたびに思ったことですが、それを二台タテに重ねた大きさとかたちの、青みがかった岩がありました。

上流から早い瀬をなして来た水流が、この岩にぶつかり、深い淵《ふち》になります。その淵の、岩に接している部分が、子供たちに怖《おそ》れられていました。水のなかでは岩が船腹のように削られていて、深く潜ると人の身体は吸いつけられるというのでした。その奥には、岩にあたった水流がトンネルを作っていて、引き込まれると出て来ることはできない、とも……

ところがもうひとつ話があって、私はそれに引きつけられていたのです。岩のちょうどなかほどの、水面から三十センチほど下にくびれたところがある。上流から岩にそって流れくだり、くびれのあるところまで来ると、水が逆流している。そこでくびれの、手のかかる部分につかまって身体を安定させ、それから水に潜ると、岩の裂け目が見えてくる。子供の頭ならそこに差し込むことができる幅で、裂け目の向こうは、水族館の水槽のようになっている。

そして、どこから光がやって来るのか、そこは明るく、数十尾ものウグイが、水の流れと同じ速さで、川上に向かって泳いでいる……

話を聞いて、私は数十尾のウグイの群れを見たいものだ、と考えました。それからは、教室にいても、運動場で遊んでいても、家で本を読んでいてすら、頭が熱くなるようで、ほかのことはなにも考えられなくなりました。

そして、夏休みの始まった朝早く――水面はキラキラ光り、川向こうの林は露に濡《ぬ》れて青あおとしていました――年上の子供たちも川に降りて来ない早い時間に、私はヨモギの葉をつぶしたもので水中眼鏡の曇りを取りながら、浅瀬のツルツルした石を踏んで、ひとりその岩まで上って行ったのです。

1私は決心していました。子供がその岩の周りで泳ぐのは危険だ、といわれています。日頃《ひごろ》私は、臆病《おくびょう》なほど注意深くふるまう子供でした。［1］、ひとり考えていて、ある決心をすると、家族や友達から、風変りなやつだとあきれられることをする性格でもあったのです。たいてい自分でもなぜそんなことをしたのか、つくづく後悔しました。それでも性格はあらためられず、森のなかで雨にふりこめられ、三日たって消防団に助けられたりもしました。この場合、発熱もしていて、ひとりでは降りて来られなかったのです。しかし、夜になるまでひとりぼっちで森に入っている、というようなことは、やはり普通ではありませんでした。

この朝早く、私はどうしても、くびれの水面下の岩の裂け目に頭をさしこんで、ウグイの群れを見てやろう、と決心していたのです。そして私は、自分がいったん決心してしまうと、身体のなかから勇気がグングン湧《わ》いて来て、もう考え方をあらためることはできないのを知っていました。

2024年度

解　答　と　解　説

《2024年度の配点は解答欄に掲載してあります。》

＜数学解答＞ 《学校からの正答の発表はありません。》

1　(1)　$2^3\times3\times17\times103$　(2)　16　(3)　15　(4)　10通り
　(5)　過程　解説参照　答え　(3, 3)

2　(1)　ア　$\dfrac{180(n-2)}{n}$　イ　4　ウ　解説参照　エ　$6\sqrt{3}$　(2)　20分

3　(1)　$(-5, -5at)$　(2)　①　$t=\dfrac{5}{2}$　②　$a=\dfrac{2}{5}$

4　(1)　$2\sqrt{3}$　(2)　3　(3)　$OH^2=6+3\sqrt{3}$　(4)　$2+\sqrt{3}$

5　(1)　①　解説参照　②　$2\sqrt{10}$cm　(2)　$6\sqrt{5}\,\mathrm{cm}^2$　(3)　$30\sqrt{2}\,\mathrm{cm}^3$

○推定配点○

1　(5)　答え　3点　他　各5点×5　2　(1)　ウ　4点　(2)　6点　他　各2点×3
3　(2)①　4点　他　各6点×2　4　(1), (2)　各4点×2　他　各6点×2
5　(1)　各4点×2　他　各6点×2　計100点

＜数学解説＞

1　(小問群─数の計算，素因数分解，因数分解，方程式，式の値，度数分布表，累積相対度数，場合の数，直線の式，対称移動，最短距離)

(1)　$205^2=42025$　よって，$42024=42025-1=205^2-1^2=(205+1)(205-1)=206\times204=2\times103\times2\times102=2\times103\times2\times2\times3\times17=2\times2\times2\times3\times17\times103=2^3\times3\times17\times103$

(2)　2次方程式$3x^2-4x-2=0$の解がa，bなので，$3a^2-4a-2=0$…①　$3b^2-4b-2=0$…②　$3a^2-4a+2$は，$3a^2-4a-2+4$として①を代入すると4になる。$6b^2-8b^2$は，$6b^2-8b^2-4+4=2(3b^2-4b-2)+4$として②を代入すると4になる。よって，$(3a^2-4a-2)(6b^2-8b^2)=4\times4=16$

(3)　20以上30未満の階級の度数をx，30以上40未満の階級の度数をyとすると，$3+10+x+y+8=50$　$x+y=29$…①　20以上30未満の階級の累積相対度数は$\dfrac{3}{50}+\dfrac{10}{50}+\dfrac{x}{50}$　これが30以上40未満の階級の相対度数$\dfrac{y}{50}$の2倍だから，$\dfrac{3}{50}+\dfrac{10}{50}+\dfrac{x}{50}=\dfrac{2y}{50}$　$13+x=2y$　$x-2y=-13$…②
①×2＋②から，$3x=45$　$x=15$　よって，15

(4)　a，b，c，dが1～4までの異なる自然数であるとして$a^b\times cd$について考えると，$a=3$のときには$a^b\times cd$は3の倍数となり，b，c，dの並び方は$3\times2\times1$の6通りある。$a=1$，2，4の場合にはa^bは3の倍数にはならない。そのときにはcdが3の倍数になれば$a^b\times cd$は3の倍数である。cdについては10の位の数のcと一の位の数のdの和が3の倍数になっていればよいから，$(c, d)=(1, 2)$，$(2, 1)$，$(2, 4)$，$(4, 2)$の4通りがある。なお，それぞれ，$4^3\times12$，$4^3\times21$，$1^3\times24$，$1^3\times42$となる。よって，$6+4=10$(通り)

重要 (5)　直線$y=x$について点Aと対称な点を点Cとすると，AP＋BP＝CP＋BP　AP＋BPが最短になるのはCP＋BPが最短になるときで，そのとき，点Bと点Cを結ぶ線は線分BCである。直線$y=x$は傾きが1で座標軸と45°の角度で交わるからC(0，−3)　直線BCの傾きは，$\frac{5-(-3)}{4}=2$　よって，$y=2x-3$　直線$y=x$との交点のx座標は，$2x-3=x$　$x=3$　よって，P(3，3)

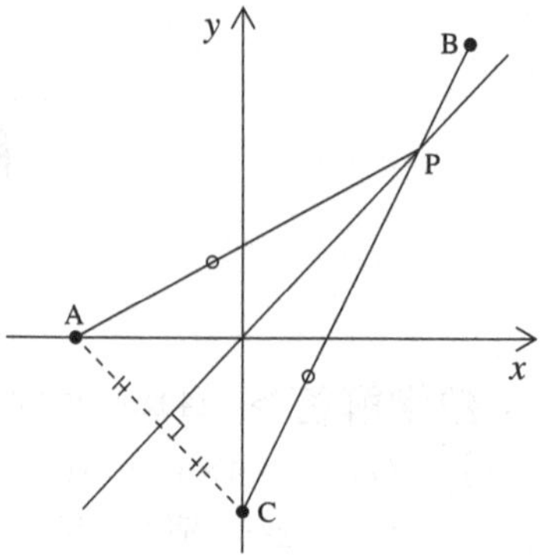

2 (その他の問題—ミツバチの巣の形，証明，正多角形の角，式の変形，因数分解，正多角形の周と面積，三平方の定理)

やや難 (1)　ア　n角形は1つの頂点から$(n-3)$本の対角線を引くことができ，対角線を引くごとに図形は1つずつ増えるから，$(n-2)$個の三角形に分けることができる。そのことから，n角形の内角の和は$(n-2)\times180°$　正n角形は等しい内角がn個あるから，1つの内角の大きさは，$\frac{(n-2)\times180}{n}=\frac{180(n-2)}{n}$(°)　イ　$\frac{180(n-2)}{n}$°の角がm個集まって360°になるのだから，$\frac{180(n-2)}{n}\times m=360$　両辺をn倍して180で割ると，$mn-2m=2n$　$mn-2n-2m=0$　両辺に4をたして左辺を因数分解すると，$mn-2n-2m+4=4$　$n(m-2)-2(m-2)=4$　$(m-2)(n-2)=4$　ウ　nは3以上の整数だから$n-2$は正の整数である。よって，$m-2$も正の整数であり，積が4だから，$m-2=1$，2，4　よって，$m=3$，4，6　$(n,\ m)=(3,\ 6)$，$(4,\ 4)$，$(6,\ 3)$となる。　エ　正三角形，正方形，正六角形の等しい周の長さを$12a$とすると，1辺の長さはそれぞれ$4a$，$3a$，$2a$　正三角形の面積は$\frac{\sqrt{3}}{4}\times(1辺)^2$で求められるから，正三角形の面積は$\frac{\sqrt{3}}{4}\times(4a)^2=4\sqrt{3}a^2$　正方形の面積は$(3a)^2=9a^2$　正六角形は合同な6個の正三角形に分割できるから，$6\times\frac{\sqrt{3}}{4}\times(2a)^2=6\sqrt{3}a^2$　よって，面積の比は，$4\sqrt{3}a^2:9a^2:6\sqrt{3}a^2=4\sqrt{3}:9:6\sqrt{3}$

(2)　太郎と次郎がすれ違うまでにかかった時間をx分，太郎の速さを分速ymとする。右図の①は太郎がx分間に進む道のりでxymである。②は次郎がx分間に進む道のりで$80x$mである。③は太郎が16分間に進む道のりで$16y$mである。①＋②＝3600なので，$xy+80x=3600$…④　②＝③なので，$80x=16y$…⑤　⑤から$y=5x$　④に代入して，$5x^2+80x=3600$　整理すると，$x^2+16x-720=0$　和が16，積が−720となる2数は，36と−20だから，$(x+36)(x-20)=0$　$x>0$なので，$x=20$　20分後にすれ違う。

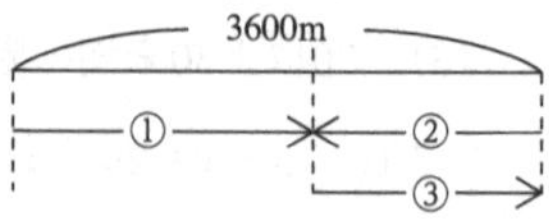

3 (関数・グラフと図形—放物線，直線，交点の座標，面積の比，グラフの交点，同一円周上にある点)

基本 (1)　点A，点Bは放物線$y=ax^2$上の点で，A$(-5,\ 25a)$，B$(t,\ at^2)$　直線OBの傾きは$\frac{at^2}{t}=at$　よって，直線OBの式は$y=atx$　直線ACの式は$x=-5$　よって2直線の交点をDとすると，D$(-5,\ -5at)$

重要 (2)　①　△OABの面積を$3s$とすると，△OAC＝$4s$　AC：DC＝$25a:5at=5:t$だから，△OAC：

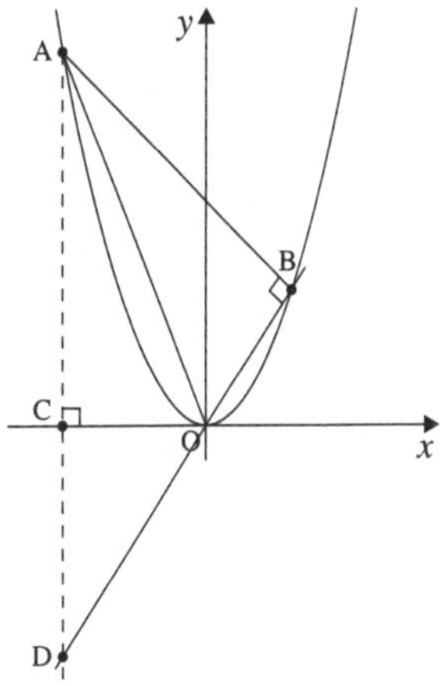

$\triangle ODC=5:t=4s:\triangle ODC$　　$\triangle ODC=4s\times\frac{t}{5}$　　よって，$\triangle OAD=4s+4s\times\frac{t}{5}=4s\times\frac{5+t}{5}$　　$\triangle OAB:\triangle OAD=OB:OD=t:5$だから，$3s:4s\times\frac{5+t}{5}=3:\frac{4(5+t)}{5}=t:5$　　$4t(5+t)=75$　　$4t^2+20t-75=0$　　$2t=x$とおくと，$x^2+10x-75=0$　　$(x+15)(x-5)=0$　　$x>0$なので，　$x=5$　　$t=\frac{5}{2}$

やや難　② 4点O，A，B，Cが同一円周上にあるとき，∠ACO＝90°なのでAOはその円の直径であり，∠ABO＝90°となる。垂直に交わる直線の傾きの積は－1なので，直線ARと直線OBの式の傾きをaを用いて表す。$A(-5,\ 25a)$，$R\left(\frac{5}{2},\ \frac{25}{4}a\right)$だから，直線ARの傾きは，$\left(\frac{25}{4}a-25a\right)\div\left\{\frac{5}{2}-(-5)\right\}=-\frac{75}{4}a\div\frac{15}{2}=-\frac{5}{2}a$　　$D\left(-5,\ -\frac{25}{2}a\right)$だから，直線DRの傾きは，$\left\{\frac{25}{4}a-\left(-\frac{25}{2}a\right)\right\}\div\left\{\frac{5}{2}-(-5)\right\}=\frac{75}{4}a\div\frac{15}{2}=\frac{5}{2}a$　　よって，$-\frac{5}{2}a\times\frac{5}{2}a=-1$　　$\frac{25}{4}a^2=1$　　$a^2=\frac{4}{25}$　　$a>0$なので，$a=\frac{2}{5}$

4 （平面図形―扇形，三平方の定理，半径，相似，面積の比，長さ，面積）

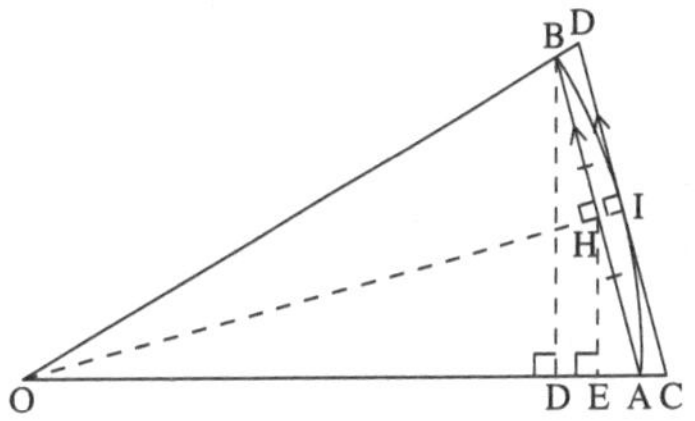

基本　(1)　扇形OABの半径をrとすると，扇形OABの面積がπであることから，$\pi r^2\times\frac{30}{360}=\pi$　　$r^2=12$　　$r>0$だから，$r=\sqrt{12}=2\sqrt{3}$

(2)　扇形OABの面積は△OABの面積より大きい。点BからOCに垂線BDを引くと，△OBDは内角の大きさが30°，60°，90°の直角三角形となる。よって，OB：BD＝2：1　　BD＝$\sqrt{3}$　　したがって，$\triangle OAB=\frac{1}{2}\times OA\times BD=\frac{1}{2}\times2\sqrt{3}\times\sqrt{3}=3$

重要　(3)　△OABは二等辺三角形で，OHはABの垂線だからAH＝BH　　点HからOAに垂線HEを引くと，HE：BD＝1：2　　$HE=\frac{\sqrt{3}}{2}$　　BD：OD＝1：$\sqrt{3}$なので$OD=\sqrt{3}\times\sqrt{3}=3$　　$AD=2\sqrt{3}-3$　　AE：ED＝AH：BH＝1：1だから，$DE=\frac{2\sqrt{3}-3}{2}$　　$OE=3+\frac{2\sqrt{3}-3}{2}=\frac{2\sqrt{3}+3}{2}$　　△OHEで三平方の定理を用いると，$OH^2=HE^2+OE^2=\left(\frac{\sqrt{3}}{2}\right)^2+\left(\frac{2\sqrt{3}+3}{2}\right)^2=\frac{3}{4}+\frac{21+12\sqrt{3}}{4}=6+3\sqrt{3}$

(4)　扇形OABは△OCDよりも面積が小さい。AB//CDなので，OA：OC＝OB：OD＝OH：OI　OH：OIは△OABと△OCDの相似比である。相似な図形の面積の比は相似比の2乗となるので，$\triangle OAB:\triangle OCD=OH^2:OI^2$　　よって，$3:\triangle OCD=6+3\sqrt{3}:12$　　$\triangle OCD=\frac{36}{6+3\sqrt{3}}=\frac{12}{2+\sqrt{3}}$

＋α〉 5 （空間図形－正八面体，切断，切断面，三平方の定理，長さ，面積，体積）

基本 (1) ① この正八面体は面ACFEについて対称である。PB＝PDとなるので△PBDは二等辺三角形であり，正方形BCDEの対角線の交点をOとすると，BO＝DO　よって，PO⊥BD　点Rは点Oについて点Pと対称であり，CR：FR＝2：1　FR＝2cm　〈切断1〉によってできる切り口はPBRDであり，右図のようになる。

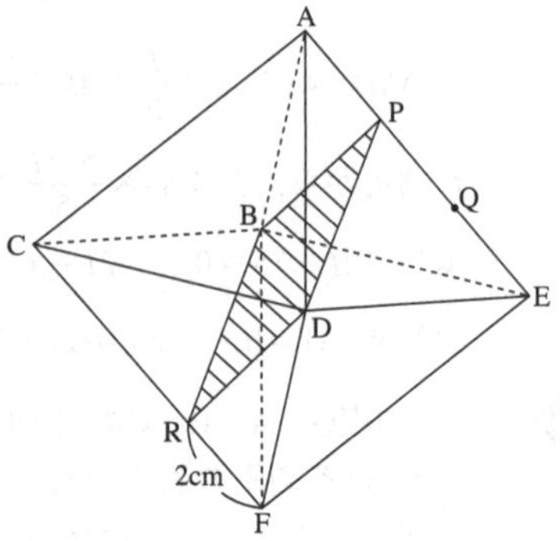

② 正方形ACFEで考える。点PからCFに垂線PSを引き，△PRSで三平方の定理を用いると，$PR^2=PS^2+SR^2$　PS＝6cm，SR＝2cmなので，$PR=\sqrt{6^2+2^2}=2\sqrt{10}$ (cm)

(2) 平行な2平面に他の平面が交わるとき，交わりの直線は平行になる。点Qを通る平面Xと平行な面が辺EB，EDと交わる点をそれぞれG，Hとすると，QG//PB，QH//PD　点QはEPの中点なので，点G，点HはそれぞれEB，EDの中点である。GHの中点をIとすると，QI//POとなる。また，PQ//RF，PQ＝RFなので，QIは点Fを通る。したがって，点Qを通る平面Xと平行な面で立体アを切った切り口は四角形QGFHとなる。QI//PO，GH//BDなので，QI⊥GH　$GH=\frac{1}{2}BD=3\sqrt{2}$，$QF=PR=2\sqrt{10}$だから，切り口の面積は，$\frac{1}{2}\times3\sqrt{2}\times2\sqrt{10}=6\sqrt{5}$ (cm^2)

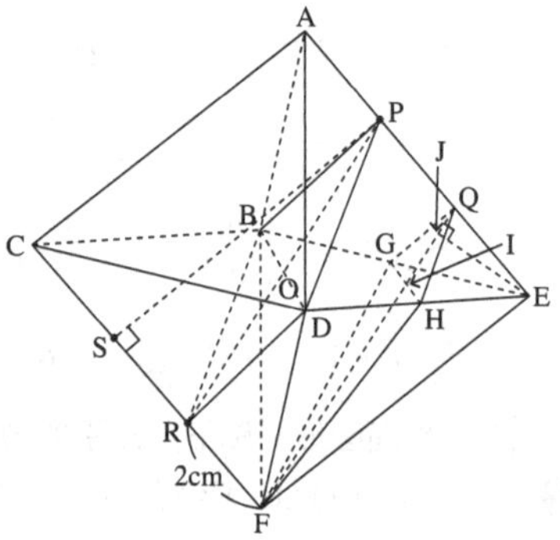

重要 (3) 点Eから面QGFHに垂線EJを引くと，点JはQF上にある。△EQFの面積を2通りに表すことで，EJ×QF＝EQ×EF　$2\sqrt{10}\times EJ=2\times6$　$EJ=\frac{12}{2\sqrt{10}}=\frac{6}{\sqrt{10}}$　よって，四角すいE－QGFHの体積は，$\frac{1}{3}\times6\sqrt{5}\times\frac{6}{\sqrt{10}}=\frac{12}{\sqrt{2}}=6\sqrt{2}$　元の正八面体の体積は底面が正方形BCDE，高さがAO，FOである2つの正四角すいを合わせたものであり，立体アはその半分だから，立体アの体積は$\frac{1}{3}\times6\times6\times3\sqrt{2}\times2\div2=36\sqrt{2}$　よって，立体イの体積は$36\sqrt{2}-6\sqrt{2}=30\sqrt{2}$ (cm^3)

★ワンポイントアドバイス★

1(1)は205^2を計算すると$A^2-B^2=(A+B)(A-B)$の利用に気づく。　2(2)はすれ違った地点とBとの距離に着目する。　4(4)はなぜ(3)でOHの2乗を求めたかを考える。　5正八面体の4つの頂点を通る対称の面は正方形である。

＋α〉は弊社HP商品詳細ページ（トビラのQRコードからアクセス可）参照。

＜英語解答＞ 《学校からの正答の発表はありません。》

A　1　common　2　forgot　3　feedback

B　1　記号　エ　訂正　exciting　2　記号　ア　訂正　told
3　記号　ウ　訂正　the best

C　[1]　③　[2]　⑥　[3]　④　[4]　④　[5]　③　[6]　②　[7]　⑧　[8]　③
[9]　⑦

D　(1)　she got too small to reach the key on the table.　(2)　crying didn't help at all, so Alice stopped crying.

E　問1　[10]　④　[11]　②　問2　[12]　④　問3　be [get, stay] healthy, eat organic food　問4　fruit and vegetables, less sugar　問5　[13]　④　問6　[14]　③

F　問1　[15]　②　[16]　①　問2　escape　問3　[17]　②　問4　村が大きく見える，村が大きくなった　問5　使者が乗った机の脚を運ぶ4人を，さらに別の4人が運ぶこと。
問6　[18]　⑦，⑨，⓪

G　問1　[19]　②　問2　[20]　①　問3　[21]　④　問4　right　問5　[22]　③
問6　[23]　①　問7　[24]　④　問8　自分で瓶を持って(ミルクを)飲んでいる
問9　(A)　Jaiの両親　(B)　彼らの住所　(C)　自分の用事　(D)　新婚旅行
(E)　Randy

H　放送問題解答省略

○推定配点○

A　各1点×3　B　各2点×3　C　各2点×3　D　各2点×2　E　各2点×9
F　各2点×9　G　問9　各1点×5　他　各2点×8　H　各2点×12　計100点

＜英語解説＞

基本 A　(語彙・語句補充)

1　「2人以上の人々が共有している，もしくは属している」「それは多くの科学者の間で共通の知識だ」 common「共通の，一般的な」

2　「過去の出来事を思い出せないこと」「私たちがそんなひどいことを忘れてしまったと，あなたは思いますか」 forget「～を忘れる」 現在完了の文なので過去分詞 forgot を入れる。

3　「何かを改善したり学んだりするのに役立つ，他の人からの助言，情報，意見」「あなたのご感想をお知らせください。率直なご意見に感謝いたします」 feedback「反応，意見，感想」

B　(正誤問題：単語，受動態)

1　「もし他の誰かと一緒に旅行に行ったら，それはもっとわくわくするでしょう」 エを exciting に直す。excited は人を主語にして「(人が)わくわくしている」という意味なので不適切。

2　「私は自分のことを話しすぎて人の話を全く聞かない，とよく言われる」 アを told に直す。People often tell me that ～「人々はよく私に～と言う」を受動態にすると I am often told that ～「私はよく～と言われる」となる。

3　「フライドチキンが世界で最も愛されている料理の1つであることは間違いない」 ウを the best と直す。the best loved「最も愛されている」

C　(語句整序：副詞，前置詞，使役動詞，不定詞，比較)

1　(I can't believe that) even a smart person like you didn't understand this.　直訳は「あなたのように賢い人でさえもこれが理解できなかったとは，私は信じられない」となる。even「～

でさえ」 like は「～のように」を表す前置詞。

2 What made you decide to work in the US? 直訳は「何があなたにアメリカで働くことを決心させたのか」となる。〈make ＋人＋動詞の原形〉「(人)に～させる」

3 (It seems that I) am not as good at sports as I think (I am.) It seems that ～「どうやら～のようだ」 that 以下は not as … as ～「～ほど…ではない」の構文である。

やや難 **D** **(和文英訳：不定詞，動名詞)**

(1) 〈too … ＋ to ＋動詞の原形〉「…すぎて～できない」の構文を用いる。「小さくなりすぎて」は第1段落第2文の she was getting smaller を参考にして she got too small とする。「～に手が届く」は reach ～ とする。

(2) 「どうにもならない」は自動詞 help「役立つ」を使って否定文で「役に立たない」とする。stop ~ing「～するのをやめる」

E **(長文読解・論説文：文補充・選択，語句解釈，語句補充，内容吟味，要旨把握)**

(全訳) オーガニック食品は近頃とても人気がある。それはまた，非常に高価なこともある。オーガニック食品の中には，非オーガニック食品の2倍の価格のものもある。幼い子供の親やペットの飼い主は，それがより健康的だと考えるとオーガニック食品に高い金額を払う。しかし他の多くの人々はオーガニック食品はただお金の無駄だと考える。

オーガニック食品と非オーガニック食品には大きな違いが1つある。オーガニックの畑は，虫が作物を荒らすのを食い止める殺虫剤のような農薬を使わない。多くの国でオーガニックだと主張する食品は，それらがオーガニックで育てられたことを保証する特別なラベルを付けていなくてはならない。

[10]オーガニックは「地元産」も意味すると考える人もいて，元々これは正しかった。しかし時が経つにつれてオーガニック農法は大きなビジネスになり，多くのオーガニック食品が大規模な農作物企業によって栽培され，その製品は産地から遠く離れたところで売られている。オーガニック原料で作られた加工食品もさらに人気になっている。最初は中小企業だけがこのような製品を生産していた。しかし，ア需要が供給を上回り，非オーガニック製品を何年も売っていた大規模な食品会社もオーガニック製品を売り始めた。中小のオーガニック食品会社はこのような大企業と競合するのは難しく，多くがビジネスを長くは続けられなかった。

[11]オーガニック食品はより安全でより栄養に富んでいるのだろうか。これは論争の重要な部分である。多くの農家や消費者はそうだと信じている。彼らは，農薬はがんのような深刻な問題を起こす可能性があると信じているが，これが本当であると証明する証拠はあまりない。しかし，最近の研究により，オーガニック栽培の製品を食べることは心臓病になる可能性を減らすことが示された。多くの医師たちはイ危険なバクテリアが食品を汚染するのを食い止めることのほうがより重要だと考えている。これらのバクテリアはオーガニックおよび非オーガニックの果物・野菜を汚染し，医師たちは食べる前に食品をよく洗うことを勧める。肉，魚，鶏肉も汚染される可能性があるので，これらの食品を扱う前に手を洗うことも非常に大切だ。多くの医師たちはまた，食事に含まれる糖分を減らすべきだと考えており，この考えを支持する多くの証拠がある。彼らはグルコース，スクロース，フルクトースなど，実は糖分を意味する単語について，加工食品や飲料の原材料表を入念に確認するよう勧める。そして彼らは，ほとんどの大きな食品会社の目的は，たとえ私たちの健康を損なおうとも，大金を稼ぐことだ，と注意する。これは，もしたくさんの糖分が含まれているなら，「オーガニック」と呼ばれる加工食品も不健康になりうる，ということだ。

自然に育った食品はおいしい，とほとんどの人が同意する。よりおいしい食品は余計にお金を払う価値があるだろうか。それは考え方の問題だ。オーガニック食品はより健康的か否かはいまだに明らかではないので，さらなる調査が必要だ。しかしオーガニック食品の消費者は，食べ物に関して言えば「後悔するより安全なほうがまし」と言う。

問1　[10]・[11]　全訳下線部参照。

問2　[12]　④「中小企業は，加工オーガニック食品の人気の増加についていけなかった」

重要　問3　「健康でいるためには，危険なバクテリアを取り除くほうがオーガニック食品を食べることよりも重要だ」下線部イを含む段落のテーマは「オーガニック食品は健康か否か」である。それについてはあまり証拠がなく，オーガニック食品を食べるよりも食品から危険なバクテリアを取り除くほうが重要であり，健康的である。

問4　「食べる前に果物や野菜を洗う」「肉，魚，鶏肉を触る前に手を清潔にする」「糖分の少ない食品を選ぶ」　contain less sugar「より少ない糖分を含む」

重要　問5　[13]　④「筆者は自分の意見を明確に表していない」

やや難　問6　[14]　①「オーガニック食品の害」（×）　害については述べられていない。　②「オーガニック食品の歴史」（×）　歴史についても述べられていない。　④「どのようにしてオーガニック食品が人気になったか」（×）　人気の背景についても述べられていない。　⑤「なぜオーガニック食品は健康に良いのか」（×）　健康に良いという証拠はない。　よって③「オーガニック食品の事実」とする。

F　**（長文読解・物語文：語彙，同意語，語句補充，語句解釈，内容吟味，指示語，内容一致）**

（全訳）　ケルムという村は間抜けが住む村で，若者も年寄も間が抜けている。ある夜，ある人が，水樽の中に映る月アを見つけ出した。ケルムの人々は月が落ちてきたのだと思った。そして彼らは樽にふたをして，月がイ逃げ出さないようにした。朝，樽が開けられて月がなくなっていると，住人たちは月が盗まれたのだと決めつけた。彼らは警察を呼びよせたが，盗人は見つからず，ケルムの間抜けたちは嘆き悲しんだ。

ケルムの間抜けたち中で最も有名だったのが7人の長老だった。彼らは村の中で一番年を取っていて偉大な間抜けだったので，ケルムを治めていた。彼らは白いあごひげをはやし，額は考えすぎて禿げあがっていた。

あるハヌカーの夜，雪が一晩中降った。それはまるで銀色のテーブルクロスのようにケルムの村を覆った。月は輝き，星は瞬いた。雪は真珠やダイアモンドのようにきらきらと輝いた。

その晩，7人の長老たちは，額にしわをよせながら悩んでいた。村にはお金が必要だが，彼らはそれをどこで手に入れたらよいのかわからなかった。すると突然，最年長で大バカ者のグロナムが「雪は銀だ！」と叫んだ。

「雪の中に真珠が見えるぞ！」と別の1人が叫んだ。

「おれはダイアモンドを見た！」と3人目が叫んだ。

ケルムの長老たちは，財宝が空から降ってくることに気づいた。

しかし，彼らはすぐに心配になってきた。ケルムの人々は出歩くのが大好きだ。きっと彼らは財宝を踏みつけてしまうだろう。どうしたらよいのか？　バカなトゥドラスが思いついた。

「使者を送って全ての窓をノックして，人々に家にいてもらうように知らせよう。銀や真珠やダイアモンドが全て安全に集められるまで」

しばらくの間，長老たちは満足していた。彼らはその賢い考えウに賛成して手をこすりあわせた。しかし，愚か者のレキッシュが驚いて叫んだ。「使者が財宝を踏みつけてしまうぞ」

長老たちはレキッシュの言うとおりだということに気付き，エその問題を解決しようと禿げあがった額に再びしわをよせた。

「わかったぞ！」　大柄なシュメレルが叫んだ。

「教えてくれ，教えてくれ」 長老たちは嘆願した。

「使者は自分の足で歩いて行ってはいけない。彼が大事な雪を踏まないように机に乗せて運ばせるんだ」

誰もが大柄のシュメレルの解決案に喜び，長老たちは手をたたきながら，自分たちの素晴らしい知恵を褒めたたえた。

長老たちはすぐにキッチンへ行って使い走りのギンペルを呼び寄せ，彼を机の上に立たせた。さぁ，誰が机を運ぶのか？　ちょうどいいことにキッチンにはコックのトライトルとジャガイモの皮むき係のベレルとサラダ係のユケルと，ヤギの世話係のヨンテルがいた。4人はギンペルの立っている机を持ち上げるよう命令された。4人はそれぞれ机の脚をつかんだ。その上にギンペルが立ち，村人たちの家の窓をたたくための木の槌をもっていた。そうして彼らは出かけていった。

それぞれの窓をギンペルは槌でたたき，叫んだ。「今晩は誰も外に出ないでください。財宝が空から降ってきて，それを踏むことは禁じられています」

ケルムの人々は長老たちに従い，一晩中家の中にいた。一方，長老たちは，財宝が集められたらどのように使うのが一番良い方法かを考えながら，寝ずに起きていた。

バカなトゥドラスはそれを売って，金の卵を産むガチョウを買うことを提案した。そうすれば，この村は安定した収入を得ることができるだろう。

愚か者のレキッシュには他の考えがあった。ケルムの住民全員に，ものが大きく見える眼鏡を買ったらどうだろうか？　そうすれば，家も通りもお店もすべてが大きく見え，ケルムの村が大きく見えるということは，つまりそれは大きくなったということだ。オそれはもはや村ではなく，大都市だ。

その他にも同様に賢い考えがあった。しかし，長老たちが様々な計画を秤にかけているうちに，朝が来て太陽が昇った。彼らが窓の外を眺めると，なんということだろう，雪が踏みつぶされているのが見えた。机を運んでいた者たちの重いブーツが財宝を台無しにしてしまった。

ケルムの長老たちは己の白いひげをつかんで，自分たちが間違いを犯したことを認め合った。彼らは，使い走りのギンペルが乗っていた机を運んでいた4人を，また別の4人が運ばなければいけなかったのではないか，と推察した。

長い間考えた結果，もし次のハヌカーにまた空から財宝が降ってきたら，カそれこそが自分たちのすることだ，長老たちは決定した。

村人たちは財宝がないままだったけれども，来年への希望であふれていた。そして長老たちを褒め讃えた。なぜなら，たとえどんなに問題が困難でも，長老たちなら解決策を見つけることができると彼らは知っていたからだ。

問1　[15]・[16]　ア　spy には「(ひそかに)～を観察する」の他に「たまたま～を見る」の意味があり，ここでは後者。よって②「たまたま気が付く」が適切。　イ　in approval of ～「～を承認して」 ① in support of ～「～を支持して」

問2　escape「逃げ出す」

問3　[17]　下線部エの直前の段落の，レキッシュの言葉参照。②「使者が財宝を破壊する可能性」

問4　下線部オの直前の文の内容をまとめる。

やや難　問5　下線部カの直前の段落の，長老たちが考えた内容(解決案)をまとめる。

やや難　問6　[18]　①「7人の長老たちはケルムで最も年を取っている，そのため彼らには白いあごひげと禿げ上がった額がある」(×)　②「グロナムは雪の中に銀，真珠，ダイアモンドがあることを最初に気づいた」(×)　③「使い走りのギンペルは，財宝を安全に保つことに成功したことにおいて，重要な役割を果たした」(×)　④「7人の長老のうちの1人であるヨンテルは，テーブルの上の使者を村人の家まで運んだ」(×)　⑤「使者が村人全ての家を訪問するのに丸一日かかった」(×)　⑥「雪の中の財宝は，村人たちに踏み荒らされることから安全に守られた」(×)　⑦「7人の長老たちは財宝の使い道を討論して一晩中起きていた」(○)　⑧「バカなトゥドラスはガチョウを買うことを勧めた，なぜならその大きな卵は高値で売れるからだ」(×)　⑨「ケルムの7人の長老たちはその知恵で村人たちから信頼されていた」(○)　⓪「7人の長老たちの全ての名前が話の中で言及されているわけではない」(○)

G　**(長文読解・スピーチ：語句解釈，英文英答，語句補充，内容吟味，語彙)**

(全訳)　ジェイは先日，私に食用品を買いに行かせた。リストに載っているものを全て見つけた後，私はセルフレジを使えば店から早く出られるだろうと思った。私は機械にクレジットカードを通し，指示に従い，自分で食料品をスキャンした。機械は甲高い音を出し，ビーっと鳴って16.55ドルの支払い義務がある，と告げたが，レシートを発行しなかった。そこで私は再びクレジットカードをスワイプして初めからやり直した。

すぐに2枚のレシートが出てきた。その機械は私に2回分の支払いをさせたのだ。

その時点で，私は決断しなければならなかった。私は店長を見つけ出して私の話を聞かせ，何らかの用紙に記入し，16.55ドルの請求分の1つを消去するためにクレジットカードを店長のレジに持っていくこともできただろう。その退屈な試練は10分から15分かかったかもしれない。それは私にとって全くおもしろくないだろう。

私の$_{ア}$この先が短いことを考えると，私は返金してもらうためにその貴重な時間を費やしたかっただろうか。ノー。私は余計な16.55ドルを支払うことはできるか。イエス。そこで$_{イ}$私は16ドルよりも15分を持てたことに満足して店を出た。

私の人生においてずっと，私は時間が有限であることを意識していた。私は自分が多くの事柄について過剰に論理的だということを認めるが，私は自分の最も適切な執念は時間をうまく管理することだと固く信じている。私は自分の学生たちに時間管理についてうるさく言ってきた。私はそれについての講義を行った。そして私はそれが非常に得意だったので，私は自分に課された短い寿命にたくさんの人生経験を詰め込むことができたと実感している。

私が知っていることを述べよう。

時間はお金のように明確に管理されなくてはならない。私の学生たちは彼らが呼ぶところの「パウシュ主義」に目を回すだろうが，私はそれらを支持する。学生たちに重要でない細部に時間を費やさないよう促すため，私は彼らに言う。$_{ウ}$「手すりの裏側をどんなに上手に磨いても，どうしようもない」

いつでも計画を変えることができるが，計画があってこそだ。私はやることリストの信者である。それは人生を小さなステップに分けることに役立つ。私はかつて自分のやることリストに「終身在職権を得る」と載せた。それは考えが甘かった。最も役に立つやることリストは，仕事を小さなステップに分ける。それは，ローガンに1度に1つ物を拾うことで部屋をきれいにしなさい，と促すようなものだ。

自分に問いかけなさい。自分は時間を$_{エ}$正しいことに費やしているか。君たちは原因，目標，興味を持っているだろう。それらは追求するのに値するか。私はバージニア州ロアノークの新聞からの切り抜きを長いこと持ち続けている。それには，地元の建設現場に対する抗議を申し立てている妊婦の写真が載っている。彼女は削岩機の音が胎児を傷つけていると心配していた。しかし，よく聞いてくれ。写真の中で，その女性はタバコを持っている。もし彼女が胎児を心配しているなら，彼女が削岩機に抗議して費やす時間は，タバコを消すことでより良く使えるのだ。

優れたファイル法を身につけなさい。私がジェイに，あらゆるものをアルファベット順にファイルできる場所が家の中にほしいと言った時，彼女は私が強迫観念にとらわれすぎていて彼女の好みに合わない，と言った。私は彼女に言った。「アルファベット順にファイルすることは，『あれは青い色だったし，あれを使った時に自分は何かを食べていたんだ』なんて言いながら駆けずり回るよりマシだよ」

電話を考え直しなさい。私は「お客様の電話は私どもにとってとても大切です」（うん，その通り）と聞きながら，長時間保留にされる文化の中で生活している。それは初めてのデートでカ彼女の顔を殴り「キ実は僕は君を愛している」という男のようなものだ。しかしそれが現代のカスタマーサービスのやり方だ。そして私はそれを拒絶する。私は決して耳に電話をあてて保留状態にならないようにしている。私は常にスピーカーフォンを使う，そうすれば私の両手は別のことが自由にできる。

私は不必要な電話を短くする技術も集めてきた。電話をしながらイスに座っている時には，私は決して足を台にのせて高くしないようにしている。実際，電話中は立っているほうが良いのだ。そうすると物事をスピードアップさせようとする。私はまた，自分のしたいことを机の上に置いて視界に入るようにする，そうすると電話をかけてきた人とのやり取りを切り上げようという気持ちになる。

長年の間に，私はその他の電話のコツも身に着けてきた。さっさと営業電話クを片付けたい？　君たちが話して彼らが聞いている間に電話を切りなさい。彼らは君の電話の接続が悪くなったと思って，次の電話に移るだろう。誰かと電話で手短かに話したい？　昼食の直前，午前11時55分に電話しなさい。彼らは早口で話すだろう。君は自分のことを面白味があると思っているかもしれないが，君は昼食よりも興味をそそらないのだ。

人に委託しなさい。教授として私は早いうちに，自分の王国への鍵を賢い19歳の学生たちに託すことができると学んだ，そしてほとんどの場合，彼らは責任を持ち，きちんとしていた。人に委託するのに早すぎることはない。私の娘，クロエはまだ生後18か月だが，私のお気に入りの2枚の写真は，私の腕に抱かれた彼女の写真である。最初の写真で，私は彼女に瓶を与えている。ケ2枚目の写真では，私はその仕事を彼女に委託した。彼女は満足そうな様子だ。私もだ。

休暇をとりなさい。もしメールを読んだりメッセージのために電話を入れたりしていたら，それは本当の休暇ではない。ジェイと私が新婚旅行に行った時，私たちは2人きりになりたかった。しかし私の上司は，人々が私に連絡を取る手段を私が用意しておくべきだと感じた。そこで私は完璧な電話メッセージを思いついた。

「もしもし，ランディです。私は待つこと39歳でようやく結婚したので，妻と私は1か月間出かけます。あなたがそれで困らないといいのですが，私の上司は困るそうです。どうやら私は連絡がつくようにしないといけないようです」 そして私はジェイの両親の名前と彼らの住んでいる都市を告げた。「あなたが番号案内サービスに電話をかければ，彼らの電話番号がわかります。そして，もしあなたが私の新しい義理の家族に対し，あなたの緊急事態は彼らの一人娘の新婚旅行を邪魔するに値すると納得させることができれば，コ彼らは私たちの番号を言うでしょう」

私たちは一切電話がかかってこなかった。

私の時間管理術は完全にまじめなものもあれば，少しふざけたものもある。しかし，どれもすべて一考に値すると私は確信している。

君たちが持っているものは時間だけだ。そしていつか，自分が思うよりも持っている時間が少ないことに気づくかもしれない。

重要 問1　⑲　下線部アに続く文から，筆者は16.55ドルを取り戻すために15分を費やすくらいなら16.55ドルを余計に払ったほうがマシだと思っており，筆者にとっては少しの時間も貴重であるとわかる。また，次の段落(第5段落)の最終文に the shortened lifespan I've been handed「私に課された短縮された寿命」という表現から，余命いくばくもない状態だと推測される。

やや難 問2 20 「どうして話し手は喜んで店を出たのか」 ①「時間は買うことができないと思ったから」 can't buy the time「時間を買えない」とは「お金より時間のほうが大切だ」という意味である。

問3 21 下線部ウは「手すりの裏側を磨いても意味がない」ということ。言い換えれば④のように「手すりは人が触る部分だけ磨けばよい」ということになる。

重要 問4 空所エを含む段落の妊婦のエピソードは，時間を正しいことに費やしていない例である。よって right「正しい」を入れる。

問5 22 下線部オのような発言をする人は，ものの場所がわからなくなり，いつも探し物をしている人である。よって③「いつも必要なものを探している人」が適切。

やや難 問6 23 実際の行動と言動が相反する(矛盾する)組み合わせとして①が適切。

問7 24 dispatch「～をさっさと片付ける」 ④ finish with ～「～を終わらせる」

やや難 問8 最初の写真の「私は彼女に瓶を与えている」は，筆者が娘に哺乳瓶で(おそらくミルクを)飲ませている状況である。下線部ケの直後の「私はその仕事を彼女に委託した」は「ミルクを飲ませる仕事を彼女自身にやらせた」という意味で，娘が自分で哺乳瓶を持って(ミルクを)飲んでいる。

重要 問9 下線部コを含む段落の内容をまとめる。

H 放送問題解説省略

★ワンポイントアドバイス★

Gの長文読解問題は，難解な表現が多く，単語・文法レベルも高い。筆者のおかれた状況が理解しづらく読解に時間がかかる。

＜国語解答＞ 《学校からの正答の発表はありません。》

一 問1 オ　問2 ウ　問3 ア・エ　問4 イ　問5 ア　問6 ウ　問7 エ　問8 ウ

二 問1 ① 批判　② 抹消　③ あ(て)　問2 A (例) 動機づけや目的(にとらわれず,)　B (例) 手段そのものが楽しみになるということ(。)　問3 A (例) (自由な行為は,)当初の目的にはとらわれず，行為自体を真剣に楽しむ遊び(であり,)
B (例) (また,)必要を超え出るゆとりを持っていることが不可欠だ(ということ。)

三 問1 エ　問2 ア　問3 (1) ウ　(2) ウ　問4 イ　問5 徒歩　問6 オ　問7 エ　問8 エ　問9 エ

○推定配点○

一 各5点×8　二 問1 各2点×3　他 各4点×4　三 問3・問5・問9 各2点×4
他 各5点×6　計100点

＜国語解説＞

一 （随筆―主題・表題，情景・心情，内容吟味，文脈把握，接続語，脱文・脱語補充）

問1 「ところが」で始まる段落の「水が逆流している……水に潜ると，岩の裂け目が見えてくる。子供の頭ならそこに差し込むことができる幅で，裂け目の向こうは，水族館の水槽のようになっている」や，「話を聞いて」で始まる段落の「私は数十尾のウグイの群れを見たい」に続く「決心」であることから判断する。この内容にふさわしいものはオ。――線1の直後の段落の「私はどうしても，くびれの水面下の岩の裂け目に頭をさしこんで，ウグイの群れを見てやろう，と決心していた」とあるのもヒントになる。アの「他の村の子供たちに先んじて」とは書かれていない。「私」は「裂け目の向こう」の「数十尾のウグイの群れを見たい」と思っているので，イの「トンネルに近づいてみたい」やウの「裂け目の向こうに進み出たい」わけではない。この時点では，「私」はウグイになりたいと思っていないので，エもふさわしくない。

問2 ［1］では，「日頃私は，臆病なほど注意深くふるまう子供でした」という前に対して，後で「ひとり考えていて……風変りなやつだとあきれられることをする性格でもあった」と相反する内容を述べている。［2］も，「自分がいったん決心してしまうと……もう考え方をあらためることはできないのを知っていました」という前に対して，後で「この決心には自分として正しいところがある」と相反する内容を述べているので，逆接の意味を持つ言葉が当てはまる。

基本 問3 ――線2の「確かな記憶」に対して「ところが」で始まる段落に「夢に見たような思い出」とある。この「夢に見たような思い出」に「ウグイの一尾になった自分の目に，男の子が岩の裂け目に引っかかっているのが見える」とあるので，「確かな記憶」に当てはまらないのはア。また，「これからが」で始まる段落に「私にはいまも……岩の裂け目から引きずり出してくれたのが，誰だったのかわからない」とあるので，「母の足音が聞こえた」とあるエも「確かな記憶」に当てはまらない。

問4 直前の文の「死ぬほど苦しい目にあった」に続くのにふさわしいのは，「反省してしょげこんでいる」とあるイ。「そして」という添加の意味を表す後の後に，エの「自分の決心が正しいところがある」は続かない。直後の文の「それに対しては，黙っている」という父の態度から，「私」の言動を述べる言葉が当てはまるので，「お互いがわかっている」とあるウは適当ではない。また，同じ段落に「質問する勇気がありませんでした」とあるので，アも適当ではない。直後の段落で「母親にも」と言い出しているので，母親について述べるオも適切ではない。

問5 ――線3「母親に正直に言えなかった」のは，最終段落にあるように「自分の失敗で溺れそうになりながら，夢のようなことを考えて，自分を助ける努力をしなかった子供に，母親は失望してしまったのだろう」と考えていたためである。この「夢のようなこと」は，「岩に頭をはさまれて」で始まる段落の「溺れようとしていながら，自分で何とか生き延びられるよう努力するどころか，その反対のことをねがっていた」ことを意味しているので，アが最もふさわしい。この理由にウやエはふさわしくない。イの「一日中ずっと自分に注意を向けさせていた」は，「朝早く」で始まる段落で「私」の仮定として書かれているが，事実としては書かれていない。オの「生来の無気力」が読み取れる描写はない。

やや難 問6 直後の文の「岩に頭をはさまれて溺れようとしていながら，自分でなんとか生き延びられるよう努力するどころか，その反対のことをねがっていた」に着目する。この「その反対のこと」にあたる内容が当てはまる。「生き延びられるよう努力する」の「反対」なので，そのままでいようと決心するという意味のウを選ぶ。直後の段落に「村の新しい伝説になっていた」とあるが，［4］の前までに伝説になりたいとしている描写はないので，エは適当ではない。

問7 「夢のような」という言葉をキーワードに，「ところが」で始まる段落の「夢に見たような思い出」に注目する。直後の「苦しくても」で始まる段落以降の「自分にもエラ呼吸ができるようになって，水のなかで生きて行く……そして，数十尾のウグイの一尾になった自分の目に，男の子が岩の裂け目に引っかかっているのが見える」にエの説明が最もふさわしい。他の選択肢は，「私」が溺れそうになりながら考えていた「夢のようなこと」の内容に合わない。

重要 問8 「これからが」で始まる段落に「これからが，私の経験したことのなかで，なにより不思議なところなのです。私にはいまも，左耳の上に痕が残っている傷をつけて，岩の裂け目から引きずり出してくれたのが，誰だったのかわからないのです」とあるように，「私」は幼い頃の経験を再構成したものの，残っている謎をテーマに書いているので，ウが適当。ア「奇妙な性格」やイ「武勇伝」，エ「達成感」，オ「執拗にこだわる自己の煮え切らなさ」，カ「家族との会話もよそよそしくなっていく過程」に焦点を当てた文章ではない。

二 （論説文―漢字の読み書き，要約・説明）

問1 ① 物事を検討して，正否や価値を評価すること。 ② 消すこと。「抹」には，塗って見えなくするという意味がある。 ③ 「充てがう」は，割り当てて与えること。

やや難 問2 ――線1の「これ」は，同じ段落の「文化祭に参加する」という当初の目的によって話し合ううちに話し合いや準備自体が楽しくなるという経験を指示しており，この経験と「そんなに違うことは言っていない」ということから考える。Aの直後に「とらわれず」とあるので，Aには，当初の目的に通じる言葉が入る。――線1の直前に「アーレントの自由な行為」とあるので，冒頭のアーレントの言葉から「動機づけや目的」などの言葉を用いて説明する。Bには，話し合いや準備自体が楽しくなるという意味合いの言葉が入る。同じ段落の「過程そのものが楽しみになる」という表現の「過程」を指定語の「手段」に置き換えてまとめる。

やや難 問3 「真剣」と「不可欠」という二つの指定語から，最終文の「遊びは真剣に行われるものであるし，ゆとりとしての遊びは活動がうまく行われるために欠かせないものです」に着目する。この最終文の前半部分から「自由な行為」とはどのようなものかを読み取り，Aに当てはめる。また，後半部分から「自由な行為」が行われるのは何が必要なのかを読み取り，Bに当てはめる。――線2に「目的によって開始されつつも目的を越え出る行為，手段と目的の連関を逃れる活動」は「自由な行為」を意味しているので，「自由な行為」は「遊び」と言い換えられる。したがって，Aには，指定語の「真剣」を用いて「遊び」を説明する言葉が当てはまる。最終文の「ゆとりとしての遊びは活動がうまく行われるために欠かせない」の「活動」を「自由な行為」に，「欠かせない」を「不可欠」に置き換えてまとめる。

三 （古文―大意・要旨，内容吟味，文脈把握，指示語，語句の意味，古文・漢文の口語訳，文学史）

〈口語訳〉 その牛を大切に飼っていたのに，どのようにしていなくなってしまったか理由もわからず，その牛はいなくなってしまった。河内禅師は，「これはどういうことだ」と(牛を)探して騒いだけれど，いないので，「(遠くに)離れて出て行ってしまったのか」と近くから遠くまで探させたけれども，結局(牛は)いなかったので，探しあぐねていたが，河内禅師の夢に，前に亡くなった佐大夫が来たので，河内禅師は，「海に落ちて死んだと聞いていた者が，どうして来ているのだろう」と夢心地で，「おそろしい」と思い思いしながら出て会ったところ，佐大夫が言うには，「私は死んだ後，この北東の角の方におりますが，そこから一日に一度樋集橋のたもとに行って苦しみを受けております。そのうえ，私の罪が深くてたいそう身が重いですので，乗り物では支え切れず，徒歩で参上するのがたいそう苦しゅうございますので，この黄斑の牛車の牛の力が強くて(私が)乗りましても支えきれたので，しばらくお借り申し上げて乗って参上して行くのですが，(あなたが)たいそう(牛を)お探しになっていますので，今から五日経った六日の朝の十時ごろにお返し申しあげます。むやみに騒いでお探しにならないでください」と言う，と見ているうちに，夢は覚めた。

河内禅師は，「このような不思議な夢を見た」と人に言って(牛を探すのを)止めた。

その後，その夢を見て六日という朝の十時頃に，この牛がどこから来たのかもわからず，歩み入ってきた。この牛は，たいそう大事をしたような様子で入って来たということだ。

問1　直前の文の「いかにして失せたりとも無くて，その牛失せにけり」を示している。

問2　河内禅師の夢に亡くなった佐大夫が現れたので，「海に落ち入りて死にきと聞く者は，いかで来たるにかあらむ」と思っていることから，「怖し」と思う理由を読み取る。イの「牛車の事故で死んでしまった佐大夫」，エ「牛と共に失踪していた」の部分がふさわしくない。ウ「海辺で行方不明になっていた」，オ「海で殺した」とは書かれていない。

問3　(1)　古方位は北を「子」として十二等分して表すので，北東はウの「丑寅」が入る。

(2)　古時刻は，夜中の十二時を「子」として十二支を二時間ずつあてる。午前十時は，巳の刻。

問4　直前の「己が罪の深くて極めて身の重くはべれば」という佐大夫の言葉から理由を読み取る。イにあるように，佐大夫の罪の重さゆえに身が重くなり乗り物に乗れないのであって，オの「怨霊になってしまった」ためではない。アの「服が非常に汚らしい」，ウ「牛に生まれ変わって」，エ「重たい石を背負い続ける」，と読み取れる描写はない。

基本　問5　乗り物に乗らず歩いたという文脈になる。歩くという意味で「かち」と読む熟語を考える。

問6　直前の「己が罪の深くて極めて身の重くはべれば，乗物の堪へずして，かちより罷り行くが極めて苦しくはべれば，この黄斑の御車の牛の力強くて乗りはべるに堪へたれば」から，佐大夫が河内禅師の牛を借りたオの理由を読み取る。ア，佐大夫は河内禅師が牛に乗ることに同意していない。イ「怨霊である自分に対しても怖気づかなかった」や，ウの「牛車」については述べていない。エ「飼い主」は「ずぶ濡れになっ」ていない。

問7　「な……そ」で，どうか……してくれるな，という意味になる。

重要　問8　前段落の最後に「人に語りて」とあるので，「話さなかった」とあるエはふさわしくない。

基本　問9　「和漢混淆文」で書かれているのは，エ。ア・イ・ウは和文，オは漢文で書かれている。

★ワンポイントアドバイス★

文学的文章の脱語補充の問題では，あくまでも前後の内容に注目して自然な流れとなるものを選ぼう。深読みしすぎることのないように気をつけたい。

2023年度

★★★★★★★★★★★★★★★★★★★★★★★★

入　試　問　題

2023年度

早稲田実業学校高等部入試問題

【数　学】（60分）　＜満点：100点＞

【注意】 1．答えは，最も簡単な形で書きなさい。
2．分数は，これ以上約分できない分数の形で答えなさい。
3．根号のつく場合は，$\sqrt{12}=2\sqrt{3}$のように根号の中を最も小さい正の整数にして答えなさい。

1 次の各問いに答えよ。

(1) $(x+1)a^2-2xa+x-1$ を因数分解せよ。

(2) 次のデータは，ある生徒8人のハンドボール投げの記録である。

29，10，23，16，34，30，12，a（単位はm）

中央値が26mのとき，a のとりうる値の範囲を不等号を用いて表せ。

(3) 5％の食塩水300グラムと，12％の食塩水400グラムをすべて使って，7％の食塩水を x グラム，8％の食塩水を $2x$ グラム，10％の食塩水を y グラム作った。x，y の値を求めよ。

(4) a，b は連続しない正の整数とする。等式 $(a-b)(a^2+b^2)=2023$ を満たす a，b の値を求めよ。

2 次の各問いに答えよ。

(1) 右の図のように，円周上に等間隔に並んだ14個の点に，それぞれ記号および番号が振られている。△1～△6の目が書かれたさいころと，□1～□6の目が書かれたさいころを同時に投げ，出た目の位置にある点をそれぞれP，Qとして△PAQを作る。

次の①，②に答えよ。

① $\angle PAQ=90^\circ$ となる確率を求めよ。

② $\angle PAQ<70^\circ$ となる確率を求めよ。

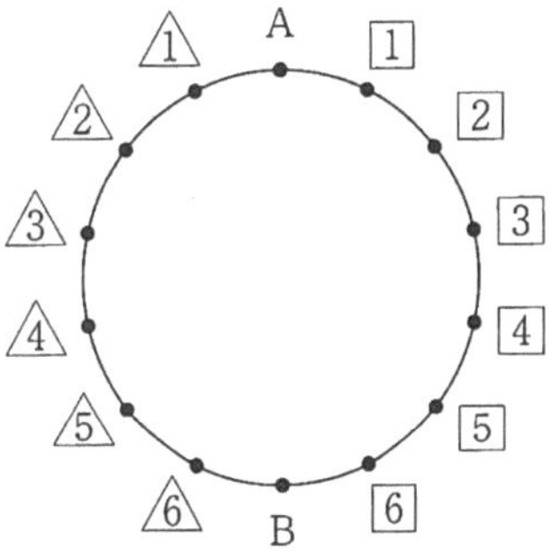

(2) 下の図のように，直線 ℓ に点Aで接する円Oがある。この円Oと点Bで接し，直線 ℓ にも接する円を作図せよ。作図に用いた線は消さないこと。

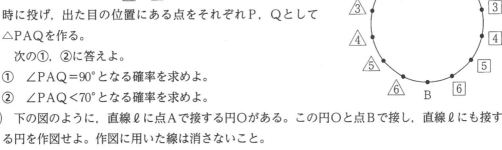

3　2つの放物線 $C_1 : y=\frac{1}{3}x^2$ と，$C_2 : y=-x^2$ について，直線 $y=2x$ と C_1 との交点を A_1，C_2 との交点を A_2，直線 $y=-x$ と C_1 との交点を B_1，C_2 との交点を B_2 とする。ただし，各交点は原点でない方とする。次の各問いに答えよ。

(1)　4点 A_1，A_2，B_1，B_2 の座標を求め，$\triangle OA_1B_1 \backsim \triangle OA_2B_2$ であることを証明せよ。

(2)　四角形 $A_1B_1A_2B_2$ の面積を求めよ。

(3)　放物線 $C_3 : y=ax^2$（$a>0$）について，直線 $y=2x$ との交点 A_3，直線 $y=-x$ との交点 B_3 をとったところ，$\triangle OA_3B_3$ と四角形 $A_1B_1A_2B_2$ の面積が等しくなった。a の値を求めよ。

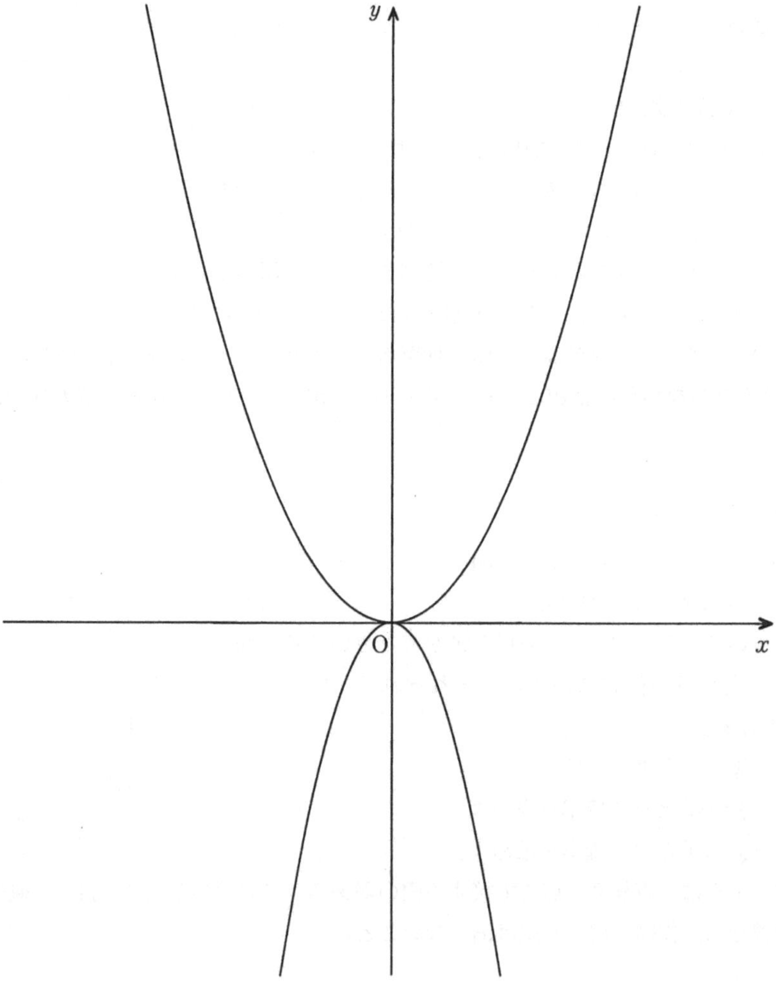

4　次のページの図のように，1辺の長さが3 cm の正四面体ABCDについて，Aから底面BCDに引いた垂線をAHとする。AHを直径とする球Oの球面と，辺AB，AC，ADとの交点のうち，Aでない方をそれぞれP，Q，Rとするとき，次の各問いに答えよ。

(1)　球Oの半径を求めよ。

(2)　APの長さを求めよ。

(3)　3点A，Q，Rを通る平面で球Oを切ったとき，切り口の円の半径を求めよ。

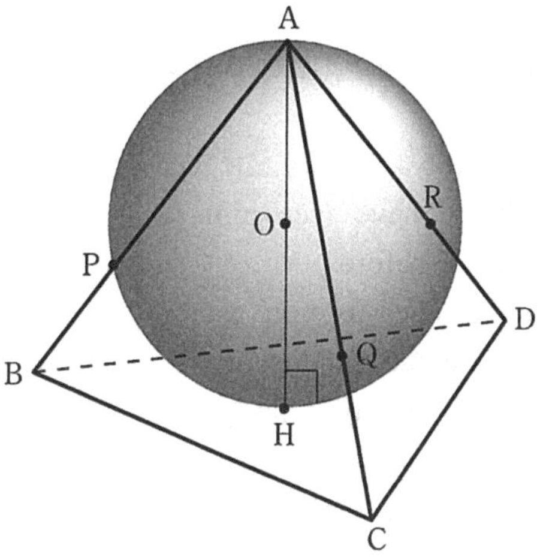

5　座標平面上を毎秒1の速さで動く点Pがある。点Pを移動元の点（a，b）におくと，点Pはそこから移動先の点$\left(b,\ \dfrac{b+1}{a}\right)$に向かってまっすぐに進む。移動先の点にたどり着くと，この点を新たな移動元の点として次の移動先の点に向かって進むことを繰り返す。このとき，次の各問いに答えよ。

(1)　点Pを点A（2，4）においた。点Pが最初の移動先の点にたどり着くのは何秒後か。

(2)　点Pをある点Bにおいたところ，点Pは移動せずに点Bにとどまり続けた。点Bの座標を求めよ。ただし，点Bのx座標とy座標はともに正とする。

(3)　点Pを点C（1，1）においた。

①　点Pが初めて点Cに戻るのは何秒後か。

②　$22\sqrt{2}$秒後の点Pの座標を求めよ。

【英　語】（70分）　＜満点：100点＞

【注意】 試験開始後54分たったら，チャイムの合図で H の放送問題が始まります。

A 各組の英文がほぼ同じ意味になるように，空欄に入る1語を答えなさい。

・This is the second time I have seen him.
・I have seen him （　ア　） before.

・You can eat as many candies as you want.
・Please （　イ　）（　ウ　） to the candies.

・Finish your homework, or I won't let you go out.
・If you don't finish your homework, there is （　エ　） chance for you to go out.

・We had a lot of snow in the park.
・（　オ　） was （　カ　） snow in the park.

B 次の英文は，ある中学生が修学旅行で訪れた京都の思い出について書いたものです。誤りがある箇所を4つ選び，それぞれ正しく直しなさい。

例：He ア don't want playing tennis today イ because he ウ was feeling sick now.

記号	訂正	記号	訂正
ア	doesn't want to play	ウ	is feeling

I ア have been to Kyoto with my family when I was little, but I don't remember well. My parents were looking forward to イ visiting many historical sites in Kyoto, but I didn't want to visit ウ neither temples nor shrines at that time. エ All I remember is that I caught a cold though it was hot in summer.

This time, however, I had a great time in Kyoto. オ Since I entered junior high school, I カ have interested in Japanese history. There are so many historical sites in Kyoto such as Kinkakuji, and I felt like I キ was able to go back in time.

When I went to Kinkakuji, I was spoken to by tourists from Canada. They asked me, "ク Is it okay to take pictures here?" I managed to ケ communicate with them and to make myself understood in English. I was very happy to use a lot of English expressions I learned in school.

During my stay in Kyoto, I also enjoyed コ having Kyoto food, and I think it is サ more delicious than anything else. If I had enough money and time, I シ will go back there again.

C 各組の空所には，発音は同じだがつづりが異なる語が入ります。それぞれの英文を読み，（※）に入る語のみ答えなさい。

1　・I have （　　　） more than fifty books since this April.
　・My mother always dresses in （　※　） when she goes to a party.

2 ・My dog has a very good (　　　), so it can find things by smelling.
・Our English teacher (※) a lot about English.

3 ・I hope everyone will live in (　　　) in the future.
・I was handed a (※) of paper by my teacher.

4 ・Can you (　　　) the door? It's cold.
・What (※) should I wear for the interview?

5 ・Thank you for coming to our TV program as a (　　　).
・I (※) the answer to the question, but I was wrong.

D 下線部を英語にしなさい。ただし(1)は関係代名詞を用いること。また，(2)はThisを主語にすること。

(1)英語は外国語に由来する単語が多い言語のひとつです。英語はその長い歴史の中で，ラテン語やフランス語だけでなく，アフリカやアジアの言語からも多くの語彙を借用してきました。そのため，英語には語源が異なるものの，ほとんど同じ意味をもつ単語が数多くあります。さらに最近では，インターネットの普及によって，より多くの言語から言葉が入ってきています。(2)これにより英語は独特な言語となったのです。

E 次の文章を読み，問いに答えなさい。

Beavers live all across North America and also in Europe and Asia. They are very well known for building dams out of wood. They usually also add stones and mud to build a *stable dam. These dams make the rivers flow more slowly. They even keep back enough water that a new pond forms behind the dam.

But beavers do far more to reshape the environment around them. [　　　　　　　　　　] This makes beavers very important for protecting the environment against *droughts.

You can probably imagine that it is harder to burn plants that are healthy and green from drinking enough water. Dry, brown plants burn more easily. So we asked ourselves: if plants around beaver dams are better *hydrated, would this be enough to protect them from wildfires?

To test our theory, we chose five different locations across North America. Wildfires have *affected all five places in recent years. All five spots had some parts with beaver territories in them and some parts without beavers.

We looked at satellite images from all five spots. The pictures allowed us to *identify the areas where beavers lived, because you can see the beaver dams and their ponds on the satellite images. So, we had pictures of areas with beavers and of areas without beavers from five different wildfires.

We then looked at the images from one year before the wildfire started and also at images taken during the wildfire. ア We compared how green the areas around the beaver dams were to the areas without beaver dams.

According to our theory, areas with beavers should stay greener during wildfires. And we were right! The wildfires burned in both the areas with the beavers and the areas without beavers, but the beaver territories stayed much greener during wildfires.

We are pretty sure this is because of the beaver dams and canals. The plants there have more water *available and therefore don't burn as easily as plants that are less hydrated.

Although it might seem *obvious that plants with more water are less likely to burn, our findings are of great importance! We *proved that beaver activity can sustain enough water in the environment so that areas are less affected by wildfires. Not only does this mean that more plants survive, but it also creates a イrefuge for animals during wildfires. Not all animals can fly away, swim away, or run fast enough to escape the spreading fires. They can find shelter in the areas around beaver dams, where the fire cannot reach them.

So beaver activity reshapes the environment and protects plant and animal life from wildfires. This is something people living in areas that ウare prone to wildfires should keep in mind. Maybe it would be a good idea to introduce beavers into these areas. That way, the beavers would help create fire-resistant spots in the landscapes just by living there!

*stable: しっかりした　*drought: 干ばつ　*hydrate: 水分を与える　*affect: 影響を及ぼす
*identify: 見分ける　*available: 得られる　*obvious: 明らかな　*prove: 証明する

Emily Fairfax and Andrew Whittle. Environmental Science Journal for Kids.
https://www.sciencejournalforkids.org/wp-content/uploads/2021/12/beaver_article.pdf

問1　空欄 ［　］ には，以下のア～ウの文が入る。正しい順番を①～⑥から１つ選び，解答番号 ［1］ にマークしなさい。

ア These *canals look like tiny rivers and are filled with water from the pond.
イ As a result, even plants that grow a bit farther away from the pond get enough water from the canals.
ウ They also dig canals from their ponds out into the surrounding lands.

*canal: 水路

①　ア→イ→ウ　②　ア→ウ→イ　③　イ→ア→ウ
④　イ→ウ→ア　⑤　ウ→ア→イ　⑥　ウ→イ→ア

問2　下線部アによって検証しようとしていることが述べられている１文を，下線部アより前の部分から見つけ，**最後の２語**を答えなさい。ただし，ピリオドなどの記号は含めないこととする。

問3　下線部イの英語の意味を文脈から推測して日本語で答えなさい。

問4　下線部ウの本文中の意味に最も近いものを１つ選び，解答番号 ［2］ にマークしなさい。

①　are surrounded by　②　are responsible for
③　are at high risk of　④　are located in

問5　本文の内容に合うものとして最も適切なものを3つ選び，解答番号 [3] にマークしなさい。

例：②④⑥を選ぶ場合

解答番号	解答欄									
3	①	●	③	●	⑤	●	⑦	⑧	⑨	⓪

① You can see beaver dams in any river in the world.
② Wood, stones, and mud are necessary for beavers to build strong dams.
③ Two kinds of images were compared; one was taken during the wildfire and the other was taken after the wildfire.
④ The researchers selected five places with beavers and five places without beavers.
⑤ The areas with beavers were not damaged at all by the wildfire.
⑥ Plants in areas with beavers have more water in them than those without beavers.
⑦ The findings of the researchers were different from their theory.
⑧ Beaver dams, ponds, and canals helped a lot of animals survive during wildfires.
⑨ If you are going to start your new life in a new place, you should have some beavers as a pet.

問6　この英文にタイトルをつけるとき，最も適切なものを１つ選び，解答番号 [4] にマークしなさい。

① Would beavers play a part as good firefighters?
② How do beavers escape from wildfires?
③ What would life with beavers be like?
④ How do you survive when wildfires happen?
⑤ Can you imagine the forests without beavers?

[F]　次の文章を読み，問いに答えなさい。

You have to finish your report by tomorrow morning. You have only six hours left. However, you make little progress. You sit at your desk, but time passes as you surf the Internet for hours. You may say, "I can start if I want to," but you don't feel like it. And then morning comes.

We all may have similar experiences. Why can't we start things soon? This essay written by a Swiss businessperson, Rolf Dobelli, tells us about our troubling habit—procrastination.

ア Procrastination is the *tendency to delay unpleasant but important acts: the *arduous trek to the gym, switching to a cheaper *insurance policy, writing thank-you letters. Even New Year's *resolutions won't help you here.

Procrastination is *idiotic because イ no project completes itself. We know that these tasks are *beneficial, so why do we keep pushing them onto the back burner? Because of the *time lapse between *sowing and *reaping. To bridge it *requires a high degree of mental energy, as psychologist Roy Baumeister demonstrated in ウ a clever *experiment. He put students in front of an oven in which chocolate cookies were baking. Their delicious *scent wafted around the room. He then placed a bowl filled with radishes by the oven and told the students that they could eat as many of these as they wanted, but the cookies were strictly out of bounds. He then left the students alone in the room for thirty minutes. Students in a second group were allowed to eat as many cookies as they wanted. Afterward, both groups had to solve a tough math problem. The students who were *forbidden to eat any cookies gave up on the math problem twice as fast as those who were allowed to gorge freely on cookies. The period of self-control had *drained their mental energy—or willpower—which they now needed to solve the problem. Willpower is like a (エ), at least in the short term. If it is *depleted, future challenges will *falter.

This is a fundamental *insight. Self-control is not *available オ around the clock. It needs time to refuel. The good news: To achieve this, all you need to do is refill your blood sugar and kick back and relax.

Though eating enough and giving yourself breaks is important, the next necessary condition is *employing an array of tricks to keep you on the straight and narrow. This includes *eliminating distractions. When I write a novel, I turn off my Internet access. It's just too *enticing to go online when I reach a knotty part. The most effective trick, however, is to set deadlines. Psychologist Dan Ariely found that dates *stipulated by external authorities—for example, a teacher or the *IRS—work best. Self-imposed deadlines will work only if the task is broken down step-by-step, with each part *assigned its own due date. For this reason, nebulous New Year's resolutions *are doomed to fail.

So get over yourself. *Procrastination* is *irrational but human. To fight it, use a combined approach. [①] This is how my neighbor managed to write her *doctoral thesis in three months: She rented a tiny room with neither telephone nor Internet connection. [②] She set three dates, one for each part of the paper. She told anyone who would listen about these deadlines and even printed them on the back of her business cards. [③] At lunchtime and in the evenings, She refueled her batteries by reading fashion magazines and sleeping a lot. [④]

*tendency: 傾向　*arduous: 困難な　*insurance policy: 保険証券　*resolution: 決意
*idiotic: ばかばかしい　*beneficial: 有益な　*time lapse: 時間差　*sowing: 種まき
*reaping: 収穫　*require: 必要とする　*experiment: 実験　*scent: におい
*forbid: 禁止する　*drain: 消耗させる　*deplete: 使い果たす　*falter: つまずく
*insight: 洞察　*available: 利用できる　*employ: 使う　*eliminate: 除く

*enticing: 誘惑的な　*stipulate: 明記する　*IRS: アメリカの国税庁　*assign: 割り当てる
*be doomed to fail: 失敗する運命にある　*irrational: 不合理な　*doctoral thesis: 博士論文

Rolf Dobelli. *The Art of Thinking Clearly.* Harper Paperbacks.

問1　下線部**ア**の具体例として適切でないものを1つ選び，解答番号 [5] に**マーク**しなさい。

① My son is browsing social media in his room instead of getting started on the science report.

② My father always eats as much as he wants, while he tells himself that he'll go on a diet tomorrow.

③ Tom is studying English hard because his mother promised to buy him something he wanted.

④ Emily doesn't try to do her math homework until the night before its deadline.

問2　下線部**イ**を言いかえたものとして最も適切なものを1つ選び，解答番号 [6] に**マーク**しなさい。

① Projects are too difficult for people to finish.

② You can't finish projects without working on them.

③ There are no projects that you have to finish.

④ It is impossible for people to finish projects completely.

問3　下線部**ウ**の内容と結果を次のように説明するとき，[7]，[8] に入る最も適切なものを選択肢から1つずつ選び，それぞれの解答番号に**マーク**しなさい。（A），（B）には適切な日本語をそれぞれ20字以内で答えなさい。なお，句読点も1字として数えること。

第1グループにはチョコレートクッキーを [7] よう指示した。
第2グループにはチョコレートクッキーを [8] よう指示した。
その結果，前者が後者より（　A　）。その理由は，（　B　）からだと考えられる。

【選択肢】

① 好きなだけ食べる	② 30分待ってから食べる
③ 大根と一緒に食べる	④ 決められた分だけ食べる
⑤ オーブンで焼いてから食べる	⑥ 決して食べない

問4　(**エ**) に入る語として最もふさわしい1語を本文中より抜き出しなさい。ただし，必要であれば適切な形に直して解答すること。

問5　下線部**オ**の本文中の意味に最も近いものを1つ選び，解答番号 [9] に**マーク**しなさい。

① all day　② at once　③ for a while　④ the other day

問6　次の英文を本文に入れる場合，最も適切な場所を [①] ～ [④] から1つ選び，解答番号 [10] に**マーク**しなさい。

This way, she transformed personal deadlines into public *commitments.

*commitment: 約束

問7　本文中で述べられている *procrastination* に対する効果的な対策の具体例として考えられるものを3つ選び，解答番号 [11] に**マーク**しなさい。

例：②④⑥を選ぶ場合

解答番号	解答欄
11	① ● ③ ● ⑤ ● ⑦ ⑧ ⑨ ⓪

① 部屋を明るくする。
② やることリストをつくる。
③ 新しい文房具を買いそろえる。
④ チョコレートを食べて，15分間仮眠をとる。
⑤ とりあえず机に座り課題に取り組んでみる。
⑥ テストで間違えた問題を解き直す。
⑦ 自分のスマートフォンを家族に預ける。
⑧ 将来の目標を思い描く。
⑨ 自分のやるべきことを友人に宣言する。

G 次の文章を読み，問いに答えなさい。

Someone knocked at her door just as Victoria was about to leave her *flat. It was strange because she hadn't heard the *lift or anyone on the stairs. She quickly tried to put on her other shoe and nearly fell over. There were many unopened letters—probably asking for money—on the floor. She was late to work for the third time this month and now she had a visitor. Great, she thought.

She opened the door and tried to smile in a way that would say, "I'd love to talk, but sorry I can't!"

"And how are you today, Victoria?" the man at her door asked. "Good, I hope! If not, I bring you an *eternity of warmth and best wishes from the wonderful director of my company."

Victoria's smile disappeared. ＿＿＿＿＿＿

"You know how I can be so sure?" he asked. "I am the wonderful director of my company!"

"I'm sorry," said Victoria. "I really have to go. I'm late for work."

"Time!" He sounded sad. "That's what they all want. Time or happiness, which one would you like more of?"

"Listen, really," said Victoria, "I'm not interested, sorry."

"We've got a special offer on," he replied. "Twenty-five years of extra life in exchange for eternity. Or," he smiled, "double your happiness for the same price."

"Price?" she repeated, confused.

"There are no hidden charges. We take everything you have—forever."

Victoria thought it was strange that he was wasting time on such a stupid joke. "Then I want fifty extra years or four times more happiness," she joked back.

"Oh, you could," he said. "But I have to tell you, the quality of the years goes down after twenty-five. I recommend choosing happiness."

He pushed the lift button for her. Of course, it was *obvious that she was going down because it was morning and she was dressed for work. OK, so her smart bag only had sandwiches in, not important papers, and her suit was *second-hand. One day, she'd think of a job she was good at and that paid well.

Sometimes Victoria felt *as if her sister was the only lucky one in the family. Charlotte had her own prize-winning company and she was married to the handsome and funny Peter. The only thing wrong with Peter was that he didn't have a twin for Victoria to marry! Even the way Charlotte met Peter sounded like a film. After a lot of bad luck, Charlotte was in a car accident. At first, the doctors said she would never walk again but then, a new doctor, Peter, started work at the hospital. With Peter's help, Charlotte was walking again in just a few weeks. Even he joked that no one had known he was such a good doctor before he met Charlotte. He asked her to marry him two months later. Half a year after the accident, Charlotte started her company and now they lived in the most expensive part of London. Victoria was happy for her sister, of course, and she loved visiting their house and seeing their beautiful children, Gabriella and Angela. But sometimes it made her feel bad that she didn't have any good luck for herself.

Remembering Charlotte's accident made her think. It was impossible to know what *might happen in the future. "But *what if I get killed by a bus tomorrow?"

"Then your perfect life will only *last one day. Time or happiness, I can only offer one. I can't do miracles. Another company アdoes those."

"Well, maybe you should change jobs," she said and pressed the lift button herself.

"No," he said. "I've tried working for them. Their sales team makes a very different offer: Have a hard life now, then be happy for eternity. Some customers like the idea but, honestly, it's much harder to sell it."

The lift wasn't even moving so she turned towards the stairs. She was going to be so, so late to work. But, as she started down the stairs, she suddenly remembered something.

"Oh no!" she said. "Gabriella and Angela!" Her little nieces' birthday presents were still sitting on the kitchen table. There wasn't time to go back and get them now.

"It's time you want, isn't it, Victoria? I always know," he called after her.

"I don't believe these stupid things you're saying and I don't have time to talk to you!"

She stopped talking because she *realised she was *admitting that she needed more time. Then she screamed as he *slid down the *banister and suddenly appeared in front of her, floating in the air with his arms and legs crossed.

"Aha!" he said. "You want happiness instead!"

Victoria moved backwards and put her hand against the wall so she wouldn't fall. Now she knew who the strange man was.

"I'm happy enough, thanks," she said, starting to run down the stairs.

"Are you happy, Victoria?" he asked as he continued to slide down the banister with her. "Of course, your job is not bad. You don't mind that the pay is low and your boss hates you because you're always late. I'm sure you'll find the money to pay your rent, just like you usually do."

"You can't know that!" she shouted. "Anyway, money doesn't buy happiness!"

"True, Victoria, true. It's love that makes the world go round."

"Exactly!" she said. Five more floors to go.

"I'm sure one day you'll meet someone ..." he said.

"I don't need a man to be happy, イso if that's all you're offering ..."

"You're so clever, Victoria," he continued. "So few people understand that happiness comes from inside us, not from things we can buy or from other people. I see that you're cleverer than many of our customers. Twenty-five years extra then. I can see it in you, Victoria. You won't waste them."

"But twenty-five more than what?"

"No, no, no." He turned the last corner with her. "I won't tell you how long your life is. We've tried it with customers and it doesn't *work. When people know how long they are going to live, they don't enjoy their lives."

"I don't believe in any of this. Or in you!"

He jumped off the banister and held up something small and white.

"Your sister didn't believe it either," he said. "Not until she had her accident. Here's my card if you change your mind."

And he disappeared. Victoria was alone on the stairs, ウher mouth open in shock.

*flat: アパート　*lift: エレベーター　*eternity:（死後の）永遠の世界　*obvious: 明白な

*second-hand: 中古の　*as if: まるで～のように　*might: may の過去形

*what if: ～したらどうなるだろう　*last: 続く　*realise: realize と同義　*admit: 認める

*slide: 滑る　*banister: 手すり　*work: うまくいく

Nicola Prentis. *The devil's in the details. British Council.*

https://learnenglish.britishcouncil.org/general-english/story-zone/b2-c1-stories/the-devils-in-the-details-b2c1

問1　空欄 [　] に入るものとして最も適切なものを１つ選び，解答番号 [12] にマークしなさい。

① How did he know her address?　② How did he come to her house?

③ How did he know her name?　④ How did he find she was good?

問2　下線部アが指す具体的な内容を日本語で答えなさい。

問3 下線部**イ**の後に続く文として最も適切なものを1つ選び，解答番号 [13] に**マーク**しなさい。

① I have to go to buy presents.
② I'm going to choose time instead.
③ I'd like you to help me not to be late for work.
④ I don't want anything from you.

問4 Victoria が下線部**ウ**のようになった理由を次のように説明するとき，[A]，[B] に入る日本語をそれぞれ指定された字数で答えなさい。なお，句読点も1字として数えること。

Victoria は Charlotte が [A (15字以内)] ことによって，[B (10字以内)] と知って驚いたから。

問5 本文の内容に合うものを3つ選び，解答番号 [14] に**マーク**しなさい。

例：②④⑥を選ぶ場合

解答番号	解答欄									
14	①	●	③	●	⑤	●	⑦	⑧	⑨	⓪

① Victoria has never been late for work this month.
② The man offered his business card when he started to talk to Victoria.
③ The man told Victoria that the quality of happiness gets worse after the age of 25.
④ Victoria felt she was the only one in her family who didn't have any good luck.
⑤ Charlotte and Peter met as a patient and a doctor.
⑥ Charlotte began walking again two months after she met Peter.
⑦ The man has the experience of working for another company.
⑧ Victoria returned home to pick up the birthday presents for her nieces.
⑨ The man thinks the company Victoria works for does not pay her a high salary.
⓪ Victoria was told that people would enjoy their lives more if they knew the length of their lives.

問6 本文から推測できることを2つ選び，解答番号 [15] に**マーク**しなさい。

例：②④を選ぶ場合

解答番号	解答欄									
15	①	●	③	●	⑤	⑥	⑦	⑧	⑨	⓪

① Charlotte continues to lead a happy life from the past.
② Victoria usually takes the stairs instead of the lift.
③ Victoria thought that talking with the strange man was a waste of time at first.
④ The strange man thinks time is less precious than happiness.
⑤ Victoria is satisfied with her present life.
⑥ The strange man has told his customers what will happen in the future.

放送中にメモを取っても構いません。

H

放送問題Ⅰ　質問の英文に続いて，3つの英文を**1回ずつ**放送します。その中から，質問に対する答えとして最も適切なものを1つずつ選び，**マーク**しなさい。

16 ①　②　③

17 ①　②　③

18 ①　②　③

放送問題Ⅱ　対話とそれに関する質問を**1回ずつ**放送します。答えとして最も適切なものを1つずつ選び，**マーク**しなさい。

19 What are they talking about?

① A cup.　② A doll.　③ A shirt.　④ A plate.

20 Which is a place he hasn't checked yet?

① On the chair.　② Under the table.

③ Under the bed.　④ In the box.

21 What does the man mean?

① He will buy a new bicycle.

② The woman needs to ask someone else.

③ He can lend the woman his bicycle on Wednesday.

④ His bicycle is broken.

22 Which part of the body does she feel pain in?

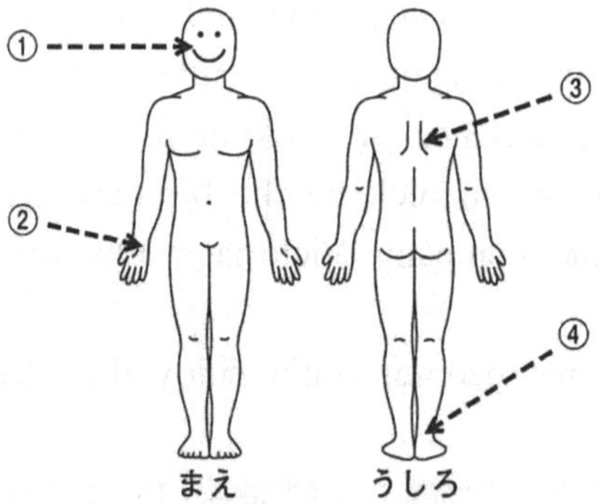

23 Why does the man seem angry?

① Because the girl came late again.

② Because the girl broke his alarm clock.

③ Because the girl slept in his lesson.

④ Because the girl took the wrong train.

放送問題Ⅲ　対話を聞き，次の問いに答えなさい。対話はチャイムをはさんで**2回**放送します。

問1　当日，準備した資料はすべて配布されました。当日の天気を選択肢より1つ選び，解答番号 24 に**マーク**しなさい。

① 晴れ　② 曇り　③ 雨　④ 強風

問２　発表当日の様子を次のように表すとき，３つの空欄に入る日本語を答えなさい。

準備した資料のうち，25部は（　　　　**ア**　　　　）人たちに配布された。残りの20部は，（　　　　**イ**　　　　）をしにきた（　　　　**ウ**　　　　）に配布された。

放送問題Ⅳ　これからある講義の一部とそれに関する２つの質問を，チャイムをはさんで**２回**放送します。それぞれの質問に答えなさい。

No. 1

No. 2

※リスニングテストの放送台本は非公表です。

問9 本文の内容に合致するものを次の中から一つ選び、記号で答えなさい。

ア 経験が効力を発揮する世界であるので、一つでも多くの演目を見せられるように工夫し、観客からの評価を通して自らの「花」を見つめることが必要だ。

イ 幼い時分から共に稽古を重ねてきた仲間と切《せっ》磋《さ》琢《たく》磨《ま》しながら、時に失敗の経験もすることで、貪欲《どんよく》に「花」を追究する姿を見せることが必要だ。

ウ 年齢を重ねる中で経験を積んでいくだけではなく、「花」を見せる工夫をして、観客の目を納得させるための努力を怠らないことが必要だ。

エ 多くの演目を上演できるようになることで、演目によって異なる「花」を披露し、より幅の広い観客層を獲得できるよう工夫することが必要だ。

オ 立合勝負において若い後輩に負けることがあっても、長年の経験を誇り、自らの「花」の個性を認められるようになることが必要だ。

して最もふさわしいものを次の中から選び、記号で答えなさい。

ア　「名木」であれば花が咲いていなくても見る価値はあるが、「犬桜」は「初花」を咲かせても見る価値がない。

イ　「名木」であれば花の有無にかかわらず美しく感じられるが、「犬桜」が偶然にも「初花」を咲かせた時の美しさには敵《かな》わない。

ウ　「名木」であっても花が咲かなければ評価されず、「犬桜」であっても「初花」が見られなければ評価されない。

エ　「名木」であっても花を見られない時があるのと同様に、「犬桜」であっても「初花」を見られないことがある。

オ　「名木」であっても花の咲いていない状態のものを人は見ず、「犬桜」であっても「初花」が美しく咲いていたら人は見る。

問5　――線3「一旦の花」について、ここでの説明として最もふさわしいものを次の中から選び、記号で答えなさい。

ア　季節感のある風流な魅力

イ　若さゆえの荒削りな魅力

ウ　流行を踏まえた無難な魅力

エ　意図せず表れた偶発的な魅力

オ　身の丈に合った控えめな魅力

問6　――線4「古き為手の、返すがへす誤りなり」とあるが、「誤り」を起こしてしまうのはどのような「為手」か。最もふさわしいものを次の中から選び、記号で答えなさい。

ア　自らの能力を過信するあまり、心身が老いていくことから目を背けている為手。

イ　容姿の美しさが色褪《あ》せてしまったものの、若手の頃と同じ演技を続けている為手。

ウ　周囲の助言には一切耳を貸さず、自身が思い描く理想の能を追い求め続けている為手。

エ　芸の魅力が永久ではないことを自覚せず、より良くしようという意思を持たない為手。

オ　人気の役者の芸を真似するばかりで、自らの個性が現れた演技をする自信がない為手。

問7　――線5「一方の花を取り極めたらん為手は、一体の名望は久しかるべし」の解釈として最もふさわしいものを次の中から選び、記号で答えなさい。

ア　ある一つの芸をつきつめた役者は、その芸に執着するあまり人望をなくしてしまうだろう。

イ　ある一つの芸をつきつめた役者は、その芸を長きにわたり弟子に広めようとするだろう。

ウ　ある一つの芸をつきつめた役者は、その芸について長く称賛されることになるだろう。

エ　ある一芸すら物にできない役者は、その芸の魅力に気づくことは永遠にないだろう。

オ　ある一芸すら物にできない役者は、その芸どころかそもそも舞台に立つべきではないだろう。

問8　――線6「いたづらに」の意味を本文の内容を踏まえて考え、最もふさわしいものを次の中から選び、記号で答えなさい。

ア　無駄に　　**イ**　素直に　　**ウ**　けなげに

エ　気ままに　　**オ**　季節外れに

三 次の文章は室町時代に著された能に関する書物『風姿花伝』「第三問答条々」より抜粋したものである。師匠である作者が、弟子からの「長年稽古を重ねて名声を博した役者と、新人の若い役者が＊立合《たちあい》勝負をした際、若い役者が勝つことがある。これが理解できない。」という問いかけに対して次のように答えた。本文を読んで、後の問いに答えなさい。

答ふ。これこそ、＊先に申しつる三十以前の時分の花なれ。古き＊為《し》手《て》はや花失せて古様なる時分に、めづらしき花にて勝つ事あり。真実の目利きは見分くべし。さあらば、目利き・目利かずの、1批判の勝負になるべきか。

さりながら、＊やうあり。五十以来まで花の失せざらんほどの為手には、いかなる若き花なりとも、勝つ事はあるまじ。ただこれ、＊よきほどの上手の、花の失せたるゆゑに、負くる事あり。2いかなる名木なりとも、花の咲かぬ時の木をや見ん。犬桜の一重なりとも、初花の色々と咲けるをや見ん。かやうの譬《たと》へを思ふ時は、3一旦の花なりとも、立合に勝つは理《ことわり》なり。

されば、肝要、この道はただ花が能の命なるを、花の失するをも知らず、もとの名望ばかりを頼まん事、4古き為手の、返すがへす誤りなり。＊物数をば似せたりとも、花のあるやうを知らざらんは、花咲かぬ時の草木を集めて見んがごとし。万木千草において、花の色もみなみな異なれども、面白しと見る心は、同じ花なり。物数は少なくとも、5一方の花を取り極めたらん為手は、一体の名望は久しかるべし。されば、主の心には随分花ありと思へども、人の目に見ゆる＊公案《こうあん》なからんは、田《でん》舎《じゃ》の花、藪梅《やぶうめ》などの、6いたづらに咲き匂はんがごとし。

また、同じ上手なりとも、その内にて＊重々あるべし。たとひ随分極めたる上手・名人なりとも、この花の公案なからん為手は、上手にては通るとも、花は後まではあるまじきなり。公案を極めたらん上手は、たとへ能は下がるとも、花は残るべし。花だに残らば、面白きところは＊一期《いちご》あるべし。されば、まことの花の残りたる為手には、いかなる若き為手なりとも、勝つ事はあるまじきなり。

＊ 立合勝負…能の役者が同じ舞台において、芸を演じて競い合うこと。
＊ 先に申しつる…『風姿花伝』「第一　年来稽古条々」において先述した、ということ。
＊ 為手…能、狂言などの役者。　＊ やう…物事の詳しい事情。
＊ よきほど…適度。ちょうどよいくらい。
＊ 物数…上演可能な演目の数。能の役者は稽古を積み重ねることにより、上演可能な演目数を増やしていく。
＊ 公案…工夫。　＊ 重々…段階。
＊ 一期あるべし…生涯にわたってあり続けるに違いない。

問1 『風姿花伝』の作者は、室町時代に父親と共に能を大成させたことで知られる人物である。作者をひらがな三文字で答えなさい。

問2 ＝＝線「あるやう」を現代仮名遣いのひらがなに直しなさい。

問3 ――線1「批判の勝負」の「批判」とはここではどのような意味か。最もふさわしいものを次の中から選び、記号で答えなさい。

ア 役者の演技力　**イ** 観客の鑑賞力
ウ 弟子からの評判　**エ** 共演者からの意見
オ 演出家からの文句

問4 ――線2「いかなる名木～と咲けるをや見ん」のここでの解釈と

どとともに写真を安置するのではなく、宗教色を排した形で、室内装飾の③イッカンのようにして写真を置き、花などを手向けるのである。

いま注目されているもう一つの死者供養の作法に、手元供養とよばれるものがある。これは遺骨を陶土やガラスと一緒に焼き上げ、ペンダントや置物にして身につけたり身近に置いたりする形式である。ここでも宗教色はほとんどみられない。

この両者に共通するのは、死者が永遠に記憶に留められることを前提にしていない点である。写真にせよ手元供養にせよ、故人と供養者との関係は個人的なレベルに留まっている。供養者がこの世を去って被供養者と同じ世界に行ってしまえば、もはやこの世に故人を記憶する人間は存在しない。墓石に*戒名を刻むという従来の方法とは、根本的にコンセプトを異にしているのである。

自然葬や樹木葬を選択する人々の多くは、次世代の後継者をもっていなかった。それらの人々は自身の永続する供養を望むべくもなかった。せめて配偶者や知人がささやかな遺品を身近に置き、折に触れて自分を思い起こしてくれることを望んだ。

知っている人を記憶できればいい、知っている人に記憶されればそれでいい、という意識がその根底にある。これは死者と生者の関係の個人化にほかならない。かつてのように生者と死者の関係は家を媒介とした関係、社会的な関係ではなくなり、なんらかのつながりをもつ個人同士の一対一の関係へと変化してしまっている。自分を記憶する周囲の人々がだれもいなくなったとき、自然と一体化してこの地球の片隅に存在し続けるというイメージで、死が捉えられることになったのである。

（佐藤弘夫「死者と神の行方――文明史のなかでみる〈ポスト3・11〉」による）

＊　両墓制…遺体の埋葬地と墓参りのための地を分ける日本の習俗の一つ。
＊　詣り墓…実際に遺体を埋葬した墓とは別に、参詣《さんけい》するために設ける墓。
＊　供養…ここでは、死者を弔うこと。
＊　戒名…死後、死者に与えられる名前。

問1　〰線①「憩う」の漢字をひらがなに直し、〰線②「スタレ」、〰線③「イッカン」のカタカナを漢字に直しなさい。ただし、送りがなが含まれるものは送りがなをひらがなで答えること。

問2　――線1「死者の領域として割り当てられたもっとも代表的な場所が墓地だった」とあるが、死者をとりまく事情にどのような変化があったと筆者は考えているか。次に示すような解答形式で説明しなさい。その際、A・Bどちらかに「継続」という言葉を必ず用いること。

近世以前では、［A　二十字以上二十五字以内］ができたが、
近世になると、［B　二十字以上二十五字以内］必要が生じた。

問3　――線2「死者は再び墓地から離脱しつつある」とあるが、初めの離脱はどのような理由で行われていたか。その理由を次に示すような解答形式で説明しなさい。

死者は、［十五字以上二十字以内］のために墓地から離脱していた。

問4　近世から現代にかけて、死者はどのような存在に変化したか。本文全体を踏まえ、次に示すような解答形式で説明しなさい。その際、Aには「世代」という言葉を必ず用いること。

近世では、［A　二十字以上二十五字以内］存在だったが、
現代では、［B　二十字以上三十字以内］存在になった。

1死者の領域として割り当てられたもっとも代表的な場所が墓地だった。＊両墓制における＊詣《はい》り墓《ばか》や仏壇もそれに類する領域と考えられた。

生者は、限られた狭い場所に押し込められた死者が寂しい思いをしなくて済むように、定期的に死者の元を訪れることを求められた。死者が読経の声を聞いて安らかな心で①憩うことができるように、墓地の傍らには寺院が建立された。墓地とワンセットになった大量の寺院の創建が、近世という時代の特色だった。死者はそうした生者の心遣いに感謝しながら、さまよい出ることなく墓地での安らかな眠りを楽しむのである。

逆に生者がケアを怠ったとき、死者は墓に留まっている義務はなかった。＊供養されない死者、不幸な死者の越境が開始された。死者の復讐《ふくしゅう》は死者の宗教的な救済によってではなく、対象となる人物に対する報復の完遂によって幕を閉じた。それが近世の幽霊発生の代表的なパターンだった。

存在感を喪失した他界の仏には、もはや一瞬のうちに死者を彼岸に連れ去る力はなかった。死者を浄土へと掬《すく》い取ってくれる超越的な仏の姿が消えた近世以降、死者をケアする主役は遺族だった。親族・縁者が長い時間をかけて死者を供養し、ご先祖となるまで見守り続けなければならなかった。その前提となるのが死者の「記憶」だった。死者は絶対に忘れ去られてはいけないのである。

（中略）

既存の死者供養のスタイルが②スタレていくなかで、新たな葬送儀礼が生まれている。例えば自然葬である。この名称は、一九九一年に安田《やすだ》睦彦《むつひこ》氏によって立ち上げられた「葬送の自由をすすめる会」の活動によって社会的な認知をえるようになった。遺骨をパウダー状態にして、山や海に散布するものである。

自然葬に加えて、近年注目されているものに樹木葬がある。これは山林に遺骨を埋めて記念の植樹を行うという形を取るものである。この葬法は、おりからの里山保全や自然回帰の流れに乗って人々の支持をえるようになった。

これらの葬送儀礼が定着していく背景には、家と社会のあり方の変化に加えて、山林を切り裂き、自然を破壊して大規模な墓地を開発することに対する批判意識があった。ひたすら経済成長のみを追い求める姿勢に疑問の声が上がるなかで、死後みずからも自然に帰り、それと一体化したいという人々の願望が顕在化してきたのである。

自然葬や樹木葬では、自身の存在を長く記録に残そうとする指向性はきわめて弱い。散骨の場合、その行為が終了した段階で死者の本籍地はこの世に存在しなくなる。そこでは骨を死者の依《よ》り代《しろ》と捉《とら》える発想は皆無である。樹木葬の場合も、埋葬地点に小さな木製の標識を立てるだけであり、死者の名がいつまでも残ることはない。

これはきわめて重要な問題を孕《はら》んでいる。可視化された儀礼だけではなく、その背後にある世界観と死生観そのものが、今日大きな変容の過程にあると推測されるのである。十六世紀から今日まで続いてきた、墓地などの特定のスポットを媒介とする死者との交渉という常識が、いま転換期にさしかかっている。2死者は再び墓地から離脱しつつある。

墓にいないとすれば、死者はどこに向かっているのであろうか。この点に関連して興味深い現象は、近年見受けられるようになった故人の写真を部屋に飾るという形態である。従来のように、仏壇を構えて位牌《いはい》な体となって事態の収束を図る姿に接し、感慨にふけっている。

イ　予期せざる「人々」の冷静さに無言の圧力を感じている様子の外国人を前にし、騒ぎが収束するであろうことを確信している。

ウ　「人々」を言い負かしてきた外国人の舌鋒《ぜっぽう》の鋭さにもようやくかげりが生じ、形勢が逆転し始めていることに勢いづいている。

エ　猛暑の中、半狂乱になっている外国人とは対照的に、一向に動揺する気配のない「人々」の姿に接し、心強ささえ感じている。

オ　外国人の狂乱にやじ馬根性むき出しで集まった「人々」も今や暴徒と化しており、固唾を飲んで事の成り行きを見守っている。

問8　——線7「少年が考えるように人々は傍観しているわけではない」の説明として最もふさわしいものを次の中から選び、記号で答えなさい。

ア　流れに身を任せていれば万事自然に解決すると考える沖縄人特有の大らかさが作者によって明かされている。

イ　大人数で囲めば外国人の主張を抑え込めるという沖縄人の楽観的な考え方が語り手によって指摘されている。

ウ　沖縄人が外国人にいじめられているという少年の解釈がじつは逆であることを作者が覆い隠そうとしている。

エ　むやみに事を荒立てずに沈黙を守るという沖縄人に備わっている身の処し方が語り手によって示されている。

オ　数に勝る沖縄人が外国人を包囲し徐々に追いつめていくという今後の事件の行く末を暗に作者が示している。

問9　この文章の主題がどのように表現されているかについて説明したものとして最もふさわしいものを次の中から選び、記号で答えなさい。

ア　士気を高めていく牛の姿が少年の視点から描かれる一方で、外国人の執拗な抗議に応戦する沖縄人の生の声が、群衆の底部から湧き起こっている。

イ　金網の外とは対照的に、異国情緒の漂う基地の内部の世界が美的に描写されることで、外国人と沖縄人との不均衡な力関係が緻密に描かれている。

ウ　車が壊される場面に接し内心ほくそ笑む沖縄人と、牛の生来の気高さとの落差が描かれ、沖縄人に戦後浸透してしまった卑屈さが指摘されている。

エ　誇り高きトガイー牛とは対照的な、外国人に下手に出る沖縄人の姿を描くことで、沖縄人それ自体の尊厳が損なわれつつあることが示されている。

オ　戦後における外国人と沖縄人の関係性の内実は少年の理解を超えるものであり、純粋な正義感に駆られる少年の内面の声が、随所に描かれている。

カ　外国人と沖縄人との間で英語と方言が飛び交っている音声が生々しく再現されることで、互いに妥協点を見いだせない両者の断絶が示されている。

二　次の文章を読んで、後の問いに答えなさい。

大方の人々が、死者と生者とが同じ空間を共有していると考える近世になると、どのようにして両者の平和共存を図るかが大きな課題になった。まず試みられたことは、生者の領域と死者の領域の分節化だった。

イ　小学生のたてた笑い声を聞きつけた中年女が怒鳴り声をあげ、子供達を追いはらった。

ウ　自分の車を傷つけたであろう牛の手綱もちに、外国人が一方的に罵声を浴びせ始めた。

エ　外国人の所有する黒い車に牛をけしかけ、傷をつけた手綱もちに人々が喝采を送った。

オ　手綱もちをいじめている様子の外国人に対し、周囲の人達が一斉に抗議の声をあげた。

問3　――線2「外国車もむしろ軽傷ですんだ」、――線4「徐々にあばたはひどくなる」に共通して用いられている表現技巧を次の中から一つ選び、記号で答えなさい。

ア　倒置法　イ　対句法　ウ　直喩法
エ　仮定法　オ　擬人法　カ　反復法

問4　――線3「どうしたんだ」における少年の心情を説明したものとして最もふさわしいものを次の中から選び、記号で答えなさい。

ア　外国人の威嚇的な態度に屈し、反論することもできず沈黙を守っている人々の姿にはじめて接し、両者の関係が対等とはいえないことに気づかされ戸惑っている。

イ　一つ間違うと暴力沙汰にも発展しかねない緊迫した場面に相対しているにもかかわらず、外国人に抵抗すべく連帯する気配さえ見いだせない人々に苛立っている。

ウ　わめきちらしている男は明らかにアメリカ人ではなく、大きな問題に発展する恐れはなさそうなので、この際売られた喧嘩を受けて立つべきだと勇み立っている。

エ　外国人との間に揉《も》め事が起きる度に決まって沈黙してしまい、闘うべき時に闘うべき場面で闘おうとはしない沖縄人に特有の身の処し方に歯がゆさを感じている。

オ　車を乗り入れた外国人がきっかけを作ったのに、青年に執拗に食い下がる姿は異様であり、互いに譲らず、収拾がつかなくなっていることに苛立ちを覚えている。

問5　――線5「ざまあみろという気がおきだが、すぐ消えた」とあるが、なぜ「消えた」のか。その理由として最もふさわしいものを次の中から選び、記号で答えなさい。

ア　相手が外国人であっても、普段青年が牛を闘わせる時のように威勢よく立ち向かって欲しいと考えたから

イ　外国人を目前にした青年の目つきからは普段の不敵さを感じとれず、戦っても勝ち目はないと感じたから

ウ　これまで外国人に敵意を抱いたことはなかったが、この際青年と共闘するほかはないことに気づいたから

エ　権力に抗うためには手段を選ばないこの青年ならば、人々を運動に駆り立てることができると思ったから

オ　青年は車を傷つけた加害者として外国人から責任を問われており、ただでは済まされそうもなかったから

問6　[2]に入るのに適当な漢字一字を答えなさい。

問7　――線6「自説を証明するかのように又、少年は人々を見た」の部分からうかがえる「少年」の説明として最もふさわしいものを次の中から選び、記号で答えなさい。

ア　酷暑に襲われた外国人の狂乱ぶりに業を煮やした「人々」が、一

エだと言わんばかりにしっぽを振ったりする。一人で闘いなれた牛は、どんな時、どんな場でも余裕たっぷりである。かえって、[2]をわずらわしがる。外人が闘いをいどむなら、いつでも受けて立つという牛の内心は、黒い巨体をぶるんぶるんと大きく揺すっているしぐさから察せられる。目は黒く澄み、うるおっている。常勝の者の目。自負と自信にささえられた目。真の勇者のもつ、やさしい大きな目。そして角。無敵の象徴。この世のいかなる強敵にも絶対の自信で立ち向かう、この土色がかった白い固い角だ。少年は牛を見、漠然とだが、そのように感じた。まわりに大勢、寄り集まっている人が、幼児のように見えた。劣等で非力に見えた。

（中略）

　人々の輪が幾分、拡がってしまったように少年は感じた。チビ外人が気ちがいじみてきたと人々は恐れだしたのかも知れない。チビ外人は帽子をかぶっていない。ちぢれた短い黒髪にくしをいれた痕跡がある。陽は瞬間もかげらない。無限の白い空間に熱は満ちている。チビ外人は頭蓋骨を直射されている。脳みそが煮えたぎっているはずだ。少年はこのように、ふと勘ぐった。執拗《しつよう》すぎる。尋常の怒り方ではない。チビ外人の髪の毛がぬれているのは、あれはポマード油ではなく、にじみ出ている汗だ。頭の汗は顔に、首すじに幾条も垂れ、流れ、背中に入り込み、だぶだぶのアロハシャツがびっちりと皮膚にくっついている。頭をやられないはずがない。暑さのせいだ。外国人がこんな暑い所にいるのは場ちがいだ。帽子を深くかぶり、上着のボタンをちゃんとかけていたほうが、より防げるのに。何もわかっちゃいないんだ。そうだよと6自説を証明するかのように又、少年は人々を見た。まわりを見てごらん。ここで生まれ、育った人達だけなんだ。暑さなんかにはびくともしない。首すじや腕ににじみ出ている汗をふこうともしない。気にならない。何時間でもじっとしておれる。僕も平気だ。ランニングシャツと半ズボンの僕だって、暑さなんかへのかっぱさ。7少年が考えるように人々は傍観しているわけではない。一様に冷静に見える人々が深くかぶった麦藁帽子からのぞく、その目はまばたきがなく、黒光りし、無言の援助を手綱もちの青年に与えている。人々は、よく知っている。何も文句を言わず、手を出さず、じっとしておけば、すべてが丸くおさまる。これは絶対の自信になっている。自分が耐えればうまくおさまる。手綱もちも耐える。周囲の人々も耐える。

（又吉栄喜『カーニバル闘牛大会』による）

＊部落…比較的少数の民家が集まっている地区。
＊びんた…頭、頭部。
＊トガイ−牛…前方に向かって伸びた角が内側に曲がっている闘牛用の牛の一種。
＊ヤグイ…闘牛士が牛を鼓舞する際の掛け声。

問1 [1]に入るのに最もふさわしい言葉を次の中から選び、記号で答えなさい。

ア　無人なのに人の気配がする
イ　不気味に静まり返っている
ウ　無音なのに妙にさわがしい
エ　何もかもがはっきり見える
オ　無色透明の白光が心地よい

問2 ――線1「突然、かん高いわめき声がした」の説明として最もふさわしいものを次の中から選び、記号で答えなさい。

ア　自分の所有する車に、牛が頭突きを食らわせた瞬間を目撃した外国人が悲鳴をあげた。

と、人々の方言と雰囲気で訳がわかった。牛の数メートル後ろにある外国車を見た。助手席の扉がはっきりとへこんでいる。角でひっかいたらしい数十センチの白っぽい線が数条走っている。と、すると、あのへっこみは、牛の頭つきの跡だ。しかし、あの天空に向いて真っすぐ伸び、両端がやや外に開いている短い角は、なぜ二つの穴を扉にあけなかったのか。少年は不思議がった。又、牛を見た。黄白色の大気ににぶく輝く、空の遠くの何かを目指しているような角は牛に先天性のもので特に変わりはない。うるおい、黒目がちの目のすぐ上に、大人のこぶし大の瘤《こぶ》を発見した。すると、牛は頭つきではなく、あの隆起物をあてたのか。頭がばかでかい牛だ。大きな石のような重みがあるはずだ。2外国車もむしろ軽傷ですんだ。

外人は、飽きず、変らず、みひらいた目を目立たせて、少年がわけのわからない言葉を何かの実況中継のようにとどめない。暑いのか、おどしをかけるためか、花柄のアロハシャツのボタンをゆっくりと全部はずした。風がないので、上着はだらしなく垂れ下がる。下着をつけていない。まばらの胸毛の間に肋骨《ろっこつ》がうきでている。人々の白い上着、白い帽子は陽の強い白に稜線《りょうせん》がぼけ、影の黒、人々の目の黒、牛の黒が、さらに強まっているなかで、外人のカラフルな上着や赤い胸の色はちぐはぐな異物だ。百人近い人垣は立ちつくしている。身動きもほとんどない。どうしたんだ、みんな。少年は人々を見まわす。同郷の人がいじめられているんだ。たった一人じゃないか。3どうしたんだ。そのうち、手綱もちの男をヘイ、カマン、ヘイ、カマン、と手招き、きびきびとした兵隊のように、外国車に寄り、又、何か叫びながら、へっこんだ箇所を強く右こぶしでたたいた。指二本分ほどの小片が三つ四つはげ、落ちた。よくみがいた黒肌から銀色のあばた顔があらわれた。これを見、外人はとうとう我を忘れ、靴で扉を続けざまに蹴っとばした。4徐々にあばたはひどくなる。周囲の人々の輪は少しも拡散しない。動揺する様子がない。外国車を傷つけたのは大変な事件だと人々は思っている。しかし、まちがいなく牛がやった事で、牛が悪いと思っている。自分には関係ない……。

発砲するんじゃないかと少年は恐れ、大人用の麦藁帽子のつばをつかみあげ、視野をよくした。しかし、大勢いるんだから平気さという気持ちが強い。見たところ、ピストルも見えない。牛の手綱を持っている男を見た。相変らず、心もちうつむき、外人の足元を見ている目は動かない。手ぬぐいを巻いた頭に陽が直射し、耳のつけ根から*びんたに汗が流れている。*トガイー牛の、この手綱もちは隣部落の二十歳すぎの青年だ。少年が挨拶がわりに笑ってみせても、不愛想に見つめるだけの、この男を日ごろ少年は嫌っていた。顔をあげ、にらみつけるようで、それでいて妙に輝きのない、あの目が今はない。伏し目がちに下を見続け、まばたきもしない。5ざまあみろという気がおきたが、すぐ消えた。牛を闘わせている時の青年のあの威勢のよさが嘘《うそ》のように感じられた。戦意のない牛を何度も地団駄を踏み、ハイー、イャーイャー、ヒャーッと悲鳴のような*ヤグイをかけ、叱咤《しった》し、ぶち、無理矢理闘わすのに、今、自分が闘わないのはどうしたことだ。どうして、こうも変わってしまうのだ。手綱をとりながら、敵の目を盗み、卑怯《ひきょう》にも相手牛の目に砂をかけたり、鼻をなわでぶったりするという噂のある男が、こうも大人しくなれるのか。牛は、牛だけが体をもてあまし、じっとしない。普段と変わらぬ平気な顔だ。牛は外人にはやく消えろ、うるさいハ

【国　語】（六〇分）〈満点：一〇〇点〉

一　次の文章を読んで、後の問いに答えなさい。

戦後十数年が経過し、沖縄は依然アメリカの統治下にあった。全島の米軍基地は年に一度住民に開放され、様々なイベントが催されていた（当時の時代背景を考慮し、本文の表記はそのままにした）。

この年、西暦一九五八年は北中城《きたなかぐすく》村在の瑞慶覧《ズケラン》体育館横で特別に闘牛大会が催された。午後一時の開始には間があった。正午のサイレンが鳴ったばかりだった。少年は窓ガラスに鼻をつぶして、バスケットをしている二十余人のアメリカ青年を見るのも飽き、窓の下に坐《すわ》り、ぼんやり前に目をやった。常日頃、金網の外から見、寝ころび、走り回り、ころげ回り、逆立ちしたいと思い続けた芝生は毛布のように暑苦しく、半ズボンの尻を突きさした。芝生は影をつくらず、大きく豊かにうねり、遠くの金網まで一面に拡《ひろ》がっていた。丘を走る金網の底から巨大な白い入道雲が湧き、固まっていた。*部落で鳴いていたさわがしい蝉《せみ》の声がなかった。きれいに刈り込まれた芝生は一面、陽にきらめき、白っぽい緑だった。尻の痛さがなかなか麻痺《まひ》しないので少年は麦藁《むぎわら》帽子を尻に敷いた。規模が沖縄一の体育館もぽつりとあった。体育館の影が幅一メートルほど落ちていた。かろうじて少年は灼熱《しゃくねつ》の陽に直射されない。むらのないまっ青な中天に、一瞬見上げただけで額も目も痛くなる白光があった。あぶられ、体育館は体表がぼけている。少年が坐っている直線形の影の部分だけが、まっ黒く、視力が平常に通用した。はっきりしている場だった。じわじわ地から、じりじり天から、熱が湧き、落ち、事実、［ 1 ］、そんな日だった。

闘牛場は米兵が娯楽にフットボールやサッカーをやる広場に設営されていた。草が蹴られてはがれ、むきだした朱色の土に真新しい丸木の杭《くい》を十数本打ち込み、丸い金属ロープを五段回してある。観覧席に簡易椅子が五百余個置いてある。十組の闘牛はまだそろっていない。スタジアムから二、三十メートル離れた即製のつなぎ杭木に数頭がくくりつけられている。

1突然、かん高いわめき声がした。男達が早足で一箇所に寄り、次第にむれ、囲みになった。少年は立ちあがり、麦藁帽子をかぶり、そのつなぎ坑木附近にかけた。すでに五十余人の人垣ができていた。背が低く太った色黒の中年女が、つま先立って、前の頭と頭の間からのぞいていた。小学一、二年生の五人の子供達がじっと一点を見、妙な音のない笑いをしていた。女の足元に古いアルミニウム製のタライが置かれていた。中に数十本のコーラが浸されていた。少年はコーラを見、子供達を見、何回か、それを繰りかえした。汗がにじみでた。つばは舌に小さくすぼむ。中年女と目が合い、目をあわててそらし、人垣をかき分け、少年は中に入った。

やけに鼻の大きい、その鼻さえ見なければ沖縄人とみまがう、南米系らしい小柄な男が、牛の手綱を持っている沖縄人の男にわめきちらしている。男は少し頭を下げ気味に、一言もなく、窮屈げな牛が首を振ったり、顔を上げたりするのをたくみに綱を引き、しずめている。こころもち、遠巻きにしている老若の人々は周囲の人と目をあわせたり、うなずいたり、小声で何か言いあったりしながら、外人を見たり、手綱もちを見たり、牛を見たり、そして黒い外国車を見たりしている。少年はやっ

MEMO

大切なことはメモしておこうネ！

2023年度

解　答　と　解　説

《2023年度の配点は解答欄に掲載してあります。》

＜数学解答＞ 《学校からの正答の発表はありません。》

1　(1)　$(a-1)(xa-x+a+1)$　(2)　$a \geqq 29$　(3)　$x=100$，$y=400$
(4)　$a=15$，$b=8$

2　(1)　①　$\frac{1}{6}$　②　$\frac{5}{18}$　(2)　解説参照

3　(1)　4点の座標　$A_1(6,\ 12)$，$A_2(-2,\ -4)$，$B_1(-3,\ 3)$，$B_2(1,\ -1)$
(証明)　解説参照　(2)　48　(3)　$a=\frac{1}{4}$

4　(1)　$\frac{\sqrt{6}}{2}$cm　(2)　2cm　(3)　$\frac{2\sqrt{3}}{3}$cm

5　(1)　$\frac{5}{2}$秒後　(2)　$B\left(\frac{1+\sqrt{5}}{2},\ \frac{1+\sqrt{5}}{2}\right)$
(3)　①　$3\sqrt{2}+2$秒後　②　$P(11-7\sqrt{2},\ 1)$

○推定配点○
1　各5点×4((3)，(4)各完答)　**2**　(1)　①　4点　②　6点　(2)　8点
3　(1)　4点の座標　各1点×4　証明　6点　(2)・(3)　各6点×2
4　(1)・(2)　各6点×2　(3)　8点　**5**　(1)　4点　(2)　6点　(3)　①　4点
②　6点　計100点

＜数学解説＞

1　(小問群―因数分解，資料の整理，中央値，方程式の応用，数の性質，2次方程式)

重要　(1)　$(x+1)a^2-2xa+x-1=xa^2+a^2-xa-xa+x-1=xa^2-xa-xa+x+a^2-1=xa(a-1)-x(a-1)+(a-1)(a+1)$　共通な因数$(a-1)$でくくると，$(a-1)\{xa-x+(a+1)\}=(a-1)(xa-x+a+1)$

【別解】　$(x+1)a^2-2xa+x-1=xa^2+a^2-2xa+x-1=xa^2-2xa+x+a^2-1=x(a^2-2a+1)+(a+1)(a-1)=x(a-1)^2+(a+1)(a-1)$　共通な因数$(a-1)$でくくると，$(a-1)\{x(a-1)+(a+1)\}=(a-1)(xa-x+a+1)$

(2)　aを除いた数値を小さい方から順に並べると，10，12，16，23，29，30，34　8人の生徒の中央値は，小さい順(または大きい順)に並べたときの4番目と5番目の数値の平均値である。aが29以上であれば4番目が23，5番目が29となり，その平均である中央値が26となる。よって，$a \geqq 29$　(ハンドボール投げで100mとか200mとかはあり得ないだろうが，上限については指示されていないので，$a \geqq 29$と答える。)

(3)　食塩水全体の量として，$300+400=x+2x+y$　$3x+y=700$…①　それぞれの食塩水に含まれている食塩の量として，$300\times0.05+400\times0.12=0.07x+0.08\times2x+0.1y$　$0.23x+0.1y=63$　両辺を100倍して，$23x+10y=6300$…②　①×10－②から，$7x=700$　$x=100$　①に代入して，$300+y=700$　$y=400$

（4） 2023を素因数分解すると，$2023=7\times289=7\times17\times17$　$a-b=7$…①とすると，$a^2+b^2=289$ …②　①を$a=b+7$として②に代入すると，$(b+7)^2+b^2=289$　$2b^2+14b+49-289=0$　$b^2+7b-120=0$　$(b+15)(b-8)=0$　$b>0$なので，$b=8$　$a=15$　$a-b=17$，$a^2+b^2=17$などの他の組み合わせのときには当てはまるa，bはない。

2 （平面図形と確率―円の性質，円周角，作図）

（1） ① 2個のさいころの目の出方の数は$6^2=36$　円周角が90°になるとき，それに対する弧は円周の$\frac{1}{2}$である。よって，(△，□)＝(1，6)，(2，5)，(3，4)，(4，3)，(5，2)，(6，1)の6通りあるので，その確率は$\frac{6}{36}=\frac{1}{6}$

② 円周の$\frac{1}{14}$の弧に対する円周角は$\frac{180}{14}=\frac{90}{7}$であり，円周の$\frac{x}{14}$の弧に対する円周角が70°より小さくなる場合には，$\frac{90x}{7}<70$　$x<\frac{49}{9}$　$\frac{49}{9}=5.44$・・　よって，(△，□)＝(3，6)，(4，6)，(4，5)，(5，6)，(5，5)，(5，4)，(6，6)，(6，5)，(6，4)，(6，3)の10通りあるので，その確率は$\frac{10}{36}=\frac{5}{18}$

やや難 （2） 点Bを通る円Oの接線を引き，直線ℓとの交点をCとする。点Cを通る直線OCに垂直な直線を引き，直線OBとの交点をDとする。点Dを中心とする半径DBの円を書く。
（以上が作図，以下はその説明）

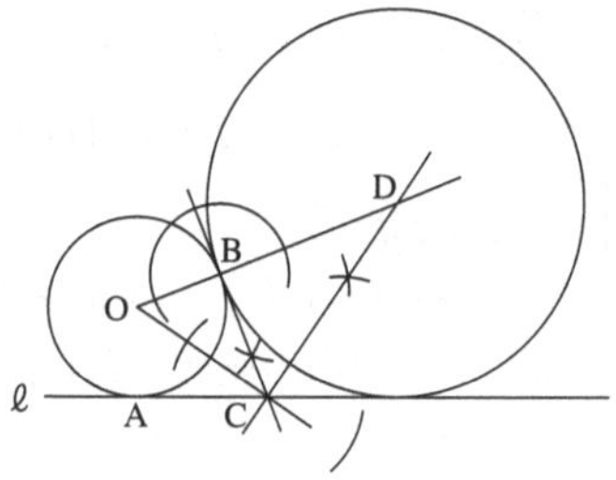

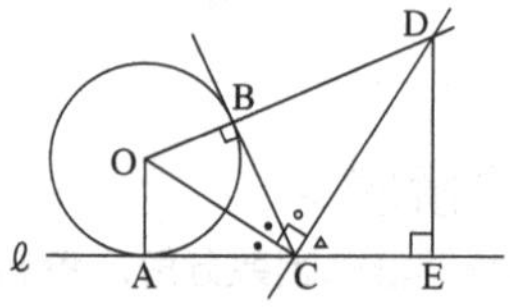

接線と接点を通る半径は垂直に交わるので，△OACと△OBCは斜辺と他の1辺がそれぞれ等しい直角三角形である。よって，△OAC≡△OBC，∠ACO＝∠BCO

点Dから直線ℓに垂線DEを引く。∠OCA＝∠OCB＝a，∠BCD＝b，∠ECD＝cとすると，∠OCD＝90°なので，$b=90°-a$　$a+a+b+c=(a+b)+(a+c)=180°$　$a+b=90°$なので，$a+c=90°$　$c=90°-a$　したがって，$b=c$　△DBCと△DECは斜辺と1鋭角がそれぞれ等しい直角三角形なので合同であり，DB＝DEとなる。

3 （関数・グラフと図形―グラフの交点，相似，証明，面積，方程式）

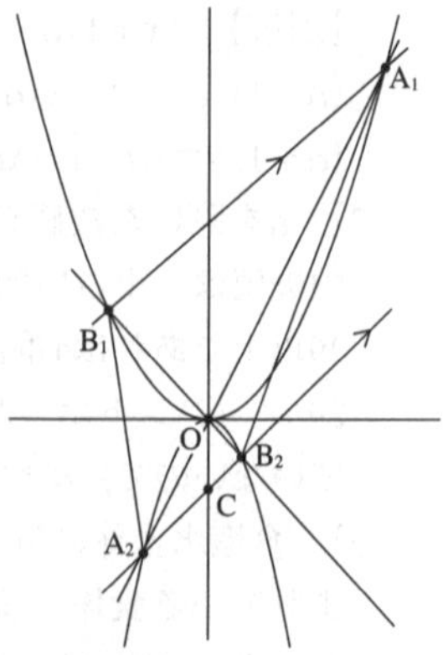

（1） $y=\frac{1}{3}x^2$のグラフと直線$y=2x$との交点のx座標は，方程式$\frac{1}{3}x^2=2x$の解として求められる。$\frac{1}{3}x^2-2x=0$　$x^2-6x=0$　$x(x-6)=0$　A_1のx座標は6，y座標は12である。同様にして，A_2については，$-x^2=2x$　$x(x+2)=0$　$x=-2$，$y=-4$　B_1については，$\frac{1}{3}x^2=-x$　$x(x+3)=0$　$x=-3$，$y=3$　B_2については，$-x^2=-x$　$x(x-1)=0$　$x=1$，$y=-1$　$A_1(6,\ 12)$，$A_2(-2,\ -4)$，$B_1(-3,\ 3)$，$B_2(1,\ -1)$　直線A_1B_1の傾きは，$\frac{12-3}{6-(-3)}=1$，直線A_2B_2の傾きは$\frac{-1-(-4)}{1-(-2)}=1$　A_1B_1とA_2B_2とは傾きが等しいので平行である。A_1B_1//A_2B_2なので錯角が等しいから，$\angle OA_1B_1=\angle OA_2B_2$，$\angle OB_1A_1=\angle OB_2A_2$

2組の角がそれぞれ等しいので，$\triangle OA_1B_1 \backsim \triangle OA_2B_2$

重要 (2) 同じ直線上の線分の長さの比は，線分の両端のx座標(またはy座標)の差で比べることができる。$A_1O:A_2O=(6-0):\{0-(-2)\}=3:1$　$\triangle OA_1B_1 \backsim \triangle OA_2B_2$であり，相似比が$3:1$なので面積の比は$9:1$である。$\triangle OA_2B_2$の面積をSとすると，$\triangle OA_1B_1=9S$　$\triangle OA_1B_2$と$\triangle OA_2B_2$はOA_1，OA_2をそれぞれの三角形の底辺とみたときの高さが等しいから，$\triangle OA_1B_2:\triangle OA_2B_2=OA_1:OA_2=3:1$　よって，$\triangle OA_1B_2=3S$　同様にして，$\triangle OA_2B_1:\triangle OA_2B_2=OB_1:OB_2=OA_1:OA_2=3:1$　$\triangle OA_2B_1=3S$　よって，四角形$A_1B_1A_2B_2=16S$　直線A_2B_2の式は$y=x-2$　y軸との交点をCとすると，$\triangle OA_2B_2$の面積は$\triangle OA_2C$と$\triangle OB_2C$の和で求められるから，$S=\frac{1}{2}\times 2\times 2+\frac{1}{2}\times 2\times 1=3$　したがって，四角形$A_1B_1A_2B_2=16S=48$

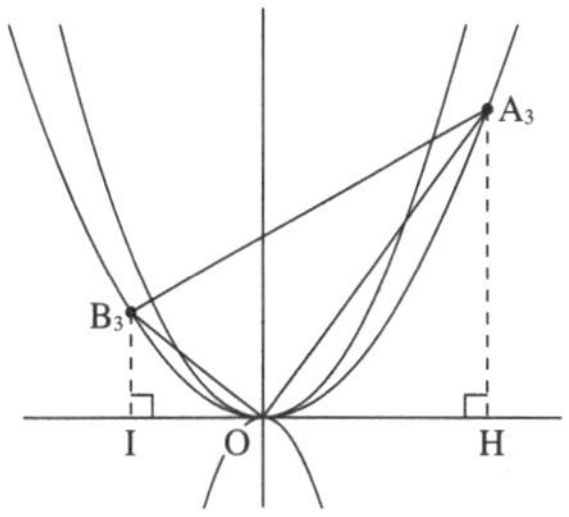

やや難 (3) A_3，B_3の座標をaを用いて表すと，$ax^2=2x$　$x(ax-2)=0$　$x=\frac{2}{a}$　$y=\frac{4}{a}$　$A_3\left(\frac{2}{a},\ \frac{4}{a}\right)$　$ax^2=-x$　$x(ax+1)=0$　$x=-\frac{1}{a}$　$y=\frac{1}{a}$　$B_3\left(-\frac{1}{a},\ \frac{1}{a}\right)$　点A_3，B_3からx軸に垂線A_3H，B_3Iを引くと，$\triangle OA_3B_3=$(台形A_3B_3IH)$-\triangle A_3OH-\triangle B_3OI=\frac{1}{2}\times\left(\frac{4}{a}+\frac{1}{a}\right)\times\left(\frac{2}{a}+\frac{1}{a}\right)-\frac{1}{2}\times\frac{4}{a}\times\frac{2}{a}-\frac{1}{2}\times\frac{1}{a}\times\frac{1}{a}=\frac{1}{2}\times\left(\frac{15}{a^2}-\frac{8}{a^2}-\frac{1}{a^2}\right)=\frac{3}{a^2}$　これが四角形$A_1B_1A_2B_2$の面積と等しい。よって，$\frac{3}{a^2}=48$　$a^2=\frac{3}{48}=\frac{1}{16}$　$a>0$なので，$a=\frac{1}{4}$

4 **(空間図形—正四面体と球，長さ，切断，三平方の定理，相似)**

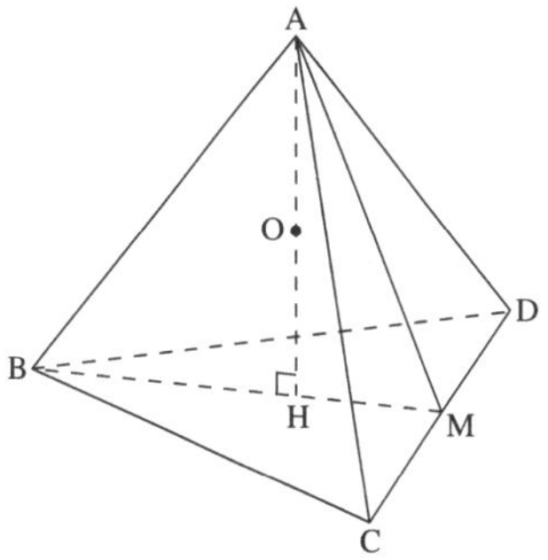

重要 (1) $\triangle ACD$，$\triangle BCD$は共に正三角形なので，CDの中点をMとすると正四面体ABCDは面ABMについて対称である。よって，AHはBMと交わる。AM，BMは正三角形の高さなので，$\frac{\sqrt{3}}{2}CD=\frac{3\sqrt{3}}{2}$　$BH=x$とおくと$MH=\frac{3\sqrt{3}}{2}-x$　$\triangle ABH$と$\triangle AMH$で三平方の定理を用いてAH^2を2通りに表すことで，$3^2-x^2=\left(\frac{3\sqrt{3}}{2}\right)^2-\left(\frac{3\sqrt{3}}{2}-x\right)^2$　$3\sqrt{3}x=9$　$x=\frac{9}{3\sqrt{3}}=\sqrt{3}$　$AH^2=3^2-(\sqrt{3})^2=9-3=6$　$AH=\sqrt{6}$　AHは球Oの直径なので，球Oの半径は$\frac{\sqrt{6}}{2}$

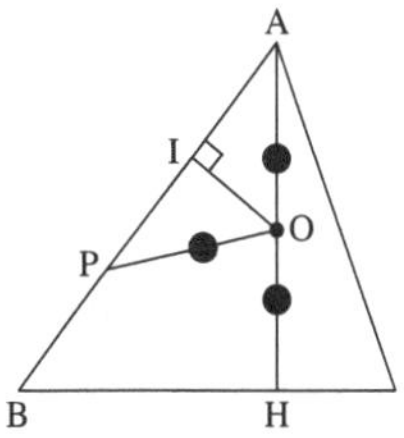

(2) 四面体と球を面ABMで切断して考えてみると，OA，OPは球の半径だから，$OA=OP=\frac{\sqrt{6}}{2}$　点OからAPに垂線OIを引くと，$\triangle OAP$は二等辺三角形だからIはAPの中点となる。また，$\triangle AOI$と$\triangle ABH$は2組の角がそれぞれ等しいので相似であり，$AI:AH=AO:AB$　$AI:\sqrt{6}=\frac{\sqrt{6}}{2}:3$　$3AI=3$　$AI=1$　よって，$AP=2$

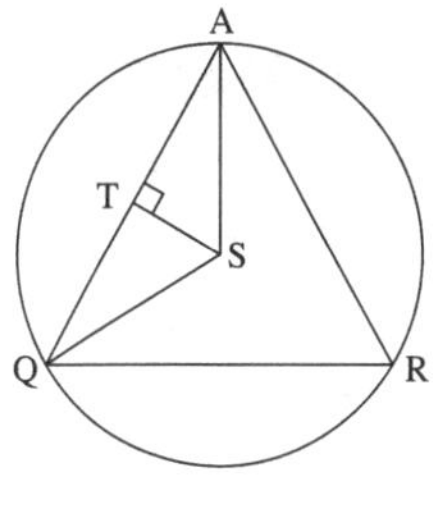

(3) $AQ=AR=AP=2$　$\angle QAR=60°$だから，$\triangle AQR$は1辺が2の正三角形で，その面が球を切ってできる円はその外接円である。$\triangle AQR$の外接円の中心をSとして，SからAQに垂線STを引くと，$\triangle AST$は内角の大

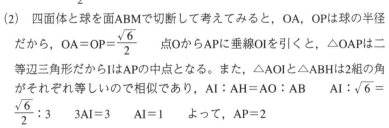

きさが30°，60°，90°の直角三角形になり，AS：AT＝2：$\sqrt{3}$　また，△SAQは二等辺三角形だから，AT＝QT＝1　よって，AS：1＝2：$\sqrt{3}$　AS＝$\frac{2\sqrt{3}}{3}$

[5]　**（関数ー座標の変化，移動，三平方の定理，速さ）**

(1)　点Pが点Aにあるとき，$(a,\ b)=(2,\ 4)$だから，最初の移動先の座標は，$\left(b,\ \frac{b+1}{a}\right)=\left(4,\ \frac{5}{2}\right)$ 2点$(x_m,\ y_m)$と$(x_n,\ y_n)$の距離は$(\sqrt{(x_n{}^2-x_m{}^2)+(y_n{}^2-y_m{}^2)}$で求められるので，点Aと最初の移動先との距離は，$\sqrt{(4-2)^2+\left(\frac{5}{2}-4\right)^2}=\sqrt{\frac{25}{4}}=\frac{5}{2}$　したがって，移動先に着くのは$\frac{5}{2}$秒後である。

(2)　点B$(a,\ b)$のときに移動先が$\left(b,\ \frac{b+1}{a}\right)$なのだから，点Pが移動せずに点Bにとどまり続けるときには，$a=b$…①　$b=\frac{b+1}{a}$…②　①を②に代入して整理すると，$b=\frac{b+1}{b}$　$b^2-b-1=0$　2次方程式の解の公式を用いると，$b=\frac{-(-1)\pm\sqrt{(-1)^2-4\times1\times(-1)}}{2}=\frac{1\pm\sqrt{5}}{2}$　bは正の数なので，$b=\frac{1+\sqrt{5}}{2}$　$a=b=\frac{1+\sqrt{5}}{2}$だから点Bのx座標，y座標はともに$\frac{1+\sqrt{5}}{2}$

＋α　やや難

(3)　①　C(1，1)⇒D(1，2)…1秒　D(1，2)⇒E(2，3)…$\sqrt{2}$秒　E(2，3)⇒F(3，2)…$\sqrt{2}$秒　F(3，2)⇒G(2，1)…$\sqrt{2}$秒　G(2，1)⇒C(1，1)…1秒　よって，$3\sqrt{2}+2$(秒後)

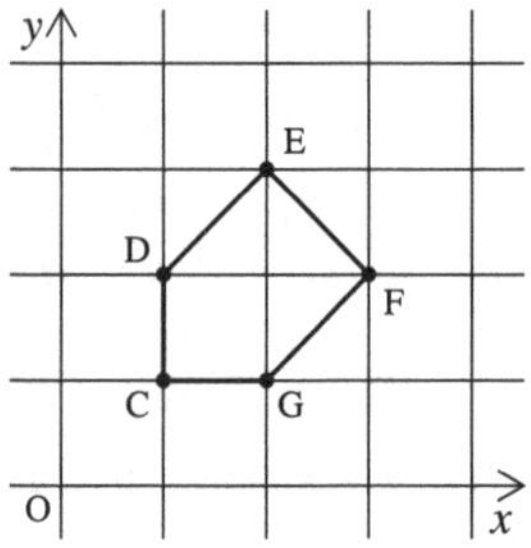

②　$22\sqrt{2}$秒後までにC⇒D⇒E⇒F⇒G⇒Cの移動を何回繰り返すかを考えるために，$\sqrt{2}$の大きさを小数で表してみると，$1.41^2=1.9881$，$1.42^2=2.0164$なので，$\sqrt{2}=1.41$…　それを用いると$22\sqrt{2}=22\times1.41\cdots=31.02\cdots$　$3\sqrt{2}+2=6.23\cdots$　よって，およそ5回繰り返すと思われる。5回繰り返すまでの時間は$(3\sqrt{2}+2)\times5=15\sqrt{2}+10$　この値と$22\sqrt{2}$を比較すると，$15\sqrt{2}+10-22\sqrt{2}=10-7\sqrt{2}$　$10-7\times1.42<10-7\sqrt{2}<10-7\times1.41$　$0.06<10-7\sqrt{2}<0.13$　$22\sqrt{2}$秒後にはまだ5回繰り返していないことがわかる。また，$0<10-7\sqrt{2}<1$なので，点PはCG上にあり，CP＝$10-7\sqrt{2}$　よって，点Pのx座標は$1+10-7\sqrt{2}=11-7\sqrt{2}$だから，P$(11-7\sqrt{2},\ 1)$

★ワンポイントアドバイス★

[1]の(1)は展開して整理していくとよい。(4)は2023を素因数分解する。[2]はでき上がったとして図を書いて性質を考えよう。[3]は平行線の性質を活用する。[5]の(3)は座標平面上に点をとって考えるとよい。

＋α　は弊社HP商品詳細ページ(トビラのQRコードからアクセス可)参照。

<英語解答>　《学校からの正答の発表はありません。》

[A]　ア　twice　イ　help　ウ　yourself　エ　no　オ　There　カ　much

[B]　記号　ア　訂正　went　記号　ウ　訂正　either temples or
記号　カ　訂正　have been interested　記号　シ　訂正　would go

[C]　1　red　2　knows　3　piece　4　clothes　5　guessed

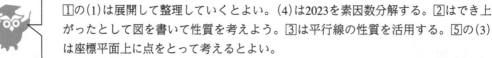

D　(1)　English is one of the languages which have a lot of words coming from foreign languages.　(2)　This made English a unique language.

E　問1　[1]　⑤　問2　from wildfires　問3　避難所　問4　[2]　③
問5　[3]　②，⑥，⑧　問6　[4]　①

F　問1　[5]　③　問2　[6]　②　問3　[7]　⑥　[8]　①　A　数学の問題を解くのを2倍速くあきらめた　B　クッキーを我慢することで精神力が消耗した　問4　battery
問5　[9]　①　問6　[10]　③　問7　[11]　④，⑦，⑨

G　問1　[12]　③　問2　時間と幸せの両方を提供すること。　問3　[13]　④
問4　A　この奇妙な男と契約した　B　幸せを手に入れた　問5　[14]　⑤，⑦，⑨
問6　[15]　③，④

H　放送問題解答省略

○推定配点○
A　1点×6　B　各2点×4　C　各1点×5　D　(1)　3点　(2)　2点　E　各2点×8
F　各2点×12　G　各2点×10　H　Ⅰ～Ⅲ　各1点×12　Ⅳ　各2点×2　計100点

＜英語解説＞

基本　**A　(言い換え・書き換え：現在完了，熟語，単語，構文)**

ア　「これは私が彼に会った2回目だ」「私は今までに2回彼に会ったことがある」 twice「2回」

イ・ウ　「あなたは望むだけキャンディを食べてよい」「キャンディをご自由にお取りください」 Help yourself to ～「～をご自由にお取りください」

エ　「宿題を終わらせなさい，さもないと外出させません」「宿題を終わらせないならば，あなたが外出することはない」〈There is no chance for ＋人＋ to ＋動詞の原形〉「(人)が～する見込みはない，(人)は～できない」

オ・カ　「公園に雪がたくさんあった」〈There was ＋単数名詞〉「～があった」 snow は数えられない名詞なので，「たくさんの」は much を用いる。

B　(正誤問題：時制，熟語，仮定法)

(全訳)　私は小さい時，家族と京都に<u>ア行ったが</u>，よく覚えていない。私の両親は京都でたくさんの歴史的な場所<u>イを訪問すること</u>を楽しみにしていたが，私は当時，<u>ウお寺も</u>神社<u>も</u>行きたくなかった。<u>エ私が覚えているの</u>は，夏で暑かったにもかかわらず風邪を引いた<u>ことだけだ</u>。

しかし今回，私は京都で素晴らしい時間を過ごした。高校に入って<u>オ以来</u>，私は日本史に<u>カ興味を持っている</u>。京都には金閣寺のような歴史的な場所が非常にたくさんあり，私は過去に<u>キ戻れた</u>ような気がした。

金閣寺に行った時，私はカナダからの観光客に話しかけられた。彼らは私に「ここで写真を撮っても<u>ク大丈夫ですか</u>」と尋ねた。私はなんとか彼ら<u>ケとコミュニケーションし</u>，英語で意思疎通ができた。私は学校で学んだ英語表現をたくさん使うことができてうれしかった。

京都滞在中，私は京都の食べ物<u>コを食べること</u>を楽しんだ，そして私はそれが他の何よりも<u>サおいしい</u>と思う。もし私に十分なお金と時間があれば，またそこに<u>シ行くのだが</u>。

ア　過去を表す語句 when I was little があるので，現在完了形は用いることができない。過去形 went とする。　ウ　否定文(I didn't want ～)なので，either temples or とする。either A or B は否定文中で「AもBも(～ない)」の意味。　カ　be interested「興味がある」の現在完了形は have been interested である。　シ　実現困難な現在の願望を表す，仮定法過去の文。〈If ＋主語

＋動詞の過去形～，主語＋助動詞の過去形…〉「もし～なら，…なのに」という構文になるので，will を would にする。

基本 **C** **（語句補充：同音異義語）**

1 「私はこの4月以降，50冊以上の本を読んだ」 read「～を読む」の過去分詞 read を入れる。
「私の母はパーティーに行く時はいつも赤い服を着る」 dress in red「赤い服を着る」

2 「私の犬は鼻がとてもよいので，においをかぐことでものを見つけられる」 nose「鼻」
「私たちの英語の先生は英語についてたくさん知っている」 動詞 knowを knows とする。

3 「私は誰もが将来，平和に暮らすことを望む」 in peace「平和に」
「私は先生から1枚の紙を手渡された」 a piece of paper「1枚の紙」

4 「ドアを閉めてくれませんか。寒いです」 close「～を閉める」
「私は面接にどんな服を着ればよいでしょうか」 clothes「服」 ともに[kloʊz]と発音する。

5 「ゲストとして私たちのテレビ番組にお越しいただきありがとうございます」 guest「ゲスト」
「私はその問題に対する答えを推論したが，間違っていた」 guess「～を推論する」の過去形 guessed を入れる。

D **（英作文：関係代名詞，分詞，構文）**

やや難 (1) まず English is one of the languages「英語は(複数ある)言語のうちのひとつだ」とし，その後ろに関係代名詞を用いて which have a lot of words coming from foreign languages「外国語に由来する多くの単語を持つ」と続ける。

(2) This を主語にするので，「これが英語を独特な言語にした」と表す。〈make ＋目的語＋補語〉「～を…にする」 unique「独特な」

E **（長文読解・論説文：文整序，内容吟味，単語，熟語，内容一致，要旨把握）**

（全訳） ビーバーは北アメリカ全土，そしてヨーロッパやアジアにも生息している。彼らは木材でダムを作ることで非常によく知られている。彼らはふつう，しっかりしたダムを築くために石や泥も加える。これらのダムにより，川がよりゆっくり流れる。彼らが十分な水を蓄えることで，ダムの後ろに新しい池が形成される。

しかしビーバーは自分の周りの環境を変えるためにさらに多くのことをする。ウ彼らは自分たちの池から周りの土地へ，水路も掘るのだ。アこれらの水路は小さな川のように見え，池からの水で満たされている。イ結果として，池から少し遠くで育つ植物でも，その水路から十分な水を得る。このため，ビーバーは環境を干ばつから守るのに非常に重要である。

十分な水分を吸収することによって健康で青々としている植物を燃やすことは難しいと，おそらく想像できるだろう。乾いた茶色の植物はより簡単に燃える。そこで私たちは疑問に思った。もしビーバーのダムの周りの植物がもっと水分を与えられたら，ダムを山火事から守ることができるのではないか。

私たちの説を確かめるため，私たちは北アメリカ中から異なる5つの場所を選んだ。山火事が近年，その5か所すべてに影響を及ぼしている。5か所すべてに，ビーバーのテリトリーがある場所とビーバーのいない場所があった。

私たちは5か所すべての衛星画像を調べた。その写真により，私たちはビーバーが生息している場所を見分けることができた，なぜなら衛星画像にビーバーのダムや池が見られるからだ。そこで私たちはビーバーがいる地域の写真といない地域の写真を5つの異なる山火事の事例から入手した。

そして私たちは山火事が起きる1年前の画像を調べ，山火事の最中に撮影された画像も調べた。ア私たちはビーバーのダムの周りの地域がビーバーのダムのない地域に対して，どのくらい青々としているかを比較した。

私たちの説によると，ビーバーのいる地域は山火事の最中も青々としているはずだ。そして私たちは正しかった！　山火事はビーバーのいる地域でもビーバーのいない地域でも燃えたが，ビーバーのテリトリーは山火事の間も青々としたままだった。

これはビーバーのダムと水路のおかげであると，我々は確信している。そこの植物は得られる水が多く，それゆえ水分の少ない植物ほど簡単には燃えない。

より多くの水分を持った植物が燃えにくいというのは明らかだと思われるかもしれないが，私たちの発見は非常に重要だ！　私たちは，ビーバーの活動は環境に十分な水を貯えることができるので，その地域は山火事の影響を受けにくい，と証明した。このことは，より多くの植物が生き残るということを意味するだけでなく，それが山火事の最中に動物たちのイ避難場所を作るということでもある。全ての動物が広がる火から逃れるために飛んで逃げたり，泳いで逃げたり，速く走ったりできるわけではない。彼らはビーバーのダムの周りの地域に避難場所を見つけることができ，そこには火が届かない。

それゆえ，ビーバーの活動は環境の姿を変え，植物や動物の命を山火事から守る。これは，山火事になりやすい地域に住む人間が心に留めておくべきものである。ビーバーをこれらの地域に導入することは良案かもしれない。そのようにして，ビーバーはただそこに住むだけで地域の中に耐火場所を作り出すことに役立つのだ。

問1　[1]　全訳下線部参照。

重要　問2　第3段落最終文の if 以下が，研究者たちの抱いた疑問であり，その検証のために下線部アを行った。

問3　refuge「避難所」 2文後の shelter も同じ意味である。

問4　[2]　be prone to ～「～になりやすい，～の傾向がある」 be at high risk of ～「～の危険性が高い」

問5　[3]　①「ビーバーのダムは世界のどの川でも見られる」(×)　②「木材，石，泥は，ビーバーが強いダムを築くために必要である」(○)　③「2種類の画像が比較された。1つは山火事の最中に撮影され，もう1つは山火事の後に撮影された」(×)　山火事の後ではなく前に撮影された画像を比較に使った。　④「研究者たちはビーバーのいる5か所とビーバーのいない5か所を選んだ」(×)　⑤「ビーバーのいる地域は山火事によって全く被害を受けなかった」(×)　全く被害を受けなかったわけではない。　⑥「ビーバーのいる地域の植物はビーバーのいない地域の植物より水分が多い」(○)　⑦「研究者たちの発見は自説と異なっていた」(×)　⑧「ビーバーのダム，池，水路は山火事の最中にたくさんの動物が生き延びるのに役立った」(○)　⑨「もしあなたが新しい場所で新しい暮らしを始めるなら，ペットとしてビーバーを飼うべきだ」(×)

やや難　問6　[4]　①「ビーバーは素晴らしい消防士の役割をするか」 最終段落第1文参照。ビーバーの活動は植物や動物の命を山火事から救う，というのがこの文章の趣旨なので，①が適切。

やや難　**F**　**(長文読解・論説文：内容吟味，語句解釈，語句補充，熟語，脱文補充)**

(全訳)　あなたは明日の朝までレポートを完成させなくてはならない。あと6時間しか残っていない。しかし，ほとんど進んでいない。あなたは机に向かっているが，何時間もネットサーフィンをしているうちに時間が過ぎていく。あなたは「その気になったら始められる」と言うかもしれないが，そんな気にはならない。そして朝が来る。

私たちは皆，似たような経験をしたことがあるかもしれない。なぜ私たちは物事をすぐに始められないのか。スイス人ビジネスマンのロルフ・ドベリによって書かれたこのエッセイは，私たちの厄介な習慣である先延ばしについて私たちに教えてくれる。

ア先延ばしは不快だけれども重要な行動を遅らせる傾向である。ジムまで大変な思いで移動すること，安い保険証券に変更すること，お礼状を書くこと。ここでは，新年の抱負もあなたの役に立たない。

先延ばしはばかばかしいものだ，なぜならイひとりでに完成する仕事などないからである。これらの作業は有益なものだと私たちはわかっている。それではなぜ私たちはそれらを棚上げにし続けるのか。種をまいてから収穫するには間があるからだ。それを乗り越えるには，心理学者のロイ・バウマイスターがウ賢明な実験で示したように，高程度の精神的エネルギーが必要だ。彼はチョコレートクッキーを焼いているオーブンの前に学生たちを立たせた。そのおいしそうなにおいが部屋中を漂っていた。そして彼は大根がたくさん入ったボウルをオーブンの横に置き，学生たちにそれを好きなだけ食べてよいと言ったが，クッキーは絶対に手出し禁止だった。その後，彼は学生たちをその部屋に30分間置き去りにした。2番目のグループの学生たちは好きなだけクッキーを食べることを許された。その後，両方のグループは難しい数学の問題を解かなくてはならなかった。クッキーを食べることを禁止された学生たちは，クッキーを自由にガツガツ食べることを許された者たちの2倍速くその数学の問題を解くことをあきらめた。自己抑制の時間が，その問題を解くのに必要な彼らの精神的エネルギー，すなわち意志力を消耗させたのだ。意志力は少なくとも短期間では，(エ)バッテリーのようなものである。もしそれが使い果たされてしまうと，将来のチャレンジがつまずいてしまう。

これは基本的な洞察である。自己抑制はオ1日中利用できるものではない。それは補給する時間が必要だ。良いニュースがある。これを達成するには，あなたは血液を糖分で満たして，休憩し，リラックスすればよい。

十分に食べて自分を休ませることは大切だが，次に必要な条件は自分をまっとうな生き方に保つために，一連のうまいやり方を使うことだ。これには気をそらすものを取り除くことが含まれる。私は小説を書く時，インターネットの接続を切る。私が複雑な場面に差し掛かった時，ネットを使ってしまうのは，誘惑的すぎる。しかし，最も効果的な小技は締め切りを設定することだ。心理学者のダン・アリエリーは，外部の権威—例えば教師やアメリカ国税庁など—によって明記された日付が最もうまく行くと発見した。自ら課した締め切りは，その課題が段階ごとに細分化され，各部分に締め切りを割り当てた場合のみ，うまく行く。この理由により，ぼんやりとした新年の抱負は失敗する運命にある。

だから，自分に打ち勝とう。先延ばしは不合理だが人間的である。それと戦うため，複合アプローチを使おう。これは，私の隣人が3か月で博士論文を何とか書き上げた方法である。彼女は電話もインターネット接続もない小さな部屋を借りた。彼女は論文のパートごとに1つずつ締め切りを設定し，合計3つの締め切りを設定した。彼女はこれらの締め切りについて聞いてくれる人みんなに伝え，さらに名刺の裏にそれらを印刷した。③このようにして，彼女は個人的な締め切りを公的な約束に変化させたのだ。昼食時や晩に，彼女はファッション雑誌を読んだり，たくさん睡眠をとったりすることで自分のバッテリーを補給した。

問1　[5]　procrastination「先延ばし」の例として，③「トムは，母親が彼のほしいものを買ってくれると約束したので，英語を一生懸命に勉強している」は不適切。

問2　[6]　②「あなたは仕事に取り組まずに仕事を完成させることなどできない」　文意は「仕事を終わらせたいなら，自分で仕事に取り組まなくてはならない」ということである。

問3　[7]　下線部ウの3文後の the cookies were strictly out of bounds「クッキーは厳密に区域外だった」を参照する。クッキーに手を出してはいけない(食べてはいけない)ということ。

[8]　下線部ウの5文後を参照する。eat as many cookies as they wanted は「彼らが食べたいだけたくさんのクッキーを食べる」ということ。　(A)　下線部ウの7文後の gave up on the math

problem twice as fast as ～「～の2倍速く，数学の問題をあきらめた」を参照する。（B）下線部ウの8文後を参照する。クッキーを我慢することで精神的エネルギーが消耗してしまい，数学の問題を解くのに必要な分が残っていなかった。

問4　最終段落最終文の batteries「バッテリー，充電電池」を単数形 battery にして入れる。

問5　[9]　around the clock「24時間，休みなく」 all day「1日中」

問6　[10]　全訳下線部参照。自分が設定した論文の締め切りを人に知らせることにより，個人的な締め切りを公的な約束に変えた。

問7　[11]　本文中には，先延ばしの対策として「意志力を補給する」「気をそらすものを取り除く」「締め切りを設定する」が挙げられている。また最終段落の博士論文を書いた女性の「締め切りを人に話して公的な約束にする」も有効である。④が「意志力の補給」，⑦が「気をそらすものの排除」，⑨が「公的な約束にする」に該当する。

G　（長文読解・物語文：文補充・選択，指示語，内容吟味，内容一致）

（全訳）　ヴィクトリアがアパートを出ようとしたちょうどその時，誰かがドアをノックした。それは奇妙だった，なぜなら彼女はエレベーターの音も階段に誰かがいるのも聞こえなかったからだ。彼女は急いでもう片方の靴を履こうとして転びそうになった。床にはたくさんの未開封の手紙があった。恐らくお金を請求するものだ。彼女は今月3回仕事に遅刻していて，今，訪問客がいる。最悪だわ，と彼女は思った。

彼女はドアを開け，「私は話したいけれど，できません！」とでも言うかのごとく微笑んだ。

「ヴィクトリア，今日はご機嫌いかがですか」とドアのところの男性は尋ねた。「良いことを願いますよ！　もし良くなかったら，私はあなたに永遠の温かさと私の会社の社長からの挨拶をお届けします」

ヴィクトリアの微笑が消えた。どうして彼は彼女の名前を知っているのか。

「どうして私がそんなに確信が持てるのか，あなたはわかりますか？」と彼は言った。「私こそが私の会社の素晴らしい社長なんですよ」

「申し訳ないけれど」とヴィクトリアは言った。「私は本当に行かないといけないんです。仕事に遅刻するから」

「時間！」と彼は悲しげな声を出した。「それは皆がほしがるものです。時間か幸せ，あなたはどちらのほうがたくさんほしいですか」

「聞いてください，本当に」とヴィクトリアは言った。「私は興味ありません，ごめんなさい」

「特別なオファーがあります」と彼は答えた。「永遠と引き換えに25年の人生を追加する。または」と彼は微笑んだ。「同じ値段で，幸せを2倍にする」

「値段？」と彼女は困惑して繰り返した。

「隠された追加請求などは一切ありません。私たちはあなたが持っているものを全部いただきます。永遠に」

ヴィクトリアは彼がそんな愚かな冗談に時間を無駄にしていることを奇妙に思った。「それなら，私は50年の追加の人生か4倍の幸せがほしいわ」と彼女は冗談を返した。

「ああ，できますとも」と彼は言った。「でも言っておかなければなりませんが，年月の質が25年以降は落ちていきます。私は幸せを選ぶことをお勧めします」

彼は彼女のためにエレベーターのボタンを押した。もちろん，今は朝で彼女は仕事向けの服装をしていたので，彼女が下に行くことは明白だった。大丈夫。彼女のスマートバッグにはサンドイッチしか入っておらず，重要な書類は入っていなかったし，彼女のスーツは中古品だった。いつか，彼女は自分が得意な仕事でかつ給料の良い仕事を思いつくだろう。

時々ヴィクトリアは自分の姉だけが家族の中で運の良い人間のように感じた。シャーロットは賞を獲得した会社を所有し，ハンサムでおもしろいピーターと結婚した。ピーターが唯一問題なのは，ヴィクトリアと結婚してくれる双子がいないことだった！　シャーロットがピーターと出会った方法もまるで映画のようだった。たくさんの運の悪いことの後に，シャーロットは自動車事故に遭った。最初，医師たちは彼女は2度と歩けないだろうと言ったが，その時，新しい医師，すなわちピーターがその病院で勤務を始めた。ピーターの手助けにより，シャーロットはわずか数週間で再び歩いた。彼がシャーロットに会うまで，誰も彼がそんなに良い医者とは知らなかった，と彼が冗談を言ったほどだ。彼は2か月後，彼女に結婚を申し込んだ。事故の半年後，シャーロットは自分の会社を始めて，今，彼らはロンドンの最も高級な地区に住んでいる。ヴィクトリアはもちろん，姉のことを喜び，彼女は彼らの家を訪問して彼らの美しい子供たち，ガブリエラとアンジェラに会うことが大好きだった。しかし時々，彼女自身は全く幸運がないということが，彼女の気分を悪くさせた。

シャーロットの事故について思い出したことで，彼女は考えた。将来，何が起きるか知ることは不可能だ。「でも，もし私が明日バスにひかれて死んでしまったらどうなるの？」

「それならあなたの完璧な人生は1日しか続かないということです。時間か幸せ，私は1つしか提供できない。私は奇跡を起こせません。別の会社はアそういうことをしますが」

「では，あなたは仕事を変えるべきかもしれないわ」と彼女は言い，エレベーターのボタンを自分で押した。

「いいえ」と彼は言った。「私はそこで働いたことがあるんです。そこの営業チームは非常に異なるオファーをする。今は大変な人生を送る，それから永遠に幸せになる。その案が気に入るお客様もいますが，正直に言って，それを売るのはずっと大変なんですよ」

エレベーターは動いていなかった，そこで彼女は階段に向かった。彼女は仕事にとてつもなく遅れそうだった。しかし彼女が階段を降り始めた時，突然何かを思い出した。

「ああ，いやだわ！」と彼女は言った。「ガブリエラとアンジェラ！」　彼女の幼い姪たちの誕生日プレゼントがキッチンのテーブルの上に置かれたままだった。今，それらを取りに戻る時間はなかった。

「ヴィクトリア，あなたがほしいのは時間でしょう？　私はいつもわかるんですよ」と彼が彼女に呼びかけた。

「私はあなたが言っているバカげたことを信じないし，あなたと話す時間もない！」

彼女は自分がもっと時間が必要だということを認めていると気が付いたので，話すのをやめた。そして彼女は叫び声をあげた，というのも彼が手すりを滑り降りて突然彼女の目の前に現れたからだ。腕と脚を組み，空中に浮かんで。

「あはは！」と彼は言った。「あなたは代わりに幸せがほしいんですね！」

ヴィクトリアは後ろにさがり，落ちないように手を壁に押さえつけた。今，彼女はこの奇妙な男が誰なのかわかった。

「私は十分幸せよ，ありがとう」と彼女は言い，階段を駆け下り始めた。

「ヴィクトリア，あなたは幸せですか？」と彼は彼女に合わせて，手すりを滑り降り続けながら言った。「もちろん，あなたの仕事は悪くない。あなたは，給料が低いことや，あなたがいつも遅刻するから上司があなたを嫌っていることを，気にしていない。あなたはきっと，いつも通り，家賃を払うだけのお金をもらうでしょう」

「あなたにそんなことがわかるわけない！」と彼女は叫んだ。「とにかく，お金で幸せは買えない」

「その通りです，ヴィクトリア，その通り。世界を動かすのは愛だ」

「そうよ！」と彼女は言った。あと5階降りなくては。

「きっといつかあなたは誰かに出会うでしょう…」と彼は言った。

「私は幸せになるために男性を必要としないわ，イだからもしそれがあなたの提供するものなら…」

「あなたはとても頭がいいですね，ヴィクトリア」と彼は続けた。「幸せは私たちの内から来るものであり，自分の買える物や他人から来るものではないということを理解している人はほとんどいない。あなたは我々の大勢のお客様より賢い。それなら，25年の追加ですね。私にはわかります，ヴィクトリア。あなたはそれを無駄にしない」

「何よりも25年なの？」

「いや，だめですよ」 彼は彼女と一緒に最後の角を曲がった。「あなたの人生がどのくらい長いか，私はあなたに教えません。我々はそれをお客様とやってみたことがありますが，うまく行かないのです。人は自分がどのくらい生きるのか知ってしまうと，人生を楽しまない」

「私はこういうことを1つも信じないわ。それにあなたのことも！」

彼は手すりから飛び降り，小さくて白いものを掲げた。

「あなたのお姉さんも信じませんでしたよ。事故に遭うまで。これは私の名刺です，もし心変わりしたらどうぞ」

そして彼は消えた。ヴィクトリアは階段で一人きりだった。ウショックで口を開いたまま。

問1 [12] ヴィクトリアは突然来た見知らぬ男が自分の名前を呼んでいることに気づき，不審に思った。

やや難 問2 下線部ア does those は直前の文の do miracles「奇跡を起こす」を指す。ここでの「奇跡」とは，時間と幸せの両方を提供することである。

問3 [13] 下線部イの that は a man「男性」を指す。下線部イは「もしあなたの提供するものが男性だけであるならば」という意味なので，④「あなたからは何もほしくない」が続くと考えられる。

重要 問4 下線部ウの直前の男の言葉から，男はシャーロットのことを知っており，シャーロットが男と契約をして幸せになったことが読み取れる。

問5 [14] ①「ヴィクトリアは今月は1度も仕事に遅刻していない」(×) ②「その男はヴィクトリアと話し始めた時に名刺を渡した」(×) ③「その男はヴィクトリアに幸せの質は25歳以降に悪くなると言った」(×) ④「ヴィクトリアは自分が家族の中で唯一幸運に恵まれていないと感じていた」(×) ⑤「シャーロットとピーターは患者と医師として出会った」(○) ⑥「シャーロットはピーターに出会ってから2か月後に再び歩き始めた」(×) ⑦「その男は別の会社で働いた経験がある」(○) ⑧「ヴィクトリアは姪たちの誕生日プレゼントを取ってくるために家に戻った」(×) ⑨「その男は，ヴィクトリアが働いている会社は彼女に高い給料を払っていないと思っている」(○) ⑩「ヴィクトリアは，人は自分の人生の長さを知ると，さらに人生を楽しむ，と言われた」(×)

やや難 問6 [15] ①「シャーロットは過去から引き続き幸せな生活を送る」(×) シャーロットは過去からずっと幸せだったわけではなく，事故の後から幸せになった。 ②「ヴィクトリアはふだんエレベーターの代わりに階段を使う」(×) ③「ヴィクトリアは最初，その奇妙な男と話すことは時間の無駄だと思った」(○) ④「その奇妙な男は時間は幸せよりも大切ではないと思っている」(○) 第7段落参照。男が「時間か。それは皆がほしがるものだ」と悲しそうに言ったことから推測できる。⑤「ヴィクトリアは現在の自分の生活に満足している」(×) ⑥「その奇妙な男は自分の顧客に将来何が起きるか話したとことがある」(×) 将来何が起きるかではなく，顧客の人生がどのくらい長いか話したことがある。

H　放送問題解説省略。

★ワンポイントアドバイス★

Fの長文読解問題は，難解な表現が多く，単語・文法レベルも高い。3題の長文の中で最も難しい。

＜国語解答＞《学校からの正答の発表はありません。》

一　問1　ウ　問2　ウ　問3　オ　問4　イ　問5　ア　問6　群　問7　エ
問8　エ　問9　オ

二　問1　①　いこ(う)　②　廃(れ)　③　一環　問2　A　(例)　(近世以前では,)仏が死者を一瞬にして浄土へ連れ去るととらえること(24字)　(ができたが,)
B　(例)　(近世になると)死者を墓地に葬り，ご先祖となるまで供養を継続する(25字)　(必要が生じた。)　問3　(例)　(死者は,)自分を殺して供養しない生者に対する報復(19字)　(のために墓地から離脱していた。)　問4　A　(例)　(近世では,)死者は世代を超えて永遠に記憶に留められる社会的な(24字)　(存在だったが,)　B　(例)　(現代では,)死者は知っている人だけが記憶してくれればいいという個人的な(29字)　(存在になった。)

三　問1　ぜあみ　問2　あるよう　問3　イ　問4　オ　問5　イ　問6　エ
問7　ウ　問8　ア　問9　ウ

○推定配点○
一　問3・問6　各2点×2　他　各5点×7　二　問1　各2点×3　問2・問4　各5点×4
問3　5点　三　問1～問3・問5・問8　各2点×5　他　各5点×4　計100点

＜国語解説＞

一　(小説ー情景・心情，内容吟味，文脈把握，脱文・脱語補充，表現技法)

問1　前に「さわがしい蟬の声がなかった」とあるので，「無音」である。さらに，［ 1 ］の前の「熱が湧き，落ち」という描写にふさわしいのは，「妙にさわがしい」とあるウ。

問2　直後の段落の「外国車を見た。助手席の扉がはっきりとへこんでいる。角でひっかいたらしい数十センチの白っぽい線が数条走っている」から，牛が外国人の車を傷つけたとわかる。一つ後の段落には「外人は，飽きず，変らず……少年がわけのわからない言葉を何かの実況中継のようにとどめない」とあるので，外国人が牛の手綱もちに罵声を浴びせ始めたとあるウがふさわしい。アはこの「飽きず，変らず」という描写をふまえていない。人々は「小声で何か言いあったり」しているだけなので，エとオはふさわしくない。イが読み取れる描写はない。

基本　問3　いずれも「外国車」を人間に見立てて表現している。

問4　直前の「外人のカラフルな上着や赤い胸の色はちぐはぐな異物だ。百人近い人垣は立ちつくしている。身動きもほとんどない。どうしたんだ，みんな。少年は人々を見まわす。同郷の人がいじめられているんだ。たった一人じゃないか」という少年の心情から読み取れるのは，立ちつくしている人々に対する苛立ちである。オの「互いに譲らず」という状況ではない。

問5　直後の文以降で，手綱もちの青年の普段の様子を描写し，「牛を闘わせている時の青年のあの威勢のよさが嘘のよう」「戦意のない牛を何度も地団太を踏み……ぶち，無理矢理闘わすのに，今，自分が闘わないのはどうしたことだ。どうして，こうも変わってしまうのだ」などと少年の心情を述べている。少年は，外国人に対しても青年に普段のように闘って欲しいと感じており，この内容を理由としているアを選ぶ。他の選択肢は，この少年の心情に合わない。

やや難 問6　直前の文の「一人で闘いなれた牛」が，「わずらわしがる」ものは何か。牛は一般的に群れて行動する。

問7　――線6の「自説」は，「外国人がこんな暑い所にいるのは場ちがい」で，暑さに対して「何もわかっちゃいない」という少年の考えを意味している。――線6の直後に「まわりを見てごらん。ここで生まれ，育った人達だけなんだ。暑さなんかにはびくともしない」と「人々」の様子を述べており，少年は外国人とは対照的な「人々」に対し心強く思っていることがうかがえる。ア「事態の収束を図る」，イ「騒ぎが収束する」，ウ「形勢が逆転」，オ「暴徒と化して」とは読み取れない。

問8　――線7の語り手による「人々」の考えを，一つ後の文「人々は，よく知っている。」以降で述べている。「何も文句を言わず，手を出さず，じっとしておけば，すべてが丸くおさまる」は，沖縄人の身の処し方であることからエが最もふさわしい。アの「大らかさ」やイの「楽観的な考え方」を示すものではない。ウとオは，本文からは読み取れない。

重要 問9　本文は語り手が語る内容に，少年の心情がはさみこまれる構成となっている。少年の内面の言葉からは少年の正義感が読み取れ，最終段落の語り手の言葉は外国人と沖縄人の関係性に通じるもので，これを「少年の理解を超える」と説明しているオがふさわしい。

二　**(論説文―大意・要旨，内容吟味，文脈把握，漢字の読み書き，要約・説明)**

問1　①　音読みは「ケイ」で，「休憩」「小憩」などの熟語がある。　②　音読みは「ハイ」で，「荒廃」「廃棄」などの熟語がある。　③　全体としてつながりをもつものの一部分。

やや難 問2　「近世以前」の「死者をとりまく事情」は，「存在感を」で始まる段落の「存在感を喪失した他界の仏には，もはや一瞬のうちに死者を彼岸に連れ去る力はなかった。死者を浄土へと掬い取ってくれる超越的な仏の姿が消えた近世以降」という説明から読み取る。一方，「近世」では「死者」に対してどうする「必要が生じた」のか。「存在感を」で始まる段落の「近世以降，死者をケアする主役は遺族だった。親族・縁者が長い時間をかけて死者を供養し，ご先祖となるまで見守り続けなければならなかった」を「継続」という言葉を用いてまとめる。

問3　「逆に」で始まる段落に「生者がケアを怠ったとき，死者は墓に留まっている義務はなかった」とあり，これが「初めの離脱」にあたる。その後の「供養されない死者，不幸な死者の越境が開始された。死者の復讐は……対象となる人物に対する報復の完遂によって幕を閉じた」という説明をもとに簡潔にまとめる。

やや難 問4　「近世」と「現代」の「死者」の存在の変化については，最終段落で説明されている。指定字数が限られているので，「近世」では生者にとって死者は「社会的」な存在であったのに対し，「現代」では一対一の個人的な存在になったという内容を中心にまとめる。

三　**(古文―大意・要旨，内容吟味，文脈把握，言い換え，語句の意味，仮名遣い，口語訳，文学史)**

〈口語訳〉　答える。これこそ，先述した三十以前の(若さによって生まれる芸の)一時的な魅力なのだ。年を取った役者がすでに魅力を失って古くさくなった頃に，目新しい魅力で勝つことがある。(けれども)真実の目利きなら見分けるだろう。そうであるなら，目利きか目利きでないかの，鑑賞力の勝負になるだろうか。

しかし，事情がある。五十歳になるまで魅力が失われないほどの役者には，どのような若い魅力であっても，勝つことはないだろう。ただこれは，適度に上手であった役者が，魅力が失われたために，負けることがある。どのような名木であっても，花の咲いていない状態のものを(人は)見るだろうか(見はしないだろう)。つまらない犬桜の一重咲きであっても，初花が美しく咲くのを(人は)見るだろう。このような喩えを思うと，若さゆえの荒削りな魅力であっても，立合勝負に勝つのは当然の道理である。

そうであれば，大事なことは，この道はただ魅力こそが能の命であるのに，魅力が失われたのにも気づかず，過去の名声だけをたよりにすることは，年取った役者にとって，つくづく誤りである。演目の数を増やして似せたとしても，魅力のあり方を知らないのは，花が咲いていない時の草木を集めて見るようなものだ。すべての草木において，花の色はみな異なるけれども，趣深いと思う心は，同じ花である。演目数は少なくとも，一つの芸をつきつめた役者は，その芸について長く称賛されることになるだろう。だから，本人の心には随分魅力があると思っても，人の目に見える工夫がなければ，田舎の花，藪梅などが，無駄に咲き誇っているようなものだ。

また，同じ上手といっても，その中では段階がある。たとえ随分極めた上手・名人であっても，この魅力の工夫がない役者は，上手だと通っても，魅力は最後まで持たないだろう。工夫を極めた上手は，たとえ能力は下がったとしても，魅力は残るだろう。魅力さえ残れば，趣深いところは生涯にわたってあり続けるに違いない。したがって，真実の(芸の)魅力が残っている役者には，どのような若手の役者であっても，勝つことはないだろう。

問1　漢字で書くと「世阿弥」。父親は「観阿弥」。

基本　問2　歴史的仮名遣いの「やう」は，現代仮名遣いでは「よう」に直す。

問3　同じ文の「目利き」は，真偽や良否を鑑定するという意味であることから判断する。

重要　問4　「花の咲かぬ時の木をや見ん」と「初花の色々と咲けるをや見ん」の「や」は，疑問の意味を表す。読者に問いかけ，「初花の色々と咲ける」方を人は見るだろうと言っている。花の咲いていない名木よりも初花が咲くのを人は見ると言っているので，アウエはふさわしくない。イの「名木であれば花の美しさにかかわらず美しく感じられる」とは言っていない。

問5　直前の文では，「長年稽古を重ねて名声を博した役者」を「名木」に，「新人の若い役者」を「犬桜」にたとえ，人は「犬桜」を見ることもあると言っている。したがって，「立合に勝つ」「一旦の花」とは，若い役者の魅力のことになる。

やや難　問6　同じ文の「花の失するをも知らず」の「花」は，芸の魅力を意味する。「もとの名望ばかりを頼まん」は過去の名声だけをたよりにするという意味なので，芸をより良くしようという意思を持たないと言い換えているエが最もふさわしい。

問7　――線5の「取り極めたらん為手」はつきつめた役者という意味なので，アイウに着目する。「久しかるべし」は長く続くだろうという意味なので，ウが最もふさわしい。

問8　漢字で書くと「徒に」で，せっかくの価値が生かされないという意味になる。直前の「田舎の花，藪梅など」は，工夫がないために魅力がなく花が無駄に咲いている例として挙げられていることから意味を推察することができる。

重要　問9　最終段落に「公案を極めたらん上手は，たとへ能は下がるとも，花は残るべし。花だに残らば，面白きところは一期あるべし」とあるように，筆者は稽古を重ねて工夫をした役者は魅力が失われず趣は生涯あり続けると言っている。この内容にウが合致する。ア「一つでも多くの演目を見せられるように」，エの「より幅の広い観客を獲得できるように」，オの「自らの『花』の個性を認められるように」とは言っていない。イは，本文で述べていない。

★ワンポイントアドバイス★

記述問題は本文中の言葉だけを用いたのではまとめきれない。自分の言葉を補って焦点をしぼった解答の作成を心がけよう。

MEMO

大切なことはメモしておこうネ！

2022年度

★★★★★★★★★★★★★★★★★★★★★★★

入　試　問　題

2022年度

早稲田実業学校高等部入試問題

【数　学】（60分）　＜満点：100点＞

【注意】 1. 答えは，最も簡単な形で書きなさい。

2. 分数は，これ以上約分できない分数の形で答えなさい。

3. 根号のつく場合は，$\sqrt{12}=2\sqrt{3}$のように根号の中を最も小さい正の整数にして答えなさい。

1 次の各問いに答えよ。

(1) $(\sqrt{5}-\sqrt{3}+\sqrt{2})^2(\sqrt{5}+\sqrt{3}-\sqrt{2})^2$ を計算せよ。

(2) yは$x+2$に反比例し，$z+1$はyに比例し，$x=4$のとき，$z=15$である。$x=-6$のとき，zの値を求めよ。

(3) 下の図のようにABを直径とする円Oがある。円周上に２点C，Dをとり，直線ABと直線CDの交点をPとするとき，∠CPA＝18°，$\overset{\frown}{AC}$：$\overset{\frown}{CD}$＝１：７となった。∠CDBの大きさを求めよ。

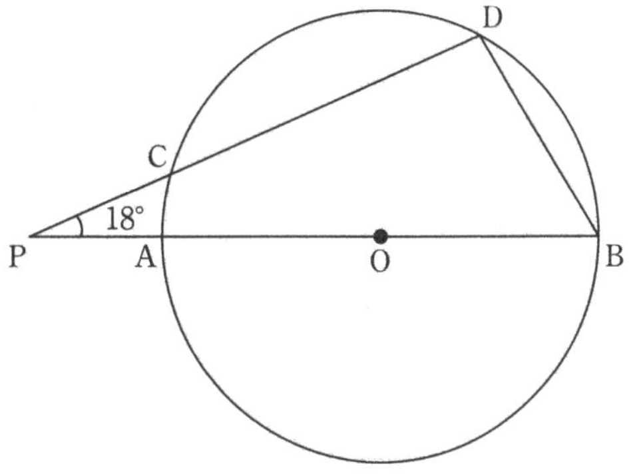

(4) 下の図のように直角三角形ABCとPQを直径とする半円が２点S，Tで接している。BT＝5㎝，BP＝１㎝のとき，影の部分の面積を求めよ。ただし，円周率をπとする。

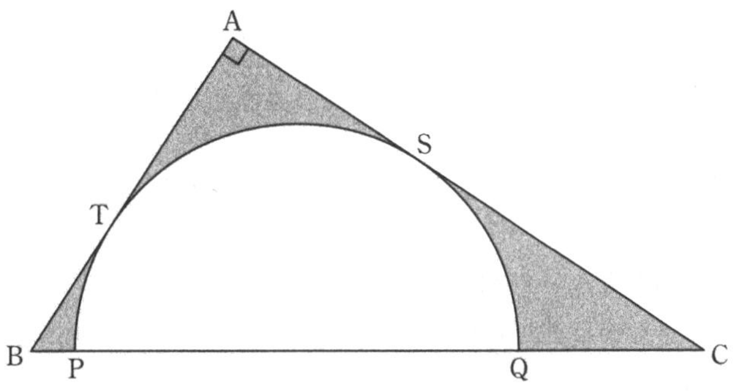

2 次の各問いに答えよ。

(1) A，B 2つのグループが，54km離れたP地点からQ地点に向かう。バスが1台しかなかったので，まずAグループはバスで，Bグループは徒歩でP地点を同時に出発した。

Aグループは Q地点に向かう途中のR地点でバスを降り，その後徒歩でQ地点へ向かった。バスはAグループを下ろした後すぐに折り返し，徒歩で移動中だったBグループをS地点で乗せて，再びQ地点に向かったところ，2つのグループは同時にQ地点に到着した。

P地点からR地点までの距離を x km，R地点からS地点までの距離を y kmとして x と y の連立方程式をつくり，P地点からQ地点まで移動するのにかかった時間を求めよ。ただし，バスは時速36km，徒歩は時速4kmで移動するものとし，バスの乗降にかかる時間は考えないものとする。

答えに至るまでの過程も丁寧に記述すること。

(2) 生徒が40人いるクラスで，数学，英語，国語の小テストを行った。この小テストはそれぞれ10点満点で，得点は整数である。下の図は，そのうち数学と英語のテストのそれぞれの得点を箱ひげ図に表したものである。

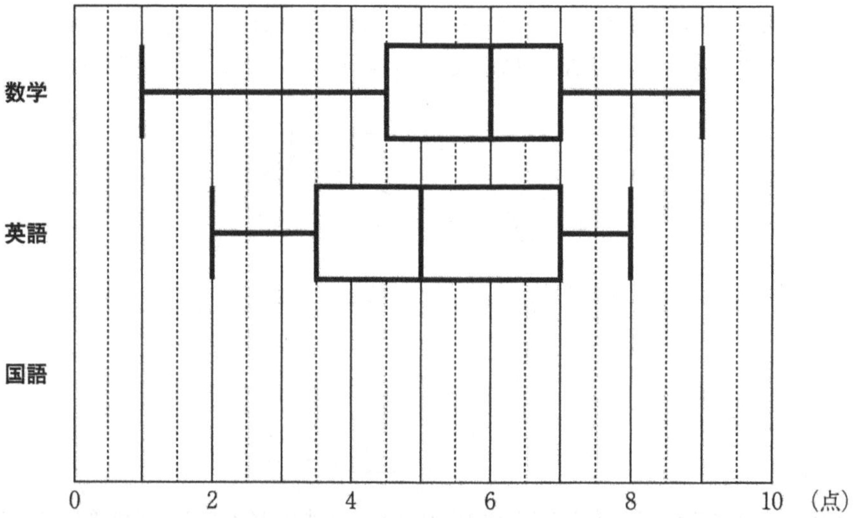

① 下の表は，国語のテスト結果をまとめたものである。箱ひげ図をかけ。

得点（点）	2	3	4	5	6	7	8	9
人数（人）	3	8	6	10	7	4	1	1

② 3教科の箱ひげ図から読み取れることとして適切なものを，次のA～Eからすべて選びなさい。

A 四分位範囲が最も大きいのは国語である

B 範囲が最も小さいのは英語である

C 数学で2点以上とった生徒は最も多い場合39人である

D 英語の得点が4点以上7点以下の生徒は20人であった

E 4点以上の得点を数学でとった生徒は30人以上いる

3 放物線 $y=\frac{1}{4}x^2$…①上に2点A，Bがあり，その x 座標はそれぞれ1，2である。x 軸上に点P $\left(\frac{3}{2},\ 0\right)$ をとり，直線ＰＡと①との交点で点Aと異なるものを点C，直線PBと①との交点で点Bと異なるものを点Dとするとき，次の各問いに答えよ。

(1) 点Dの座標と，直線CDの式を求めよ。

(2) △PAB：△PCDを求めよ。

(3) 放物線上に点Qをとる。△QACの面積が四角形ABDCの面積の $\frac{1}{2}$ になるとき，Qの座標を求めよ。ただし，Qの x 座標は正とする。

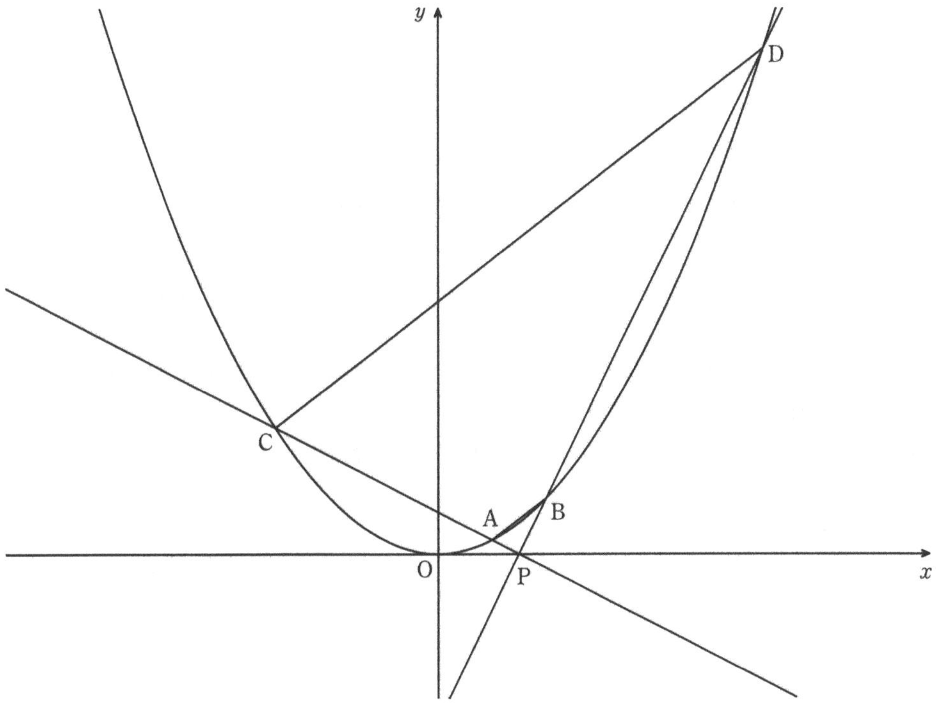

4 **図1**のような6か所に分かれている円盤と，次のページの**図2**のような8か所に分かれている円盤を赤，黄，白，黒，青，緑の6色を使って塗り分ける。ただし，隣り合う場所は異なる色で塗り分け，回転させて同じになるときは，同じ塗り方とする。また，内側の部分だけや外側の部分だけが回転することはないとする。

次の各問いに答えよ。

(1) **図1**の円盤の内側を赤，黄，白の3色すべてを使って，外側を残りの黒，青，緑の3色すべてを使って塗り分ける場合は何通りあるか。

(2) **図2**の円盤の内側を赤，黄，白，黒の4色すべてを使って，外側を青，緑の2色を使って塗り分ける場合は何通りあるか。

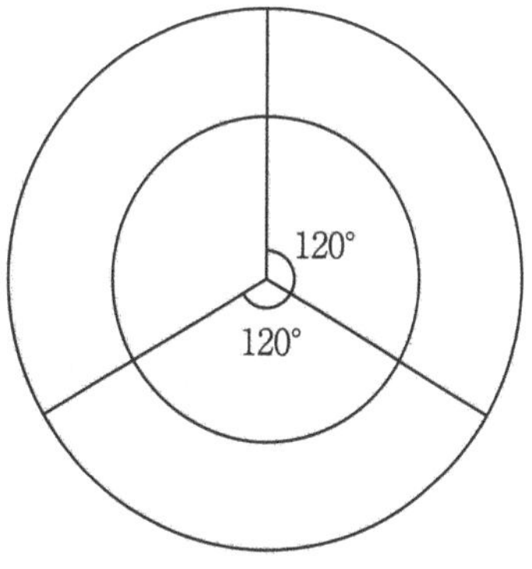

図1

(3) 図 2 の円盤の内側を赤，黄，白の 3 色すべてを使って，外側を黒，青，緑の 3 色すべてを使って塗り分ける場合は何通りあるか。

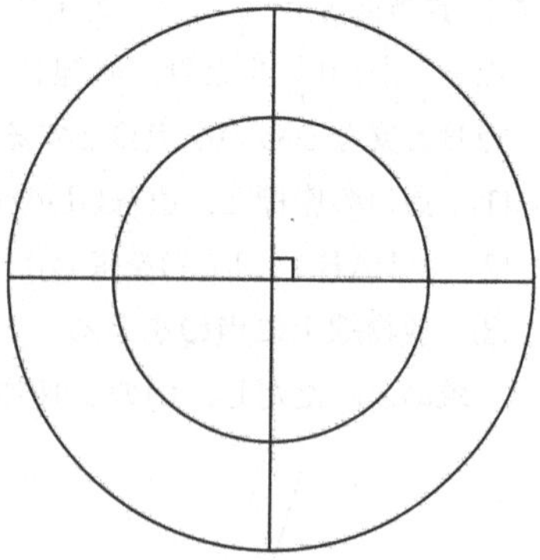

図 2

5 各面に 1 cmごとの線がひいてある 1 辺が 4 cmの立方体がある。
次の各問いに答えよ。

(1) 図 1 のような影をつけた部分を，三方向から反対側までまっすぐくり抜くとき，残った立体の体積を求めよ。

(2) 図 2 のような影をつけた 1 辺が $\sqrt{2}$ cmの正方形を，二方向から反対側までまっすぐくり抜くとき，残った立体の体積を求めよ。

(3) 図 3 のような影をつけた 1 辺が 2 cmの正三角形を，二方向から反対側までまっすぐくり抜くとき，残った立体の体積を求めよ。

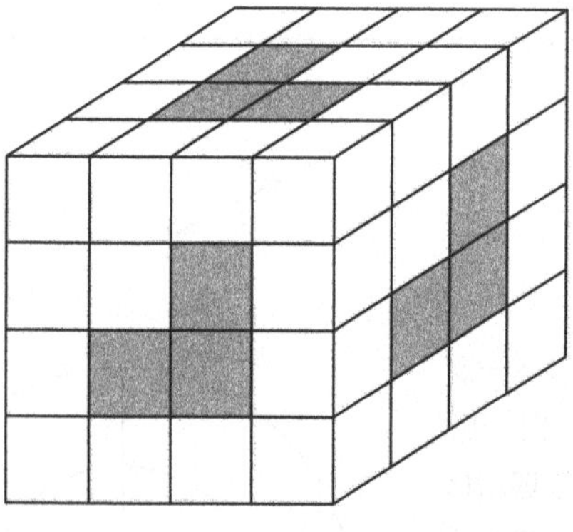

図 1

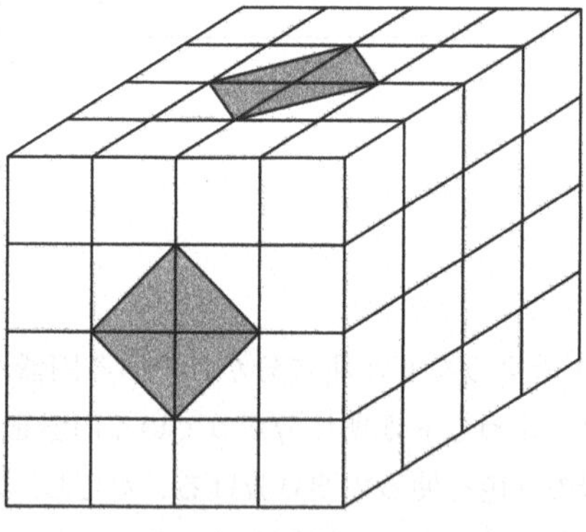

図 2

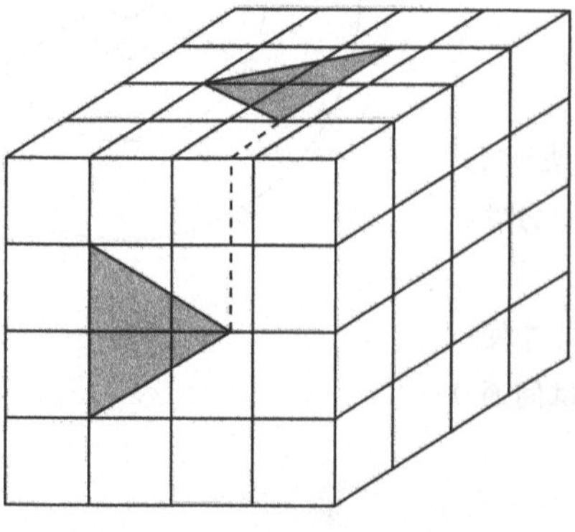

図 3

【英　語】（70分）　＜満点：100点＞

【注意】 試験開始後53分たったら，チャイムの合図で I の放送問題が始まります。

A　各組の英文がほぼ同じ意味になるように，空欄に入る語を答えなさい。

1　・My father is the busiest in my family.
　・（ ア ）（ イ ） in my family is busier than my father.

2　・We started running 30 minutes ago, and we're still running.
　・（ ウ ）（ エ ）（ オ ） for 30 minutes.

3　・Let's have a surprise party for Mom.
　・（ カ ）（ キ ）（ ク ） have a surprise party for Mom?

B　次の空欄に入れるのに最も適切なものを１つ選び，**マーク**しなさい。

1　My daughter is （ 1 ） to be married under the Japanese law.
　① enough old　② old enough　③ so old　④ such old

2　Nancy has （ 2 ） as her father.
　① books as many　② many books
　③ as many books　④ many as books

3　When he was in the hospital last year for an injury, he （ 3 ） a lot of movies.
　① watched　② was watching　③ has watched　④ watches

4　I'd like to study （ 4 ） while I'm in high school.
　① in abroad　② to abroad　③ with abroad　④ abroad

5　Hurry up!　The movie starts in 20 minutes!　Everybody （ 5 ） for you!
　① wait　② waits　③ is waiting　④ are waiting

C　文法や語法の誤りを含む文を3つ選び，解答番号 6 に**3つマーク**しなさい。

例：②④⑥に誤りが含まれる場合

解答番号	解　答　欄
6	① ● ③ ● ⑤ ● ⑦ ⑧ ⑨ ⓪

① If it rains tomorrow, we won't go there.
② I bought three loaves of bread at the bakery.
③ My grandfather gave the present to me last week.
④ The number of patients are increasing day by day.
⑤ I didn't know what to expect when I arrived there.
⑥ There was much snow on the ski slopes in Gunma.
⑦ Not only you but also Ken plays the guitar.
⑧ They discussed about the global warming for the whole night.
⑨ I'm looking forward to go on a trip during the summer vacation.
⓪ It snowed a lot last year, so we want to prepare for a lot of snow this winter.

D 適切な英文になるように【 】内の語句を並べ替えなさい。ただし，解答番号が示されている箇所に当てはまる語句のみ**マーク**しなさい。なお，文頭に来る語も小文字で始めてあります。

1. He broke some plates, so ____ [7] ____ ____ ____ ____ [8] the mistake.
【 ① for ② hard ③ he ④ make ⑤ to ⑥ up ⑦ worked 】
2. ____ ____ ____ [9] ____ ____ [10] ____ the beach.
【 ① a ② to ③ take ④ will ⑤ minutes' ⑥ you ⑦ walk ⑧ few 】
3. I have ____ [11] ____ ____ [12] ____ ____ in English class, and my teacher gives me good scores.
【 ① a discussion ② got ③ in ④ used ⑤ taking ⑥ to ⑦ part 】

E 下線部を英語にしなさい。

(1)私の家には，祖父が映画好きだったこともあり，古い映画のDVDがあふれかえっていた。子どものころ，よく祖父が一緒に見ようと声をかけてくれて，一緒に見たものだった。そんな祖父はもう帰らぬ人になってしまった。また(2)祖父と一緒に映画を見ることができればなぁ。

F 次の［**英文A**］～［**英文E**］を読み，問いに答えなさい。

［英文A］

African elephants are becoming more endangered. That's according to a March 25 report. It was done by the International Union for Conservation of Nature (IUCN).［中略］

There are two species of African elephant. One is the savanna elephant. Its population has fallen by 60% over the past 50 years. (　　) is the forest elephant. Its population has fallen by 86% in the past 31 years.

These animals are now endangered. *Poaching and habitat loss are the two main *threats to them.

*poaching：密猟　*threat：脅威

問1 空欄（ ）に入る語句として最も適切なものを1つ選び，解答番号 [13] に**マーク**しなさい。
① Another ② The other ③ The others ④ Others

問2 文章の内容に合うものとして最も適切なものを1つ選び，解答番号 [14] に**マーク**しなさい。
① アフリカゾウは激減したのち，再び個体数を取り戻しつつある。
② 50年前には，サバンナゾウは今の2倍以上の個体数だった。
③ IUCNはゾウを保護するため多くの人をアフリカに送り込んだ。
④ サバンナゾウが絶滅の危険に瀕している主な原因は密猟と疫病である。

［英文B］

Researchers recently studied the bond between kids and animals. They *recruited 30 children and their dogs.

The kids brought their dogs to a large, empty room. The kids walked around the space. Sometimes, they paused or changed direction. "The dog was left to do whatever the dog wanted to do — run around the room, or sniff, or lie down and take a nap," Monique Udell says. She's one of the study's authors.

Most of the time, a dog moved like its owner. When the kid walked, the dog walked too. When the kid stopped, the dog stopped. When the kid changed direction, so did the dog.

What does this mean? Udell says it's a dog's way of building a relationship with a human. Adults are usually the ones who feed and care for pets. But "the kid may play a role like a brother or sister in the life of the dog," Udell says. "Those bonds are important to the dog."

*recruit：実験対象に選ぶ

問3　下線部に関して，ここでの pause の意味として最も適切なものを１つ選び，解答番号 15 にマークしなさい。

① to look at a camera carefully
② to provide enough food for dogs
③ to move your feet and body straight
④ to stop speaking or doing something for a short time

問4　文章の内容に合うものとして最も適切なものを１つ選び，解答番号 16 にマークしなさい。

① この実験に参加した子どもは全員が犬を飼っていた。
② この実験を行った Monique Udell さんは犬を飼っている。
③ 実験では，犬が足を止めたのは命令されたときだけだった。
④ 犬にとって，子どもは大人よりも大切な存在である。

［英文C］

Japan is testing its new *maglev bullet train. It's the fastest train in the world. It reaches speeds of 375 miles per hour. ［中略］

Maglev is short for "magnetic levitation." This train does not just run on wheels. It also floats. Powerful magnets in the train and rails lift the train four inches into the air. They also *propel it. And since the train doesn't touch the rails, there's no friction. That means super speeds. ［中略］

Japan hopes to have the maglev in use by 2027. Traveling (　　) be the same. The country's capital, Tokyo, is 218 miles from the city of Nagoya. The trip takes nearly five hours by car. The maglev will make it in 40 minutes.

*maglev：リニア新幹線　*propel：前進させる

問5　空欄（　）に入る語として最も適切なものを1つ選び，解答番号 17 にマークしなさい。

① can　② mustn't　③ should　④ won't

問6　文章の内容から推測できるものとして最も適切なものを1つ選び，解答番号 18 にマークしなさい。

① 日本でのリニア新幹線の実験は，十分に強力な磁石が開発できておらず，うまくいっていない。

② リニア新幹線が実用化されたら，日本中から従来の線路が消えるだろう。

③ 従来の電車は，レールに触れているため時速375マイルに達することはない。

④ リニア新幹線で東京から名古屋に行く場合，所要時間は車移動の10分の1以下になる。

［英文Ｄ］

Students from New Zealand have developed sustainable materials made from the leaves of a tree local to New Zealand, the cabbage tree, and a plant whose seeds are often eaten, flax.

Sustainable materials are products that are made to limit their harm to the environment and the amount of resources they take. They support a long-term ecological balance.

The sustainable material the New Zealand students developed could soon be used to make high-performance outdoor sporting *equipment like skis, kayaks, and skateboards. Their plan is to replace the traditional materials that are used like fiberglass and carbon fiber.

*equipment：装備

問7　下線部 harm の意味に最も近い語を1つ選び，解答番号 19 にマークしなさい。

① damage　② merit　③ change　④ respect

問8　文章の内容に合うものとして最も適切なものを1つ選び，解答番号 20 にマークしなさい。

① この持続可能な素材は，ニュージーランドでしか生産できない。

② 緊急時には，この持続可能な素材を食べて飢えをしのぐことができる。

③ この持続可能な素材はスキー板などのスポーツ用品に使われるだろう。

④ ファイバーグラスやカーボンファイバーも環境に良いものだと考えられる。

［英文Ｅ］

Every country and region of the world has *folklore and fairytales.

It is said that when researching the roots of humankind, it is very important to look for fairytales with *similarities in them.

However, it certainly cannot be said that the fairytales we actually tell to our children today are ancient <u>ones</u>. That is because throughout history, the fairytales themselves have been created with strong influences from people in power at that time to show how children should be educated.

*folklore and fairytales：（どちらも）おとぎ話　*similarities：類似点

問9　下線部 <u>ones</u> が指す語として最も適切なものを1つ選び，解答番号 [21] にマークしなさい。

①　fairytales　②　children　③　people　④　countries

問10　文章の内容に合うものとして最も適切なものを1つ選び，解答番号 [22] にマークしなさい。

①　おとぎ話を研究すると，その国が大きく発展した時代について知ることが出来る。

②　その国独自のおとぎ話を持たない国もある。

③　親たちは自国の歴史を子どもに教えるために，おとぎ話を作り変えてきた。

④　古いおとぎ話は現代のおとぎ話と同じ内容であるとは限らない。

［英文A］：Shay, M. (2021). *Elephants at Risk.* Time for Kids. https://www.timeforkids.com/g2/elephants-at-risk-3

［英文B］：Shay, M. (2021). *A Kid's Best Friend.* Time for Kids. https://www.timeforkids.com/g2/kids-best-friend-2

［英文C］：McGrath, S. B. (2020). *Fast Forward.* Time for Kids. https://www.timeforkids.com/g2/fast-forward-2

［英文D］：Shand, S. (2021). *New Zealand Students to Build Sporting Equipment Using Plants.* Voice of America.
https://learningenglish.voanews.eom/a/new-zealand-students-to-build-high-performance-sporting-equipment-using-plants/5967304.html

［英文E］：カルラ・ヴァレンタイン．(2011).　『日本昔ばなし Long-ago Stories of Japan』．IBC パブリッシング．

[G] 次の文章を読み，問いに答えなさい。なお，設問の都合上，文章中から英文が1つ抜かれている。

3D printing is becoming more and more popular. We are now able to print things such as clothing, *prosthetic limbs, musical instruments and *prototype cars. [　①　] People and businesses are able to create the things they need very quickly and easily using 3D printers.

But can you imagine printing food? Some scientists are trying to revolutionise the dining experience by ア<u>doing this</u>. They hope that having a 3D printer in the kitchen will become as *commonplace as the microwave or blender. Scientists say that イ<u>they</u> are easy to use: you simply have to select a recipe and put the raw food 'inks' into the printer. You can also *modify the instructions to make the food exactly how you want it. [②]

Using 3D printers to create your meals would also be saving the environment. [③] There would be (ウ) need for traditional growing, transporting and packaging processes as food production would be a lot (エ) efficient. For example, *alternative *ingredients such as proteins from *algae, *beetroot leaves and insects could *be converted into tasty products!

Printing food could also help people who suffer from dysphagia (a swallowing *disorder). They could program the printer to print (オ) versions of their favourite foods so that they would not have trouble swallowing them. [④]

カ <u>However, some people think that a future of 3D-printed food would be a disaster.</u> It could take away many jobs, including those for growing, transporting and packaging food. Imagine a world where there was no need for farming or growing crops and the same tastes and *textures could be printed from a raw 'food ink'. *Likewise, traditional cafés and restaurants might lose business. Also, there are concerns about the *nutritional value of printed food: is it really possible to get the *nutrients we need from food-based inks and gels?

What's more, cooking and eating together with family and friends has long been a traditional and enjoyable activity. It is hard to imagine a world where the *pastime of cooking is dead and meals can be created at the touch of a (キ b-).

prosthetic limb：義肢　prototype：試作品の　commonplace：ありふれたもの　modify：修正する
alternative：代わりとなる　ingredient：材料　algae：藻類　beetroot：ビーツ（野菜）
be converted：変わる　disorder：不調，障害　texture：歯ごたえ　likewise：同様に
nutritional value：栄養価　nutrient：栄養素　pastime：気晴らし

ChloeBlogger. (2017). *3D printing: the future of food production?* British Council.
https://learnenglishteens.britishcouncil.org/magazine/science-and-technology/3d-printing-future-food-production

問1　次の英文を本文に入れる場合，最も適切な場所を空欄 [①] ～ [④] から1つ選び，解答番号 [23] にマークしなさい。

This means that it would be very quick and easy to create tasty and nutritious meals.

問2　ア <u>doing this</u> が指す語（句）を本文中から抜き出し，答えなさい。

問3　イ <u>they</u> が指す語（句）を本文中から抜き出し，答えなさい。

問4　空欄（ウ），（エ）に入る語の組み合わせとして最も適切なものを1つ選び，解答番号 [24] にマークしなさい。

① ウ：less　エ：less　② ウ：less　エ：more
③ ウ：more　エ：less　④ ウ：more　エ：more

問5　空欄（オ）に入る語として最も適切なものを1つ選び，解答番号 [25] にマークしなさい。

① harder　② softer　③ older　④ less

問6　下線部カのように筆者が考える<u>3つ</u>の理由を，日本語で簡潔に説明しなさい。

問7　空欄（キ b-）に入る語を答えなさい。なお，b で始まる語を答えること。

H ［英文A］と［英文B］を読み，以下の問いに答えなさい。

問1 以下の記述のうち，英文Aの内容のみに合致するものは①，英文Bの内容のみに合致するものは②，両方の英文の内容に合致するものは③，どちらの英文の内容にも合致しないものは④をマークしなさい。

26 寒色を温暖な地域の建物の入り口に使うとよい。
27 暖色の中にいると食欲が増す。
28 紫色は寒色に分類される。
29 赤色は力強さを連想させる色なので，運動に役立つ。
30 赤色をテストの前に見ると，テストの点が上がりやすい。
31 赤色やオレンジ色は怒りの感情を呼び起こす。
32 黄色いドアを玄関に使うと，家が高く売れる可能性が高い。
33 青色の街灯は犯罪を抑止する効果があると考えられている。
34 黒色は全世界共通で哀悼を表す色である。
35 色によってはネガティブな影響を与える可能性がある。

問2 あなたは自分の部屋の壁を好きな色に塗っていいと言われました。どのような効果を狙い，何色に塗りますか。本文の内容を踏まえ，20～30字の日本語で答えなさい。句読点は1字として数えること。

〔下書き用〕

									10					
				20										30

［英文A］

Colors are called “warm” (reds and oranges) and “cool” (blues and greens) for a reason: When we’re in a space where the walls are painted in warm colors, we actually feel that the temperature there is warmer than we do in similar spaces painted cool colors. This makes warm colors good options for a *vestibule in a cool climate — the temperature inside the building will seem even more comfortable as people enter from the cold — or in a room that’s hard to heat. Cool colors are good choices in entryways to buildings in warm climates, and in rooms that have a *tendency to be warm, perhaps because of sunlight *flowing into them.

We are *drawn to warm colors, such as reds and oranges, so they’re good colors to put at the end of a *longish hallway or to use to draw people toward a particular section of a large space.

Putting a light color on a wall makes that wall seem a little further away than it actually is, while darker colors on walls make them seem *slightly closer than their true position. So you can use colors to change the *apparent shapes of rooms — for example, pulling in the far walls of a long thin space. You can make places where lots of people will gather, such as family rooms, seem larger by painting the walls light colors and make bedrooms feel *cozier by painting the walls darker colors.

［中略］

*Rigorous research has also *revealed the special "powers" of particular colors:

・Green: Seeing the color green has been linked to more creative thinking — so greens are good options for home offices, art studios, etc.

・Red: People seeing others in front of red backgrounds generally find those other individuals are more attractive than when they see them *silhouetted against other colors, so reds are great for a bedroom wall. Having a red surface in view also gives us a *burst of strength, so reds are good choices for home gym areas, etc. Seeing red has been linked to *impaired *analytical reasoning, though, making it a bad option for offices.

［中略］

・Yellow: Using yellow in a home can be problematic. Many people dislike the color, so if you have a lot of yellow rooms in your home or a yellow front door, you may be advised to *repaint to get the best price for your home *should you sell. An *exception: Many people use yellow in kitchens — with no negative sales *repercussions. Yellow may be accepted in kitchens because warm colors stimulate our *appetite.

・Blue: People are more likely to tell you that blue is their favorite color than any other shade. That makes it a safe choice. Seeing blue also brings thoughts of *trustworthiness to mind; always a good thing.

Use color — don't opt out and live in a *beige world. Humans are more comfortable in spaces with color than in those without. A beige world is *understimulating — and that can be stressful.

vestibule：玄関ホール　tendency：傾向　flow：流れる　drawn：draw（引き寄せる）の過去分詞
longish：長めの　slightly：わずかに　apparent：見かけの　cozier：cozy（居心地の良い）の比較級
rigorous：厳密な　reveal：明らかにする　silhouette：輪郭を見せる　burst：突発
impair：損なう　analytical：分析的な　repaint：塗りなおす　should you sell：もし売るのであれば
exception：例外　repercussion：反響　appetite：食欲　trustworthiness：頼りがい
beige：ベージュ色の　understimulating：刺激が足りない

［英文 B］

Your feelings about color are often deeply personal and rooted in your own experience or culture.

For example, while the color white is used in many Western countries to represent *purity and innocence, it is seen as a symbol of *mourning in many Eastern countries.

Why is color such a powerful force in our lives? What effects can it have on our bodies and minds? While *perceptions of color are somewhat *subjective, there are some color effects that have universal meaning.

Colors in the red area of the *color spectrum are known as warm colors and include red, orange, and yellow. These warm colors *evoke emotions *ranging from feelings of warmth and comfort to feelings of anger and *hostility.

Colors on the blue side of the spectrum are known as cool colors and include blue, purple, and green. These colors are often described as calm, but can also call to mind feelings of sadness or *indifference.

[中略]

However, existing research has found that color can impact people in a variety of surprising ways:

・Warm-colored *placebo pills were reported as more effective than cool-colored placebo pills in one study.

・Blue-colored streetlights can lead to reduced crime according to *anecdotal evidence.

・Red causes people to react with greater speed and force, something that might prove useful during athletic activities according to researchers.

・Black uniforms are more likely to receive *penalties. Additionally, students were more likely to *associate negative qualities with a player wearing a black uniform according to a study that looked at historical data of sports teams and what they were dressed.

Studies have also shown that certain colors can have an impact on performance. No one likes to see a graded test covered in red ink, but one study found that seeing the color red before taking an exam actually hurt test performance.

purity：純粋さ　mourning：哀悼　perception：知覚　subjective：主観的な

color spectrum：色の波長の範囲，スペクトル　evoke：引き起こす　range：及ぶ　hostility：敵意

indifference：無関心　placebo：偽薬　anecdotal evidence：個人の経験に基づいた証拠

penalty：罰則　associate：関連付ける

［英文A］：Augustin, S. (2015). *The Surprising Effect of Color on Your Mind and Mood.* Psychology Today.
https://www.psychologytoday.com/us/blog/people-places-and-things/201504/the-surprising-effect-color-your-mind-and-mood

［英文B］：Cherry, K. (2020). *Color Psychology:Does It Affect How You Feel?* Verywell Mind.
https://www.verywellmind.com/color-psychology-2795824

I

放送問題Ⅰ 質問の英文が読まれ，続いてその質問に対する３つの英文が1回ずつ読まれます。その中から，質問に対する答えとして最も適切なものを１つずつ選び，**マーク**しなさい。

36 ① ② ③

37 ① ② ③

38 ① ② ③

放送問題Ⅱ 対話とそれに関する質問を1回ずつ放送します。答えとして最も適切なものを１つずつ選び，**マーク**しなさい。

39 What number is correct?

① 242-002-1540. ② 242-002-5014.

③ 242-202-1540. ④ 242-202-5014.

40 Where will the man probably move the table?

① Near the door.

② Near the window.

③ To another room.

④ To the middle of the room.

41 Where are they?

① At a hotel.

② At a train station.

③ At a department store.

④ At an amusement park.

42 How much will the man finally have to pay?

① 25 cents. ② 50 cents. ③ 75 cents. ④ 1 dollar.

43 What is Mr. Taylor's problem?

① He left the car key in the car.

② He couldn't turn the key to the left.

③ He forgot to take his key out of the house door.

④ He took the wrong key with him.

放送問題Ⅲ 対話とそれに関する３つの質問を放送します。答えとして最も適切なものを１つずつ選び，**マーク**しなさい。対話と質問は2回放送します。

44 ① At a hotel. ② At a bus station.

③ At an airport. ④ At their home.

45 ① 9:00 ② 9:30 ③ 10:00 ④ 10:30

46 ① They will still get to the airport in time.

② They will probably miss their flight.

③ They will have to wait half an hour until the next bus comes.

④ They will complain to the bus company.

放送問題Ⅳ　これから流れる放送は，ジュンが行ったプレゼンテーションです。その内容に関する以下の質問に答えなさい。プレゼンテーションは2回放送します。

問1　このプレゼンテーションで使われているグラフとして最も適切なものを1つ選び，解答番号 [47] に**マーク**しなさい。

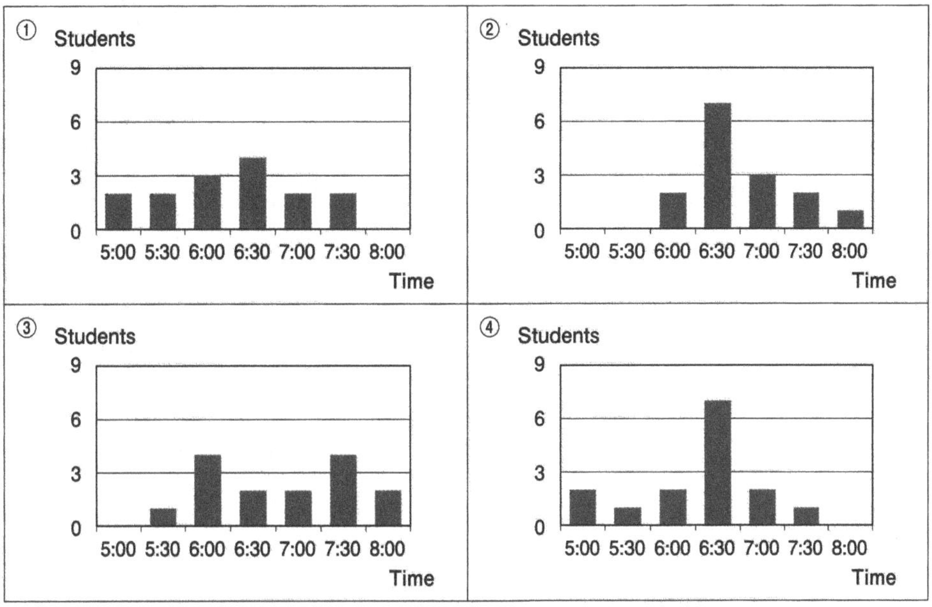

問2　このプレゼンテーションのPicture1，Picture2に相当する組み合わせとして最も適切なものを1つ選び，解答番号 [48] にマークしなさい。

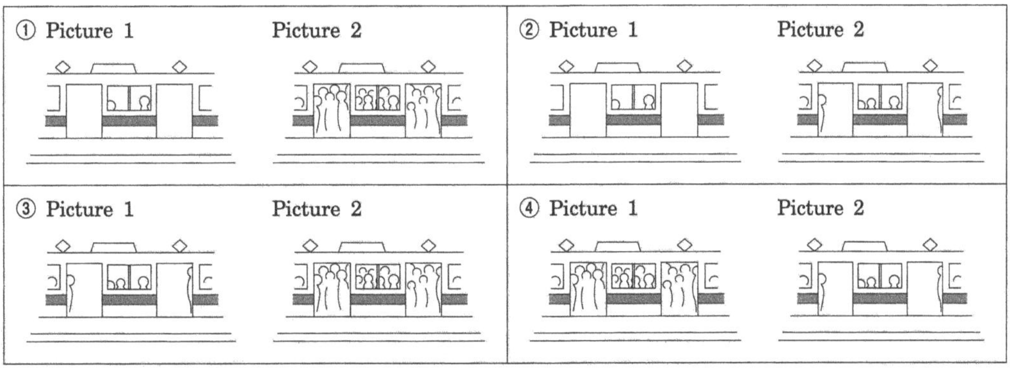

問3　空所を埋めて，ジュンがこのプレゼンテーションで最も言いたかったことをまとめなさい。

（　1　）ことによって自分の気持ちが落ち着くため，人に（　2　）。それが結果的に（　3　）ことになる。

※リスニングテストの放送台本は非公表です。

(2) ――線y「あながちに」とは、ここではどのような意味か。『十訓抄』の本文も参考にして、最もふさわしいものを選び、記号で答えなさい。

ア 興ざめなことに　イ 無理やりに

ウ いい加減に　エ 謙虚に

(3) 『古今著聞集』と同時代に成立した文学作品を、次の中から一つ選び、記号で答えなさい。

ア 『草枕』　イ 『東海道中膝栗毛』　ウ 『小倉百人一首』

エ 『古事記』　オ 『古今和歌集』

物の正体を知りたいと思ったから。

オ 誰が　兼房　なぜ　夢に現れた人物が普段見かける貴族とは異なる衣服を着ているのに加え、何か思いを巡らせている様子をしており、並の人間とは思えない雰囲気を感じたから。

問４ ――線③「その験にやありけむ」について、次の問いに答えなさい。

(1)「その」が示す内容を明らかにした現代語訳として、最もふさわしいものを次の中から選び、記号で答えなさい。

ア 人麻呂の姿を描いた絵に日頃から礼拝していると、そのご利益《りやく》があったのだろうか

イ 人麻呂を描いた絵師に対して礼儀を欠かさないでいると、その行いが認められたのだろうか

ウ 自分の夢を正確に絵にした絵師に崇拝の念を持っていると、そのご利益があったのだろうか

エ 白河院から宝物として認められた絵に常にお辞儀をしていると、その行いが認められたのだろうか

オ 人麻呂を描いた絵師にお礼の気持ちを欠かさないでいると、そのご利益があったのだろうか

カ 人麻呂の絵を宝として認めてくれた白河院にお礼をすると、その行いが認められたのだろうか

(2) ――線③直後の空欄 a に入る表現として、最もふさわしいものを次の中から選び、記号で答えなさい。

ア 人麻呂の歌、納められにけり

イ さきよりもよろしき歌、詠まれけり

ウ 常にめでたき絵、書きけり

エ 白河院の御絵、持たれたりけり

オ 兼房の命、さらに伸びにけり

問５ 本文から読み取れることとして、最もふさわしいものを次の中から選び、記号で答えなさい。

ア 兼房の夢に現れた場所は、梅の大層良い香りが漂い、雪まで舞っているという素晴らしい景色だった。

イ 長年人麻呂に憧れていた兼房は、彼に実際に対面できたことに感激し、翌朝早速その様子を絵師に描かせた。

ウ 夢の様子を絵にしたかった兼房は、最初の絵では納得がいかず、絵師に何枚も描き直しをさせた。

エ 夢に人麻呂が現れてから間もなくして、兼房は死に瀕《ひん》してしまい、若くして亡くなった。

オ 兼房が所有していた人麻呂の絵は、白河院に宝として献上された後、藤原顕季が所有することになった。

問６ 本文と同じ出来事が『古今著聞集』にも記録されており、次はその一部を引用したものである。次の文章を読んで、後の問いに答えなさい。なお、出題の都合上、一部表記を改めたところがある。

白河院、この道、御このみありて、かの x 影をめして勝光明院《しょうくわうみやうゐん》の宝蔵に納められにけり。修理大夫顕季卿、＊近習《きんじゅ》にて所望《しょまう》しけれども御許しなかりけるを、y あながちに申して、つひに写しとりつ。

＊ 近習…主君のそばに仕えること。

(1) ――線 x「影」とは、ここではどのような意味か。『十訓抄』の本文も参考にして、最もふさわしいものを選び、記号で答えなさい。

ア 歌　**イ** 筆　**ウ** 絵　**エ** 花

れど、似ざりければ、たびたび書かせて似たりけるを、宝にして、常に礼《らい》しければ、③その験《しるし》にやありけむ、 a 。年ごろありて、B死なむとしける時、*白河院《しらかはゐん》にまゐらせたりければ、ことに悦《よろこ》ばせたまひて、御宝の中に加へて、*鳥羽《とば》の宝蔵に納められにけり。

*六条修理大夫顕季卿《ろくでうすりのだいぶあきすゑきやう》、やうやうにたびたび申して、申し出して、*信茂を騙《かた》りて、書写して持たれたりけり。

（『十訓抄』による）

＊ 粟田讃岐守兼房…藤原兼房。平安時代後期の歌人。

＊ 人麻呂…柿本人麻呂のこと。『万葉集』の代表的歌人であり、歌聖（和歌に最も優れた人物を指す尊称）として後世、崇拝《すうはい》された。

＊ 西坂本…現在の京都市左京区一乗寺の辺り。

＊ 直衣／指貫／袴／烏帽子…いずれも、当時の貴族が日常的に着用していた衣服を指す。

＊ 白河院…第七十二代天皇。平安時代後期に院政を始め、強大な権力を握っていた。

＊ 鳥羽…白河院の鳥羽離宮。

＊ 六条修理大夫顕季卿…藤原顕季。平安時代後期の歌人。

＊ 信茂…人名。詳細は不明。

問1 ――線①「念じける」とあるが、なぜ兼房は人麻呂に対して祈りをささげていたのか。その理由として最もふさわしいものを次の中から選び、記号で答えなさい。

ア 若い内から和歌に親しんできたが、歌聖である人麻呂を越えるような歌を詠むことができなかったから。

イ 長年にわたり和歌を嗜《たしな》んではきたものの、未だに良い歌を作ることができなかったから。

ウ 人々が崇拝する人麻呂の和歌を兼房自身は見たことがなかったので、一目見てみたいものだと思ったから。

エ これまで多くの和歌を作ってきたものの、師匠である人麻呂に自分の実力を認めてもらえなかったから。

オ 現実世界では良い和歌を詠むことができないので、せめて夢の中だけでも人々に評価されるような歌が詠みたいと願ったから。

問2 ――線A「失せぬ」、B「死なむ」の動作の主体として、最もふさわしいものを次の中からそれぞれ選び、記号で答えなさい。

ア 兼房　**イ** 人麻呂　**ウ** 絵師　**エ** 白河院

オ 顕季　**カ** 信茂　**キ** 作者

問3 ――線②「あやしくて」とあるが、誰がなぜこのように思ったのか。その説明として最もふさわしいものを次の中から選び、記号で答えなさい。

ア 誰が　兼房　なぜ　夢に現れた人物が見たことのない服を着ているのに加え、筆を持つべき右手を墨で黒く染めているといった出で立ちをしており、異様で不気味だと感じたから。

イ 誰が　人麻呂　なぜ　人々の間で人麻呂は容姿まで神格化されていたのだが、夢に現れた人物は皺《しわ》だらけの烏帽子を被っていたため、自分の偶像としてふさわしくないと思ったから。

ウ 誰が　兼房　なぜ　日常生活の中で見かけたことがない人物であり、衣服も時代遅れのものを身に着けていたため、今は亡き人物の霊だと思ったから。

エ 誰が　人麻呂　なぜ　日頃から兼房が拝んでいる絵の中に、人麻呂自身と瓜《うり》二つの人間が描かれているのを目にしたため、その人五感からくる情報などを手がかりとして作り出していくときの癖が、バイアスであるといえます。それが自分の都合のいいようにゆがんで見えるものであったとすれば、それは私たちが世界や他者や、あるいは自己を、自分にとって良い意味のあるものとして認識したいという方向性の表れなのかもしれません。

（藤田政博『バイアスとは何か』による）

＊基準率の誤り…ある事象が起こる確率について、前提となる確率を無視して、後から言及される確率にだけ注目してしまう心理的傾向。
＊プロスペクト理論…行動経済学における代表的な理論の一つ。同じ価値のものを得る喜びよりも、失う悲しみのほうが大きいとされる。
＊経済学的人間像…人は経済合理的かつ利己的に行動するという捉え方。
＊進化心理学的人間像…人が持つ「怒り」や「悲しみ」といった心理メカニズムは、進化の過程で生存に有利なものとして獲得されたとする捉え方。

問1 〰〰線①「シショウ」、②「アった」、③「ツムぎ」のカタカナを漢字に直しなさい。

問2 [a] ～ [c] に入る語としてふさわしいものを次の中からそれぞれ一つずつ選び、記号で答えなさい。ただし、同じ記号を二度使用してはならない。

ア さらに　**イ** しかし　**ウ** そこで　**エ** つまり
オ まして　**カ** もちろん

問3 ――線1「たとえば人間を認知マシンと見て、『バイアスを伴う人間は劣った認知マシンである』と考える見方には副作用がある」とあるが、それはどのような「副作用」だと考えられるか。次に示すような解答形式で説明しなさい。その際、「認知能力、誤解」という二語を必ずこの順番で用いること。また、A・Bどちらの空欄で使用しても構わない。

人間を「劣った認知マシン」と捉える見方は [A 二十字以上二十五字以内] にすぎないのだが、あたかも [B 二十字以上二十五字以内] 危険性があること。

問4 ――線2「バイアスに対して少し違った見方ができるようになる」とあるが、それはどのような「見方」か。次に示すような解答形式で説明しなさい。その際、「否定、特性」という二語を必ずこの順番で用いること。

バイアスを [五十字以上六十字以内] 見方。

三

次の文章を読んで、後の問いに答えなさい。なお、人名等を統一するために、一部表記を改めたところがある。

＊粟《あは》田《た》讃岐守《さぬきのかみ》兼房《かねふさ》といふ人ありけり。年ごろ、和歌を好みけれど、よろしき歌も詠み出《いだ》さざりければ、心に常に＊人麻呂を①念じけるに、ある夜の夢に、＊西坂本《にしさかもと》と覚ゆる所に、木はなくて、梅の花ばかり雪のごとく散りて、いみじく芳《かうば》しかりける。心にめでたしと思ふほどに、傍《かたは》らに年高き人あり。＊直衣《なほし》に薄色《うすいろ》の＊指貫《さしぬき》、紅《くれなゐ》の下の＊袴《はかま》を着て、萎《な》えたる＊烏帽子《えぼし》をして、烏帽子の尻、いと高くて、常の人にも似ざりけり。左の手に紙を持《も》て、右の手に筆を染めて、ものを案ずる気色《けしき》なり。②あやしくて「誰人にか」と思ふほどに、この人言ふやう、「年ごろ、人麻呂を心に懸《か》けたまへる、その志《こころざし》深さによつて、形を見えたてまつる」とばかり言ひて、かき消つやうにA失《う》せぬ。

夢覚めてのち、朝《あした》に絵師をよびて、このありさまを語りて、書かせけ言うと、「人間＝生き残りマシン」）が人間本性（human nature）の全体を表す真実であると誤解されたりもします。そのような受け取られ方をなくすことはかなり難しいため、[1]たとえば人間を認知マシンと見て、「バイアスを伴う人間は劣った認知マシンである」と考える見方には副作用があるように思います。

C　少し、視点を変えてみましょう。そもそも人間が行っていることは、自分の周囲を客観的に正しく認識することではなく、自分にとって意味のある世界認識を構築することであると考えるのです。

人間はこの世に生まれたときから自分自身をこの世界に投げ出し、世界とがっぷり四つに関わりながら生きています。その際には、単なる生き残りマシンとしてではなく、自分が関わる物事の意味を感じながら生きています。生きていることや自分に関わる物事に意味が感じられないと、それこそ死に至るほど悩むものです。

このように人間は、自分の身に起こったことや自分の人生などに意味を求める生き物です。ただ、意味は世界のなかに始めから含まれているわけではありません。世界自体はただそのようにあるだけであって、世界で起こったことや世界の有り様について意味を与えるのは人間だけができる作業です。

〈中略〉

現在、科学的研究とは可能な限り意味のような主観的要素を排除して「客観的に」行うべきだという考えが広く行き渡っていますが、それは一つの考え方に過ぎないのです。そして、人間を知る際に意味を排除することで、人間理解に①シショウを来すことがあるということです。

私たちはさまざまなことを考えます。なぜ自分はこのように生まれてきたのか。さまざまな事故や災害、病気に②アったとき、なぜほかならぬ自分に、あるいは近しい人たちに、そのようなことが起きたのか。なぜ、自分の努力は報われたり報われなかったりするのか。私たちはこういった問題について、自分なりの回答をし、意味を見いだしながら生きていきます。

意味を付与する作業は人間自身が行っていかねばなりません。そして、人間が自分で見いだし付与した意味を作っていくことで、自分がどのような世界に生きているかを了解していくものと考えられます。そう考えると、私たちがさまざまなバイアスをともないながらも、周囲の物事や自己や他者を認識するのは、世界から自分なりに意味を③ツムぎ出している努力であると言っていいかもしれません（私たちが自分に都合よく考えがちなのはそのせいかもしれません）。

たとえば、この世は自分にとってどのような場所であるのか。安全か、危険か。食べ物を与えてくれるのか、それはどこへ行ったら与えられるのか。自分にとって近しいあの人は、自分にとって安心できる人か否か、あの人との関係は自分にとってどのような意味があるのか。世界は、正しい人が正しく報われるのか、あるいはそうでないのか。事件や事故が起きた原因は誰にあるのか。なぜそのようなことが起きたのか。

そういったことについて、あらためてきちんと考えたことがなく、感覚的なものであるにせよ、私たちは自分なりの見方を持っているでしょう。多くの場合、それに沿ってさまざまな認知や推論を行い、物事や人物の行動を意味づけ、理解していきます。そう考えると、[2]バイアスに対して少し違った見方ができるようになるのではないでしょうか。

すなわち、私たちが自分にとって意味のある世界認識を、自分自身のたとえば錯視について考えてみましょう。人間が視覚を使って周囲の外界を認知する際に実際の物理的な世界の現実とずれている場合、錯視となります。錯視があることに気がつくと、私たちは自分自身に騙《だま》されたような気持ちになります。正しいと思い込んでいた、自分に見えるものの形が、実は本物の物理的形状とは違うことがはっきりわかるからです。しかも目の前に見えるかたちで、反論の余地なくわかってしまいます。

　現実そのままの通りにゆがみなく認識したいと望むなら、実際には無理だとしても、錯視がなくなったらよいのにと思います。

　また、抽象的なことに関するバイアスでは、たとえば確率判断や、何かを得たときのうれしさ、悲しさの話があります。もし、人間の判断が数値の理屈通りにいくのであれば、確率判断における＊基準率の誤りは存在しないはずですし、＊プロスペクト理論が設定する状況において、何かを得るときのうれしさの大きさと、同じ量のものを失うときの悲しみの大きさは等しいはずです。

　しかし、実際には人間は基準率の誤りを犯しますし、同じ量のものを得たうれしさの大きさと失った悲しさの大きさは異なります。錯視ほどただちにはっきりとはわからないので、なかなか自覚することは難しいかもしれませんが……。

　もし人間がこの世で生きていく際に、正確無比な認識を前提としていると考えたいのであれば、このようなずれは望ましくありませんし、なくすべきことになります。

　また、以上のような発想は、人間を「劣った機械」とみる考え方につながりがちです。つまり、もし世界を正しく認識できる機械があれば、認識と実際の世界のありようのずれは起きません。それに比べると、さまざまなバイアスに冒された認識をする人間は劣っているようにみえます。したがって、人間は機械よりも劣る存在、あるいは劣った機械であると理解する、そういう発想です。確かにそのように考えることもできますが、人間をそのような存在だと考えると、機械よりも価値がないように感じられて、いたたまれない気持ちにもなってきます。

　［a］、このような捉え方に根拠がないわけではありませんが、認識の正確さだけを取り上げた一面的な評価であるように思えます。人間についての科学的なモデルを構築する際に、科学者はモデルを単純にして扱いやすくするために、自分が注目する要素以外の側面を捨象することがよくあります。たとえば人間を「生き残りマシン」とみなすこともそうです。この考え方を採用すれば、食べて寝て生殖するという生き残りに関する面以外の側面を無視することになります。ただ、実際にはそう考える研究者が人間のそれ以外の側面を必ずしも軽んじているわけではなく、研究を進めるための有効な便法として用いているに過ぎません。人間はあまりにも複雑なので、すべての面について同時に研究していくのは不可能だからです。

　［b］、便法にすぎなかったはずのものが広がっていくと、やがて便法だったことが忘れられ、「人間＝生き残りマシン」というような見方が広く行き渡ることにもなります。それはたとえば＊経済学的人間像や＊進化心理学的人間像の影響の大きさやそれに対する反発を考えるとわかるでしょう。なぜ反発があるのかといえば、人間を単純化してみる方法が便法だと受け取られていないからです。単なる便法であるという理解と一緒に伝わらないと、便法であったはずの人間理解（先ほどの例で

いる世界

ウ　「彼」が中学に入るまでに、夢中になって書いていた地図とは一線を画した、実在の世界の理法に適《かな》った「地図」に拠《よ》って成立している世界

エ　「彼」が中学で得た知識を駆使しながら、机の表面の地図に手を加え、自分の領土を描いた「地図」として掴《つか》み直すことで成立している世界

オ　「彼」が実在と空想が混在する地図を嫌うあまり、「地図」の紋様の織りなす非現実の世界への逃避を企てることによって成立している世界

問5　――線4「実在の世界の倫理」の例として適当なものを、文中の〰〰線f～jから一つ選び、記号で答えなさい。

問6　[2]に当てはまる言葉を次の中から一つ選び、記号で答えなさい。

ア　地図を感じる

イ　紙に地図を写す

ウ　自分で地図を書く

エ　空想を乗り移らせる

オ　実在と空想を区別する

問7　この文章の内容に合致するものを次の中から二つ選び、記号で答えなさい。

ア　「彼」の空想に実在の影が差してきて、地図を現実に乗り移らせることが困難になった結果、かつて「彼」を熱狂させた実在の「自然らしさ」も無意味なものに感じられるようになった。

イ　外部の現実に地図を読む癖がついたことで、「彼」があらゆる事象に「自然らしさ」を見いだすようになる一方、ほしいままな空想が可能になり、実在の法則は再び見失われてしまった。

ウ　「彼」が実在の法則に目覚めるに及び、たとえどんなに「自然らしさ」を感じられる地図であっても、実際にあり得るような正確な地図に近づけなければならないと考えるまでになった。

エ　常識が身につき、実在の世界の理法を認識したことで、「彼」の空想の地図は滑稽な秘密へと転落し、あらゆるものに「自然らしさ」を見いだす性癖は理性によって鎮められてしまった。

オ　「彼」が成長して実在の世界の地図の「自然らしさ」に目を開かれた結果、無条件に空想に身を委《ゆだ》ねることができなくなり、「彼」が自ら書いた地図にも感情移入できなくなっていった。

カ　実在の影が「彼」の空想に入ってきたことで、かつて「彼」が画用紙に書いていた地図の「自然らしさ」の魅力は、水溜りのつくる複雑な屈曲の美をしのいでいると考えるようになった。

キ　「彼」が空想の地図を外部の現実に乗り移らせていったことで、自由な空想が実在の理法に阻《はば》まれる結果を生んだ一方、実在の世界の「自然らしさ」に魅了されるようにもなっていった。

二　次の文章は「バイアスを緩和する方法」について書かれた文章の続きです。これを読んで、後の問いに答えなさい。

バイアスを緩和しなくてはならないという考え方には、実は隠れた前提があります。それは、バイアスとは認知のゆがみであり、ゆがんでいることは好ましくないという考え方です。

島が、そう勝手にどこにでも出来るものではないと知っていた。空想は、実際にでもあり得るような地図に近くなければならなかった。そうしてみたとき、彼は再び実在の世界の地図の「自然らしさ」としかも巧みな地形とに驚いて、打ち負かされてしまった。いや、彼は雨がつくる水溜り、紙の上に落ちたインクの染み、空に雲や木の葉がつくる曲線、壁の汚点《しみ》、プラットフォームの撒水《さんすい》の趾、屏風などの文字の曲線、碁盤《ごばん》の上に投げ出された碁石のかたまり、そういったものにも地図を感じたのであったが、その線がいかにも自然らしく、彼がどんなに心を傾けて書く自由な地図よりもすばらしかったことか。水溜りを見て、急いでそのままを紙に写そうとしてみても、それは不自然な不格好なものにしかならなかった。

（阿部知二「地図」による）

＊ こより…細く切った紙をひねってひも状にしたもの。
＊ 潦…雨水のつくる水たまり。
＊ 碇泊…船が錨《いかり》をおろしてとまること。

問1 ――線1「子供らしい空想～つくりあげてきたもの」の例として適当なものを〰〰線a～eから二つ選び、記号で答えなさい。

問2 ――線2「彼は～つくり直した」の部分が示しているのはどのようなことか。次の中から最もふさわしいものを選び、記号で答えなさい。

ア 兄の説く理屈に動かされ、「彼」が子供の時からなじんでいた「嘘」の世界と決別し、実在の世界の法則に従って地球儀のような地図を書こうとしたということ
イ 兄の口にする理屈に照らせば、「彼」の空想がおよそ現実からかけ離れた「嘘」に過ぎないことを承知の上で、なおも空想の地図を描き続けていったということ
ウ 兄の言う理屈は元より、その口調から、兄にも「嘘」の地図を書いた経験があることを嗅《か》ぎとり、地図を書くことを「彼」が止める気になれずにいるということ
エ 兄の主張する理屈に耳を貸さず、空想の地図が正確さを欠いていることに目を向けずに、「彼」が「嘘」の世界の快楽にますますはまり込んでいったということ
オ 兄の理屈を採り入れながら、「彼」が何度も地図を書き直していくうちに、地図が少しずつ精密になり、ついに「嘘」とも言えないものにまでなったということ

問3 [1] に当てはまる言葉を次の中から一つ選び、記号で答えなさい。

ア ヨーロッパの地図
イ 日本の各地方の地図
ウ 楕円形の奇妙な世界
エ 家にある小さな地球儀
オ 水溜りのつくる複雑な屈曲

問4 ――線3「愉楽の世界」とはどのようなことを指していったものか。次の中から最もふさわしいものを選び、記号で答えなさい。

ア 「彼」が小刀を用いて、机の表面に「地図」を描きだし、地図の世界を想像の楽しさの内部に取り込んでいくことによって成立している世界
イ 「彼」が地図を書くことにとどまらず、机の表面の紋様《もんよう》や疵趾に「地図」を見いだし、机に「地図」を乗り移らせることで成立して

を築き、どこに貿易港を置こうかと、畳の上を歩き回って探した。

E　中学に入った頃から、もっと激しい、もっと性質の悪い癖が生まれてきた。それはいつ、どんなはずみから起こったのかまったく記憶はないのだが、とにかく、二年になった頃には、もう教室の中では教師の言葉は三分の一も聞かないで下をばかり見つめていた。この粗末な机の表面には、誰も覗くことの出来ない深い[3]愉楽の世界があったからだ。というのは、思いがけなく、そこには立派な「地図」があったのだ。ニスが剝《は》げかかった矩形《くけい》の板には、小刀の疵趾《きずあと》で、ぎざぎざの港湾や、文字の形をした湖水が出来ている。木理《もくめ》は、あるところでは大山脈のように走り、あるところではなだらかな平原の起伏になっている。ニスの黒ずんだところは開拓されない森林や山地であり、剝げたところは肥沃な平地である。光沢よく剝げたところほど美しい土地である。彼は教科書を前に立てたままで、どの時間にも、一年間は自分に宛《あて》がわれたこの机を、神から与えられた国土であるかのように眺めまわした。

F　こうしたとりとめもない空想のなかに、ときとすると、実在の影が入り込もうとした。例えば、その感傷的な恋愛の対象の、南の方の浅黒い少女や、北方の水辺の街の少女に、実際に知っていた少女のだれかれを当てはめてみたり、蛮族の酋長《しゅうちょう》や、冒険航海の提督に、自分が好悪している友人たちをそれぞれ勝手に当てはめてみたりすると、そうしたことは、子供らしい空想にとってみれば当然と思われるのだが、実際は彼はそんな実在と空想との混合を絶対に許すまいとした。実在の人物や事件の陰には、そのどれを取ってみても、きっと彼にとって煩わしい、重苦しい不快なことが連想され、空想のなかのように彼の思うままには決してならない。またほしいままな空想のなかに実在の事柄を入れるとすれば、必ず[4]実在の世界の倫理が入ってきて彼をとがめる。彼の無力や意気地なさが入ってきて、[f]勇ましい空想などはひとたまりもなく挫折させてしまう。だから、この二つの世界の区別のためには絶えず努力しなければならなかった。しかし、しだいに実在の世界は、真空に流れ込む空気のように入ってきて、そのうちに、歴史の君主や将軍がした戦争が彼などの手に合わないほど猛烈なものだとか、土木工事がどんな半面をもつものだとか、ということまで感じてくるようになった。また、[g]思いのままに美しい都会が、その陰にどんな[h]陰鬱な事態をもっているかもおぼろげに感じた。あわてて、[i]どんな住民も苦しむことのない理想的な国を考えようとしたが、そのような国は、もはや[j]刺激的な空想の材料を提供してはくれない。彼の理性は鎮《しず》まったけれども、戦争も冒険も土木もロマンスも奪われた感情は萎縮した。もう中学の四五年にもなると、この空想の世界は傷だらけになってしまっていた。

　いま一つの事柄が空想の中に交ざってきて苛々《いらいら》とさせ、彼の世界に打撃を与えた。実在の持っている理法と空想との衝突であった。例えば、ある二つの国の間の鉱山争奪の歴史を描こうとする。ここのところに金鉱があると面白いと思ってそっと自分の赤インキを垂《た》らしてみる。小刀で港を掘ってみる。その刹那《せつな》に、彼の感興は全く消えてしまう。空想にしても、やはり実在の法則を守らなければならなかったのだ。不自然な作為は心を白けきったものにした。こんなことは、ことに［ 2 ］ときに甚《はなは》だしい。自分の思いのままに複雑な面白い形を描こうとするのだが、その頃、もはや地質学を習っていたから、山脈やて行ってしまってくれた。この時ほど兄を親切だと思ったことはあまりない。しかし、彼も真紅になって恥じてしまった。というのは、彼はその頃はもう地球が円いことを十分知っていたし、正確な地図とは、地球儀のようなものでなければならぬということも知っていた。それだからなおさら、地球儀を憎んだ。学校の大きな地球儀、家にある小さな地球儀が、余計な、しかしどうすることも出来ぬ真実をつきつけてくる恐ろしい仇敵《きゅうてき》のように思われた。それでしばらくはこの秘密の地図を忘れることにした。取り出して覗《のぞ》いていても、兄の言葉ではっきり破れてしまった幻影のあとは、白けきった嘘《うそ》の感情しか彼に起こさせなかったからだ。兄はしかし、この滑稽な秘密を、父にも誰にも話さないでくれた。しばらくすると、2彼はまた新しい勇気を出して、何度も書いたり、破ったりして、同じような世界をつくり直した。それらは、次々に精密になって、中学に入っても、しばらくの間は机の底にあった。最早それを失ってから長いことになるが、彼は今でも、ほとんどありのままに、その[1]の、四方を港に取り巻かれた海や、海に突入した半島や、島や、入口の狭い入江や、湾曲した川や、大都会の位置や、水郷のありかを、ありありと思い出すことが出来る。

[C] 一方では、本当の地図へも彼の情熱はしだいに増して行った。外国の地図は、その地形や地勢があまりに雄大で、刺激が強く、親しい心が起こらなかった。彼の想像の楽しさの内部には入り切らないで、大きな男の体か大きな物音のように圧迫してくる。アジアの高山地帯、アフリカの砂漠、南アメリカの平原などは漠然とした恐怖を与え、ヨーロッパの複雑な形は想像を疲れさせ、あまり激しい緊張を強いてくる。それに引きかえて、日本の各地方の別になった地図は程よい興奮を与えてくれた。彼は粗末な地図にある程の限りでは、ほとんどの地方の町や川の名も覚えた。平野が青く、山地が樺色に染められた地図は一番面白い空想を生んだ。また、色のつかない地図に、新聞に新しい鉄道が開通したと書いてある度に赤インキで印をつけることは楽しかった。自分がその谷間や半島を開拓して敷設するような気持ちになった。その頃はまだ、日本の各地には、しきりに新しい鉄道を敷かなければならぬ時代であった。赤い線が少しずつ町と町とを繋《つな》いでゆく頃であった。

間もなく、今度は本当の地図に自分の空想の世界を乗り移らせるということを覚えた。その舞台に一番よく使われたのは、彼とは縁の遠い、それで現実的な連想のあまり通わない地方、――東北とか、ときとすると、千島とかであった。

[D] 彼の地図は、それからあらゆるものに乗り移って行った。庭やその*潦《にわたずみ》だけではなく、部屋の中にまで入ってきた。子供の時の積木細工の毀《こわ》れを大事に集めて、その細長い棒を、畳の上の汽船や軍艦にする。畳は実によく波を表した海になるのである。冬の炬燵《こたつ》や、朝夕の蒲団《ふとん》は大きな島になり、座敷に散らばっている座布団や新聞紙もその離れ島になる。その散らばり方によって、狭い海峡をはさんだり、三角に突出した岬に包まれた湾をつくった。積木細工で、汽船や軍艦にならないものは、その港湾の築港の突堤や、桟橋《さんばし》になる。あちらの入江に二三隻、こちらに二三隻と、船や軍艦が列をつくって*碇泊《ていはく》している。彼には、蒲団のふくらみがうねりを持った山地に見え、薄い新聞紙は、遠浅な海に広がった低い沙州《さす》になる。どこに首府を置き、どこに要塞

【国　語】（六〇分）〈満点：一〇〇点〉

一　次の文章を読んで、後の問いに答えなさい。

Ａ　子供の時から長い間、本当の世界よりは地図の世界に多く住んでいたといってよかった。それもほとんどが架空の地図の世界であった。最初の幼時の記憶として、ヨーロッパの地図を思い出す。父が持っていた簡単なものだった。それが、彼には女に見えた。イベリヤ半島は頭で、イタリア半島は前に差しのばされた腕であり、ロシアのあたりは、異常にふくらんだ女の腹か腰かになっていた。しかしどうしたものか、そのヨーロッパの女の形は彼の気には入らなかったことを覚えている。あまり美しくない、恐ろしく強い女のように思われた。

小学校に入ってから、自分で空想の地図をつくることを始めた。紙のはしや、石板や、庭の土の上に、簡単な島の形を書いた。それは、本当の地図のもっている魅力に教えられてでもあったが、どちらかといえば、1子供らしい空想で、色々の身の周りの世界からつくりあげてきたものであった。例えば、*こよりでつくった小さな犬を部屋に並べた時、自分が巨人で、この小人たちが生きているのを見たならばどんなに楽しいだろう、と思ったことがその始まりの一つだった。またa庭の池が空想を刺激した。木を刳《く》って浮べた舟が、本当の汽船や軍艦だったならば、と考えてみる。すると、b草の生えた築山《つきやま》が、いつのまにか森に蔽《おお》われた山になり、水際の平地に町が出来る。小人たちが、そこで戦争をしたり旅行をしたり商売をしたりする。山を越えてc鉄道を敷くために、棒切れをもってきて、その線路を、町から町へと引いてゆく。蟻《あり》の群れが野獣のように小人たちを苦しめるので、それと闘わなければならなかった。雨が降ってd水溜《たま》りが庭に出来る時はいちばん楽しかった。水溜りのつくる複雑な屈曲は、すばらしい海岸線になる。海峡に沿った町や、深い入江に沿った港や、入江の中の島や、狭くくびれた地峡や、e山の中の湖が出来る。それよりもうれしいことは、晴れた日には空想だけでしか描けない川が、雨が降ると庭の中に縦横に流れて、水溜りの湖や海にそそぎ込んだ。低いところを選んで川はたとえようもない複雑な曲線をつくって流れる。雨が晴れて日が輝いて、川や湖が消える時は寂しくなった。自分の好きな家族や友達と一緒に住むことを空想した町や、一緒に旅行するはずの景色のいい湖畔や山峡が消えてゆくからであった。

この空想はやがて彼の頭に一つの世界をつくってしまった。兄のところから大きな画用紙を盗んできて、真ん中に楕円《だえん》形の池を書く。それがこの世界では海になるので、その海の周りに国土がある。何年もの間、何度も書き直すうちに、海はかなり曲折に富むものになり、四方には大きな河が流れ込み、海の中には島がいくつも出来た。上の方には、ロシアから想像したような寒い国があり、左にイギリスとアメリカと支那《しな》のような国が並び、右にはフランスとイタリイのような国が並び、下の端に日本のような国がある、という途方もなく馬鹿げた世界であるが、それは庭の池を眺めることから生まれてきたものなのだ。

Ｂ　秘密に楽しみながらも、いつも机の底に隠していたこの地図を、一度兄が見たことがある。それは小学校の五六年になっていた時のことであったが、兄の方から恥ずかしそうにして「これはお前、理屈に合わないよ。こんな地図は変だよ」というと、そのまま下を向いて黙っ

2022年度

解　答　と　解　説

《2022年度の配点は解答欄に掲載してあります。》

＜数学解答＞ 《学校からの正答の発表はありません。》

1 (1) 24　(2) $z=-25$　(3) 98度　(4) $\frac{1734}{5}-72\pi$

2 (1) 連立方程式 $2x-y=54$，$4x+y=216$　答え $\frac{7}{2}$時間

(2) ① 解説参照　② B，C，E

3 (1) Dの座標(6，9)，直線CD $y=\frac{3}{4}x+\frac{9}{2}$　(2) 1：81

(3) $\left(-1+\sqrt{29},\ \frac{15-\sqrt{29}}{2}\right)$

4 (1) 12通り　(2) 12通り　(3) 36通り

5 (1) 38cm^3　(2) $\frac{152}{3}$　(3) $64-\frac{22\sqrt{3}}{3}$

○推定配点○

1 各6点×4　2 (1) 各5点×2　(2) 各6点×2　3 各6点×3((1)完答)

4 各6点×3　5 各6点×3　計100点

＜数学解説＞

1 (小問群—式の展開，平方根，比例・反比例，円の性質，角度，相似，面積)

(1) $(\sqrt{5}-\sqrt{3}+\sqrt{2})^2(\sqrt{5}+\sqrt{3}-\sqrt{2})^2=\{\sqrt{5}-(\sqrt{3}+\sqrt{2})\}^2\{\sqrt{5}+(\sqrt{3}-\sqrt{2})\}^2=\{(\sqrt{5})^2-(\sqrt{3}-\sqrt{2})^2\}^2=(5-3+2\sqrt{6}-2)^2=(2\sqrt{6})^2=24$

(2) yが$x+2$に反比例するときの比例定数をaとすると，$y=\frac{a}{x+2}$　$z+1$がyに比例するときの比例定数をbとすると，$z+1=by$　$y=\frac{z+1}{b}$　よって，$\frac{a}{x+2}=\frac{z+1}{b}$　$(x+2)(z+1)=ab$　$x=4$のときに$z=15$だから，$ab=(4+2)\times(15+1)=96$　よって，$x=-6$のとき，$(-6+2)\times(z+1)=96$　$z+1=-24$　$z=-25$

(3) ∠AOC＝xとすると，∠COD＝$7x$　△OADは頂角が$8x$の二等辺三角形だから，∠OAD＝∠ODA＝$90°-4x$…①　△OCDは頂角が$7x$の二等辺三角形だから，∠ODC＝$90°-3.5x$…②　①，②から，∠ADC＝$0.5x$　∠OADは△DAPの外角なので，$90°-4x=18°+0.5x$　$4.5x=72°$　$x=16°$　よって，∠ADC＝8°　∠ADBは直径に対する円周角で90°だから，∠CDB＝98°

重要 (4) 弦PT，線分QTを引くと，円の接線(BT)と弦(PT)との作る角(∠BTP)は，その角内にある弧(弧PT)に対する円周角(∠PQT)に等しい。∠Bを共通の角とみると，△BTP∽△BQT　よって，BT：BQ＝BP：BT　5：BQ＝1：5　BQ＝25　よって，PQ＝24　PQの中点をOとすると，半円Oの半径は12である。また，接線は接点を通る

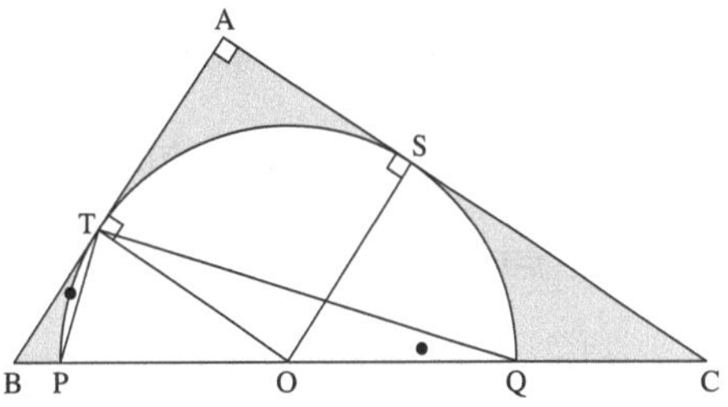

半径に垂直で，OS＝OTなので，四角形OSATは正方形である。OT//CAだから，BT：BA＝OT：CA　5：17＝12：CA　CA＝$\frac{17\times 12}{5}$　斜線の部分は△ABCから半円Oを除いたものなので，$\frac{1}{2}\times 17\times\frac{17\times 12}{5}-\frac{1}{2}\times 12\times 12\times\pi=\frac{1734}{5}-72\pi$

2　**（方程式の応用―速さ，道のり，時間，資料の整理，箱ひげ図）**

(1)　Aグループはバスで$x$km，徒歩で$(54-x)$km進んでQ地点に到着したから，かかった時間は$\frac{x}{36}+\frac{54-x}{4}=\frac{486-8x}{36}=\frac{243-4x}{18}$(時間)…①　Bグループは，徒歩で$(x-y)$km，バスで$(y+54-x)$km進んだから，$\frac{x-y}{4}+\frac{y+54-x}{36}=\frac{8x-8y+54}{36}=\frac{4x-4y+27}{18}$(時間)…②　バスはPQ間に加えてSR間を往復しているから，$\frac{54+2y}{36}=\frac{27+y}{18}$(時間)…③　①，②から，$243-4x=4x-4y+27$　$8x-4y=216$　$2x-y=54$…④　①，③から，$243-4x=27+y$　$4x+y=216$…⑤　④＋⑤から，$6x=270$　$x=45$　⑤に代入して，$180+y=216$　$y=36$　よって，P地点からQ地点まで移動するのにかかった時間は，$\frac{27+36}{18}=\frac{7}{2}$(時間)

(2)　①　生徒数が40人なので，第2四分位数(中央値)は得点が小さいほうから並べて20番目と21番目の得点の平均値である。どちらも5点なので，第2四分位数は5　第1四分位数は得点の小さい方から20人の中央値なので，小さいほうから10番目と11番目の平均値である。どちらも3点なので，第1四分位数は3　第3四分位数は得点の小さい方から21番目から40番目までのデータの中央値なので，小さいほうから30番目と31番目の平均値である。どちらも6点なので，第3四分位数は6　箱ひげ図は右図のようになる。

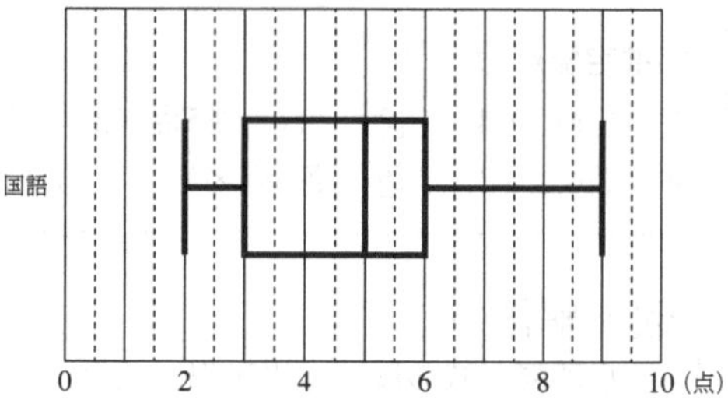

②　A：四分位範囲は，数学が2.5，英語が3.5，国語が3なので正しくない。B：範囲は，数学が8，英語が6，国語が7なので正しい。C：1点の人が少なくとも1人はいる。その場合，残り39人の生徒について第1四分位数，第2四分位数，第3四分位数がそれぞれ4.5，6，7となることがあり得るので正しい。D：第3四分位数が7であるが，例えば得点の低い方から30番目の人と31番目の人が共に7点ということもあるので正しくない。E：第1四分位数が4.5点なので，得点の低い方から10番目の人は4点以下，11番目の人は5点以上である。5点以上の人は30人いるが，10番目が4点，11番目が5点ということもあり得るので30人以上で正しい。

＋α　**3**　**（関数・グラフと図形―座標，グラフの式，面積の比，面積）**

重要　(1)　A$\left(1,\ \frac{1}{4}\right)$，B(2，1)である。直線PAの傾き$\frac{1}{4}\div\left(-\frac{1}{2}\right)=-\frac{1}{2}$　$y=-\frac{1}{2}x+b$として$\left(\frac{3}{2},\ 0\right)$を代入すると，$b=\frac{3}{4}$　$y=-\frac{1}{2}x+\frac{3}{4}$　直線PAと放物線$y=\frac{1}{4}x^2$の交点Cのx座標は，方程式$\frac{1}{4}x^2=-\frac{1}{2}x+\frac{3}{4}$の解だから，$x^2+2x-3=0$　$(x+3)(x-1)=0$　$x=-3,\ 1$　よって，C$\left(-3,\ \frac{9}{4}\right)$　直線BPと点Dの座標を同様にして求めると，BPの傾きは2　BPの式は$y=2x-3$　点Dのx座標は，$\frac{1}{4}x^2=2x-3$から$x^2-8x+12=0$　$x=2,\ 6$　D(6，9)　直線CDの傾きは$\left(9-\frac{9}{4}\right)\div\{6-(-3)\}=\frac{3}{4}$　$y=\frac{3}{4}x+b$とおいて(6，9)を代入すると，$9=\frac{9}{2}+b$　$b=\frac{9}{2}$

よって，直線CDの式は，$y=\frac{3}{4}x+\frac{9}{2}$

(2)　それぞれの点のy座標を利用して，PA：PC＝$\frac{1}{4}$：$\frac{9}{4}$＝1：9　　PB：PD＝1：9　　△PABと△PCDは，対応する2組の辺の比が等しくその間の角が等しいから相似である。相似な図形の面積の比は相似比の2乗に等しいので，$1^2:9^2=1:81$

やや難　(3)　四角形ABDCの面積は△PCDの面積の$\frac{81-1}{81}=\frac{80}{81}$なので，△PACの面積が四角形ABDCの面積の$\frac{1}{2}$になるとき，△QACの面積は△PCDの面積の$\frac{40}{81}$となる。PD上にPR＝$x$PDとなる点Rをとる。傾きの積が$-1$である2直線は垂直に交わるので，PA⊥PB　　△RAC＝$\frac{1}{2}$×AC×PR＝$\frac{1}{2}\times\frac{8}{9}$PC×$x$PD＝$\frac{1}{2}\times\frac{8}{9}$PC×$x$PD＝$\frac{8}{9}x\times\left(\frac{1}{2}\times\text{PC}\times\text{PD}\right)=\frac{8}{9}x$×△PCD　　よって$\frac{8}{9}x=\frac{40}{81}$のとき，つまり，$x=\frac{5}{9}$のときに△RACは四角形ABDCの面積の$\frac{1}{2}$になる。P$\left(\frac{3}{2},\ 0\right)$，D(6，9)だから点Rの$x$座標は，$\frac{3}{2}+\left(6-\frac{3}{2}\right)\times\frac{5}{9}=4$　y座標は$9\times\frac{5}{9}=5$　　よって，点R(4，5)を通り直線ACに平行な直線と放物線$y=\frac{1}{4}x^2$との交点がQとなる。$y=-\frac{1}{2}x+q$に(4，5)を代入すると，$q=7$　　$\frac{1}{4}x^2=-\frac{1}{2}x+7$　　$x^2+2x=28$　$(x+1)^2=29$　　$x=-1\pm\sqrt{29}$　　$x>0$だから，$x=-1+\sqrt{29}$　　$y=-\frac{1}{2}\times(-1+\sqrt{29})+7=\frac{15-\sqrt{29}}{2}$　　したがって，Q$\left(-1+\sqrt{29},\ \frac{15-\sqrt{29}}{2}\right)$

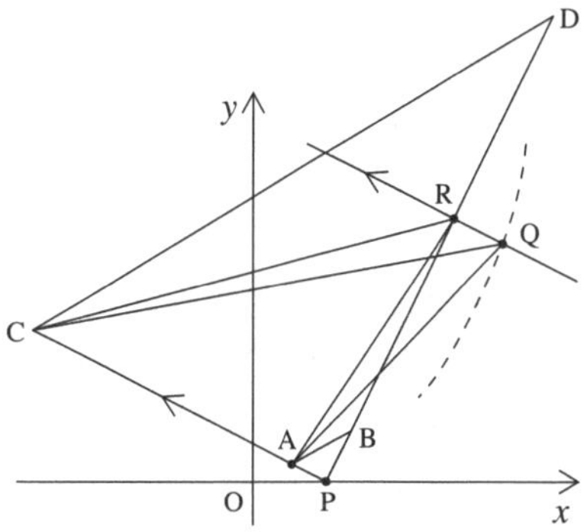

4　**(場合の数—色の塗分け)**

重要　(1)　内側の3ヶ所のうちの左上の所から時計回りに考えてみると，左上が赤だとすると，赤→黄→白，赤→白→黄の2通りある。左上を黄としたときの黄→白→赤，黄→赤→白の2通りは円盤を回転すると，左上を赤にしたときの2通りと同じになる。左上を青にしたときにできる2通りも同様である。よって，内側の塗り分け方は2通りある。外側の3色の塗り分け方も同様に2通りある。内側を赤にしたときの外側の色は黒，青，緑の3通りあるので，2×2×3＝12(通り)

(2)　異なる4個のものの並べ方は4×3×2×1(通り)あるが，左上を赤，黄，白，黒として始めた並び方が回転すれば同じものとなるので，内側の塗り分け方は4×3×2×1÷4=6(通り)ある。外側の2色の塗り分け方は，青→緑→青→緑，緑→青→緑→青が考えられるが，この2つは回転すると同じものになるから1通りである。内側と外側の色については，内側の6通りのそれぞれに，赤の外側に青が来る場合と緑が来る場合の2通りずつがあるから，6×1×2＝12(通り)

やや難 (3)　円盤の内側の塗り分け方は，赤，黄，白のどの色を2カ所に使うかで考えてみると，赤を2カ所に使う場合，左上から時計回りに，赤→黄→赤→白，赤→白→赤→黄，黄→赤→白→赤，白→赤→黄→赤と考えられるが，これらは回転させると同じものとなる。よって，どの色を2カ所に使うかで3通りある。外側の黒，青，緑の3色の塗り分け方についても同様に3通りある。よって，どの色を2カ所に使うかの選び方としては$3\times3=9$(通り)ある。そのうちの1つ，内側は赤を2カ所に使い，外側は黒を2カ所に使う場合を考えると，塗り分け方は図に示すように4通りある。他の色の組み合わせの場合も同様なので，塗り分け方は$9\times4=36$(通り)

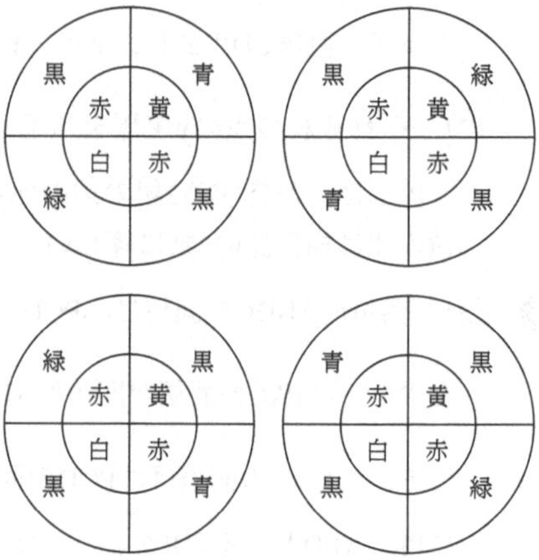

5 (空間図形—立方体からの抜き取り，体積)

重要 (1)　1辺が4cmの立方体の体積は64cm^3　そこから，4cm^3の棒を9本抜きとるが，2重，3重に重なる部分がある。右図のように抜き取る棒をA～Iとすると，AとFとH，AとG，BとFとI，CとD，CとEとI，DとG，EとHが重なる。よって，抜き取られる部分の体積は$4\times9-(1\times4+2\times3)=26$　したがって，残った立体の体積は，$64-26=38(\text{cm}^3)$

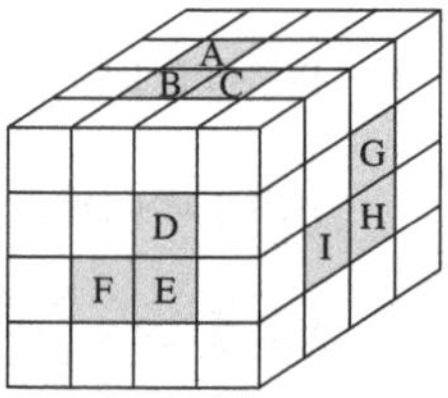

(2)　2方向から底面の面積が$2\times2\times\frac{1}{2}=2$，高さが4の直方体を2本ぬきとるが，その2本には重なる部分がある。重なる部分は図2のような，1辺が2の正方形を底面とする高さ1の正四角錐を2つ合わせたものである。よって，残った立体の体積は，$64-\left(2\times4\times2-\frac{1}{3}\times2\times2\times1\times2\right)=48+\frac{8}{3}=\frac{152}{3}(\text{cm}^3)$

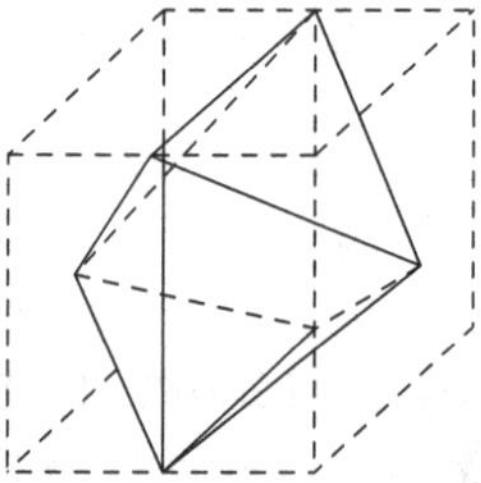

やや難 (3)　1辺の長さが2の正三角形の高さは$2\times\frac{\sqrt{3}}{2}=\sqrt{3}$で，面積は$\frac{\sqrt{3}}{4}\times2^2=\sqrt{3}$である。よって，底辺が$\sqrt{3}$，高さが4の直方体を2本抜き取ることになる。その2本には重なる部分があり，その部分は図③のようになる。図3で，CD，ABの中点をそれぞれM，Nとすると，重なった部分は△ABMを底面とする合同な2つの三角錐C−ABMとD−ABMを合わせたものとなる。MNはもとの1辺の長さが2の正三角形の高さだから$\sqrt{3}$　AB=2だから，$\triangle ABM=\frac{1}{2}\times2\times\sqrt{3}=\sqrt{3}$　重なる部分の体積は，$\frac{1}{3}\times\sqrt{3}\times1\times2=\frac{2\sqrt{3}}{3}$　よって，残った立体の体積は，$64-\left(4\sqrt{3}\times2-\frac{2\sqrt{3}}{3}\right)=64-\frac{22\sqrt{3}}{3}(\text{cm}^3)$

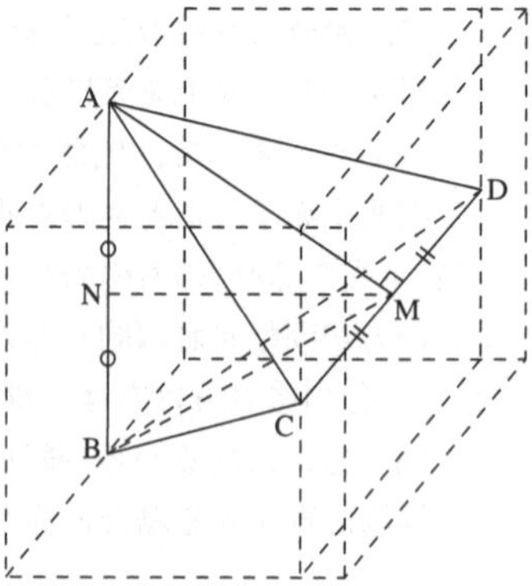

★ワンポイントアドバイス★

[1]　(3)は，∠AOC＝xとして進めるとよい。[3]は誘導形式になっている。前の小問の結果を活用しよう。[4]は回転させて同じになるものを除くことに注意。[5]は抜き取る部分が内部でどう重なり合っているかを考える。

[＋α] は弊社HP商品詳細ページ(トビラのQRコードからアクセス可)参照。

＜英語解答＞ 《学校からの正答の発表はありません。》

[A]　1　ア　No　イ　one　2　ウ　We've　エ　been　オ　running
3　カ　Why　キ　don't　ク　we

[B]　[1] ②　[2] ③　[3] ①　[4] ④　[5] ③

[C]　[6] ④, ⑧, ⑨

[D]　[7] ⑦　[8] ①　[9] ⑦　[10] ⑥　[11] ④　[12] ⑦

[E]　(1)　As my grandfather liked movies, my house was full of the DVDs of old movies.
(2)　I wish I could watch movies with my grandfather.

[F]　[13] ②　[14] ②　[15] ④　[16] ①　[17] ④　[18] ③　[19] ①　[20] ③
[21] ①　[22] ④

[G]　問1　[23] ②　問2　printing food　問3　3D printers　問4　[24] ②
問5　[25] ②　問6　・農業および食品輸送や梱包の仕事がなくなる　・カフェやレストランがなくなる　・3Dプリンターで作られた食品は栄養面に懸念がある　問7　button

[H]　問1　[26] ①　[27] ①　[28] ②　[29] ③　[30] ④　[31] ②　[32] ④　[33] ②
[34] ④　[35] ③　問2　(例)　壁を緑色に塗り，創造性を高めて学習に良い効果を狙う。(26字)

[I]　放送問題解答省略

○推定配点○

[A]　各2点×3　[B]　各1点×5　[C]　各1点×3　[D]　各2点×3(各完答)　[E]　各4点×2
[F]　各1点×10　[G]　問1・問4・問5　各1点×3　問2・問3・問7　各2点×3
問6　各2点×3　[H]　問1　各2点×10　問2　3点　[I]　Ⅰ・Ⅱ　各1点×8　他　各2点×8
計100点

＜英語解説＞

基本 [A]　(言い換え・書き換え：比較，現在完了，進行形，口語表現)

1　「私の父は家族で最も忙しい」「父より忙しい人は家族の中に誰もいない」〈No one[Nobody] in ＋場所＋比較級＋ than ～〉「～より…な人は(場所)には誰もいない」

2　「私たちは30分前に走りはじめ，今も走っている」「私たちは30分間走っている」　現在まで継続している動作は現在完了進行形 have been ～ing で表す。ここでは空所の数から We've と短縮形を用いる。

3　「お母さんのためにサプライズパーティーをしよう」「お母さんのためにサプライズパーティーをしませんか」　Why don't we ～?「～しませんか」

基本 B （語句補充・選択，不定詞，比較，時制，単語，進行形）

1 「私の娘は日本の法律において結婚することができる年齢だ」〈old enough to ＋動詞の原形〉「～することのできる年齢だ」

2 「ナンシーは父親と同じくらいたくさんの本を持っている」〈as ＋形容詞＋名詞＋ as ～〉「～と同じくらい…な(名詞)」

3 「彼は去年けがで入院していた時，たくさんの映画を見た」 when 節が過去を表しているので，主節の動詞も過去形が適切。

4 「私は高校の間に留学したい」 abroad は副詞で「海外で」を表し，前置詞は不要。

5 「急ぎなさい！　映画が20分後に始まる！　みんながあなたを待っている！」「今～している」は現在進行形で表す。everybody は単数扱い。

C （正誤問題：動詞，動名詞）

① 「明日雨が降ったら，私たちはそこへ行かない」(○)　未来のことを表す文では，時・条件を表す副詞節中の動詞は現在時制になり，主節は未来時制になる。

② 「私はパン屋でパンを3つ買った」(○)　bread 「パン」は数えられない名詞で，個数を言うときは a loaf of bread 「パン1かたまり」と表す。loaf の複数形は loaves。

③ 「祖父は先週私にそのプレゼントをくれた」(○)　〈give ＋もの＋ to ＋人〉「(人)に(もの)をあげる」

④ 「患者数は日ごとに増えている」(×)　number 「数」は単数扱いなので，are ではなく is が正しい。

⑤ 「私はそこに到着したとき，何を期待すべきかわからなかった」(○)

⑥ 「群馬のスキー場には雪がたくさんあった」(○)　snow は数えられない名詞なので，「たくさんの」という時は much を用いる。

⑦ 「あなただけでなくケンもギターを弾く」(○)　not only A but also B 「AだけでなくBも」が主語になる場合，動詞はBに合わせる。ここでは3人称単数の Ken に合わせ plays とする。

⑧ 「彼らはその晩ずっと地球温暖化について議論した」(×)　discuss 「～について議論する」は他動詞なので about は不要。

⑨ 「私は夏休みに旅行に行くのを楽しみにしている」(×)　go ではなく going が正しい。look forward to ~ing 「～するのを楽しみにする」

⓪ 「昨年たくさん雪が降ったので，私たちは今年の冬，大雪に備えたい」(○)

D （語句整序：不定詞，構文，熟語）

1 (He broke some plates, so) he worked hard to make up for (the mistake.) 「彼は皿を何枚か割ってしまったので，ミスを埋め合わせるため一生懸命働いた」 make up for ～「～を埋め合わせる」

2 A few minutes' walk will take you to (the beach.) 「数分歩けばその海岸に着くだろう」 名詞 A few minutes' walk 「数分間の歩行」が主語になっており，直訳は「数分間の歩行があなたをその海岸に連れていくだろう」となる。〈take ＋人＋ to ＋場所〉「(人)を～に連れていく」

3 (I have) got used to taking part in a discussion (in English class, and my teacher gives me good scores.)　get used to ~ing 「～することに慣れる」の現在完了形の文。take part in ～「～に参加する」

E （英作文：熟語，接続詞，仮定法）

(1) 「私の家には，古い映画のDVDがあふれかえっていた」は「私の家は古い映画のDVDでいっぱいだった」と表せばよい。「(もの)でいっぱいである」は be full of ～ と表す。「祖父が映画好きだったこともあり」は補足的な理由を表す部分として，接続詞 as を使うとよいだろう。（because は直接的で明確な原因を表す時に用いる）

やや難 (2) 現在において，事実に反し実現不可能なことを「～できればいいのに」という時は，I wish I could ～ と表す。（仮定法過去）

F （長文読解問題：語句補充・選択，内容吟味，単語，助動詞，同意語，代名詞）

［英文A］（全訳） アフリカゾウはますます絶滅が危惧されている。それは3月25日の報告による。それは国際自然保護連合(IUCN)によって行われた。／アフリカゾウには2種類ある。1つはサバンナゾウだ。その数は過去50年で60％減少している。もう1つがマルミミゾウだ。その数は過去31年で86％減少している。／これらの動物たちは今，危機に瀕している。密猟と生息地の消失が彼らに対する主な2つの脅威だ。

問1 [13] 2つのものに対し，「1つは～，もう1つは…」という場合，one と the other を用いる。

問2 [14] サバンナゾウは50年で60％減少しているので，50年前は今の2倍以上いたと言える。

［英文B］（全訳） 研究者たちは最近，子供と動物の間の絆について調査した。彼らは30人の子供たちとその飼い犬を実験対象に選んだ。／子供たちは自分の犬を広くて何もない部屋に連れて行った。子供たちはその空間を歩き回った。時々彼らは休んだり，方向を変えたりした。「犬たちはやりたいことを何でもやれました。部屋を走り回ったり，においをかいだり，寝転んだり，昼寝をしたり」とモニーク・ウデルが言う。彼女はその研究の立案者の1人だ。／ほとんどの時間，犬は自分の飼い主のように行動した。子供が歩けば，その犬も歩いた。子供が立ち止まったら，犬も立ち止まった。子供が方向を変えたら，犬もそうした。／これはどういう意味か。それは犬が人間と関係を築く方法だ，とウデルが言う。たいてい，大人がペットにえさをやったり世話をしたりする。しかし「子供は犬の生活の中で，兄弟姉妹のような役割をするのかもしれません」とウデルは言う。「その絆は犬にとって大切なのです」

問3 [15] pause「休止する」 ④「短い間，話したり何かをしたりするのをやめること」が適切。

問4 [16] 第1段落第2文に 30 children and their dogs「30人の子供たちと彼らの犬」とある。

［英文C］（全訳） 日本は新しいリニア新幹線をテスト中だ。それは世界最速の電車だ。それは時速375マイルに達する。／Maglev は magnetic levitation「磁気浮上」の略である。この電車はタイヤで走るだけではない。浮くのだ。電車とレールの強力な磁石が電車を4インチ空中に浮かす。それらはまた，電車を前進させる。電車がレールに触れないため，摩擦がない。それはつまり超高速ということだ。／日本は2027年までにそのリニアを実用化することを望んでいる。旅行は同じではないだろう。首都東京は名古屋市から218キロ離れている。その移動は車では5時間近くかかる。リニアはそれを40分にしてしまうだろう。

問5 [17] リニア新幹線が実用化されると，今までよりも短い時間で移動できるようになる。よって旅行は変わる，つまり，今までとは同じではないだろう，ということ。

問6 [18] 第1，第2段落の内容から③の内容が推測できる。

［英文D］（全訳） ニュージーランドの学生たちが，キャベツツリーというニュージーランド原産の木の葉と，亜麻という種を食用にする植物から持続可能な素材を開発した。／持続可能な素材とは，それらが環境へ与える害とそれらが必要とする資源の量を限定するために作られた製品である。それらは長期的な生態系のバランスをサポートする。／ニュージーランドの学生たちが開発した持続可能な素材は，スキー，カヤック，スケートボードなどの高性能アウトドアスポーツ用品を作るのにまもなく使用されるだろう。彼らの計画は，ガラス繊維や炭素繊維などの伝統的な素材に取って代わることだ。

問7 [19] harm「害」 damage「ダメージ，損害」

問8 [20] ③が最終段落第1文の内容と一致する。

[英文E]（全訳） 世界のどの国や地域にもおとぎ話がある。／人類の起源を調査する時，類似点のあるおとぎ話を調べることが非常に大切だと言われている。／しかし，私たちが現在，子供たちに話すおとぎ話は，昔のものだとはもちろん言えない。なぜなら，歴史を通じ，おとぎ話は子供たちをどのように教育するか示すために，その時に権力のあった人々の強い影響を受けて作られてきたからだ。

問9 [21] ones は前に出てきた複数名詞の繰り返しを避けるために用いられる代名詞で，ここでは fairytales のこと。

問10 [22] ④が下線部を含む文の内容と一致する。

[G]（長文読解・紹介文：脱文補充，指示語，語句補充・選択，比較，内容吟味）

（全訳） 3Dプリントはどんどん人気になっている。今，私たちは洋服，義肢，楽器，試作品の自動車などをプリントすることができる。3Dプリンターを使って，人もビジネスも必要なものを非常に早く，簡単に作り出すことができる。

しかし，食品をプリントすることは想像できるだろうか。アこうすることによって食事の経験に革命を起こそうとしている科学者たちがいる。彼らは，キッチンに3Dプリンターを置くことが電子レンジやブレンダーのようにありふれたものになることを望んでいる。科学者たちは，イそれらは使いやすいと言う。レシピを選んで生の食品の「インク」をプリンターに入れればよい。その食品を自分の望み通りにするために指示を修正することもできる。②これは，おいしくて栄養のある食事を作ることがとても速く簡単になるということだ。

食事を作るために3Dプリンターを使うことは環境を守ることにもなる。食品生産が(エ)もっと効率的になるにつれ，従来の栽培，輸送，梱包のプロセスに対する需要が(ウ)少なくなるだろう。例えば，海藻由来のたんぱく質，ビーツの葉，昆虫などの代替材料がおいしい製品に変えられる！

食品をプリントすることは嚥下障害に苦しむ人々の役に立つこともできる。彼らは飲み込むのに苦労しないよう，お気に入りの食べ物の(オ)柔らかいタイプをプリントするよう，プリンターを設定することができる。

カしかし，3Dプリントされた食品の未来はひどいものだと考える人もいる。それは，食品を栽培したり，輸送したり，梱包したりする仕事を含む，多くの仕事を奪うだろう。農業，つまり作物を育てる必要がなく，生の「食品インク」から同じ味と歯ごたえがプリントされる世界を想像してみよう。同様に，従来のカフェやレストランは商売を失うかもしれない。また，プリントされた食品の栄養価について懸念もある。食品が元になっているインクやゲルから必要な栄養を得ることは本当に可能なのだろうか。

さらに，家族や友人と一緒に料理したり食べたりすることは，長い間，伝統的で楽しい活動だった。料理の気晴らしがなくなり，食事が(キ)ボタンをタッチして出来上がる世界は，想像するのが難しい。

問1 [23] 全訳下線部参照。

問2 同文前半の printing food を指す。

問3 they は複数なので，前文の a 3D printer ではなく，第1段落最終文中の複数形の 3D printers を抜き出す。

重要 問4 [24] 3Dプリンターを使って食事が作れるようになると，より効率的になり(more efficient)，従来の方法に対する必要性は少なくなる(less need)。

問5 [25] 飲み込むことが大変な人々には，softer「より柔らかい」食品が好ましい。

重要 問6 下線部以降に述べられた，「農業や食品輸送などの仕事がなくなる」「外食産業がなくなる」

「栄養面に懸念がある」「食事を作る楽しみがなくなる」のうち，3つを述べればよい。

やや難 問7 食事が3Dプリンターのボタンを押すだけで作られる，ということ。button「ボタン」

重要 H （長文読解・論説文：内容一致，内容吟味）

［英文A］（全訳） 色は理由があって，「暖かい」（赤やオレンジ）「寒い」（青や緑）と呼ばれる。私たちは暖色で壁が塗られた空間にいると，寒色で塗られた同様の空間にいる時よりも温度が高いと実際に感じるのだ。これは，温めにくい部屋や，寒冷な地域において，暖色は玄関ホールに良い選択となる。人が寒いところから入る時に，建物内の温度がさらに快適に思われるからである。寒色は，温暖な地域の建物の入り口や，日差しのために暑くなりがちな部屋に，良い選択だ。

私たちは赤やオレンジのような暖色に引き付けられるので，それらは長めの廊下の突き当りに塗ったり，人を大きな空間の特定の場所に引き寄せるために使ったりするのに良い色だ。

壁に薄い色を塗ると，その壁は実際よりもすこし遠くに見える。他方，壁に塗られた暗い色は壁を実際の場所よりもわずかに近く見せる。そこで，部屋の見かけの形状を変えるために色を使うことができる。例えば，細長い空間の奥の壁を手前に見せるなど。壁を薄い色に塗ることで居間など多くの人が集まる場所を大きく見せたり，壁を暗い色で塗ることで寝室をより居心地よく感じさせたりすることができる。

厳密な調査により，特定の色の特別な「力」が明らかになっている。

・緑：緑色を見ることは，より創造的な思考と結びついている。そのため，緑は書斎やアトリエなどに良い選択となる。

・赤：人は一般的に，赤の背景の前に置かれたものを見ると，他の色が背景になっている時よりもそれらを魅力的に感じる。そこで赤は寝室の壁に非常に良い。赤い表面が目に見えることは私たちに力を出させるので，家の中の運動スペースなどにも良い選択だ。しかし，赤を見ることは分析的思考を損なうことと結びついているので，オフィスには悪い選択となる。

・黄：家に黄色を使うことは問題となりうる。多くの人がその色を嫌うので，あなたの家に黄色の部屋がたくさんあったり，玄関のドアが黄色だったりした場合，もし売るのであれば最も良い値が付くように塗りなおすよう助言されるかもしれない。1つ例外がある。多くの人はキッチンに黄色を使い，それは売るときに否定的な反響を受けない。暖色は食欲を刺激するので黄色はキッチンでは受け入れられるのかもしれない。

・青：人は，他のどの色よりも青が好きだと言いがちである。そのためそれは無難な選択になる。青を見ることは心に信頼感を引き起こす。それは常によいことである。

色を使おう。それを避けてベージュ色の世界に住むのはやめよう。人間は色のない空間にいるより色のある空間にいるほうが快適なのだ。ベージュ色の世界は刺激が足りず，ストレスにもなりうる。

［英文B］（全訳） 色に対するあなたの感情は非常に個人的であることが多く，あなた自身の経験や文化に基づいている。

例えば，白は多くの西洋諸国で純粋さや無垢を表すのに対し，多くの東洋諸国では哀悼の象徴とみなされている。

なぜ色は私たちの生活においてそれほど強い力があるのだろうか。私たちの体や心にどのような影響を与えうるのか。色の知覚は主観的ではあるが，普遍的な意味を持つ色の効果もある。

色相において赤側の色は暖色として知られ，赤，オレンジ，黄色を含む。これらの暖色は温かみや快適さという気持ちから，怒りや敵意という気持ちまでに及ぶ感情を引き起こす。

色相において青側の色は寒色として知られ，青，紫，緑を含む。これらの色は落ち着いているとしばしば言い表されるが，悲しみや無関心といった気持ちを呼び起こすこともある。

しかしながら，現存する調査により，色が様々な驚くべき方法で人々に衝撃を与えられるということがわかっている。

・ある研究によれば，暖色の偽薬は寒色の偽薬よりも効果が高いと報告された。
・事例証拠によると，青い街頭は犯罪の減少につながる。
・研究者たちによると，赤は人をより早く，力強く反応させるので，運動中に役立つかもしれない。
・黒いユニフォームは罰則を受けやすい。さらに，スポーツチームの過去のデータと彼らの服装について調べた研究によると，学生たちは黒いユニフォームを着た選手を質が低いとみなす傾向がある。

研究により，特定の色が成績に影響を及ぼすこともわかっている。赤インクで埋め尽くされた採点済みのテストは誰も見たくはないが，ある研究により，テストを受ける前に赤い色を見ると実際にテストの出来が悪くなるとわかった。

問1　26　[英文A]の第1段落最終文に合致する。　27　[英文A]の Yellow の項目の最終文に合致する。　28　[英文B]の第5段落第1文に合致する。　29　[英文A]の Red の項目の第2文および[英文B]の赤に関する項目の内容に合致する。　30　[英文B]の最終段落最終文参照。赤をテストの前に見るとテストの出来が悪くなるとあるので，どちらの文章の内容とも合致しない。
31　[英文B]の第4段落の内容と合致する。　32　[英文A]の Yellow の項目の第2文参照。黄色は不人気で，玄関のドアが黄色の家は高く売れないため，塗り変えたほうがよい，と述べられている。よって，どちらの文章の内容とも合致しない。　33　[英文B]の青に関する項目の内容に合致する。　34　[英文B]の第2段落に，白は東洋で哀悼を表す色だと述べられている。よって，どちらの文章の内容とも合致しない。　35　どちらの文章にも，色が良い効果や悪い影響をもたらすことが書かれている。

問2　[英文A]の Green の項目を参照して書くとよいだろう。

I　放送問題解説省略。

★ワンポイントアドバイス★

1の放送問題Ⅳはプレゼンテーションで使われているグラフや絵を選ぶ問題。新しい出題形式と言える。

<国語解答> 《学校からの正答の発表はありません。》

一　問1　c・e　　問2　イ　　問3　ウ　　問4　イ　　問5　h　　問6　ウ　　問7　オ・キ

二　問1　①　支障　　②　遭(った)　　③　紡(ぎ)　　問2　a　カ　　b　イ　　c　ウ
問3　A　(例)　人間と機械の認知能力を比較するために単純化した便法(25字)
B　(例)　人間本性の全体を表す真実であるかのように誤解される(25字)
問4　(例)　(バイアスを)人間の認知のゆがみとして否定するのではなく，自分自身の五感を用いて世界に自分なりの意味を見出そうとする人間の特性だとする(見方。)(60字)

三　問1　イ　　問2　A　イ　　B　ウ　　問3　オ　　問4　(1)　ア　　(2)　イ　　問5　ウ
問6　(1)　ウ　　(2)　イ　　(3)　ウ

〇推定配点〇
一　問一　各2点×2　　他　各4点×7　　二　問1・問2　各2点×6　　問3　各5点×2
問4　10点　　三　問2　各2点×2　　他　各4点×8　　計100点

＜国語解説＞

一　（小説―大意・要旨，内容吟味，文脈把握，脱文・脱語補充）

基本　問1 「棒きれをもってきて」作られたcの「鉄道」と，「水溜り」を見立てたeの「山の中の湖」が適当。他はすべて実在しているものなので，適当ではない。

問2 「彼」がつくっていた世界について，「この空想はやがて彼の頭に一つの世界をつくってしまった」で始まる段落で「大きな画用紙を盗んできて，真ん中に楕円形の池を書く。それがこの世界では海になるので，その海の周りに国土がある……途方もなく馬鹿げた世界であるが，それは庭の池を眺めることから生まれてきたもの」と描写されている。兄に「これはお前，理屈に合わないよ」と言われ，いったんは「はっきり破れてしまった幻影のあとは，白けきった嘘の感情しか」起こらなかったのだが，「また新しい勇気を出して……同じような世界をつくり直した」のである。この内容に最もふさわしいのはイ。「彼はもうその頃は地球が円いことを十分知っていた……どうすることも出来ぬ真実をつきつけてくる恐ろしい仇敵のように思われた」とあるので，「兄の理屈」によって地図をつくり直したとあるアとオは適切ではない。ウの「兄にも『嘘』の地図を描いた経験があることを嗅ぎとり」が読み取れる描写はない。「しばらくはこの秘密の地図を忘れることにした……兄の言葉ではっきり破れてしまった幻影のあとは，白けきった嘘の感情しか彼に起こさせなかった」に，エの「兄の主張する理屈に耳を貸さず」もふさわしくない。

問3　直後の「四方を港に取り巻かれた海や，海に突入した半島や……水郷のありかを，ありありと思い出すことが出来る」としている地図は，「この空想は」で始まる段落の「大きな画用紙を盗んできて，真ん中に楕円形の池を書く。それがこの世界では海になるので，その海の周りに国土がある……という途方もなく馬鹿げた世界」と「同じような世界」である。したがって，[1]に当てはまる言葉は，ウの「楕円形の奇妙な世界」。

問4 「彼」の「愉楽の世界」があったのは，同じ文の「粗末な机の表面」である。心から楽しむという意味を表す「愉楽」という語にふさわしくないものを選ぶ。直後の文以降に「机の表面」には「立派な『地図』」があり，「ニスが剥げかかった矩形の板には，小刀の疵趾で，ぎざぎざな港湾や，文字の形をした湖水が出来ている……光沢よく剥げたところほど美しい土地である」と，机の表面の紋様や疵趾に「地図」を見出している。この机の表面の世界を「愉楽の世界」としているイが最もふさわしい。「彼」は机の表面に小刀で手を加えているだけで，地図を描き出したわけではないので，アは不適。ウは「机の表面」の「地図」ではない。[F]段落の内容から，「中学で得た知識を駆使」すると「愉楽の世界」からは遠のいてしまうので，エは合わない。「机の表面」の「愉楽の世界」は，「実在」を知る前のものなので，オの「実在と空想が混在する地図を嫌う」は合わない。

基本　問5 「実在の世界の倫理」は，現実世界の道徳やモラルのことで，ここでは直後の文の「彼の無力や意気地なさ」を意味している。波線部f～jのうち，現実世界に通じるのは，美しい都会の陰にあるhの「陰惨な事態」。fとjの「空想」，gの「思いのまま」，iの「理想的」という語から，「実在の世界」のものと判断する。

問6　直後に「自分の思いのままに複雑な面白い形を描こうとするのだが」とあるので，ウの「自分で地図を書く」が当てはまる。同じ段落の前で描かれている「机の表面」の地図も「空想を乗り移らせた」ものなので，エは当てはまらない。

やや難 問7　最終段落の「実在の持っている理法と空想との衝突」を「実在の世界の地図の『自然らしさ』に目を開かれた結果，無条件に空想に身を委ねることができなくなり」，最終段落の「水溜りを見て，急いでそのままを紙に写そうとしてみても，それは不自然な不格好なものにしかならなかった」を「自ら書いた地図にも感情移入できなくなっていった」と言い換えているオが合致する。[F]段落「ほしいままな空想のなかに実在の事柄を入れるとすれば，必ず実在の世界の倫理が入ってきて彼をとがめる」，最終段落「彼は再び実在の世界の地図の『自然らしさ』としかも巧みな地形とに驚いて，打ち負かされてしまった……その線がいかにも自然らしく，彼がどんなに心を傾けて書く自由な地図よりもすばらしかったことか」にキが合致する。この部分に，アの「実在の『自然らしさ』も無意味なものに感じられる」，エの「滑稽な秘密へと転落」，カの「『彼』が画用紙に書いていた地図の『自然らしさ』の魅力は，水溜りのつくる複雑な屈曲の美をしのいでいる」は合致しない。「彼」が「正確な地図に近づけなければならない」と感じていたのは，ウの「『自然らしさ』を感じられる地図」に対してではない。

二　**（論説文一大意・要旨，内容吟味，文脈把握，接続語，漢字の書き取り）**

問1　①　差し障りのこと。「障」の訓読みは「さわ(る)」。　②　音読みは「ソウ」で，「遭遇」「遭難」などの熟語がある。　③　音読みは「ボウ」で「紡績」「紡錘」などの熟語がある。

問2　a　直前の段落の「人間を『劣った機械』とみる考え方」について，後で，反論を想定して「このような捉え方に根拠がないわけではありませんが」といったん認めた後，「認識の正確さだけを取り上げた一面的な評価」と否定している。言うまでもなく，という意味を表す語が入る。b　直前の段落の「人間を『生き残りマシン』とみなすこと」は「研究を進めるための有効な便法として用いているに過ぎ」ないという内容に対して，後で「便法にすぎなかったはずのものが広がっていくと，やがて便法だったことが忘れられ，『人間＝生き残りマシン』というような見方が広く行き渡る」と相反する内容を述べているので，逆接の意味を表す語が入る。　c　前の「『バイアスを伴う人間は劣った認知マシンである』と考える見方には副作用がある」という問題点を受けて，後で「少し，視点を変えてみましょう」と解決への糸口を述べているので，順接の意味を表す語が入る。

やや難 問3　直前の「人間＝生き残りマシン」というような見方」が「単なる便法であるという理解と一緒に伝わらないと，便法であったはずの人間理解……が人間本性(human nature))の全体を表す真実であると誤解され」ることが，「副作用」にあたる。[A]の後に「にすぎない」とあるので，「人間を『劣った認知マシン』と捉える見方」の本来の姿である「単なる便法」を簡潔に説明したものが[A]に入る。何をするための「便法」なのかを，[a]で始まる段落の「認識の正確さだけを取り上げた一面的な評価」「人間についての科学的なモデルを構築する際に，科学者はモデルを単純にして扱いやすくするために，自分が注目する要素以外の側面を捨象することがよくあります」という説明を参考に，「認識の正確さ」を指定語の「認知能力」に置き換えてまとめる。[B]には，「便法であったはずの人間理解……が人間本性(human nature))の全体を表す真実であると誤解され」るに相当する部分が入る。[B]の前の「あたかも」に呼応する「ように」などの語を加える。

やや難 問4　直後の文の冒頭に，説明の意味を表す「すなわち」があるので，その後の「私たちが自分にとって意味のある世界認識を，自分自身の五感からくる情報などを手がかりとして作り出していくときの癖が，バイアスである」に着目する。この内容を，指定語を用いて「～とする特性だとする」などとまとめて，「見方。」につなげる。また，「否定」という指定語から，筆者が「否定」すべきだと考える，バイアスに対する「見方」を読み取る。冒頭の段落の「バイアスとは認知のゆがみであり，ゆがんでいることは好ましくないという考え方」に着目し，この内容を「否定するのではなく，」などの形でまとめる。

三 （古文―内容吟味，文脈把握，指示語，脱文・脱語補充，語句の意味，文と文節，文学史）

〈口語訳〉 粟田讃岐守兼房という人がいた。長年，和歌が好きだったが，良い歌を詠めなかったので，心の中でいつも(歌聖として崇拝する)人麻呂に対して祈りをささげていたところ，ある夜の夢に，西坂本と思われる所で，木は生えていないのに，梅の花だけが雪のように散って，たいそう良い香りがしていた。心の中ですばらしいと思っていると，そばに年取った人がいる。直衣に薄い色の指貫，紅色の下袴を着て，くたびれた烏帽子をかぶっていたが，烏帽子の後ろの方が，たいそう高くなっていて，普通の人とは思えなかった。(その人は)左手に紙を持ち，右手に筆に墨をつけ，何かを考えている様子である。(兼房は)不思議に思って「誰だろう」と思っていると，この人が言うには，「長年，(柿本)人麻呂を心に思っていらっしゃった，その志が深いので，姿を現し申し上げました」とだけ言って，かき消すように消えた。

夢から覚めた後，(兼房は)朝絵師を呼んで，この有り様を語って，(人麻呂の姿を)書かせたけれど，似ていなかったので，何度も書かせて似てきたのを，宝として，いつも礼拝していたので，そのご利益があったのだろうか。前よりも良い歌が，詠めるようになった。(兼房は)長生きしたが，死ぬ時に，白河院に(人麻呂の絵を)差し上げたので，(白河院は)とくにお喜びになられて，宝の中に加えて，鳥羽離宮の宝蔵にお納めになったのだった。

六条修理大夫顕季卿が，少しずつ何度も申し上げ，申し上げして，信茂の名前を騙って，書き写してお持ちになったということだった。

問1 後の注釈に，「人麻呂」とは柿本人麻呂のことで歌聖として後世崇拝されたとある。同じ文に「年ごろ，和歌を好みけれど，よろしき歌も詠みい出さざりければ」とあり，兼房が人麻呂に対して祈りをささげていたのは，長年にわたり和歌を好んできたにもかかわらず，良い歌を作ることができなかったからだとわかる。「年ごろ」は長年という意味。アの「人麻呂を越えるような」，エの「師匠である人麻呂」とは述べていない。ウは，兼房は人麻呂の和歌を見たがっていたわけではない。兼房の夢は人麻呂の姿を見たというものなので，オもふさわしくない。

問2 A 兼房の夢に現れて「年ごろ，人麻呂を心に懸けたまへる……よつて，形を見えたてまつる」と言って，かき消すように「失せ」たのは，イの人麻呂。 B 夢で見た人麻呂の姿を絵にして毎日拝み，その後「年ごろありて」死のうとしているのは，アの兼房。

問3 ――線②「あやしくて」は，不思議に思って，という意味。同じ段落の冒頭に「粟田讃岐守兼房といふ人ありけり。」とあり，その兼房の「ある夜の夢に」というのであるから，不思議に思ったのは兼房だとわかる。――線②の直前の「傍らに年高き人あり。直衣に薄色の指貫，紅の下の袴を着て，萎えたる烏帽子をして，烏帽子の尻，いと高くて，常の人にも似ざりけり……ものを案ずる気色なり」から，夢に現れた人物が見慣れない衣服を着て，何かものを思う様子なので，「あやしく」思ったことがわかる。この内容を説明しているのはオ。アの「異様で不気味だと感じた」は，「あやし」の意味を取り違えている。イの「容姿まで神格化」「自分の偶像としてふさわしくない」とは述べていない。ウの「今は亡き人物の霊だと思った」とは気づいていない。人麻呂の姿を見て，絵を描かせたので，「日頃から兼房が拝んでいる絵の中に，人麻呂自身と瓜二つの人間が描かれている」とあるエも合わない。

基本 問4 (1) 「験」には，神仏の霊験やご利益，効果，などの意味がある，「その験にやありけむ」は，そのご利益があったのだろうか，という意味になるが，選択肢の後半は同様の内容なので判断がつかない。「その」は，直前の「夢覚めてのち，朝に絵師をよびて，このありさまを語りて……たびたび書かせて似たりけるを，宝にして，常に礼し」たことを指し示している。兼房が夢で見た人麻呂の姿を絵に描かせ日頃から礼拝したとあるアが最もふさわしい。絵師に敬意を表すと述べているイ，ウ，オはふさわしくない。エ「白河院から宝物として認められた」，オ「白河院にお礼をする」は，「験」の後の出来事なので，時系列的に合わない。

(2)　冒頭に，兼房は「年ごろ，和歌を好みけれど，よろしき歌も読み出さざりければ，心に常に人麻呂を念じける」とある。兼房が願っていたのは歌の上達なので，人麻呂の絵を礼拝した「験」としてふさわしい「さきよりもよろしき歌，詠まれたり」とあるイが入る。

問5 「夢覚めてのち」で始まる段落の「朝に絵師をよびて，このありさまを語りて，書かせけれど，似ざりければ，たびたび書かせて似たりける」から，ウがよみとれる。「雪のごとく」は比喩表現なので，アはふさわしくない。兼房は夢の中で人麻呂に会ったので，イの「実際に対面できた」わけではない。「年ごろありて」とあるので，エの「若くして亡くなった」はふさわしくない。「顕季」は「書写して持たれたり」とあるので，実物を「所有」とあるオも合わない。

重要 問6 (1) 「影」には，影の他に光や形，姿，面影などの意味がある。直後に「めして……宝蔵に納められにけり」とあるので，宝蔵に納められたのは何かを読み取る。『十訓抄』の本文で，「宝蔵に納められた」のは人麻呂の絵だとある。　(2) 「あながち」は，漢字で書くと「強ち」。『古今著聞集』の「あながち」に相当する，『十訓抄』の部分を探す。「やうやうにたびたび申して，申し出して，信茂を騙りて」という様子にふさわしいものを選ぶ。　(3) 『古今著聞集』は，鎌倉時代中期に成立した文学作品で，同時代に成立したのはウの『小倉百人一首』。アは明治時代，イは江戸時代，エは奈良時代，オは平安時代に成立した。

★ワンポイントアドバイス★

選択問題には，紛らわしいものが多い。これが正しいと思っても，他の選択肢がほんとうにふさわしくないのかどうか，慎重に見極めよう。

2021年度

★★★★★★★★★★★★★★★★★★★★★★★

入　試　問　題

2021年度

早稲田実業学校高等部入試問題

【数　学】（60分）　＜満点：100点＞

【注意】　1．答えは，最も簡単な形で書きなさい。

2．分数は，これ以上約分できない分数の形で答えなさい。

3．根号のつく場合は，$\sqrt{12}=2\sqrt{3}$ のように根号の中を最も小さい正の整数にして答えなさい。

1　次の各問いに答えよ。

(1)　$a=2$，$b=-\dfrac{1}{3}$ のとき，$\left(-\dfrac{3b^2}{a}\right)\div\left(-\dfrac{1}{2}ab^2\right)^3\times\dfrac{2}{9}a^3b$ の値を求めよ。

(2)　$\sqrt{0.48n}$ が整数となるような自然数 n のうち，最も小さいものを求めよ。

(3)　2つの関数 $y=-\dfrac{1}{2}x^2$ と $y=\dfrac{a}{x}$ について，x の値が2から4まで増加するときの変化の割合が一致する。このとき，a の値を求めよ。

(4)　右の表は，あるクラスの数学の小テストの結果をまとめたものである。得点の中央値を求めよ。

得点（点）	人数（人）
5	5
4	13
3	5
2	6
1	4
0	3
合計	36

2　次の各問いに答えよ。

(1)　次のページの図の四角形ABCDは，対角線が点Eで垂直に交わり，円に内接している。Eを通り辺CDに垂直な直線と，辺CDとの交点をF，辺ABとの交点をGとする。

このとき，次の①，②に答えよ。

①　△AGEは二等辺三角形であることを証明せよ。

②　AD＝BD＝6㎝，GE＝2㎝のとき，CEの長さを求めよ。

(2)　x についての2次方程式 $x^2+ax-1=0$ を，解の公式を使わずに解け。途中過程もすべて記述せよ。

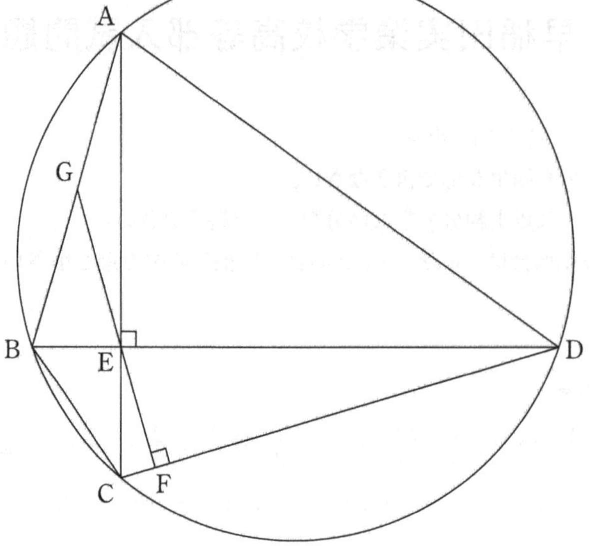

3　右の図のような正六角形ABCDEFがあり，頂点Aの位置に点Pがある。

さいころを１回投げるごとに出た目によって，点Pを次の**規則**にしたがって正六角形ABCDEFの各頂点と点Oに移動させていく。ただし，点Oは対角線AD，BE，CFの交点である。

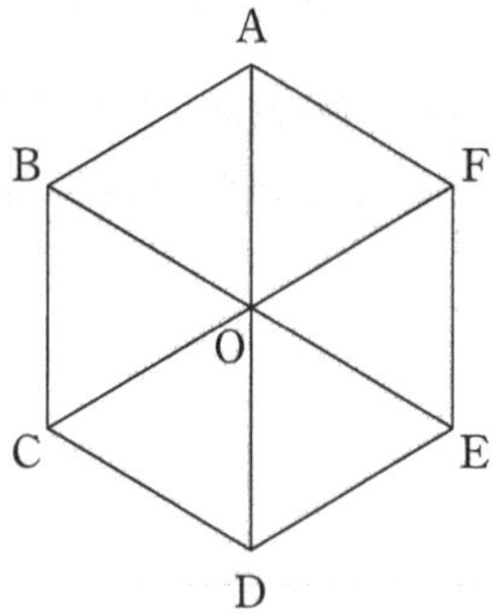

規則

①　PがA，B，C，D，E，Fにあるとき

１または２の目が出たら，反時計回りにひとつとなりの頂点に移動させる。

３または４の目が出たら，Oに移動させる。

５または６の目が出たら，時計回りにひとつとなりの頂点に移動させる。

②　PがOにあるとき

１の目が出たらAに，２の目が出たらBに，３の目が出たらCに，

４の目が出たらDに，５の目が出たらEに，６の目が出たらFに移動させる。

このとき，次の各問いに答えよ。

(1)　さいころを３回投げたとき，PがAにある確率を求めよ。

(2)　さいころを３回投げたとき，PがDにある確率を求めよ。

(3)　さいころを７回投げたとき，Pがすべての点を通ってAに戻る確率を求めよ。

4 下の図は，１辺の長さが６㎝である正三角形８個と正方形６個を組み合わせてできた立体の見取り図である。

次の各問いに答えよ。

⑴ 頂点Ｂと頂点Ｌの距離を求めよ。

⑵ 頂点Ｂ，頂点Ｌおよび，辺EFの中点を通る平面で切ったとき，切り口の面積を求めよ。

⑶ 面ABCと面JKLは平行である。この距離を求めよ。

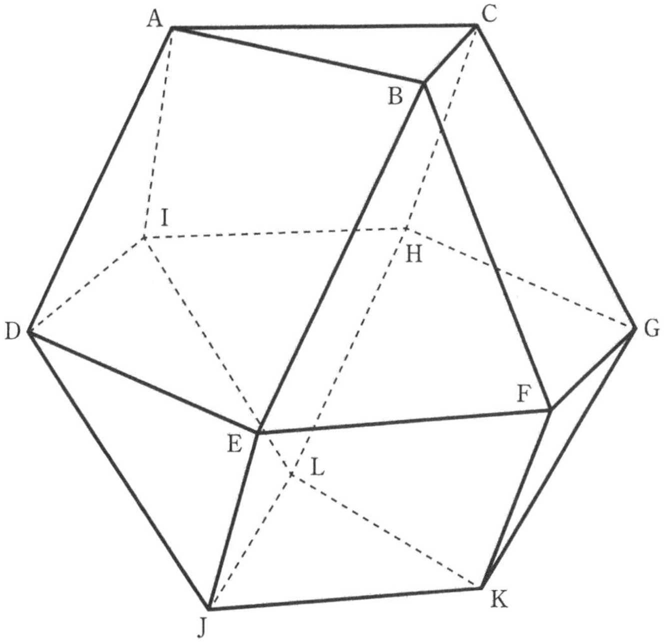

5 次のページの図のように，y 軸上に点Ａ，放物線 $y=-\frac{7}{96}x^2$ 上に点Ｂがあり，点Ｂの x 座標は４である。

直線OA，OBとそれぞれＡ，Ｂで接する円と放物線 $y=\frac{3}{40}x^2$ との交点のうち x 座標の大きいほうをＣとすると，AC＝BCとなった。また，直線OCと円との交点のうち，ＣでないほうをＤとする。

次の各問いに答えよ。

⑴ Ａの座標を求めよ。

⑵ Ｃの座標を求めよ。

⑶ Ｄの座標を求めよ。

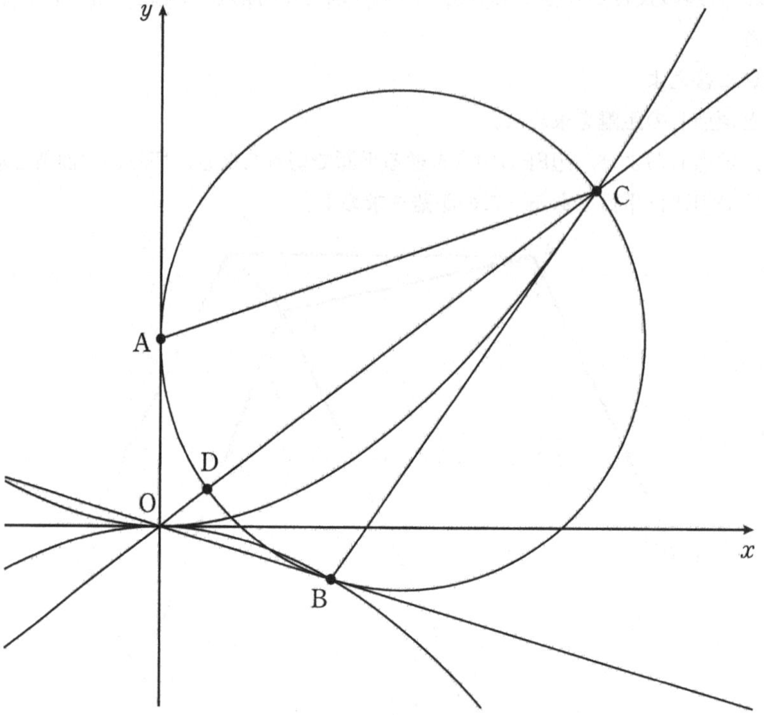
y
C
A
D
O
x
B

【英　語】（70分）　＜満点：100点＞

【注意】 試験開始後50分たったら，チャイムの合図でＦの放送問題が始まります。

Ａ　空欄に共通して入る語をそれぞれ答えなさい。

1　・You've worked very hard, so it's your (　　) to take a break.
　・Bill tried to (　　) back and say something to the person sitting behind him.

2　・The country built up a military to (　　) the islands and the surrounding areas because they are said to be rich in oil.
　・Our family has a (　　) not to use cellphones during meals, so we usually talk with each other a lot at the table.

3　・The zookeeper is going to (　　) the elephant for the weekend show.
　・I bought my daughter a toy (　　) for her birthday present, but she doesn't like it.

4　・I heard that John was (　　) angry with you. So, you should say sorry to him as soon as possible.
　・You are holding a (　　) puppy in your arms. May I take a picture of it?

5　・Mr. Sakagami found a cat (　　) behind by its owner on the way to work.
　・When I was driving home, one boy rushed into the street. So, I cut to the (　　) and hit a tree.

Ｂ　次の各英文には，それぞれ１箇所だけ文法・語法上，誤っているところがある。以下の例にならって，その箇所の記号を指摘し，該当箇所全体を正しい形に書きかえなさい。

（問題例）　He ア plays soccer イ in the park yesterday.

（解答例）　記号：ア　正しい形：played soccer

1　ア The day before yesterday, I イ was invited to a party by my classmate and enjoyed ウ to talk エ with a friend of his.

2　ア Today's quiz program says イ the population of Beijing is ウ much larger エ than Tokyo.

3　ア I've heard that you have イ nothing special to do today, so ウ could you please エ help my homework?

Ｃ　下線部を英語になおしなさい。それぞれ大文字で書きはじめること。なお，**①については「これまでを」が指す内容が分かるようにしなさい。**

「まず第一に困ったのが，『桃太郎』とか『舌切雀』といったお伽話《とぎばなし》ひとつで70ページものページがもつかということだった。いろいろ工夫してみたが，その解決のカギになったのは映画で使うモンタージュの手法だ。

たとえば『桃太郎』では第１場面はお爺さんお婆さんが山に出かけるところ，第２場面は桃が流れてきたところ，第３場面はお婆さんが桃をひろって帰るところ，第４場面は桃を切ろうとするところ，第５場面は桃太郎が生まれたところ……

①以前の絵本では**これまでを**せいぜい２場面でしか描いていなかったのだが，こうして駒をこまかく分けていけば，②幼い子どもたちは文章を読まなくても絵を見ていくだけで十分に理解できる。それは映画を真似たやり方だったのだ」

（加藤丈夫『「漫画少年」物語　編集者・加藤謙一伝』による）

D　次の英文を読んで，設問に答えなさい。

Harriet's last rescue mission was in 1860. In the same year, South Carolina was *threatening to form a new nation — one that allowed *slavery.

South Carolina was working to *convince other states to join them in forming a new country. *Meanwhile, on her final mission, Harriet guided people along the *familiar route that ended with the bridge to freedom on the other side of the Niagara River.

History is unclear about how many missions Harriet made during her years on *the Underground Railroad, or the number of people she rescued. The best historical *estimates indicate she led about 70 people to freedom, but the number ①doesn't really matter. What is most important is that she inspired thousands to try to escape slavery themselves — that it was possible. She also helped people understand the importance of ending slavery.

In 1860, however, many white people felt their ability to *enslave African Americans was ②their (r　　　). But that same year, ③(ア the United States / イ elected / ウ Abraham Lincoln / エ was / オ of / カ president), and things were about to change. President Lincoln, like Harriet, believed slavery was wrong, and his position on the matter *outraged many people in the Southern states.

That December, South Carolina decided to secede, or break away, from the rest of the United States. By February, six more Southern states followed suit — Mississippi, Florida, Alabama, Georgia, Louisiana, and Texas. Together, they became *the Confederate States of America. The rest of the country was known as *the Union.

④President Lincoln's first *priority was to keep the country together. He wanted the Confederate States to rejoin the Union, even if it meant leaving slavery laws as they were. The Confederate Army wasn't *satisfied with this *compromise. On April 12, 1861, they attacked the Union Army at Fort Sumpter, South Carolina, which started the Civil War.

On July 25, 1861, Lincoln and Congress (the part of government that makes laws) *declared war. In the [i], the Union Army *recruited *available men to serve and fight, while in the [ii], the Confederate Army did the same. However, the President's declaration of war was *intended to bring the states back together, not to *abolish slavery. But many believed that a Union victory would bring about an end to slavery. With ⑤this in mind, the abolitionists went to work to support the Union.

Harriet volunteered to serve with a *troop of white soldiers, and soon they traveled south. At Fort Monroe in Virginia, on the other side of the Chesapeake Bay, where she'd grown up, she worked as [A] and [B]. Now *fugitive slaves were called "*contraband" and they were put to work. Harriethelped care for the *penniless African Americans, many of them families with small children.

In the spring of 1862, Harriet and her troop traveled to Port Royal, South Carolina. There, she continued her work as [B]. She used herbal medicines to *soothe patients suffering from illnesses such as typhoid, malaria, and yellow fever. People called her a healer.

The war raged on, but the Confederate Army had an unfair advantage — the support of enslaved people. In 1862, Lincoln signed the Emancipation Proclamation, a law that would free slaves in the Confederate States. It went into effect on January 1, 1863, and on that day, all the slaves in the [iii] were freed. People in the [iv] celebrated, but the slaves in the Confederate States remained *captive. In fact, most of them didn't even know about the Emancipation Proclamation for months.

The war continued, but now Harriet could *formally join the military. She *enlisted in the Union Army and worked as [C]. She created escaperoutes for slaves in the [v], whose owners refused to free them.

In 1863, Harriet made history in one of the most important *raids of the Civil War — the Combahee River Raid. In it, she led a troop of 150 blacksoldiers in a surprise attack on slaveholders in South Carolina who were not *abiding by the Emancipation Proclamation. Before the raid, Harriet led a group of scouts on a dangerous *expedition. In it, they *scoped out the area andplanned their attack.

Their plan worked. On the night of June 2, 1863, they *launched their attack on the banks of the Combahee River. Harriet and her troops showed *incredible skill and bravery. *Despite being shot at by Confederate soldiers and local slaveholders, they managed to free more than 700 slaves.

[X]

Harriet got sick in the spring of 1864 and returned to New York to recover. Then, in early 1865, she went back to war working as a nurse in Washington, D.C. It wasn't long before the Confederate Army *surrendered, ending the Civil War. Lincoln signed *the 13th Amendment to the Constitution, which abolished, or ended, slavery in the United States. Now 4 million African Americans were free, and the *Jubilee that Harriet had dreamed of her *entire life had finally *occurred.

However, ⑥things were far from perfect. On a train heading north from Washington, D.C, a conductor refused to ⑦honor her military pass. Harriet was thrown into the baggage car and injured. Even though black people were now free by law, they were not treated as equals. There was still work to do.

(Kitson Jazynka, *DK Life Stories Harriet Tubman*)

threaten to do：～するとおどす　slavery：奴隷制度　convince … to do：…に～するよう説得する
meanwhile：一方で　familiar：よく知っている
the Underground Railroad：Harrietが所属した組織の名前　estimate：推定　enslave：奴隷にする
outrage：激怒させる　the Confederate States of America：アメリカ連合国
the Union：（当時の）アメリカ合衆国　priority：優先事項　be satisfied with ～：～に満足する
compromise：妥協案　declare：宣言する　recruit：入隊させる　available：利用できる
intend：意図する　abolish：廃止する　troop：軍隊　fugitive：逃亡した　contraband：密輸品
penniless：無一文の　soothe：楽にさせる　captive：とらわれの身になった　formally：正式に
enlist：入隊する　raid：襲撃　abide by ～：～に従う　expedition：遠征
scope out ～：～の様子を見る　launch：始める　incredible：すごい　despite ～：～にもかかわらず
surrender：降伏する　the 13th Amendment to the Constitution：憲法修正13条　Jubilee：祝祭
entire：全ての　occur：起きる

問1　下線部①の意味に最も近いものをア～エの中から選び，記号で答えなさい。

ア　isn't really worth understanding　イ　isn't really important
ウ　is really less surprising　エ　really means nothing true

問2　下線部②の空欄に入る語を答えなさい。なお，与えられた文字で書き始めること。

their (r　　　)

問3　下線部③の意味が通るように，カッコ内の語句を並べかえなさい。ただし，解答欄にはⅠ，Ⅱに入る語句のみア～カの記号で答えなさい。

_____ _____ __Ⅰ__ __Ⅱ__ _____ _____, and things were about to change.

問4　下線部④について，本文の内容に即して具体的に説明するとき，空所（ア），（イ）に入る適切な日本語をそれぞれ10文字以内で答えなさい。

リンカーン大統領は（　　ア　　）ことよりも，（　　イ　　）ことを第一に考えていた。

問5　空欄 i ～ v には，"North"または"South"のいずれかが入る。その組み合わせとして正しいものをア～エの中から選び，記号で答えなさい。

	i	ii	iii	iv	v
ア	South	North	North	South	North
イ	South	North	North	South	South
ウ	North	South	South	North	South
エ	North	South	South	South	South

問6　下線部⑤が表す内容を，日本語で説明しなさい。

問7　空欄 A ～ C にあてはまるものを以下のア～ウの中から選び，それぞれ記号で答えなさい。

ア　a nurse　イ　a spy　ウ　a cook

問8　空欄 X には，以下のア～エの文が入る。正しい順番に並べかえ，その順番を記号で答えなさい。

ア　But Harriet's military *accomplishments did not end there.

イ　The battle took place on July 18, 1863, and would later be dramatized in the award-winning film, *Glory*.

ウ　Harriet was with them at the battle of Fort Wagner in South Carolina.

エ　She would also work alongside a famous *regiment *comprised of African American soldiers — the 54th Massachusetts Volunteer Infantry Eegiment.

accomplishment：功績　regiment：連隊　(be) comprised of ～：～で構成される

問9　下線部⑥の意味に最も近いものをア～エの中から選び，記号で答えなさい。

ア　not all black people were able to understand the importance of ending slavery

イ　Harriet still had a long way to go before creating a good place for black people to live in

ウ　black people needed more efforts to share the same idea with each other

エ　Harriet almost made her dream of winning freedom for black people come true

問10　下線部⑦の意味に最も近いものをア～エの中から選び，記号で答えなさい。

ア　accept　イ　respect　ウ　celebrate　エ　catch

問11　本文の内容に合うものをア～コの中から3つ選び，記号で答えなさい。

ア　In order to save black people's lives, Harriet made a bridge to the north.

イ　In 1861, seven states formed the Confederate States of America.

ウ　Many people in the South were excited about Lincoln's idea that slavery was not good.

エ　The Confederate States didn't want to rejoin the Union because they wanted to continue taking advantage of slaves.

オ　Soon after the Confederate Army attacked South Carolina, the Civil War started.

カ　Harriet became an official member of the Union when the Civil War began.

キ　In 1863, Emancipation Proclamation wasn't known in the U.S.

ク　Harriet's well-prepared military plan led to the success in the Combahee River Raid and this helped to rescue black people's lives.

ケ　Harriet freed about twice as many slaves as the soldiers of her troop in the Combahee River Raid.

コ　Harriet was killed in a train accident after the Civil War.

[E] 次の英文は，ある激しい嵐の夜に主人公の女性とその飼い犬 Lassie の家を，見知らぬ男性が訪ねてきた時の話です。英文を読んで，設問に答えなさい。

The wind whistled round the corner of the house, thunder rolled and rain slashed against the windows — not a night to be outside but rather to sit by the fire, thankful for the solid walls and roof overhead. I could imagine *Dr. Frankenstein's creation being abroad on such a night. I was alone, my husband away and the nearest neighbor a quarter mile down the road. Alone, that is, *except for Lassie, a shaggy, black-and-white *border collie, who sat with her head in my lap, her *intelligent, brown eyes *gazing up at me as if to say, *Don't worry, we'll be all right.*

Lassie had arrived at our front door four years earlier by her design, not ours. Throughout the eighteen years she was with us, she proved time and time again to be a *superb judge of character. We never knew if it was as a result of her sense of smell or sound — or some sixth sense — but, *whatever it was, she definitely *possessed a talent we humans *lacked. On first meeting she would either *wag the tip of her tail a couple of times to *indicate that the visitor was acceptable, or slightly curl her top lip, which told you to be *wary. Always *accurate, her gift was never more *apparent than on this night.

The doorbell rang. I decided not to answer it. It rang again, more *insistently this time. Whoever was there was not going away. Still I *hesitated. On the fourth ring, with Lassie by my side, I finally answered the call. My stomach *lurched and my mouth went dry, for there, *silhouetted by the porch light, stood the monster himself. Not as big as I imagined but equally *menacing. A twisted body under a heavy overcoat, one shoulder hunched higher than the other, and his head leaning slightly forward and to one side. Gnarled fingers at the end of a *withered arm touched his cap.

“[　　　　　　]” The voice came from somewhere back (Ⅰ) his throat and, although the request was polite, his tone was rough.

I *shrank back as he *rummaged in his pocket and produced a piece of paper. *Shuffling forward he handed it to me. I refused to take it. Believing he *might try and force his way in, I looked at Lassie to see if she was ready to defend the homestead. Surprisingly, she sat by my side, the tip of her tail wagging.

①*You're out of your mind, Lassie*, I thought. But *there was no denying the sign and, based (Ⅱ) past experience, I trusted her instincts.

*Reluctantly, I *beckoned the stranger into the hallway and pointed to the phone. He thanked me as he picked up the instrument. *Unashamed, I stood and listened to the conversation. (Ⅲ) his comments, I learned his *van had broken down and he needed someone to repair it. Lassie always shadowed anyone she mistrusted until they left the house. Tonight she paid no attention to our visitor. Instead, she *trotted back into the living room and curled up by the fire.

Finishing his call, the man hitched up the collar of his overcoat and prepared to leave. As he turned to thank me, his lopsided shoulders seemed to *sag and a touch of *sympathy *crept into my *fear.

"Can I offer you a cup of tea?" ②The words were out before I could stop them.

His eyes lit up. "That would be nice."

We went through to the kitchen. He sat while I put the kettle on. *Bent over on the stool, he looked less menacing, but I still kept a wary eye on him. By the time the tea had *brewed, I felt safe enough to draw up another stool. We sat in silence, facing each other (Ⅳ) the table, cups of steaming tea in front of us.

"Where are you from?" I finally asked, *for the sake of conversation.

"Birmingham," he answered, then paused. "I'm sorry if I *frightened you," he continued, "but you've no need to worry. I know I look strange, but there's a reason."

I said nothing, and we continued to *sip in silence. I felt he would talk when he was ready, and he did.

"③I wasn't always like this," he said. I sensed, rather than heard, the catch in his voice. "But some years ago I had *polio."

"Oh," I said, not knowing what else to say.

"I was laid up for months. When I managed to walk again, I couldn't get a job. My crippled body put everyone off. Eventually, I was *hired as a delivery driver, and as you know from my phone call, my van broke down outside your house." He smiled his crooked smile. "I really should be getting back so I'm there when the *mechanic arrives."

"Look," I said. "There's no need to sit outside in this weather. Why not leave a note in your van telling them where you are?"

He smiled again. "④I'll do that."

When he returned, we *settled by the fire in the living room. "You know," I said, "*if it hadn't been for Lassie here, I wouldn't have let you in."

"Oh," he said, bending forward to scratch her head.

"Why?"

I went on to explain her *uncanny ability to judge people, then added, "She sensed you for what you really are, while I only saw the outside."

"Lucky for me she was around," he said, laughing.

After two hours and several more cups of tea, the doorbell rang again. A man wearing overalls under a hooded raincoat announced the *vehicle was repaired.

| A |

Thanking me *profusely, the stranger headed out into the night, and a few minutes later, the taillights of his van disappeared down the road. [B]

But on the afternoon of Christmas Eve I answered the door to find the rainy-night stranger standing there. "For you," he said, handing me a large box of chocolates, "for your kindness." Then he placed a packet of dog treats in my other hand. "And these are for Lassie, my friend (V) the good instincts. Merry Christmas to you both." [C]

Every Christmas Eve, until we moved five years later, he arrived with his box of chocolates and packet of dog treats. And every year he got the same warm welcome from our *wise Lassie. [D]

(Jack Canfield, *Chicken Soup for the Dog Lover's Soul*)

Dr. Frankenstein's creation：フランケンシュタイン博士が創り出した怪物　except for ～：～を除いて
border collie：ボーダーコリー（犬種）　intelligent：利口な　gaze up at ～：～をじっくりと見上げる
superb：素晴らしい　whatever：何であれ　possess：持つ　lack：持っていない　wag：振る
indicate：示す　wary：用心深い　accurate：正確な　apparent：はっきりした
insistently：しつこく　hesitate：ためらう　lurch：飛び出しそうになる　silhouette：影を映す
menacing：おどすような　withered：やせ衰えた　shrink back：ひるむ　rummage：かき回して探す
shuffling：脚を引きずって歩きながら　might：かもしれない
there was no denying：否定できなかった　reluctantly：いやいやながら　beckon：手招きする
unashamed：恥じらいもなく　van：トラック　trot：小走りする　sag：下がる　sympathy：同情
creep into ～：～に徐々に広がる　fear：恐怖　bent over：かがんで　brew：（お茶が）入る
for the sake of ～：～のために　frighten：怖がらせる　sip：少しずつ飲む　polio：ポリオ（病名）
hire：雇う　mechanic：修理工　settle：落ち着く　if it hadn't been for ～：～がいなかったら
uncanny：不思議な　vehicle：車　profusely：たくさん　wise：賢い

問１　空欄 [　] にあてはまるものとして最も適切なものをア～エの中から選び，記号で答えなさい。

ア　Allow me to use your car.
イ　May I use your phone?
ウ　I'm thirsty. Could I have something to drink?
エ　This is for you. I would like you to sign here.

問２　（Ⅰ）～（Ⅴ）に入るものとして最も適切なものを以下の語群の中から選び，それぞれ記号で答えなさい。なお，文頭に来る語も小文字で示してある。

【語群】 ア from　イ on　ウ across　エ with　オ in

問３　下線部①における主人公の気持ちとして最も適切なものをア～エの中から選び，記号で答えなさい。

ア　She felt embarrassed by Lassie's rude attitude.
イ　She felt angry at Lassie's unfriendly manner.
ウ　She was upset by Lassie's surprising action.
エ　She was calm about Lassie's cheerful move.

問４　下線部②の内容を具体的に説明したものとして最も適切なものをア～エの中から選び，記号で答えなさい。

ア I didn't know why, but I tried to serve him a cup of tea.

イ I didn't know what to say when I served him a cup of tea.

ウ I was careful enough to choose the best words when I served him a cup of tea.

エ I stopped to think about how to serve him a cup of tea.

問5 下線部③を日本語にしなさい。その際，this の内容が具体的に分かるようにすること。

問6 下線部④を具体的な日本語になおすとき，空所（ア），（イ）に入る適切な日本語をそれぞれ答えなさい。

（　　　ア　　　）ために，（　　　イ　　　）。

問7 次の英文が入るのに最も適切な箇所を A ～ D の中から選び，記号で答えなさい。

I never *expected to see him again.　　expect：予期する

問8 次の英文は，ある生徒が本文の内容をもとに書いたものです。空所（ア），（イ）に入る適切な英語をそれぞれ１語で答えなさい。

Because of Lassie, an intelligent dog, her owner has been able to keep away from（ ア ）trying to hurt her in some way or another. She believes that if her dog doesn't like them, she probably shouldn't（ イ ）.

問9 本文の内容に合うものをア～カの中から**２つ**選び，記号で答えなさい。

ア The man knew that the woman listened to him while he was talking on the phone.

イ The man was fascinated with Lassie's tricks at first sight.

ウ The woman wasn't able to depend on anybody but Lassie on the night.

エ The man had difficulty finding a job because he was born with a disease.

オ Lassie's natural ability was usually correct but it was sometimes incorrect.

カ There was something wrong with the woman's van and the repairman came to fix it.

F

放送問題Ⅰ これから英文No.１～No.４を**１回ずつ**放送します。その応答として最も適切なものをア～エの中から１つずつ選び，記号で答えなさい。

No.１　ア For two weeks.　イ To the department store.
　　　ウ Since last summer.　エ On a website.

No.２　ア Of course. What time shall we make it?
　　　イ Why not? It is cloudy.
　　　ウ Can't you see that long line? They're all waiting!
　　　エ Sure, of course. I can't wait!

No.３　ア No. I watched it on TV at home,
　　　イ No. I have watched it three times.
　　　ウ Yes. I'm watching TV now.
　　　エ Yes. I'll watch it tomorrow.

No.4 ア You can touch it!
イ Don't touch it!
ウ You must not watch it!
エ You can't touch your eyes!

放送問題Ⅱ これから英文とそれに関する質問を2回ずつ放送します。答えとして最も適切なものをア～エの中から1つずつ選び，記号で答えなさい。

No.1 ア Carry the sofa by himself.
イ Help the woman into his car.
ウ Change his mind to buy the sofa.
エ Look for someone to help them.

No.2 ア Eliza should be more careful about her health.
イ Eliza should stop cutting down trees.
ウ Eliza should put on more weight.
エ Eliza should go to the chocolate factory.

放送問題Ⅲ これから対話文を放送し，その後で3つの質問をします。答えとして最も適切なものをア～エの中から1つずつ選び，記号で答えなさい。対話文と質問は2回放送します。

No.1 ア The No. 7 bus. イ The No. 8 bus.
ウ The No. 9 bus. エ The No. 10 bus.

No.2 ア The No. 7 bus. イ The No. 8 bus.
ウ The No. 9 bus. エ The No. 10 bus.

No.3 ア The No. 7 bus. イ The No. 8 bus.
ウ The No. 9 bus. エ The No. 10 bus.

放送問題Ⅳ これからあるインタビューを放送します。その内容に関する以下の設問に答えなさい。インタビューは2回放送します。

問1 次の英文中の空欄に入れるのに最も適切なものをア～エの中から1つずつ選び，記号で答えなさい。

⑴ Mr. Gross says the people in Tokyo can live on ________.
ア the amount of the food thrown away in Japan
イ 30% of the food produced in the world
ウ the food grown in Japan
エ the food sold at convenience stores

⑵ Some people think buying 'eco-bags' is not a good idea because ________.
ア we can use 'eco-bags' again and again
イ 'eco-bags' are much more expensive than plastic bags
ウ 'eco-bags' will get dirty in their everyday use

エ both ‘eco-bags’ and plastic bags are made from oil

(3) Mr. Gross thinks that the MAIN purpose of the law to stop giving free plastic bags is ______________.

ア to save the use of oil

イ to make the cities clean

ウ to cut costs for stores

エ to change people’s way of life

問２ インタビューの内容と一致するものをア～エの中から１つ選び，記号で答えなさい。

ア Mr. Gross thinks that Japan was a convenient place because he was given plastic bags even though he didn’t ask for one.

イ Mr. Gross hopes that we will send the wasted food to the poor countries with food problems.

ウ In the movie, Mr. Gross took up not only the problem of Food Loss, but also environmental problems.

エ Mr. Gross produced the movie to make our world more convenient by using the mottainai spirit.

※リスニングテストの放送台本は非公表です。

じめとする弟子達との離れがたい思いを表現している。

エ　「行く秋」という季語を詠みこむことで、春に出発したこの旅が、晩秋に終わりを迎えたという、時間の経過を感じさせてこの作品を閉じる効果を生んでいる。

オ　「別れ行く秋」によって、ただでさえ人々との別れは寂しいものだが、秋の風を感じ始める季節となり、いっそう別れの寂しさが身にしみると表現している。

問7　この作品の作者の句ではないものを、次の中から一つ選び、記号で答えなさい。

ア　古池や蛙飛びこむ水の音

イ　夏草や兵どもが夢の跡

ウ　五月雨をあつめて早し最上川

エ　閑さや岩にしみ入る蝉の声

オ　春の海ひねもすのたりのたりかな

下で死ねるのなら、俳人である師に恥じない死に方であろう、と詠んでいる。Cでは、「同行二人」という書き付けを消すと詠むことで、仏への信心を捨て、これからは俳句一筋で旅をしようと、俳人としての曾良の心意気に応えている。

問4　――線3「したしき人々、日夜とぶらひて、ふたたび蘇生のものにあふがごとく」とあるが、ここから当時の「旅」というものの一面を読み取ることができる。ここでの「旅」の説明として最もふさわしいものを次の中から選び、記号で答えなさい。

ア　一時的にせよ憂き世から離れ、浮き世として楽しむという、逃避の場であった。

イ　無事に戻っては来られないかもしれないという、死の覚悟を伴うものであった。

ウ　一般人には捻出《ねんしゅつ》不可能な旅行費を出せるという、財力と権力との顕示であった。

エ　財産を使い果たして最初からやり直すという、人生を仕切り直すものであった。

オ　成し遂げることで常人離れした力を身につけられるという、通過儀礼であった。

問5　――線4「長月六日になれば、『伊勢の遷宮、おがまん』と、又ふねに乗りて」が意味することとして最もふさわしいものを次の中から選び、記号で答えなさい。

ア　九月六日は、この年の伊勢の遷宮の直前の日程である。二十年に一度の大行事を見ようと、旅を終えたばかりなのに更に次の旅へ、作者の気持ちが向かっているということ。

イ　九月六日は、この年の伊勢の遷宮の直前の日程である。まだ暑さの残る夏の終わりに遷宮を見て、新しくなった伊勢神宮で旅の疲れを癒やそうと、作者が考えているということ。

ウ　九月六日は、二十年に一度しかない伊勢の遷宮当日である。このような特別な日に伊勢付近にいるのは神のご加護にちがいないと、作者が思い込んでいるということ。

エ　九月六日は、二十年に一度しかない伊勢の遷宮当日である。暑い盛りの行事であり、旅を終えたばかりの自分には厳しいが見逃すのも惜しいと、作者の気持ちが揺れ動いているということ。

オ　九月六日は、二十年に一度しかない伊勢の遷宮当日である。伊賀出身の作者にとってはさほど珍しいことでもないが、せっかく近くに来たので参拝しないのも体裁が悪いと、作者が思っているということ。

問6　Dの句の解説として、正しいものには「○」、間違っているものには「×」と答えなさい。

ア　「蛤」は、貝合の遊びにも使われていたように、貝殻が一対になるもので、それを食す風習のあるひな祭りの行事を彷彿《ほうふつ》とさせることで、夫婦円満を祈る句となっている。

イ　「蛤」や、「二回見る」と「二つの海」との意味を併せ持つ語である「ふたみ」という、海に関連する語を重ねることで、これまでの徒歩での旅とは違い、次は舟での旅になるという目新しさを表現している。

ウ　「ふたみ」に「二見浦」という地名と「蛤の蓋《ふた》と身」を掛けることや、「別れ行く秋」によって、長い旅の後、再会できた曾良をは

＊ 伊勢の遷宮…伊勢神宮の式年遷宮。二十年に一度、宮地を改め、社殿や神宝等の全てを新しくする、伊勢神宮最大の祭祀。元禄二年九月十日（内宮）・九月十三日（外宮）に行われた。

問1 ――線1「黒髪山の句有り。更衣の二字、力ありてきこゆ。」と言う理由として最もふさわしいものを、次の中から選び、記号で答えなさい。

ア Aの句の「更衣」は年中行事の一つだが、緑の濃い山の頂に雪が残っている様子から、頭髪を剃り捨てた僧侶《そうりょ》の姿が連想でき、「更衣」が俗世の人間の行事の意味を超え、仏道的な意味を伝えて宗教画のような崇高な美を感じさせているから。

イ Aの句の「更衣」は年中行事の一つだが、この句を詠んだ曾良は、作者の従僕という身分を捨て出家をし、僧侶として旅に同行しており、伝統行事としての「更衣」の意味ではなく、独り立ちした曾良の清新な心持ちを表しているから。

ウ Aの句の「更衣」は初夏の季語だが、この句を詠んだ曾良自身、今回の旅に同行するにあたり、僧形に姿を変え俗名から法名に改めており、「更衣」には、季語としての効果だけでなく、曾良のこの旅に向ける意気込みがこめられているから。

エ Aの句の「更衣」は初夏の季語だが、春霞と白い雪との淡い色彩感覚に、黒髪山という雄々しいイメージを重ねることで、「更衣」が初夏という特定の季節だけでなく、冬の情景をも連想させて、二重写しの効果を生んでいるから。

問2 ――線2「曾良は、腹を病みて、伊勢の国、長嶋といふ処に、ゆかりあれば、先立ちて旅立ち行く」とあるが、この状況を比喩で表現した一文を抜き出し、最初の三字を答えなさい（記号や句読点を含まない）。

問3 B・Cの句の説明として最もふさわしいものを、次の中から選び、記号で答えなさい。

ア Bでは、今まで旅をしてきた師とここで別れることになったが、離れ離れになっても、みすぼらしい萩の花の咲く野原で死にゆかねばならない自分の不安を汲《く》み取って欲しい、と詠んでいる。Cでは、「同行二人」という書き付けを消すと詠むことで、曾良の死への不安に同情しつつも、彼が途中で離脱するせいでこれから一人旅をせねばならない恨みも伝えている。

イ Bでは、これまで師と一心同体となって旅をしてきたが、病気にかかり自分だけここで旅をやめることになり、ひと気のない萩の咲く野原で倒れても誰《だれ》にも気付いてもらえない恨みを詠んでいる。Cでは、出発時に「同行二人」と曾良とともに書き付けたのに、今はそれを消さればならないと詠むことで、曾良と死に別れる悲しみを表現し、せめてもの手向けとしている。

ウ Bでは、病を得て、ここまで一緒に旅をしてきた師と別れねばならず、自分は途中で倒れ伏すかもしれないが、秋にふさわしい萩の咲いている野原で死ねるなら行き倒れても本望だ、と詠んでいる。Cでは、旅の門出にあたり笠の裏に「同行二人」と書き付けたが、今日からは一人で旅をしなくてはならないのでその文言を消さねばならないと詠むことで、惜別の寂しさを伝えている。

エ Bでは、これまで共に旅をしてきた師と別れ、自分は病身のためここで倒れ伏すことになったが、萩という死のイメージを伴う花の

問3　――線2「そのような議論に決着をつけないまま政治が進んでいく」とあるが、②の部分において政治家や経済人がどうしていると筆者は論じているか。次の[A]、[B]に（　）で指定した字数に合わせて言葉を入れて説明を完成させなさい。ただし、[A]の解答には「真実」という言葉を必ず用い、その使用箇所を□で囲いなさい。

政治家や経済人は、[A（20字以上25字以内）]することなく、[B（15字以上20字以内）]している。

問4　③の部分における筆者の主張について要約した次の文の[A]、[B]（　）で指定した字数に合わせて言葉を入れて説明を完成させなさい。ただし、[A]には「事例」と「分析」という用語を必ず用い、その使用箇所を□で囲いなさい。

科学は、[A（15字以上20字以内）]を答えることはできるが、[B（15字以上20字以内）]を負うことはできない。

三　次の文章は、作者の奥州への旅路（元禄《げんろく》二年春に出発）をもとにした俳諧《はいかい》紀行文から数か所抜粋したものである。これを読み、後の問いに答えなさい。

*黒髪山は霞かかりて、雪いまだ白し。

A剃《そ》り捨てて黒髪山に更衣《ころもがへ》　曾良《そら》

曾良は、河合氏にして、惣五郎《そうごらう》といふ。*芭蕉の下葉に、軒を並べて、予が薪水の労をたすく。此《こ》のたび、*松嶋、*象潟《きさかた》の眺め、共にせむ事をよろこび、且《かつ》は羇旅《きりよ》の難をいたはり、旅立つ暁、髪を剃りて、墨染《すみぞめ》にさまをかへて、惣五を改めて宗悟とす。[1]よりて黒髪山の句有り。更衣の二字、力ありてきこゆ。

（中略）

[2]曾良は、腹を病みて、伊勢の国、長嶋といふ処に、ゆかりあれば、先立ちて旅立ち行くに、

Bゆきゆきてたふれ伏すとも萩の原　曾良

と書き置きたり。行くものの悲しみ。残るもののうらみ。*隻鴨《せきあふ》のわかれて、雲にまよふがごとし。予も又、

Cけふよりや*書き付け消さん笠《かさ》の露

（中略）

*露通《ろつう》も、このみなとまで、出でむかひて、美濃の国へと伴ふ。駒《こま》を早めて、*大垣の庄に入れば、曾良も、伊勢より、かけ合ひ、*越人《ゑつじん》も、馬をとばせて、*如行《じよかう》が家に入り集まる。*前川子《ぜんせんし》、*荊口《けいこう》父子、其《そ》の外、[3]したしき人々、日夜とぶらひて、ふたたび蘇生《そせい》のものにあふがごとく、且よろこび、且なげきて、旅のものうさも、いまだやまざるに、[4]長月六日になれば、「*伊勢の遷宮、おがまん」と、又ふねに乗りて、

D蛤《はまぐり》のふたみに別れ行く秋ぞ

* 黒髪山…日光にある男体山。
* 芭蕉の下葉に～薪水の労をたすく…芭蕉庵の近くに住み、家事を助けてくれていた、の意。
* 松嶋・象潟…ともに、出羽国の景勝地。
* 隻鴨…二羽の鴨。
* 書き付け…巡礼者が笠に書き付ける「乾坤《けんこん》無住同行二人」の文字。常に仏と共に乾坤（天地）の間を修行する、一所不住の心掛けを意味する。
* 露通・越人・如行・前川子・荊口父子…作者の門人たちの名。
* 大垣の庄…今の岐阜県大垣にある庄（村のようなもの）。

です。また、科学の一面の真実に固執してはなりません。より多面的な側面からの新たな真実が見つかるかもしれないからです。といって、不可知論（真実には到達できない、真実は認識できない、真実は実在しないとの立場）に陥ってはならないことは言うまでもないことです。すぐに真実に到達できなくても、常に仮説を実証するという手順を積み重ねながら、あくまで真実を追求することを③アキラめてはならないからです。

もっとも、提起されている問題には、科学に問うことはできても科学で答えることができない問題もたくさんあります。これを「トランスサイエンス問題」と言い、何らかの答えを得ようとすれば、科学以外の論理を持ち込まねばならないのです。そんな問題もあることを知っておくべきでしょう。何事であれ、科学によって明快な答えが得られると思うことは傲慢であるかもしれないからです。

たとえば、建築物の地震に対する安全基準をどこにおくか、の問題があります。安全基準が甘すぎれば意味がないし、厳しすぎれば費用がかかり過ぎて建築物はできないということになります。どこに線を引くかは、科学・技術のレベルで決まるのではなく、社会的・経済的条件で決まるのです。

さらに、地震など原発の安全基準をどこにおくべきかの難問が控えています。一般の建築物と同じ安全基準でよいのでしょうか。それとも、危険な放射能をたくさん抱え込んでいて、いったん事故が起これば大きな被害を及ぼすので、特に厳しい安全基準を課す必要があるのでしょうか。そもそも安全基準を考える以前に、原発は建設すべきではないのでしょうか。といって、いかなるエネルギー源にも欠陥はあり、原発も例外ではありません。そのどれを選択するかは、社会の判断に任されています。科学では判断できないのです。

あるいは、科学においては数多くの事象を集めて統計をとり、それから導かれる確率でしか論じられない問題が多数あります。科学は、物質系における誰にでも通用する普遍的な真理を追究し、現実に生じた出来事に関する説明を与えるものですから、個々の人間の特性とか、自分の未来がどうなるか、という特殊な個人やその将来は科学では決められません。そのような問題に関しては、多くの似たようなケースを調べて、ある事柄が起こる確率はどれくらいであるか、という答えしか導けません。その結果から、どういう判断をするかは個々人に任されており、科学では何も言えないのです。

（池内了『なぜ科学を学ぶのか』より）

問1　＝＝線①～③のカタカナを漢字に直しなさい。

問2　――線1「犯罪を偶然目撃した人の証言は信用できないことが多い」とあるが、その理由について説明した次の文の a 、 b に入る言葉として最もふさわしいものを後の選択肢の中からそれぞれ選び、記号で答えなさい。

自分の目撃した事実が a に過ぎないのにもかかわらず、 b を高めるために辻褄を合わせて話を作り出していくようになるから。

a
- **ア**　普遍的な真理　**イ**　客観的な視点
- **ウ**　余計な一証言　**エ**　断片的な経験
- **オ**　懐疑的な仮説

b
- **ア**　信用の危険性　**イ**　真実の個別性
- **ウ**　修正の必要性　**エ**　経験の再現性
- **オ**　証言の妥当性

二　次の文章を読み、後の問いに答えなさい。

[1] 1犯罪を偶然目撃した人の証言は信用できないことが多いと、よく言われますね。何回か証言しているうちに、目撃していないはずなのに、そのように話すとよけい信用してくれるだろうと期待する気持ちから、辻褄《つじつま》が合うよう知らず知らずのうちに話を作り出していくからです。そして、話の①ムジュンが少しでも指摘されると、「私がこの目で確かに見たことを信用しないの?」と居直るのです。こうなると、最初の目撃証言に含まれていた真実の部分すら疑わしくなってしまい、せっかく目撃した事実そのものも信用されなくなります。犯人探しというような「科学的」になされるべき作業には、個人の経験の絶対視は危険であることがわかると思います。客観性が失われ、修正することができなくなるからです。

　個人の経験を「科学的」な事実として活かすためには、あたかも外から見ているかのように客観的な視点で、曖昧な部分、途切れている部分を正直に認めて、どのような経験をしたかを他人と共有する態度が不可欠なのです。自分の経験が絶対に正しいと信じ込み、疑問を抱かれるのを拒否する人の言うことは、かえって信用してはいけないということです。

（中略）

[2] 原発事故が起こったとき、ある経済人が事故の真相については深入りせず、もっぱら日本の生産力を維持するためには原発はどうしても必要だ、と強調するばかりだったということがあります。原発事故を厳しく追及することは日本の未来を危うくするものであると言い、事故は天災のせいだから原因を追及しても仕方がない、早く原発を再稼働させないと日本経済はダメになる、と主張するのです。彼にとっては事故原因について云々《うんぬん》することは時間のムダであり、それを問題にしようとする人の言うことには聞く耳を持たず、ひたすら自分のペースに議論を引き込もうとしているのです。原発が欠陥技術であると言われることを好まず、問題の焦点をそこから切り離すことが目的で、日本経済の話を持ち出すのです。それによって相手にある種の強迫観念を抱かせ、反論しにくくさせるのでフェアな議論とは言えません。

　これは原発事故に限ったことではなく、世論が二分するような問題において、政治家や財界寄りの権力に近い人において共通する傾向で、自分たちの主張が思い通りに進まないとき、それに同意しない意見を述べる人に対して浴びせる偏った議論に多く見受けられます。そのような人は、一般に何事でも自分の思い通りに進んできたことが多く、どうせ自分の言う通りになるのだから、ぐたぐた言わずに受け入れろ、という言い方になり勝ちです。彼らの主張の限界や問題点をいくら指摘しても受け入れないのです。真摯に自分の意見の限界や不合理な点を認めない人とは「科学的」な議論ができないことは明白なのですが、日本では2そのような議論に決着をつけないまま政治が進んでいくことが多くあります。

（中略）

　これは私の②グチですが、国の政治がもっと「科学的」であることを望みたいと思っています。

[3] 科学には「絶対」はなく、現在の真実を超えるような、より一般的な真実がありうるという姿勢を忘れてはなりません。「科学的」に考えようとする者はいかなる事柄に対しても「疑い深く」なければならないの

りを抑えられずにいる。

ウ　息子の希望を退けてしまったことで、二銭の金をめぐる悲劇を描いた黒島伝治の作品が意識に上るが、不安を振り払うべく、仕事に打ち込もうとしている。

エ　黒島伝治の作品の示す悲劇的な結末に影響を受け、二銭の金を惜しむことが、子供から創意工夫を引き出すことに繋《つな》がるという信念に揺らぎが生じている。

オ　息子のいじらしい希望に動かされ二銭の金を渡してしまったことが、黒島伝治の作品をなぞるように思わぬ悲劇を生むことを予感し、動揺を隠せずにいる。

問6　この文章についての次の解説文の空欄に入るのにふさわしい言葉を、後の語群の中からそれぞれ選び、記号で答えなさい（同じ番号の空欄には同じ言葉が入る）。

日頃から「乏しさをかこつ」「私たち」夫婦は、子供たちに[1]を買ってあげることができない。だが、ノボルは「置かれた場所」にある手持ちの材料で[2]をこしらえることができる。この文章においては、ノボルの作る[2]と、[3]として流通する[1]は明確に区別されている。

弟の「ノボル」に先立って「タズ」もまた、「実の抜き差し」を繰り返すことで次々に[4]を描き出し、万華鏡《まんげきょう》さながらにその「形」を変容させて見せるだろう。「形」なき自然への[5]を深めていくことで見いだされる[6]の発見だ。そうした子供たちの姿は[7]の外部にある開墾地にあって自然との共存を図っていこうとする「私たち」の姿と重なってこよう。子供たちは、ここで生きていくために、いつのまにか親たちに[8]しているのだ。だが、それと同時に、日々[9]する子供たちの[5]眼は、時に[10]を軽々と上回る。

普段は「ものをねだりもしない」「ノボル」が、流行している「ヨーヨー」のために、初めて「二銭の金をせがんだ」時も同様である。[10]に囚われている「私」は、いち早く[7]における「二銭の価値」に頭を占められてしまい、その挙句に、「意表外」にも黒島伝治のある作品を思い出す。自分もまた作中の母と同じ道筋をなぞっているのではないか…。

だが、「見事、ノボルがヨーヨーをつくりあげた」。ヨーヨーの円筒に近い「形」には「確かな個性が伴」い、その「均衡」に「振動の呆け」も見られず、球の運動には[11]さえ宿っている。やはりノボルは「洟をたらした神」だったのだ。

「私」はこの[12]された[3]としての[1]とは異質の[2]に、「コマ」と同様の[13]を見いだし、またしても「笑いこけ」ることとなるだろう。

【語群】

ア　幾何　　イ　図形　　ウ　前進

エ　順応　　オ　売り物　　カ　楽しいもの

キ　鑑識　　ク　大量生産　　ケ　幼い知恵

コ　厳粛な精魂　　サ　いじらしい希望　　シ　大人の常識

ス　造形の美　　セ　玩具　　ソ　おもちゃ

タ　人界　　チ　食物　　ツ　作物

算を優先し、一銭のお金も渡さなかった。

ウ　「ノボル」の作った手づくりのコマに、絹で作った紐を添えて装飾を施し、コマの商品化を促してしまった。

エ　「タズ」と同様「ノボル」にも、あらゆる我慢を強いてきたが、流行に無関心な開拓民には育て切れなかった。

オ　ヨーヨーをねだる「ノボル」に冷淡な態度で接し、ほんものらしいヨーヨーを作るように仕向けてしまった。

問2　――線2「親らしい力」の内容を説明したものとして、最もふさわしいものを次の中から選び、記号で答えなさい。

ア　安物の舶来品ではなく和製の高価な玩具を与え、子供の審美眼を養うのに必要な財力

イ　開拓生活を送るのに必要な食事を子供に与え、強い肉体を培うための最低限の経済力

ウ　村での生存に必要な品々を独力で作る術を、子供に手とり足とり教えるだけの技術力

エ　世間のしきたりに従って、人並みに子供の成長の節目を祝うのに足りるだけの生活力

オ　玩具の類を一切与えず自ら工夫するように仕向け、子供の潜在能力を引き出す教育力

問3　――線3「人に知られぬ高い評価の点数をつけたがる」とあるが、「私」が「ノボル」の作る「コマ」に「高い評価の点数をつけ」る理由として、最もふさわしいものを次の中から選び、記号で答えなさい。

ア　ノボルの作る「コマ」には、一つとして同じものがなく、それぞれが違った「踊り」を潜み持ち、「おもちゃ」本来の醍醐味《だいごみ》に満ちているから。

イ　ノボルの作る「コマ」は、「竹トンボ」と同様に高い精度で均衡が保たれており、その品質において「ほんものらしい玩具」を凌《しの》いでいるから。

ウ　ノボルの作る「コマ」は、「整った造形の美」に欠け、不完全な「おもちゃ」に過ぎないが、人を楽しませる力があり案外馬鹿《ばか》にならないから。

エ　ノボルの作る「コマ」には、「危なっかしい不安定」がもたらす独特の魅力があり、「玩具」本来の奇術的な軽妙さを感じとらせてくれるから。

オ　ノボルの作る「コマ」は、「心棒の位置」が定まっており、見る者の心が澄むという、「玩具」本来の「荘重な物々しさ」をたたえているから。

問4　――線4「回転最中の不動に見える一刻」の意味と類似した表現を、この傍線部以降から十四字で抜き出し、最初の三字を答えなさい（句読点は含まない）。

問5　――線5「私は頭を振って～振りつづけた」とあるが、ここでの「私」の心情の説明として最もふさわしいものを次の中から選び、記号で答えなさい。

ア　二銭の金を惜しむあまり、あたかも黒島伝治の作品をなぞるかのように子供との関係が悪化してしまい、収拾のつかない事態に直面して途方に暮れている。

イ　黒島伝治の作品など眼中になく、息子の消息を心配する母親の立場を理解せずに、やみくもに農作業の遅れをなじる父親に対する怒

た。何となく不安な思いがかげると同時に、意表外な記憶がしみ出してきた。

＊文芸戦線あたりで読んだ、たしか＊黒島伝治の作品であったかと思う。

村外れの粉挽《ひ》き小屋で、一頭のやせ牛に石臼《いしうす》をひかせて、頼まれた穀物を挽いて生きている母子二人。その一人きりの小さい息子が、コマを回す引綱が二銭と一銭の二通り、雑貨屋の店にさがっている。太さも長さもはっきりちがう。息子は皆の持ってる二銭のを欲しいのだが、苦しい母は一銭しかくれない。あきらめて一銭のを買ったが、寸が短いために牽引《けんいん》力が弱い。コマは澄む力がなくへなへなと崩れてしまう。息子は足と両手にからんで一寸でも長くしようと引っ張ってみるが、その骨折りは哀れにも空しい。ついに母が留守したちょっとの間を盗んで、引綱の長さを半径とした一定の円形をゆっくりと回っているやせ牛のうしろから、臼の回転柱にその紐をからみつけて、両手で力限り引っ張りながら自分も回るうちに、片手の紐が指からすべり抜けて、柱の回転力を加えた猛烈な反動で紐は引き外れ、息子はしたたかに円形の中に叩《たた》きころんだ。起き上がる力もないうちに、老《おい》ぼれ牛は息子をふんづけ、幾回となく踏みつぶして、尚粉を挽き続けていた。

コマ紐の二銭、ヨーヨーの二銭、が妙に胸にひっかかって、ただ貧乏と戦うだけの心の寒々しさがうす汚く、後悔が先立って何もかも哀れに思えて来た。午後は歌声も姿も見えないノボルが気になって、タズの背にリカを結わいてからも、仕事の手がいつもよりたるんでいたと見え、疲れたんだら休めと何も知らない父親はいってくれたが、5私は頭を振って、陸稲に土寄せする鋤《すき》の柄をますます強く握りしめて振りつづけた。

しかしその夜、吊《つり》ランプのともるうす暗い小家《こや》の中は、珍しく親子入り交じった歓声が奇態に湧き起こった。見事、ノボルがヨーヨーをつくりあげたからであった。古い傷口が癒着《ゆちゃく》して上下の樹皮がぼってりと、内部の木質を包んで丸くもり上がった得難い小松の中枝がその材料であった。枝の上下を引き切り、都合よく癒着の線がくびれている中央にぐるりと深くみぞを彫り込み、からんだ糸は凧《たこ》糸を切って例のあぶらぼろで磨いて辷《すべ》りをよくした入念な仕上げだ。やや円筒に近く、売り物の形とはちがうが、狂わぬ均衡のカンに振動の呆《ほう》けは見られない。せまい小家の中から、満月の青く輝く戸外にとび出したノボルは、得意気に右手を次第に大きく反動させて、どうやらびゅんびゅんと、光の中で球は上下をしはじめた。それは軽妙な奇術まがいの遊びというより、厳粛な精魂の怖《おそ》ろしい踊りであった。

（昭和五年　夏のこと）

＊　紅絹…絹織物の一種。

＊　文芸戦線…一九二〇年代に発刊されたプロレタリア文学（労働者の現実を描いた文学）の雑誌。

＊　黒島伝治…プロレタリア文学の作家。

問1　――線1「無情なしつけ」についての説明として、最もふさわしいものを次の中から選び、記号で答えなさい。

ア　収穫後に残っていた菜の花を無心に表現した「タズ」の詩心に理解を示さず、花を煮て食べさせてしまった。

イ　「ノボル」が初めてねだった希望を聞いた際にも、日頃の生活の打れて、ノボルは例の洟汁をたらすが、買って欲しいといい出す言葉を持ちはしない。自分の手で堅木のいくつかをこしらえた。鉄輪も心棒もないのっぺらぼうのひょろ長い、みんながバカゴマと軽蔑《けいべつ》するそれを。四つも五つも。表面のでこぼこを小刀でなめすようにけずりとって、中心の心棒の位置をカンで決める。梨袋の補強に使う荏油《えのあぶら》が空かんにこびりついているのをぼろ切れで拭《ぬぐ》いとって、独楽全体に根気よく磨きをかける。白木の手垢《てあか》がかくれて油じみた艶《つや》を持つと、ぐんと格が上がってほんものらしい玩具に見えてくる。そんなとき、私はどうしても細くしなやかな紐《ひも》をつくってやりたくなった。不必要な古い＊紅絹《もみ》裏をさいて、念入りに平均によりを加えて先細りにもじる。鉄輪のコマには麻紐だが、手づくりのバカゴマには布よりの絹紐がふさわしいようだ。彼は喜んで紅紐をきりきりと巻きつけ、小さく腰をかまえ、右手をくるくる回転させながらさっと投げて紅紐を引く。コマは初めは倒れるように大揺れに踊り回るが、少しづつ小回りに変じて、見ている者をはらはらさせながら、極めてひょうきんにまるで全身で笑っているよう、澄むなどという荘重な物々しさとはうらはらにふらふら、ゆらゆら、倒れそうで中々愉快に意気張ってるみたい。ころりと音して細長いからだを横たえた時、ノボルはしょんぼりとしたが、私はばかのように笑いこけた。

　土台おもちゃは楽しいものでなければならない筈《はず》だから。大量生産されたものには、整った造型の美、研究された運動の統一した安定があるだろうが、この幼い子の手から生まれたものには、無からはしめた粗野があり、危なっかしい不完全があっても、確かな個性が伴う。おそらく五つが五つ、みんなちがったそれぞれの踊りを潜み持ち、展開してみせるだろう。

「うまくできたな。クレヨンで色塗ったらどうや」

　私は心からほめたつもりだが、彼はむっつりと考え込んでいる。しかしもう次の工夫が小さい脳味噌《のうみそ》の中をむずむずと動いているらしい。

（中略）

　幾日か過ぎて、ノボルは重たい口で私に二銭の金をせがんだ。眉《まゆ》根をよせた母の顔に半ば絶望の上眼をつかいながら、ヨーヨーを買いたいという。一斉にはやり出したもので、私は手につかんだことはないが、滑車の回転の振動と惰性を利用した、饅頭《まんじゅう》を二つ合わせたような形のもので、芯に結んで垂らした糸の操作で生きてるようにある高さまでするすると上下する。他愛ない大人まで夢中にならせた。

　初めてねだったいじらしい希望であった。だが私はこんな場合さえ、夢を砕いた日頃の生活から湧く打算を忘れぬ非情さを持つ。二銭の価値は、キャベツ一個、大きな飴玉《あめだま》二十個、茄子《なす》二十個、小鰯《こいわし》なら十五匹は買える額とはじき出す。それならちびた鉛筆で書き悩んでいるタズに新しい長いのを買って与えられる。私は南瓜《かぼちゃ》の煮たのを食べさせながら、出来るだけおだやかにいった。

「ヨーヨーなんてつまんねえぞう。じっきはやんなくなっちまあよ。それよりもなあノボル、梨が出来たら、ほら来年学校さあがんだっぺ。帽子と、カバンと、いろんな本、すずり、筆、鉛筆、ナイフ、それから石盤石筆、帳面、クレヨン、そして新しい下駄なんど！　うんとかかっけどみんな買ってやるよ。学校さ上がっと、運動会の帽子だの、白いさるまただの――」

　ノボルのまつ毛は、ぱしぱしと絶えずしばたたいていたが、聞いているのかいないのか、黙って南瓜を食い終わると、すっと戸外へ出て行っ

【国　語】（六〇分）〈満点：一〇〇点〉

一　次の文章は、吉野せい「洟《はな》をたらした神」の一節である。これを読み、後の問いに答えなさい。

ノボルはかぞえ年六つの男の子である。墾《たがや》したばかりの薄地に播《ま》かれた作物の種が芽生えて、ぎしぎしと短い節々の成長を命がけで続けるだけに、肥沃《ひよく》な地に育つもののふさふさした柔根《やわね》とはちがう、むしりとれない芯《しん》を持つ荒根を備える。バランスを外した貧しい食物で育てられていても、細い骨格ながら強靭《きょうじん》に固くしまっている。ノボルはそんな子だ。たまに古いバリカンで虎刈《とらが》りするだけなので、土埃《つちぼこり》をかむった頭髪はぼさぼさと、両耳をかくすほどのびているが、頬《ほお》は丸々としてあどけない。突っ放されたところで結構ひとりで生きている。甘えたがらない。ものをねだりもしない。貧しい生活に打ちひしがれての羽目を外した私たちの1無情なしつけに、時に阿呆《あほう》のように順応している。（中略）

私たちは未だかつて子供のために、玩具《おもちゃ》といえるようなものを買って与えたことがない。ともあれ余裕がないのだ。誰かにもらったぼろぼろの絵本、つぶれたセルロイド人形、空気のぬけたゴムまりなどは、もう彼等には何の魅力もなくどこかへ突っ込まれてしまった。三月の雛《ひな》人形もなく、五月の鯉のぼりもない。誰に祝福されるでもなくこの世に生まれたような彼等。しかしそんなことはこうした開拓部落に住んで、人界の風習にうとい子供たちには、一方にこの親たちの2親らしい力を持たぬ親であることなど、あまり差し障りにならないようだ。

根元からはなれた場所にまかれた肥料に、根は生きるための敏感な触手をのばす。成長する意志は、その置かれた場所からふさわしい何等かの必要な活動を見事に踏み出すらしい。

白つめ草が咲けば、タズは学校帰りの川原でいくつもの花輪をつくり、まだ固まらないリカの小さい首にまで飾ってやる。梨畑の下に摘み果たして散らした青い小さい実を手当たり次第拾い集めては、土の上に一つ一つを並べて、正しい円形、だ円、四角、三角を描き出す。ひし形、六角形までも。一つの実の抜き差しによって、より正確な図形を整える。幼い知恵によって工夫体得する幾何の芽生えだ。

こんな時はタズの方がやや複雑に、家になり人になり花になり多様化する。ノボルの単一な形の創意よりも、タズには年齢に応じた鑑識の前進があるためだろうか。

タズが四つの時、父のうしろについて日暮れの細道で無心にいった。

何もねえから花煮てくうべな。
おてんとうさまあっち行った――

畑にはとり残したふらふら菜っぱに、真黄な花がしんじつに咲いていた。父親は立ち止まってそれをそのままノートに書きつけた。その晩、ほんとに何もない私たちは菜の花を煮て、新しい食味で胃袋を満たしたのである。乏しさをかこつだけの大人の常識に堕したよどみを、その時このばかな母親は、どんなに侘《わび》しく、あえなく恥じたか知れない。

親ばかの情熱は、ある時は又ムキな執念で、わが子のどこかに3人に知られぬ高い評価の点数をつけたがる。ノボルのつくる竹トンボ、これが至極すばらしい。両翼の釣合と中心のひねりの均衡がうまくとれているらしく、だれのよりも高く長くとぶ。鉄輪をはめた独楽《こま》のあの快いうなりと、皆が澄んだという4回転最中の不動に見える一刻の魅力にみと

2021年度

解　答　と　解　説

《2021年度の配点は解答欄に掲載してあります。》

＜数学解答＞ 《学校からの正答の発表はありません。》

1 (1) -72 (2) $n=75$ (3) $a=24$ (4) 3.5点

2 (1) ① 解説参照 ② $\frac{7\sqrt{2}}{6}$cm (2) 解説参照

3 (1) $\frac{2}{27}$ (2) $\frac{4}{27}$ (3) $\frac{2}{729}$

4 (1) 12cm (2) $54\sqrt{2}$ cm^2 (3) $4\sqrt{6}$ cm

5 (1) $\left(0,\ \frac{25}{6}\right)$ (2) $\left(10,\ \frac{15}{2}\right)$ (3) $\left(\frac{10}{9},\ \frac{5}{6}\right)$

○推定配点○

1～3 各6点×10　4 (1)・(2) 各6点×2 (3) 8点　5 (1)・(2) 各6点×2

(3) 8点　計100点

＜数学解説＞

1 （小問群―式の値，平方根，関数の変化の割合，資料の整理）

(1) $\left(-\frac{3b^2}{a}\right)\div\left(-\frac{1}{2}ab^2\right)^3\times\frac{2}{9}a^3b=\left(-\frac{3b^2}{a}\right)\div\left(-\frac{1}{8}a^3b^6\right)\times\frac{2}{9}a^3b=\frac{3b^2\times8\times2a^3b}{a\times a^3b^6\times9}=\frac{16}{3ab^3}=16\div3ab^3$　$a=2$，$b=-\frac{1}{3}$を代入すると，$16\div\left\{3\times2\times\left(-\frac{1}{3}\right)^3\right\}=16\div\left(-\frac{2}{9}\right)=-72$

(2) $\sqrt{0.48n}=\sqrt{\frac{12}{25}n}=\sqrt{\frac{2\times2\times3}{25}n}$　$n=3\times25$のとき，$\sqrt{\frac{2\times2\times3}{25}n}=\sqrt{\frac{2\times2\times3\times3\times25}{25}}=6$となる。よって，最も小さい$n$は75

(3) $y=-\frac{1}{2}x^2$について，$x=2$，4のときのyの値はそれぞれ，$-\frac{1}{2}\times2^2=-2$，$-\frac{1}{2}\times4^2=-8$　よって，xの値が2から4まで増加するときの変化の割合は，$\frac{-8-(-2)}{4-2}=-3$…①　$y=\frac{a}{x}$については，$x=2$，4のとき$y=\frac{a}{2}$，$\frac{a}{4}$　$\left(\frac{a}{4}-\frac{a}{2}\right)\div(4-2)=-\frac{a}{4}\div2=-\frac{a}{8}$…②　①，②が一致するとき，$-3=-\frac{a}{8}$　よって，$a=24$

(4) 中央値は資料の数値を小さい順に(または大きい順に)並べたときの中央にくる値である。資料の総数が36なので，18番目と19番目の平均が中央値となる。小さい順に並べたときの18番目の得点が3点で19番目の得点が4点だから，中央値は3.5点である。

2 （小問群―証明，円の性質，相似，三平方の定理，長さ，2次方程式）

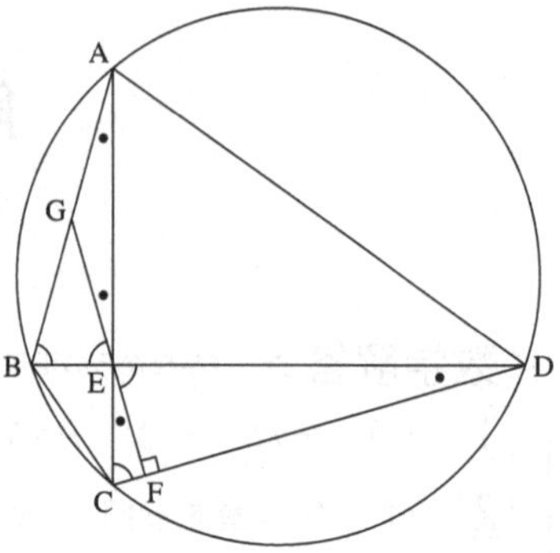

重要　(1)　①　弧BCに対する円周角なので，∠BAC＝∠BDC…(i)　∠CED＝∠EFD＝90°なので，∠CEF＝∠CDE＝90°－∠DEF…(ii)　対頂角は等しいから，∠GEA＝∠CEF…(iii)　(i)，(ii)，(iii)から，∠GAE＝∠GEA　△AGEは2角が等しいので二等辺三角形である。

やや難　②　弧ADに対する円周角なので，∠ABD＝∠ACD…(iv)　∠DEF＝∠ECD＝90°－∠CEF…(v)　∠GEB＝∠DEF…(vi)　(iv)，(v)，(vi)から，∠GBE＝∠GEB　よって，△GBEは2角が等しいので二等辺三角形である。△AGEも二等辺三角形なので，GA＝GE＝GB＝2cm　AB＝4cm　△GBEと△DBAは底角が等しい二等辺三角形なので相似である。よって，BE：BA＝BG：BD　BE：4＝2：6　BE＝$\frac{4}{3}$cm　△ABEで三平方の定理を用いると，AE＝$\sqrt{AB^2-BE^2}=\sqrt{16-\frac{16}{9}}=\frac{8\sqrt{2}}{3}$　△ABEと△DCEは2組の角がそれぞれ等しいので相似である。よって，BE：CE＝AE：DE　$\frac{4}{3}$：CE＝$\frac{8\sqrt{2}}{3}$：$\left(6-\frac{4}{3}\right)$　CE＝$\frac{4}{3}\times\frac{14}{3}\div\frac{8\sqrt{2}}{3}=\frac{4}{3}\times\frac{14}{3}\times\frac{3}{8\sqrt{2}}=\frac{4}{3}\times\frac{14}{3}\times\frac{3}{8\sqrt{2}}=\frac{7}{3\sqrt{2}}=\frac{7\sqrt{2}}{6}$(cm)

重要　(2)　$x^2+ax-1=0$から，$x^2+ax=1$　両辺にxの係数aの$\frac{1}{2}$である$\frac{a}{2}$の2乗を加えると，$x^2+ax+\left(\frac{a}{2}\right)^2=1+\left(\frac{a}{2}\right)^2$　$\left(x+\frac{a}{2}\right)^2=1+\frac{a^2}{4}$　$\left(x+\frac{a}{2}\right)^2=\frac{a^2+4}{4}$　両辺の平方根を求めると，$x+\frac{a}{2}=\pm\sqrt{\frac{a^2+4}{4}}=\pm\frac{\sqrt{a^2+4}}{2}$　よって，$x=\frac{-a\pm\sqrt{a^2+4}}{2}$

3 （確率―さいころの目と点の移動）

(1)　さいころを3回投げるとき目の出方の総数は6^3である。3回投げてPがAに戻る動き方は，A⇒B⇒O⇒A，A⇒F⇒O⇒A，A⇒O⇒B⇒A，A⇒O⇒F⇒Aの4通りがある。A⇒B⇒O⇒Aと動くのは，1回目に1または2の目，2回目に3または4の目，3回目に1の目が出る場合であり，目の出方は2×2×1＝4(通り)ある。A⇒F⇒O⇒Aの場合も4通りある。A⇒O⇒B⇒Aと動くのは，1回目に5または6の目，2回目に3または4の目，3回目に1の目が出る場合であり，やはり4通りある。A⇒O⇒F⇒Aの場合も4通りである。したがって，3回投げてPがAに戻る確率は，$\frac{4\times4}{6^3}=\frac{2}{27}$

(2)　さいころを3回投げてPがDに動くときの目の出方は，A⇒B⇒C⇒D，A⇒F⇒E⇒Dの場合がそれぞれ，2×2×2＝8(通り)…①　A⇒B⇒O⇒D，A⇒F⇒O⇒Dの場合がそれぞれ，2×2×1＝4(通り)…②　A⇒O⇒C⇒D，A⇒O⇒E⇒Dの場合がそれぞれ，2×1×2＝4(通り)…③　したがって，3回投げてPがDにある確率は，$\frac{8\times2+4\times2+4\times2}{6^3}=\frac{4}{27}$

(3)　さいころを7回投げたときの目の出方の総数は6^7　Pがすべての点を通り7回でAに戻る場合，A⇒B⇒C⇒D⇒E⇒F⇒A，または，A⇒F⇒E⇒C⇒D⇒B⇒Aと移動するどこかにOが入ればよい。例えば，A⇒O⇒B⇒C⇒D⇒E⇒F⇒Aとなる場合などである。A，B，C，D，E，Fのどれかから反時計まわりにひとつとなりの頂点に移動する場合の目の出方はそれぞれ2通りずつある。OからO以外の特定の点に移動する目の出方は1通りずつある。よって，A⇒O⇒B⇒C⇒D⇒E⇒F⇒Aの場合の目の出方の数は，2×1×2×2×2×2×2(通り)　反時計まわりの場合で，Oの入る場所は6か所あるので，2×1×2×2×2×2×2×(2×3)(通り)　時計回りの場合も同様だから，Pがすべての点を通り7回でAに戻る場合の数は$2\times1\times2\times2\times2\times2\times2\times(2\times3)\times2$(通り)　　したがって，その確率は，$\dfrac{2\times1\times2\times2\times2\times2\times2\times(2\times3)\times2}{6^7}=\dfrac{2}{729}$

＋α　4　**(空間図形ー十四面体，長さ，面積，三平方の定理，切断，位置関係)**

重要　(1)　図1は，立方体PQRS－TUVWの頂点を，各辺の中点を通る平面で切り落として問題の図の十四面体ができることを示したものである。△PADは直角二等辺三角形なので，$AP:AD=1:\sqrt{2}$　　AD＝6だから，$AP=3\sqrt{2}$　よって，元の立方体の1辺の長さは$6\sqrt{2}$　　BLは元の立方体の最も離れた向かい合う辺の中点を結ぶ線分だから，正方形RQUVの対角線RUに等しいので，$BL=RU=6\sqrt{2}\times\sqrt{2}=12$(cm)

図1

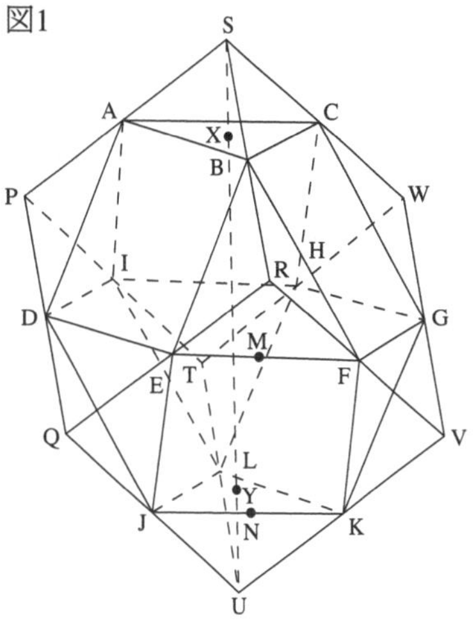

(2)　正三角形BEF，正方形EJKF，正三角形LJKの部分を展開図にすると，図形BEJLKFは線対称の図形であり，対称の軸はEF，JKの中点を通る。B，J，EFの中点を通る平面で切った切り口は，この立体の対称の面となり，AC，IHの中点を通り，その切り口は，平行な対辺の長さが6と12であり，平行でない対辺の長さが$3\sqrt{3}$の等脚台形を2つ合わせた形となる。なお，$3\sqrt{3}$は1辺の長さ6の正三角形の高さである。図2は，EF，JKの中点をそれぞれM，Nとして切り口の等脚台形を表したものである。Mから BLに引いた垂線の長さは，$\sqrt{(3\sqrt{3})^2-\{(12-6)\div2\}^2}=3\sqrt{2}$　　よって，切り口の面積は，$\left\{\dfrac{1}{2}\times(6+12)\times3\sqrt{2}\right\}\times2=54\sqrt{2}$($cm^2$)

図2

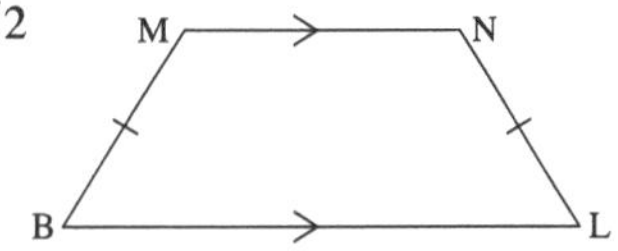

(3)　元の立方体の対角線SUは正三角形ABC，正三角形JKLに垂直であり，それぞれの三角形の重心を通る。三角形の重心は中線(頂点とその頂点に向かい合う辺の中点を結ぶ線分)を2：1に分けるので，△ABC，△JKLの重心をそれぞれX，Yとすると，AXの長さは1辺が6の正三角形の高さ$3\sqrt{3}$の$\dfrac{2}{3}$である。よって，$AX=3\sqrt{3}\times\dfrac{2}{3}=2\sqrt{3}$　　△ASXで三平方の定理を用いると，$SX=\sqrt{AS^2-AX^2}=\sqrt{(3\sqrt{2})^2-(2\sqrt{3})^2}=\sqrt{6}$　　また，UYについても同様なので，$UY=\sqrt{6}$　　立方体の対角線SUの長さは1辺の長さの$\sqrt{3}$倍なので，$6\sqrt{2}\times\sqrt{3}=6\sqrt{6}$　　X，YはSU上にあり，XYは面ABC，面JKLに垂直だから，XYの長さが面ABCと面JKLとの距離である。よって，$6\sqrt{6}-\sqrt{6}\times2=4\sqrt{6}$(cm)

5　**(関数・グラフと図形ー放物線，直線，座標，三平方の定理，方程式，合同，円の性質，直角三角形)**

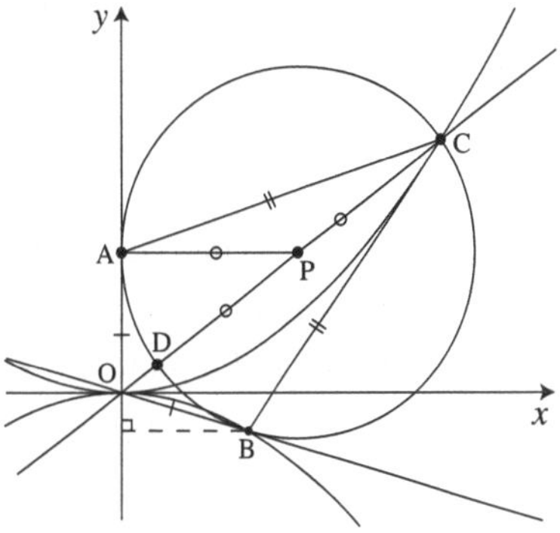

基本　(1)　点Bは放物線$y=-\dfrac{7}{96}x^2$の上にあってx座標が4だから，y座標は$-\dfrac{7}{96}\times4^2=-\dfrac{7}{6}$　　2点のx座標の差，y座標の差を使って三平方の定理を用いると，$OB=\sqrt{4^2+\left(-\dfrac{7}{6}\right)^2}=\sqrt{16+\dfrac{49}{36}}=\sqrt{\dfrac{625}{36}}=\dfrac{25}{6}$　　OA，OBは点Oから同じ円に

引いた垂線なので長さが等しい。よって，$OA=\frac{25}{6}$だから，$A\left(0,\ \frac{25}{6}\right)$

(2)　点Cのx座標をmとすると，点Cが放物線$y=\frac{3}{40}x^2$の上にあるので，点Cのy座標は，$\frac{3}{40}m^2$と表せる。AC＝BCなので，$AC^2=BC^2$　三平方の定理を用いて方程式を立てると，$AC^2=m^2+\left(\frac{3}{40}m^2-\frac{25}{6}\right)^2=BC^2=\left(\frac{3}{40}m^2+\frac{7}{6}\right)^2+(m-4)^2$　$m^2+\left(\frac{3}{40}m^2\right)^2-\frac{25}{40}m^2+\frac{625}{36}=\left(\frac{3}{40}m^2\right)^2+\frac{7}{40}m^2+\frac{49}{36}+m^2-8m+16$　$-\frac{4}{5}m^2+8m=0$　$m(m-10)=0$　$m=10$　点Cのy座標は，$\frac{3}{40}\times 10^2=\frac{15}{2}$　よって，$C\left(10,\ \frac{15}{2}\right)$

重要　(3)　△OACと△OBCは3辺がそれぞれ等しいので合同である。よって，∠ACD＝∠BCDなので，弧AD＝弧BD…①　また，AC＝BCなので，弧AC＝弧BC…②　①，②から，弧DBCは半円周であると言えるから，∠DAC＝90°　よって，DCは円の直径である。DCの中点をPとすると，円の半径なので，AP＝DP＝CP　直線OCの式は，傾きが$\frac{15}{2}\div 10=\frac{3}{4}$なので，$y=\frac{3}{4}x$だから，点Pの$x$座標を$n$とすれば$y$座標は$\frac{3}{4}n$　三平方の定理を用いると，$AP^2=n^2+\left(\frac{3}{4}n-\frac{25}{6}\right)^2=CP^2=(10-n)^2+\left(\frac{15}{2}-\frac{3}{4}n\right)^2$　$n^2+\left(\frac{3}{4}n\right)^2-\frac{25}{4}n+\frac{625}{36}=100-20n+n^2+\left(\frac{3}{4}n\right)^2-\frac{45}{4}n+\frac{225}{4}$　$25n-\frac{1250}{9}=0$　$n=\frac{50}{9}$　$\frac{3}{4}n=\frac{3}{4}\times\frac{50}{9}=\frac{25}{6}$　よって，$P\left(\frac{50}{9},\ \frac{25}{6}\right)$　DPとPCは同一直線上にあって長さが等しいから，線分の両端の点のx座標の差は等しい。点Dのx座標をdとすると，$\frac{50}{9}-d=10-\frac{50}{9}$　$d=\frac{10}{9}$　点Dのy座標は，$\frac{3}{4}\times\frac{10}{9}=\frac{5}{6}$　したがって，$D\left(\frac{10}{9},\ \frac{5}{6}\right)$

★ワンポイントアドバイス★

2以降の大問はいずれもやや難しい。手掛けられるものから確実に仕上げることを心がけよう。4は，問題の立体が立方体の角を切り取って作れることを利用すると解きやすい。5は円の性質を活用する。

+α は弊社HP商品詳細ページ（トビラのQRコードからアクセス可）参照。

＜英語解答＞ 《学校からの正答の発表はありません。》

A　1 turn　2 rule　3 train　4 pretty　5 left

B　1 記号 ウ　正しい形 talking　2 記号 エ　正しい形 than that of Tokyo
3 記号 エ　正しい形 help me with my homework

C　①（例） The picture books before drew the story till Momotaro was born on two scenes at most　②（例） small children can understand the story well just by looking at the pictures, without reading the sentences

D　問1 イ　問2 rights　問3 Ⅰ イ　Ⅱ カ　問4 ア 奴隷制度を廃止する　イ 離脱した州を元に戻す［国を1つにまとめる］　問5 ウ　問6 合衆国が連合国に勝

てば奴隷制度がなくなるということ。　問7　A　ウ　B　ア　C　イ
問8　ア→エ→ウ→イ　問9　イ　問10　イ　問11　イ，オ，ク

E　問1　イ　問2　Ⅰ　オ　Ⅱ　イ　Ⅲ　ア　Ⅳ　ウ　Ⅴ　エ　問3　ウ
問4　ア　問5　私はずっと体が不自由なわけではなかったのです。　問6　ア　自分の居場所を知らせる　イ　トラックにメモを残す　問7　B　問8　ア　visitors
イ　accept　問9　ア，ウ

F　放送問題解答省略

〇推定配点〇

A　各1点×5　B　各2点×3　C　各4点×2　D　問1～問5　各2点×7　問6　3点
問7・問8　各2点×2(各完答)　問9～問11　各2点×5　E　問1～問4　各2点×8
問5　3点　問6～問9　各2点×7　F　Ⅳ　各2点×4　他　各1点×9　計100点

＜英語解説＞

やや難　**A　（共通語補充：多義語）**

1 「あなたはとても頑張っている。さあ，あなたが休憩する番だ」「ビルは振り向いて後ろに座っている人に何か言おうとした」 turn「番，順番」(名詞)，「向きを変える」(動詞)

2 「その国はその島々と周辺地域を支配するため軍を組織した，なぜならそれらは石油が豊富だと言われているからだ」「私たちの家族は食事中に携帯電話を使わないというルールがあるので，たいてい食卓でお互いにたくさん話す」 rule「～を支配する」(動詞)，「ルール，規則」(名詞)

3 「動物園の飼育係は週末のショーのために象を訓練するつもりだ」「私は娘の誕生日プレゼントにおもちゃの電車を買ったが，娘はそれを気に入らない」 train「～を訓練する」(動詞)，「電車」(名詞)

4 「ジョンは君にかなり腹を立てているそうだから，君はできるだけ早く彼に謝るべきだ」「あなたはかわいい子犬を抱えていますね。写真を撮ってもいいですか」 pretty「かなり」(副詞)，「かわいい」(形容詞)

5 「サカガミさんは仕事へ行く途中，飼い主に捨てられた猫を見つけた」「私が車で帰宅している時，1人の少年が通りに駆け込んできた。そこで私は左に急ハンドルを切って木に衝突した」 be left behind「置き去りにされる」 cut to the left「左に急ハンドルを切る」

B　（正誤問題：動名詞，代名詞，比較，熟語，前置詞）

1 「おととい私は同級生にパーティーに招待され，彼の友達と会話して楽しんだ」 enjoy ～ing「～して楽しむ」

2 「今日のクイズ番組によると，北京の人口は東京の人口よりもずっと大きい」 北京の人口と東京の人口を比較するので，than that of Tokyo とする。that は the population を表す。

3 「あなたは今日は特にやることがないそうですね，私の宿題を手伝ってくれませんか」〈help＋人＋with ～〉「(人)が～するのを手伝う」

やや難　**C　（和文英訳：熟語，助動詞，前置詞，動名詞）**

① 「これまで」は直前の文を受けて「桃太郎が生まれたところまで」とする。「せいぜい」は「多くとも」の意味で at (the) most とする。

② 「十分に理解できる」は目的語 the story「その話を，ストーリーを」を補って can understand the story well とする。「～するだけで」は just by ～ing とする。

D (長文読解問題・歴史：語句解釈，語句補充，語句整序，受動態，内容吟味，文整序，同意語，内容一致)

(全訳) ハリエットの最後の救出任務は1860年に行われた。同年，サウスカロライナは奴隷制度を認める新しい国を作ると脅していた。

サウスカロライナは他の州に新国家設立に参加するよう説得を試みていた。一方，ハリエットは自分の最後の任務で，人々を自分がよく知るルートで導いた。そのルートは最後には橋にたどり着き，ナイアガラ川の対岸の自由の地に至る。

ハリエットが地下鉄道に取り組んでいた年月において任務を何回行ったか，そして彼女が救出した人数については歴史上明らかでない。歴史上の推定では彼女はおよそ70人を解放したが，その数は①あまり重要でない。重要なことは，彼女は数千もの人々に自分たちで奴隷を逃がすよう促したこと，そしてそれが可能だったことだ。彼女はまた，人々が奴隷制度を終わらせることの重要性を理解するのを助けた。

しかし1860年に多くの白人は，自分たちがアフリカ系アメリカ人を奴隷にできることを②自分たちの権利と感じていた。しかし同年に③エイブラハム・リンカーンがアメリカ合衆国大統領に選ばれ，事態が変わろうとしていた。リンカーン大統領はハリエットのように，奴隷制は間違いであると信じ，その件についての彼の姿勢は南部の州の多くの人々を激怒させた。

その年の12月，サウスカロライナは合衆国から脱退する，つまり出ていくことを決定した。2月までにさらに6つの南部州－ミシシッピ，フロリダ，アラバマ，ジョージア，ルイジアナ，テキサスが追従した。それらは共にアメリカ連合国となった。国内のそれ以外の部分は(当時の)アメリカ合衆国として知られた。

④リンカーン大統領の最優先事項は国をまとめることだった。彼は奴隷制の法律をそのままにしておくことになるとしても，連合国が合衆国に再び加わることを望んだ。連合国軍はこの妥協案に満足しなかった。1861年4月12日，彼らはサウスカロライナのサムター要塞で合衆国軍を攻撃し，南北戦争が始まった。

1861年7月25日，リンカーンと議会(法律を作る政府の一部)が戦争を宣言した。i北部では合衆国軍が従軍可能な男たちを入隊させ，ii南部では連合国軍が同じことをした。しかしながら大統領の戦争の宣言は州を元に戻すことを意図しており，奴隷制度を廃止することを意図していなかった。しかし多くの人々は合衆国の勝利が奴隷制度の終わりをもたらすと信じていた。⑤こう思って，廃止論者たちは連合国を支援するために参加した。

ハリエットは白人兵士たちの軍隊に仕えることを志願し，すぐに彼らは南下した。彼女が育ったチェサピーク湾の対岸にある，バージニアのモンロー要塞では，彼女はA料理人とB看護師として働いた。今や逃亡奴隷たちは「密輸品」と呼ばれ，動員された。ハリエットは無一文のアフリカ系アメリカ人たちの世話を手伝った。彼らの多くが幼い子供たちを連れた家族だった。

1862年の春，ハリエットと彼女の軍隊はサウスカロライナのポートロイヤルに進んだ。そこで彼女はB看護師の仕事を続けた。彼女は腸チフス，マラリア，黄熱病などの病気に苦しむ患者を楽にさせるため薬草を使った。人々は彼女を治療者と呼んだ。

戦争は激化したが，連合国軍には奴隷にされた人々からの援助という，不当な優位性があった。1862年，リンカーンは奴隷解放宣言に署名した。それは連合国の奴隷たちを解放する法律であった。それは1863年1月1日に施行され，その日iii南部の奴隷は全員解放された。iv北部の人々は祝ったが，連合国の奴隷たちは捕らわれの身のままだった。実際のところ，彼らのほとんどが奴隷解放宣言について何か月も知りもしなかった。

戦争は続いたが，今やハリエットは軍に正式に加わることができた。彼女は合衆国軍に入隊し，

Cスパイとして働いた。彼女は，v南部の奴隷たちのために逃亡ルートを作った。その所有者たちは彼らを解放することを拒んでいた。

1863年，ハリエットは南北戦争における最も重要な襲撃の1つである，コンバイー川の襲撃において歴史を作った。そこで彼女は150人の黒人兵士の一隊を率いて，奴隷解放宣言に従わないサウスカロライナの奴隷保有者を奇襲した。襲撃の前にハリエットは斥候隊を率いて危険な遠征をした。そこで彼らは地域の様子を見て攻撃の計画を立てた。

彼らの計画はうまく行った。1863年6月2日の夜，彼らはコンバイー川の土手に攻撃を開始した。ハリエットと彼女の隊は素晴らしい技能と勇敢さを示した。連合国の兵士や地元の奴隷保有者に銃撃されたにも関わらず，彼は何とか700人以上の奴隷を解放した。

X アしかしハリエットの軍の功績はそこで終わらなかった。エ彼女はアフリカ系アメリカ人の兵士たちで構成された有名な連隊である，第54マサチューセッツ志願歩兵連隊と共に働いた。ウハリエットは彼らと共にサウスカロライナのワグナー砦の戦いに参加した。イその戦いは1863年7月18日に起こり，後に受賞映画『グローリー』で映画化された。

ハリエットは1864年の春に病気になり，回復のためにニューヨークへ戻った。そして1865年初頭，彼女は戦争に戻り，ワシントンD.C.で看護師として働いた。まもなく連合国軍が降伏し，南北戦争が終わった。リンカーンは憲法修正13条に署名し，それが合衆国の奴隷制度を廃止させた，つまり終わらせた。今や400万人のアフリカ系アメリカ人が自由となり，ハリエットが生涯ずっと夢見ていた祝祭がついに起こった。

しかしながら，⑥事態は完璧からほど遠かった。ワシントンD.C.から北上する列車上で，車掌は彼女の軍人身分証⑦に敬意を払うことを拒否した。ハリエットは貨物車両に投げ込められ，けがをした。黒人たちは今や法律によって自由だが，平等に扱われていなかった。まだやるべきことがあった。

問1　matter「重要である」 not really ～「あまり～ではない」

問2　right「権利」

重要　問3　Abraham Lincoln was elected president of the United States　この文は〈elect＋人＋役職名〉「(人)を～に選ぶ」を受動態にしたもの。役職者が同時には1名に限られる場合は役職名を無冠詞にする。

重要　問4　下線部④の直後の部分および空所ⅱの次の文を参照する。

問5　全訳下線部参照。北部州(合衆国)は奴隷制反対，南部州(連合国)は奴隷制支持である。

問6　この this は直前の文の that 以下を指す。with ～ in mind「～を思って，心に留めて」

問7　全訳下線部参照。2つめのBの直後の文に herbal medicines「薬草」とあることから nurse「看護師」が適切。またCは直後の文の内容から spy「スパイ」が入り，残るAに cook「料理人」が入る。

重要　問8　全訳下線部参照。

問9　イ「黒人たちが住むのによい場所を作るには，ハリエットにはまだ長い道のりがあった」

問10　honor「～に敬意を払う」 respect「～を尊敬する」

やや難　問11　ア「黒人たちの命を救うためにハリエットは北部への橋を建てた」(×)　イ「1861年，7つの州がアメリカ連合国を結成した」(○)　ウ「南部の多くの人々は，奴隷制度はよくないというリンカーンの考えにわくわくした」(×)　エ「連合国は奴隷たちを利用するのを続けたいため，合衆国に再び加わりたくなかった」(×)　下線部④を含む段落の内容を参照する。連合国は奴隷制を維持したままであっても合衆国に加わりたくなかった。　オ「連合国軍がサウスカロライナを攻撃した直後に南北戦争が始まった」(○)　カ「ハリエットは南北戦争が始まった時，連合国の正式な隊員となった」(×)　ハリエットは南北戦争開始時には有志で軍に協力した。正式に入隊したのは1863年1月1日の奴隷解放宣言の施行後である。　キ「1863年，奴隷解放宣言はアメリカでは知られていなかった」(×)　北部では知られていた。　ク「ハリエットの綿密に計画された軍事作戦はコンバイー川襲撃の成功につながり，このことが黒人たちの命を救うことに役立った」(○)　ケ「ハリエットはコンバイー川襲撃において，自分の部隊の兵士の約2倍の奴隷たちを解放した」(×)　コ「ハリエットは南北戦争後に列車事故で亡くなった」(×)

E　(長文読解問題・物語文：文補充・選択，語句補充・選択，前置詞，語句解釈，英文和訳，指示語，要旨把握，内容一致)

(全訳)　風が家の角でヒューヒューと音を立て，雷が鳴り，雨が窓に激しく当たった。屋外で過ごすような夜ではなく，暖炉のそばに座り，しっかりとした壁と頭上の屋根に感謝するような夜だった。私はフランケンシュタイン博士が創り出した怪物がそんな夜に出歩いているのを想像した。私はひとりで，夫は外出しており，最も近い隣人は道路を4分の1マイル下ったところにいた。ひとりというのはつまり，毛むくじゃらの白黒のボーダーコリーのラジーを除いて。彼女は私のひざに頭を乗せ，まるで「心配しないで，私たちは大丈夫」と言うかのように，利口そうな茶色の瞳が私を見上げていた。

ラジーは私たちの計画ではなく，彼女自身の計画によって，4年早く私たちの家にやってきた。彼女が私たちと一緒に過ごした18年間を通じ，彼女は何度も何度も人の性格を正しく判断できることを証明した。それが彼女の嗅覚や聴覚によるものか，または第六感によるものかはわからないが，それが何であれ，彼女は私たち人間が持っていない才能を絶対に持っていた。初対面で彼女はしっぽの先を何度か振ってその訪問者を受け入れていいことを示すか，または，上唇を少し丸めて注意を促した。常に正確で，この夜ほど彼女の才能がはっきりしたことはなかった。

玄関の呼び鈴が鳴った。私はそれに応じないことにした。再び鳴り，今度はもっとしつこかった。そこにいる誰かは立ち去ろうとしなかった。それでも私はためらった。4回目に鳴った時，私はラジーを横に連れて，とうとう呼び出しに応じた。私の胃は飛び出しそうで口はカラカラになった，というのもそこには玄関の明かりに影が浮かび上がり，怪物が立っていたからだ。私が想像したほど大きくはなかったが，同じくらいに恐ろしかった。重たそうなコートの下にはよじれた体，片方の肩がもう片方より高く突き出て，頭は少し前に出て片側に傾いていた。やせ衰えた腕の先の節くれだった指が帽子に触れた。

「電話をお借りしてもいいですか」　その声は喉(Ⅰ)の奥のどこかから発せられ，その要求は丁寧だったけれども，声の調子は荒っぽかった。

彼がポケットをかき回し，紙切れを取り出した時，私はひるんだ。彼は脚を引きずりながら前に出て，それを私に手渡した。私はそれを受け取るのを拒んだ。彼が押し入ってくるのではないかと思い，私はラジーを見て，彼女が屋敷を守る準備ができているかどうか確かめた。驚くことに，彼女は私の横に座り，しっぽの先を振っていた。

①あなたはおかしいわよ，ラジー，と私は思った。しかしそのしぐさは否定しようがなく，過去の経験(Ⅱ)に基づき，私は彼女の本能を信じた。

いやいやながら私はその見知らぬ人物を手招きして廊下に入れ，電話を指さした。彼は私に礼を言ってその機器を手に取った。私は恥じらいもなくそこに立って会話を聞いた。彼の言葉(Ⅲ)から，私は彼のトラックが故障して，誰かにそれを修理してもらう必要があることを知った。ラジーはいつも，自分が信用できない人物に対してはその人が家を出ていくまで付きまとった。今夜彼女はその訪問者に何の注意も払わなかった。代わりに彼女は居間へ小走りして戻り，暖炉のそばで丸くなった。

電話を終えると，その男性はコートの襟を立てて立ち去る準備をした。彼が振り返って私に礼を言った時，彼の傾いた肩が下がったように見え，同情の気持ちが私の恐怖の中に徐々に広がっていった。

「お茶をいかがですか？」 ②その言葉は私が言葉をひっこめるより先に出てきてしまった。

彼の目が輝いた。「それはありがたいです」

私たちは台所へ行った。私がやかんを火にかける間に彼は腰を下ろした。いすにかがんでいると，彼はあまり怖く見えなかったが，私はそれでも彼を注意深い目で見ていた。お茶が入る頃までには，私は安全に感じ，もう1つのいすを引いた。私たちは黙って，テーブル(Ⅳ)をはさんで対面して座り，目の前にはお茶のカップが湯気を立てていた。

「どこからいらしたんですか？」 私は会話するため，ついに質問をした。

「バーミンガムです」 彼は答え，それから間を置いた。「あなたを怖がらせてしまったなら申し訳ありません」と彼は続けた。「でもご心配なさらずに。私の見た目が奇妙なことはわかっています，でも理由がありまして」

私は何も言わず，私たちは黙ってお茶を少しずつ飲んだ。彼は心の準備ができたら話すだろう，と私は感じ，そして彼はそうした。

「③私はずっとこんな風だったわけじゃないんです」と彼は言った。私は彼の声の中にひっかかりを聞いたというよりむしろ感じた。「でも数年前にポリオにかかってしまって」

他に何と言っていいのかわからず，私は「まあ」と言った。

「何か月も寝たきりでした。何とか再び歩けるようになっても仕事を得ることができませんでした。私の不自由な体がみんなを遠ざけてしまった。ようやく配送ドライバーとして雇われ，私の電話からご存じの通り，あなたの家の外で私のトラックが故障した，というわけです」 彼は顔をゆがめてほほ笑んだ。「修理工が到着した時に私もそこにいるよう，そろそろ戻ります」

「あの」と私は言った。「こんな天気の時に外に座っている必要はありませんよ。あなたがどこにいるかを知らせるメモをトラックに残しておいたらどうですか？」

彼は再びほほ笑んだ。「④そうします」

彼が戻ると，私たちは居間の暖炉の横に落ち着いた。「実を言うと」と私は言った。「もしここにラジーがいなかったら，私はあなたを家に入れなかったでしょう」

「へえ」と彼は言い，かがんで彼女の頭をなでた。

「どうしてですか？」

私は彼女の人を判断する不思議な能力について説明し，そして「私はうわべしか見ていなかったけれど，彼女はあなたの本当の姿を感じ取ったんです」と付け加えた。

「彼女がいてくれて私はラッキーだったな」と彼は笑いながら言った。

2時間が経って何杯もお茶を飲んだ後，玄関の呼び鈴が再び鳴った。フードのついたレインコートの下に作業用の胸当てズボンを着た男性が，車が直ったと告げた。

私に何度もお礼を言い，その見知らぬ人は夜の闇へ進んでいき，数分後，彼のトラックのテールライトが道路の先に消えていった。B私は彼に再び会うとは全く思わなかった。

しかしクリスマスイブの午後，私が玄関の呼び鈴に応じると，あの雨の晩の見知らぬ人がそこに立っていた。「どうぞ」と彼は言い，私に大きな箱入りのチョコレートを渡した。「あなたのご親切に感謝します」 それから彼は私のもう一方の手に犬用のおやつの包みを置いた。「そしてこれは素晴らしい本能(Ⅴ)を持った私の友達のラジーに。あなたがたにメリークリスマス」

毎年クリスマスイブに，私たちが5年後に引っ越してしまうまで，彼は箱入りチョコレートと犬用おやつを持ってやってきた。そして毎年，彼は私たちの賢いラジーから温かい歓迎を受けたのだった。

問1　空所(Ⅲ)を含む段落参照。その男性はトラックが故障してしまったので，修理工を呼ぶために電話を借りたかった。

問2　(Ⅰ)　back in ～「～の奥」(Ⅱ)　base on ～「～に基づく」(Ⅲ)　from ～「～から(判断して)」(Ⅳ)　across ～「～の向こう側に，～をはさんで」(Ⅴ)　with ～「～を持っている，～を備えている」

問3　ウ「彼女はラジーの驚くべき反応に動揺した」直前の文に，驚くべきことにラジーがしっぽの先を振った，とある。これは，その人物を受け入れてよいことを示すしぐさで，主人公はそのラジーの反応に驚いた。

問4　ア「なぜだかわからないが，私は彼にお茶を出そうとした」下線部②は「お茶をいかがですか」という言葉がとっさに口から出てしまった，ということを表す。

重要　問5　not always ～「いつも[ずっと]～というわけではない」like this「こんな風に」this は体が不自由で奇妙な外見であることを指す。男性が罹ったポリオは，神経を侵して体に麻痺を起こす病気である。

問6　下線部④の直前の主人公の言葉を参照する。

重要　問7　全訳参照。男性が去り，主人公はもう2度と彼に会うことはないだろうと思ったが，クリスマスイブにその男性がやってきた，という流れになる。

やや難　問8　「賢い犬のラジーのおかげで，その飼い主は自分を何らかの方法で傷つけようとする(ア)訪問者から距離を置くことができている。彼女は，もし自分の犬が彼らを気に入らないなら，(イ)受け入れるべきではない，と信じている」

問9　ア「男性は，自分が電話で話している間，その女性が話を聞いていたことを知っていた」(○)　イ「男性は一目でラジーの芸に魅了された」(×)　ウ「女性はその夜，ラジーの他に頼れる人がいなかった」(○)　エ「その男性は生まれつき病気だったため，仕事を見つけるのに苦労した」(×)　生まれつきの病気ではなく，数年前にポリオに罹患した。　オ「ラジーの天性の能力はたいてい正確だったが時々は不正確だった」(×)　カ「その女性のトラックはどこか異常があり，修理工がそれを直しにやってきた」(×)

F　放送問題解説省略。

★ワンポイントアドバイス★

Cの和文英訳問題は，元の日本語で省略されている語を補って英訳する必要がある。

＜国語解答＞　《学校からの正答の発表はありません。》

一　問1　イ　問2　エ　問3　ア　問4　澄むな　問5　ウ　問6　1　セ　2　ソ　3　オ　4　イ　5　キ　6　ア　7　タ　8　エ　9　ウ　10　シ　11　コ　12　ク　13　ケ

二　問1　①　矛盾　②　愚痴　③　諦　問2　a　エ　b　オ

問3　(例)　(政治や経済人は，)　A　自分たちの意見の限界や不合理な点を認めて真実を追究(25字)　(することなく，)　B　自分たちの主張を思い通りに進めようと(18字)　(している。)

問4 （例）（科学は,） A 数多くの事例を分析して得られる確率(17字)（を答えることはできるが,） B 個々人がどういう判断をすべきかという責任(20字)（を負うことはできない。）

三 問1 ウ 問2 隻鴨の 問3 ウ 問4 イ 問5 ア
問6 ア × イ × ウ ○ エ ○ オ × 問7 オ

○推定配点○
一 問6 各1点×13 他 各5点×5
二 問1・問2 各2点×5 問3 各5点×2 問4 各5点×2
三 問6 各1点×5 問7 2点 他 各5点×5 計100点

＜国語解説＞

一 （小説―大意・要旨，情景・心情，内容吟味，文脈把握）

問1 ――線1の直後に「時に阿呆のように順応している」とあるので，親である「私たち」のしつけに，ノボルが「阿呆のように順応している」場面を探す。「幾日か過ぎて」で始まる段落で，ノボルはヨーヨーを買うために「私に二銭の金をせがんだ」とあり，続く「初めてねだったいじらしい希望」で始まる段落で，母である「私」は生活を考えノボルにヨーヨーをあきらめるよう言いきかせている。その後の「ノボルのまつ毛は，ぱしぱしと絶えずしばたたいていたが，聞いているのかいないのか，黙って南瓜を食い終わると，すっと戸外へ出て行った」というノボルの反応が，「阿呆のように順応」に重なる。この内容を述べているイがふさわしい。タズは「花を煮て食うべさ」と言っているので，「花を煮て食べさせてしまった」とあるアはふさわしくない。ウの「コマの商品化」，エの「育て切れなかった」は，本文に該当する描写はない。ヨーヨーをねだるノボルに対して，「ヨーヨーなんて……」と言い聞かせる「私」の言葉は決して「冷淡」なものではないので，オもふさわしくない。

問2 同じ文の「人界の風習にうとい子供たちには」「差し障りにならない」「親らしい力」とはどのようなものかを考える。「人界の風習」は，一つ前の文「三月の雛人形もなく，五月の鯉のぼりもない」の雛人形や鯉のぼりなど子供の成長の節目を祝う風習のことである。開拓民である「私」が持っていない「親らしい力」とは，雛人形や鯉のぼりを準備してやる力である。

やや難 問3 「私」がノボルの作ったコマについて述べている部分に着目する。「土台おもちゃは」で始まる段落の「土台おもちゃは楽しいものでなければならない筈」や「無からはじめた粗野があり，危なっかしい不完全があっても，確かな個性が伴う……みんなちがったそれぞれの踊りを潜み持ち，展開してみせる」という描写から，「私」がノボルの作るコマに高い評価をつける理由が読み取れる。同じ段落に「ほんものらしい玩具に見えてくる」とあるので，「凌いでいる」とあるイはふさわしくない。また，ウの「不完全な『おもちゃ』に過ぎない」や「案外馬鹿にならない」は，「高い評価」とは言えない。本文最終文の「軽妙な奇術まがいの遊びというより」にエが，「親ばかの」で始まる段落の「荘重な物々しさとはうらはら」にオが合わない。

問4 ――線4は，コマが回転する最中の「一刻」であることを確認する。直前に「皆が澄んだという」とあり，この「澄んだ」がキーワードになる。同じ段落でノボルが自分で作ったバカゴマを回す場面で「澄むなどという荘重な物々しさとはうらはらに」という表現があるのに着目し，ここから適当な十四字の部分を抜き出す。

問5 「黒島伝治の作品」の前に，「何となく不安な思いがかげると同時に，意表外な記憶がしみ出してきた」とあり，この「意表外な記憶」として「黒島伝治の作品」を掲げている。「黒島伝治の作品」は，二銭のコマの引綱を買えなかったために一銭の引綱を伸ばそうとして小さな息子が牛に踏みつぶされたというものである。——部5と同じ段落に「コマ紐の二銭，ヨーヨーの二銭，が妙に胸にひっかかって……何もかも哀れに思えて来た。午後は歌声も姿も見えないノボルが気になって」とあるように，「私」は「黒島伝治の作品」の息子とノボルを重ねて不安になっている。「頭を振って……鋤の柄をますます強く握りしめて振りつづけた」のは，そのような「不安」を振り払おうとしたためだと想像できる。アの「子供との関係が悪化」という内容は黒島伝治の作品にはない。イの「父親に対する怒り」は本文のこの部分からは読み取れない。エの「子供から創意工夫を引き出すことに繋がる信念」，オの「二銭の金を渡してしまった」は，本文の内容にそぐわない。

重要 問6 1 「私たちは」で始まる段落に「玩具(おもちゃ)といえるようなものを買って与えたことがない」とあるので，セの「玩具」とソの「おもちゃ」を候補とする。 2 「土台」で始まる段落で，ノボルの作ったコマを見て「私」は「土台おもちゃは楽しいもの」と表記しているので，ソに入るのは「おもちゃ」。したがって，1に入るのは「玩具」。 3 後の「流通する」に通じるのは「売り物」。 4 「白つめ草が」で始まる段落に「一つの実の抜き差しによって，より正確な図形を整える」とある。 5 二つ目の[5]の直後の「眼」に続くにふさわしい語を選ぶ。物事の真偽を見分けるという意味を表す語が入る。 6 「白つめ草が」で始まる段落の「幼い知恵によって工夫体得する幾何の芽生えだ」に着目する。 7 「開墾地」は何の「外部」にあるのか，場所を表す語が入る。 8 「子供たちは」「生きていくために」「親たちに」どうしているのかを考える。冒頭の段落に，ノボルが親に対して「順応している」とある。 9 「根元から」で始まる段落の「成長する意志」は，子供たちの様子を植物に喩えたものである。この「成長」と同じ意味を表す語が入る。 10 子供たちの「鑑識眼」は何を「上回」り，「私」が「囚われている」のは何かを考える。「畑には」で始まる段落に「大人の常識に堕したよどみを……このばかな母親は，どんなに侘しく，あえなく恥じたか知れない」とあるが，そのような「私」がノボルの作るコマやヨーヨーを見て感心していることから判断する。 11 ノボルの作ったヨーヨーの動きを，最終文で「厳粛な精魂の恐ろしい踊り」と表現している。 12 3の「売り物」はどのようにして作られるのかを考える。 13 「土台」で始まる段落で，「私」はノボルの作ったコマに「笑いこけ」「この幼い子の手から生まれたものには……確かな個性が伴う」と称賛している。「私」がノボルのおもちゃに見いだしたのは，ケの「幼い知恵」である。本文は，「白つめ草が」で始まる段落にあるように，「幼い知恵によって工夫体得する」子供たちの姿を，母である「私」の目を通して語った文章である。

二 (論説文—大意・要旨，内容吟味，文脈把握，漢字の読み書き)

問1 ① 二つの物事がくいちがっていて，つじつまが合わないこと。「矛」の訓読みは「ほこ」で，「盾」の訓読みは「たて」。 ② 言っても仕方がないことを言って嘆くこと。「愚」の訓読みは「おろ(か)」。 ③ 音読みは「テイ」で，「諦観」「諦念」などの熟語がある。字形の似た「締」と区別する。

問2 直後の文で「何回か証言しているうちに，目撃していないはずなのに，そのように話すとよけい信用してくれるだろうと期待する気持ちから，辻褄が合うよう知らず知らずのうちに話を作り出していくから」と理由を述べている。この「目撃していないはずなのに」に相当する部分がaに入る。「偶然目撃」というのであるから，犯罪を断片的に見たに過ぎないと推察できる。また，「そのように話すとよけい信用してくれるだろうと期待する気持ちから」に相当する部分がbに入る。辻褄を合わせて話を作り出すのは，自分の証言の何を高めるためなのかを考える。

やや難 問3 空欄の前後の内容から，「政治家や経済人」が本来はどうすべきだと筆者が考えていることが

A に入る。同じ文の「真摯に自分の意見の限界や不合理な点を認めない」から,「自分の意見の限界や不合理な点を認める」ことが,筆者が本来すべきことと考えていることがわかる。この内容に「真実」に続くにふさわしい「追求」などの語を加えてまとめる。B には「これは」で始まる段落の「自分たちの主張が思い通りに進まないとき,それに同意しない意見を述べる人に対して浴びせる偏った議論に多く見受けられる」という表現を用いて「政治家や経済人」がしようとしていることとして入れる。

やや難 問4　空欄の前後の内容から,A には「科学」に「できる」ことが,B には「できない」ことが入るとわかる。最終段落3の「科学においては……多くの似たようなケースを調べて,ある事柄が起こる確率はどれくらいであるか,という答えしか導けません。その結果から,どういう判断をするかは個々人に任されており,科学では何も言えない」という筆者の主張に着目する。「多くの似たようなケースを調べて」の部分を,「事例」と「分析」という語を用いて言い換え A に入れる。B には,「負う」に続くにふさわしい「責任」という語を加えて,「どういう判断をするかは個々人に任されており」という表現を用いてまとめる。

三　**(古文・俳句・川柳—情景・心情,内容吟味,文脈把握,表現技法,文学史)**

〈口語訳〉　黒髪山は霞がかかっていて,残雪がまだ白く見える。

A　剃り捨てて黒髪山に更衣(髪を剃り僧衣に着替え旅に死ぬ覚悟で出発したが,この黒髪山で更衣を迎えた。あの旅立ちの日が思い出され,旅の覚悟を新たにした)　曾良

(私に)同行している,曾良は,(姓は)河合氏で,(名を)惣五郎という。芭蕉庵の,近くに住んで,私の家事や炊事の手伝いをして助けてくれている。このたび,松嶋,象潟の風景を,(私と)共にする事を喜んで,また私の旅の苦労を減らそうとして,旅立ちの日の明け方,髪を剃り,僧衣に着替えて,惣五(という名前)を改めて宗悟とした。それで黒髪山の句があるのだ。「更衣」の二字は,(旅の覚悟がにじみでて)気迫がこもっているように思える。

(中略)

曾良は,腹を病んで,伊勢の国の,長島という所に,親類がいるので,(そこへ)先に行くことになるにあたって,(次の句を書き残した)

B　ゆきゆきてたふれ伏すとも萩の原(病人なので途中で行き倒れになるかもしれないが,萩が咲きほこる野原ならば,死んでも悔いはない)　曾良

先に行く者の悲しみ,後に残る者のつらさ。二羽の鴨が離れ離れになって,雲間に迷うような(気持ちである。)私もまた,

C　けふよりや書き付け消さん笠の露(今日からは一人旅だ。旅立ちのとき笠に書き付けた「同行二人」の文字を,笠に置く露と涙で消してしまおう)

(中略)

露通も,この港まで,出迎えに来て,美濃の国へと同行した。馬に乗って,大垣の庄に入ると,曾良も,伊勢から(来て),待ち合わせ,越人も,馬を飛ばして(駆けつけ),如行の家に集まった。前川子や,荊口父子,その他,親しい人たちが,昼も夜も訪ねて来て,再び生き返った死人に会うように,よろこんだり,ねぎらったりして,旅の疲れも,まだとれなかったが,九月六日になったので,「伊勢神宮の遷宮を,拝もう」と,また舟に乗って,

D　蛤のふたみに別れ行く秋ぞ(蛤の蓋と身が別れるように,私は見送る人々と別れて,二見が浦に出かけようとしている。ちょうど晩秋の季節なので,別れの寂しさが身にしみる)

問1　——線1の直前の「よりて」は,前に述べたことを理由としてという意味なので,この前に理由が書かれている。「曾良は……此のたび,松嶋,象潟の眺め,共にせむ事をよろこび,且は羇旅の難をいたはり,旅立つ暁,髪を剃りて,墨染にさまをかへて,惣五を改めて宗悟とす」と,

師とともに旅をする曾良の意気込みを述べ，その意気込みが「墨染にさまをかへ」，つまり「更衣」という語に込められている。この内容を述べているウを選ぶ。アの「僧侶」「仏道的な意味」，イの「作者の従僕という身分を捨て出家し」という宗教的な内容は読み取れない。エの「冬の情景も連想させて，二重写しの効果」は感じられない。

問2　――線2は，曾良は腹の病気になったので，芭蕉の足手まといにならないように伊勢の国の親類の家へ先に旅立ったということ。今までずっと旅行を続けてきた芭蕉と曾良の二人が，離れ離れになり心細い様子でいる状況を喩えた一文を探す。二羽の鴨のうちの一羽という意味を表す「隻鴨」を用いた表現に着目する。

問3　病を得た曾良が，後に芭蕉を残して先に旅立つ場面で詠まれた二句である。Bの「たふれ伏すとも」からは，芭蕉と旅をして萩の咲く野で倒れて死んでしまっても本望だという曾良の芭蕉に対する思いが読み取れる。Cの「書き付け」は，後の注釈から「同行二人」と書かれていたとわかり，芭蕉にとって「同行二人」は曾良と自分を指している。その「書き付け」を「消さん」というのであるから，曾良との別れを惜しむ思いが読み取れる。「笠の露」には，芭蕉の涙の意味も含まれている。アの「自分の不安を汲み取って欲しい」，イの「恨み」は，曾良の覚悟からは大きく外れる。エの「仏への信心を捨て」は，本文の内容からは読み取れない。

基本　問4　「蘇生」は，生き返るという意味。親しい人が次々訪れて，芭蕉が生き返ってきた者であるかのように，喜んだというのである。当時の「旅」は生きて帰れないかもしれないという覚悟を伴うものであったと読み取ることができる。

問5　本文後の注釈で「伊勢の遷宮」の日を確認すると，九月十日，十三日とある。したがって，九月六日を遷宮当日としているウ・エ・オはふさわしくない。――線4の直前「旅のものうさも，いまだやまざるに」に着目する。「に」は逆接の意味を表す助詞であることから，旅を終えて疲れもとれていないのに，次の旅へ向かおうと述べているアがふさわしい。

重要　問6　「蛤の」の句の「ふたみ」は伊勢の地名「二見」と，蛤の「蓋」と「身」という二つの意味を掛けている。また，大問三の設問にあるように，旅の出発は春であったことから，「行く秋」という季語で旅の終わりを告げていると推察できる。この内容を述べているウとエが正しい。アの「夫婦円満の句」という叙述は見られない。「蛤の」の句の前に「又ふねに乗りて」とあるので，「次は舟での旅になる」とあるイは間違っている。オの「秋の風を感じ始める」は「行く秋」にそぐわない。

基本　問7　オは，江戸時代の俳人である与謝蕪村の句。

★ワンポイントアドバイス★

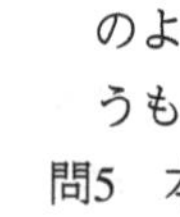

全体では，昨年度より小問数は減っているが，知識問題が減りその分思考力を問う設問が増えている。古文では，毎年本文後の注釈に大きなヒントが隠されている。文章の隅から隅まで目を通し，必要な情報をすばやく見つけ出すことを意識しよう。

2020年度

★★★★★★★★★★★★★★★★★★★★★★★★★★

入　試　問　題

2020年度

早稲田実業学校高等部入試問題

【数　学】（60分）　＜満点：100点＞

【注意】　1．答えは，最も簡単な形で書きなさい。

2．分数は，これ以上約分できない分数の形で答えなさい。

3．根号のつく場合は，$\sqrt{12}=2\sqrt{3}$ のように根号の中を最も小さい正の整数にして答えなさい。

[1]　次の各問いに答えよ。

(1)　$(x^2-4x)(x^2-4x-2)-15$ を因数分解せよ。

(2)　1から9までの整数が1つずつ書かれた9枚のカードがある。このカードから同時に3枚取り出すとき，3枚のカードに書かれた整数の和が偶数となる確率を求めよ。

(3)　p，q を異なる2つの素数とする。2次方程式 $x^2-px+q^2=0$ が異なる2つの整数解をもつとき，p，q の値をそれぞれ求めよ。

(4)　次の [ア]，[イ] にあてはまる言葉を漢字で書け。

①　標本調査において，調査の対象全体を [ア] という。

②　度数の合計に対する各階級の度数の割合を，その階級の [イ] という。

(5)　下の図の2つの円OとO′は2点A，Bで交わっている。A，B，C，D，Eは円Oの円周を5等分する点，A，B，F，G，H，I，J，Kは円O′の円周を8等分する点で，直線DAと円O′との交点のうち，AでないものをLとする。直線ABと直線LGとの交点をMとするとき，∠AMLの大きさを求めよ。

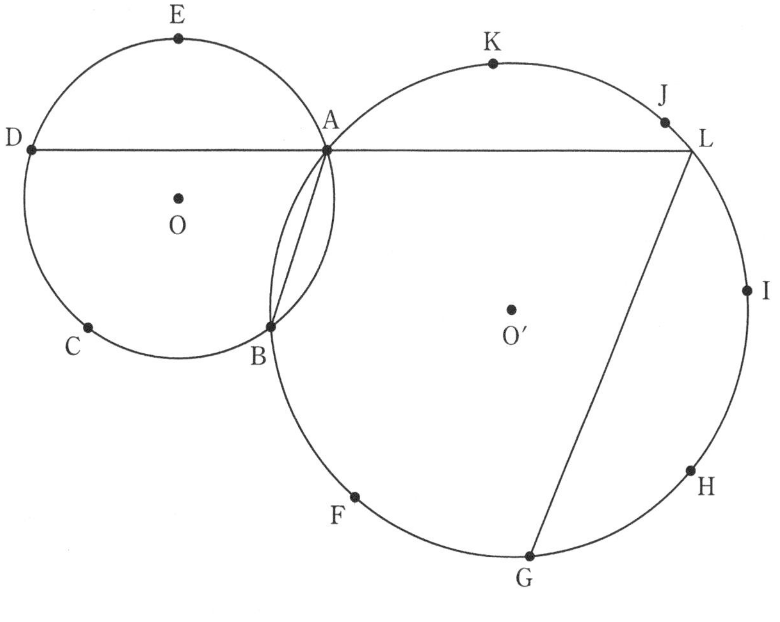

2 次の各問いに答えよ。

⑴ 点Oを中心とし，線分ABを直径とする半円がある。解答欄の図にコンパスと三角定規を用いて，$\overset{\frown}{\mathrm{AB}}$上に $\angle\mathrm{AOP}=105^\circ$ となる点Pを作図せよ。ただし，作図に用いた線は消さず，三角定規の角を利用して作図しないこと。

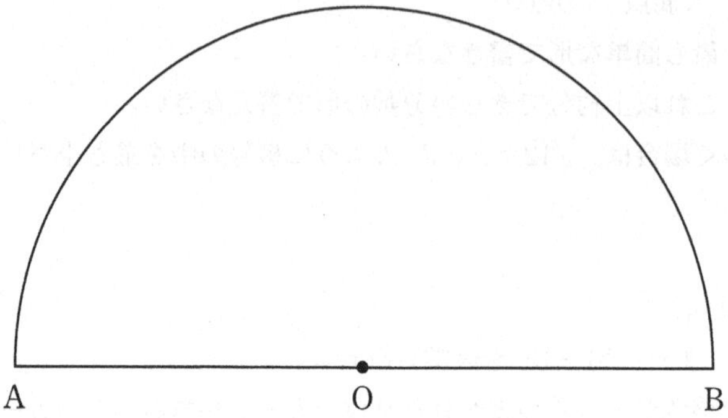

⑵ 下の図のような三角錐ABCDがある。

辺BC上に点Eをとり，面ACDと面GEF，面AEDと面GHFがそれぞれ平行になるように，辺BD上に点F，辺BA上に点G，線分BE上に点Hをとる。

このとき，次の①，②に答えよ。

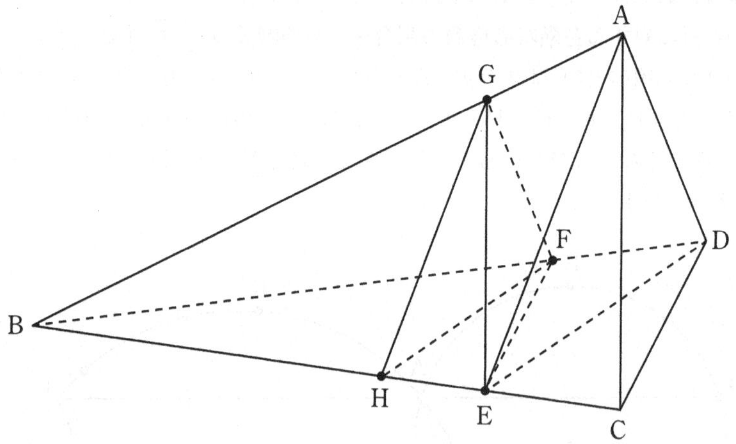

① $\triangle\mathrm{CDE}\backsim\triangle\mathrm{EFH}$ であることを証明せよ。

② $\angle\mathrm{ACB}=\angle\mathrm{ACD}=\angle\mathrm{DCB}=90^\circ$，$\angle\mathrm{AEC}=45^\circ$，$\angle\mathrm{DEC}=60^\circ$，BH＝9㎝，HE＝6㎝のとき，三角錐ABCDの体積を求めよ。

3 次の各問いに答えよ。

⑴ x，y についての連立方程式 $\begin{cases} y=ax+2 \\ y=bx-3 \end{cases}$ が解をもたないための条件を，定数 a，b を用いて表せ。

⑵ A，B，C，D，E を定数とする。x，y についての４つの方程式

$Ax + By = -12$ ……（**ア**）

$Bx - Ay = 16$ ……（**イ**）

$6x - 8y = C$ ……（**ウ**）

$Dx - 6y = E$ ……（**エ**）

は，以下の条件をすべて満たすとする。

条件Ⅰ：（**ア**）と（**ウ**）を連立方程式として解いても，解はない。

条件Ⅱ：（**ア**）と（**エ**）を連立方程式として解くと，解は $x = 8$，$y = 9$ である。

条件Ⅲ：（**ウ**）と（**エ**）を連立方程式として解いた解は，（**ア**）と（**イ**）を連立方程式として解いた解より，x の値は6大きく，y の値は2大きい。

このとき，次の①，②に答えよ。

① A，B の値をそれぞれ求めよ。

② C，E の値をそれぞれ求めよ。

4 下の図のように，放物線 $y = 3x^2$ と直線 $y = mx$（$m < 0$），直線 $y = nx$（$n > 0$）との交点のうち，原点Oと異なる点をそれぞれP，Qとする。

このとき，次の各問いに答えよ。

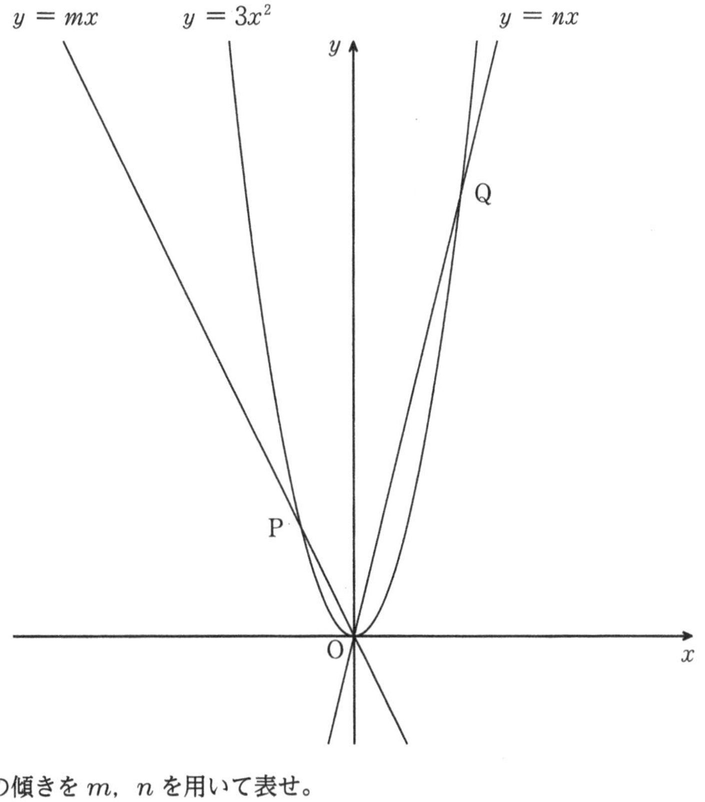

(1) 直線PQの傾きを m，n を用いて表せ。

(2) 点Pの x 座標が -2，直線PQの傾きが -1 のとき，n の値を求めよ。

(3) 整数 m，n を変化させたとき，傾きが10，切片が40以下の整数となるような直線PQは何本かくことができるか。

5 下の図のように，長方形ABCDの３辺AB，BC，DAと接する半径１㎝の円Oがある。
∠OED＝90°，線分OE上に OF＝FD となる点Fをとると ∠FDE＝60° であった。
円周率をπとして，次の各問いに答えよ。

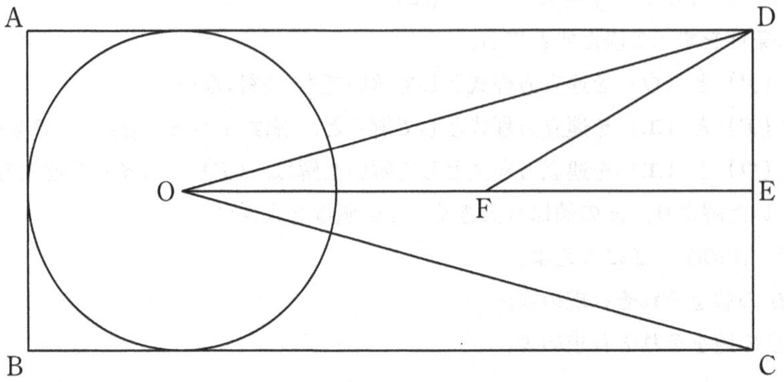

(1) ∠DOCの大きさと，OD^2の値をそれぞれ求めよ。

(2) 長方形ABCDを，点Bを中心に90°回転させたとき，長方形ABCDが動いたあとにできる図形の面積を求めよ。

(3) 長方形ABCDを，点Oを中心に90°回転させたとき，長方形ABCDが動いたあとにできる図形の面積を求めよ。

[必要なら自由に使いなさい]

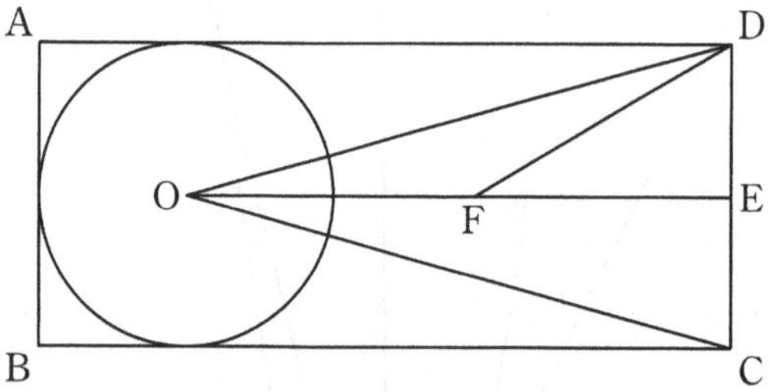

【英　語】（70分）　＜満点：100点＞

【注意】 試験開始後50分たったら，チャイムの合図でHの放送問題が始まります。

A　空欄に共通して入る語をそれぞれ答えなさい。

1　You don't begin English sentences with a small (　　　).
　I sent a long (　　　) to her in order to express my feelings.

2　Why do you get angry so easily?　Be more (　　　).
　The (　　　) has to go to see a doctor once a week.

3　All the rooms of the hotel (　　　) the sea.
　His (　　　) turned pale when he saw the accident.

4　The books may (　　　) from the shelf when an earthquake happens.
　My father likes drinking, so he always empties a glass to the last (　　　).

5　Be careful not to (　　　) off the bed.
　How about going to temples in Kyoto this (　　　)?

B　誤りを含む文を3つ選び，番号で答えなさい。

1　It may be not difficult for you to learn to speak and write English.
2　During the winter vacation I visited a lot of sightseeing spots in Kyoto.
3　I have four ties; one is red, another is yellow, and the others are blue.
4　Please help me carry the bag full of sand.
5　The meeting room is down the hall on the right.
6　These days the police is going around this area late at night.
7　The school building is about 100 years old.
8　I need to take notes, so please give me two pieces of paper.
9　Accidents can happen to anyone, so we must be prepared.
10　After a long flight I reached at Heathrow Airport, and was welcomed by my host family.

C　日本語に合うように【　】内の語を並べかえなさい。ただし，解答欄には①～③に入る語のみ記号で答えなさい。なお，文頭に来る語も小文字で始まっています。

1　数日後には食べ物がなくなるでしょう。
We【ア nothing / イ few / ウ will / エ days / オ eat / カ have / キ a / ク to / ケ in】.
We _____ ① _____ _____ ② _____ _____ ③ _____.

2　借りた本を必ず返してね。
【ア borrowed / イ book / ウ to / エ you / オ sure / カ have / キ return / ク be / ケ the】.
_____ ① _____ _____ _____ ② _____ _____ ③.

3　天気予報によると，今夜大雪になるらしい。
【ア going / イ a / ウ forecast / エ snow / オ we / カ weather / キ heavy / ク the /

ケ are / コ says / サ have / シ to】tonight.

_____ _____ _____ __①__ _____ _____ _____ __②__ _____ _____ __③__ _____
tonight.

D 下線部を英語になおしなさい。ただし，**①は It で始めること。**

Yesterday I was cleaning my room. Then, I found a picture from my high school. ①それを見て私は，誰にでもやさしかった英語の先生を思い出しました。 So, I decided to see him and went to the high school for the first time in three years. We talked a lot and had a wonderful time. ②"大学を卒業したら，留学したいんです。 What do you think?" I asked him. He gave me some good advice. Thanks to him, I've become motivated to study English harder.

E 次の英文を読んで，設問に答えなさい。

The Impossible Burger is a burger that tastes exactly like beef, but it was made using [I] and [II]. There are many kinds of "veggie burgers," for vegetarians, but this one is made for meat lovers. The company that makes this burger, Impossible Foods, wants to change the food that people eat to reduce climate change.

At the Impossible Foods lab, scientist Celeste Holz-Schietinger works on the flavor and *texture of the burger. She looks for the key points of beef—its flavor, smell, sound, and look. Then those points are copied using plant-based *ingredients. [III]

The Impossible Burger has the same *nutrition as beef, without the unhealthy parts. In fact, taste, nutrition, and reducing climate change were all equally important when creating the burger.

Cows are actually terrible for the environment. They need lots of land and water, and they create greenhouse gasses. To make a regular hamburger, it takes the same amount of water as a 10-minute shower, 75 square feet of land, and creates 18 driving miles of greenhouse gasses. However, an Impossible Burger uses 95% less land, 75% less water, and creates 85-87% less greenhouse gasses than a beef burger.

That's why this burger was made for meat lovers. The goal is for them to eat less meat in order to protect environment. Meanwhile they can still eat delicious burgers that taste like real meat.

Want to try the Impossible Burger? It can be found in Texas, Nevada, California, and New York.

texture：食感　ingredient：材料　nutrition：栄養

問1 [Ⅰ]・[Ⅱ] に入るものの組み合わせとして最も適切なものをア～エから1つ選び，記号で答えなさい。

ア Ⅰ：water Ⅱ：CO_2 イ Ⅰ：pork Ⅱ：chicken
ウ Ⅰ：fish Ⅱ：crops エ Ⅰ：vegetables Ⅱ：science

問2 [Ⅲ] に入るア～エの英文を正しく並べかえ，記号で答えなさい。

ア This gives the burger its red color when raw, and turns it brown when cooked.

イ Some of the other ingredients come from wheat, potato, and coconut.

ウ The key ingredient is heme, which is taken from plants, but which looks and tastes like *blood. ［注］ blood：血

エ They *sizzle when cooked, and give it a crispy and meaty texture.
［注］ sizzle：ジュージューと音を立てる

問3 the Impossible Burger の利点について，40字以上50字以内で説明しなさい。ただし，以下の書き出しに続く形で答えること。なお，句読点は1字と数える。

牛肉を使ったハンバーガーと比べて，健康に良いだけではなく，＿＿＿＿＿＿＿＿

［下書き用］

牛肉を使ったハンバーガーと比べて，健康に良いだけではなく，														5
				10					15					20
				25					30					35
				40					45					50

[F] 次の英文を読んで，設問に答えなさい。

When I told my friends and family I was going to move to Hawaii, they thought I was crazy. They were worried that I would use up all my savings before I found a good job. Hawaii is, after all, one of the most expensive places to live in the United States. I got so tired of their [　　] comments that I decided to leave two weeks earlier. Two days after I arrived in Honolulu, the newspaper had an advertisement for a job at the university that was exactly what I had been dreaming of! I applied, interviewed, and was *hired. Later I realized that if I hadn't changed my flight, I never would have seen the job advertisement, and my life might have been different. Was it fate? Or was it just pure luck that I "accidentally" changed my *reservation?

Recently, *psychologists at some leading universities have looked at what "luck" really means. They found there are three types of situations that people usually *associate with luck. (a) The first is *circumstance, such as being born in a wealthy family or *inheriting athletic genes. Obviously, this type of situation is beyond anyone's control—people can't change the circumstances of their birth. (b) The second is random chance events, such as rolling *dice, which are also beyond our control. Your chances of getting a seven when rolling two dice or of being hit by a falling *meteor are based on *statistics. (c) The third type of situation includes events such as getting your dream job or meeting your ideal partner. It is in this third area that researchers say we may be able to have more control over our luck.

A professor from England, Robert Wiseman, believes that people can influence their own luck in good or bad ways. Wiseman did a series of *experiments with people who believed they were naturally lucky or unlucky. He found a clear connection between the attitude of the *participants and the amount of "luck" they had. He found four important attitudes and actions of "lucky" people. First, they are open to *opportunities and *make the most of situations that arise. Second, they trust their intuitions and often make decisions based on gut feelings. Many *meditate or do yoga to help keep in touch with their intuitive senses. Third, they think positively and *expect good things to happen. Having a positive attitude means they smile and laugh more, which attracts others and may create opportunities. Fourth, lucky people tend to focus on the good in each situation, whereas negative people tend to focus on the bad side. Finally, lucky people typically don't give up easily.

Professor Wiseman also trained people to make themselves luckier. He asked them to keep a journal and write down only the good things that happened each day. After several days, people who *used to feel unlucky began to see themselves as lucky, and those who originally felt lucky thought they were even luckier.

How lucky are you? And how lucky would you like to be?

hire：雇う　reservation：予約　psychologist：心理学者
associate A with B：AをBと結びつけて考える　circumstance：境遇　inherit：引き継ぐ
dice：サイコロ　meteor：隕《いん》石　statistics：統計　experiment：実験　participant：参加者
opportunity：好機　make the most of ～：～を最大限に活かす　meditate：瞑《めい》想する
expect：予期する　used to ～：かつては～した

問1 [　　] に入る最も適切な語をア～エから1つ選び，記号で答えなさい。

ア helpful　イ final　ウ impressive　エ negative

問2 次のⅠ～Ⅲの状況は，波線部(a)～(c)のどの内容と最も関連があるか。(a)～(c)からそれぞれ1つ選び，記号で答えなさい。

Ⅰ Last week I finally bought a new pair of shoes. Those were the ones I had wanted for a long time. Today I put on the shoes for the first time when I went shopping. I was so happy with the new shoes. However, suddenly it got dark outside, and I got caught in a shower. My favorite new shoes got wet and soiled! What a bad day!

Ⅱ Today I had an audition for the leading role of a play performed at the school festival. About ten girls had the audition. We danced and sang an English song. I got very nervous because every student looked much better than I. Fortunately, I passed the audition and got the leading part! I'm looking forward to the school festival very much.

Ⅲ I belong to the golf team in my high school. My father runs a sporting goods company, and he also likes playing golf very much. Moreover, he owns some golf courses as well in Japan. So, whenever I have time, I can play a round of golf for free. Many friends of mine often say to me, "How lucky you are! I envy you!"

問３ 本文に基づいて考えると，運が良いと感じる人の特徴が表れた行動と言えるものは次のうちどれか。最も適切なものをア～オから１つ選び，記号で答えなさい。

ア 休日にどの映画を観るのか，友人とよく相談してから決めた。

イ 新しい服を買う際に服の色で迷ったが，感覚的に気に入ったものにした。

ウ 携帯電話の機種変更をする際に，それぞれの機種の長所と短所を比べた。

エ 昼食に何を食べるか考えるのが面倒だったので，食べるのをやめた。

オ 冬休みにどこへ旅行に行くか，サイコロを振って決めた。

問４ 本文の内容に合うように，次の表現の後に続くものとして最も適切なものをア～エから１つずつ選び，記号で答えなさい。

1 The writer decided to live in Hawaii

ア because he found a good job there.

イ and he went there earlier than planned.

ウ though he had no money at all.

エ because people around him supported his idea.

2 Robert Wiseman thinks that

ア it depends on you how lucky or unlucky you are.

イ luck is inherited and it is decided by your circumstance.

ウ you should write down good and bad things to think positively.

エ most people are not lucky enough in the world today.

3 Lucky people

ア stop doing the things that they don't like.

イ don't make mistakes because they examine things carefully.

ウ try to find good things for them in each circumstance.

エ are different from each other so we have to believe in ourselves.

問５ この英文のタイトルとして最も適切なものをア～オから１つ選び，記号で答えなさい。

ア History of Being Lucky　　イ Three Types of Luck

ウ Just My Luck　　エ Luck or Circumstance

オ Creating Your Own Luck

G 次の英文を読んで，設問に答えなさい。

By the age of seven I was used to being top of my class. I was the one who would help other *pupils who had difficulties. "Malala is a genius girl," my class fellows would say. I was also known for participating in everything—badminton, drama, cricket, art, even singing, though I wasn't much good. So when a new girl named Malka-e-Noor joined our class, I didn't think anything of it. Her name means "Queen of Light" and she said she wanted to be Pakistan's first female army chief. Her mother was a teacher at a different school, which was unusual, as none of our mothers worked. To begin with she didn't say much in class. The competition was always between me and my best friend Moniba, who had beautiful writing and presentation, which the examiners liked, but I knew I could beat her on [I]. So when we did the end-of-year exams and Malka-e-Noor came first, I was shocked. At home I cried and cried and had to be comforted by my mother.

Around that time we moved away from where we had been living on the same street as Moniba to an area where I didn't have any friends. On our new road there was a girl called Safina, who was a bit younger than me, and we started to play together. She was a pampered girl who had lots of dolls and a shoebox full of jewelry. But she kept eyeing up the pink plastic *pretend mobile phone my father had bought me, which was one of the only toys I had. My father was always talking on his mobile so I loved to copy him and *pretend to make calls on mine. One day it disappeared. ア

A few days later I saw Safina playing with a phone exactly the same as mine. "Where did you get that?" I asked. "I bought it in the bazaar," she said. イ

I realize now she could have been telling the truth but back then I thought, *She is doing this to me and* ① *I will do the same to her*. I used to go to her house to study, so whenever I was there I would pocket her things, mostly toy jewelry like earrings and necklaces. It was easy. At first stealing gave me a thrill, but that did not *last long. Soon it became a compulsion. ウ

One afternoon I came home from school and rushed into the kitchen as usual for a snack. "Hello, *Bhabi*!" I called. "I'm starving!" There was silence. My mother was sitting on the floor *pounding spices, brightly colored *turmeric and cumin, filling the air with their aroma. Over and over she pounded. Her eyes would not meet mine. What had I done? (a) I was very sad and went to my room. When I opened my cupboard, I saw that all the things I had taken were gone. I had been caught. エ

My cousin Reena came into my room. "They knew you were stealing," she said. "They were waiting for you to ② come clean, but you just kept on."

I felt a terrible sinking feeling in my stomach. I walked back to my mother with my head bowed. "What you did was wrong, Malala," she said. "Are you trying to bring shame on us that we can't afford to buy such things?"

"It's not true!" I lied. "I didn't take them."

But she knew I had. "Safina started it," I protested. "She took the pink phone that *Aba* bought me."

My mother was unmoved. "Safina is younger than you and you should have taught her better," she said. "You should have set an example."

I started crying and apologized over and over again. "Don't tell *Aba*," I begged. I couldn't bear for him to be disappointed in me. It's horrible to feel unworthy in the eyes of your parents. 〔オ〕

It wasn't the first time. When I was little I went to the bazaar with my mother and spotted a pile of almonds on a cart. They looked so tasty that I couldn't resist grabbing a handful. My mother told me off and apologized to the cart owner. He was furious and would not be *placated. We still had [Ⅱ] money and my mother checked her purse to see what she had. "Can you sell them to me for ten *rupees" she asked. "No," he replied. "Almonds are very costly."

My mother was very upset and told my father. He immediately went and bought the whole lot from the man and put them in a glass dish.

"Almonds are good," he said. "If you eat them with milk just before bed it makes you *brainy." But I knew he didn't have much money and the almonds in the dish were a reminder of my guilt. I promised myself I'd never do such a thing again. And now I had. My mother took me to say sorry to Safina and her parents. It was very hard. Safina said nothing about my phone, *which didn't seem fair, but I didn't mention it either. 〔カ〕

Though I felt bad, I was also relieved it was over. Since that day I have never lied or stolen. Not a single lie nor a single penny, not even the coins my father leaves around the house, which we're allowed to buy snacks with. I also stopped wearing jewelry because I asked myself, *What are these *baubles which tempt me? Why should I lose my character for a few metal trinkets?* But I still feel guilty, and to this day I say sorry to God in my prayers. 〔キ〕

My mother and father tell each other everything, so *Aba* soon found out why (b)I was so sad. I could see in his eyes that I had failed him. I wanted him to be proud of me, ③like he was when I was presented with the first-in-year trophies at school. Or the day our kindergarten teacher Miss Ulfat told him I had written "Only Speak in Urdu" on the blackboard for my classmates at the start of an Urdu lesson so we would learn the language faster. 〔ク〕

My father consoled me by telling me about the mistakes great heroes made when they were children. He told me that Mahatma Gandhi said, "Freedom is not worth having if it does not include the freedom to [Ⅲ]." At school we had read stories about Mohammad Ali Jinnah. As a boy in Karachi he would study by the glow of street lights because there was no light at home. He told other boys to stop playing marbles in the dust and to play cricket instead so their clothes and hands wouldn't get dirty. Outside his office my father had a framed copy of a letter written by Abraham Lincoln to his son's teacher, translated into Pashto. It is a very beautiful letter, full of good advice. "Teach him, if ④ you can, the wonder of books... But also give him quiet time to ponder the eternal mystery of birds in the sky, bees in the sun, and the flowers on a green hillside," it says. "Teach him it is far more honorable to fail than to cheat."

pupil：生徒　pretend：形 偽りの，にせの　動 ふりをする　last：続く　pound：砕く，粉にする
turmeric：ウコン　placate：なだめる　rupee：ルピー（通貨の単位）　brainy：頭の良い
which ≒ and it　bauble：安物の宝石

問1　[Ⅰ] に入る語として最も適切なものをア～エから1つ選び，記号で答えなさい。

ア writing　イ cooking　ウ content　エ appearance

問2　下線部①を the same の内容がわかるように言いかえるとき，空欄に適切な語を1語ずつ入れなさい。

I will (　　) (　　) (　　)

問3　下線部②の表現の定義として最も適切なものをア～エから1つ選び，記号で答えなさい。

ア to tell the truth about something you have been hiding
イ to allow someone to have something again
ウ to watch something happening without trying to stop it
エ to try to find something that you have lost

問4　[Ⅱ] に入る語として最も適切なものをア～エから1つ選び，記号で答えなさい。

ア no　イ little　ウ much　エ more

問5　下線部③の後に省略されている語句を答えなさい。語数は問いません。解答用紙には，省略されている語句のみ書くこと。

③ like he was [　　　　] when I was presented with the first-in-year trophies at school

問6　[Ⅲ] に入るものとして最も適切なものをア～エから1つ選び，記号で答えなさい。

ア lose the trust　イ make mistakes
ウ have discussions　エ make somebody angry

問7　下線部④が指す人を，日本語で具体的に答えなさい。

問8　波線部(a)・(b)について，「私」はなぜ悲しんでいるのか。それぞれ日本語で簡潔に説明しなさい。なお，「～から。」につながる形で答えること。

問9　この英文には次の1文が欠けています。ア～クのうち，この1文を入れる場所として最も適切なものを1つ選び，記号で答えなさい。

I did not know how to stop.

問10　本文の内容に合うものを**3つ**選び，番号で答えなさい。

1　Malala studied harder at school right after a new student named Malka-e-Noor came to her class.

2　Neither Malala nor Moniba was the best at the end-of-year exams, but it was no surprise.

3　Malala lived near Moniba's house for a certain period of time.

4　Safina had a lot more toys in her house than Malala did.

5　Safina often went to Malala's house because Safina wanted to study with her.

6　One day, Safina was using a pink toy cellphone and she said her parents bought it in the bazaar.

7　Malala's parents never scolded her even when she did a very bad thing.

8　Malala's father bought almonds for her because he wanted her to be healthy.

9　When Malala said sorry to Safina, Safina did not forgive her.

10　Malala thinks her behavior is decided not by herself but by God.

11　Malala wrote "Only speak in Urdu" on the blackboard so that her friends could remember her.

12　Malala learned important things not only from reading but also from listening to stories from her father.

H

放送問題Ⅰ　これから英文No.１～No.４を**１回ずつ**放送します。その応答として最も適切なものをア～エの中から１つずつ選び，記号で答えなさい。

No.１　ア　My bicycle brakes aren't working well.
　イ　No, I should finish my homework first.
　ウ　No, I didn't break it.
　エ　Sorry, I couldn't find it on my desk.

No.２　ア　No, we don't have a mop here.
　イ　I'm planning to take a drawing class next year.
　ウ　Well, why don't you look for it on the Internet?
　エ　OK, see you later at the library.

No.３　ア　Yes, I'd like to do it this weekend.
　イ　I prefer to have weak coffee.
　ウ　I really enjoyed the party last weekend.
　エ　I don't have any plans at the moment.

No.４　ア　I heard it'll start running around noon.
　イ　There's nobody around the escalator.
　ウ　Be my guest!
　エ　I guess the weather will be fine tomorrow afternoon.

放送問題Ⅱ これから対話文とそれに関する質問を2回ずつ放送します。答えとして最も適切なものをア～エの中から1つずつ選び，記号で答えなさい。

No.1 ア By train.
イ By bus.
ウ By bicycle.
エ On foot.

No.2 ア This morning.
イ This afternoon.
ウ Tomorrow morning.
エ Tomorrow afternoon.

放送問題Ⅲ これから英文とそれに関する質問を2回ずつ放送します。答えとして最も適切なものをア～エの中から1つずつ選び，記号で答えなさい。

No.1 ア To visit a temple.
イ To interview some people.
ウ To read about museums in their town.
エ To give a presentation about something in their town.

No.2 ア He taught children how to read and write.
イ He showed many people around the town.
ウ He learned how to clean the temple.
エ He visited the parks and museums in the town with his students.

No.3 ア He will go to the bookstore with his group members.
イ He will go home and take some rest.
ウ He will study hard to become a doctor.
エ He will do some more research.

放送問題Ⅳ これからラジオ番組が流れます。以下の英文は，そのラジオ番組の要約です。放送された内容に合うように次の①～④の（ ）を埋めなさい。ただし，①～③は指定された文字で始まる語を1語ずつ答えること。また，④は空欄に当てはまる算用数字を答えなさい。ラジオ番組は2回放送します。

This morning, there were two ①(m-　　) coming from the listeners of the radio show. The first listener was very happy about the show and expressed her thanks to it, because the show really helps her to get up and ready for another day. On the other hand, the second listener wasn't too happy about the show, probably because of the ②(c-　　) of music. So he asked the DJ to play more of the 90s music, ③(i-　　) of the 60s. At the end of the show, the DJ asked his listeners to make more requests. The number is ④(1 - 800 - ＿ ＿ ＿ - ＿ ＿ ＿ ＿).

※リスニングテストの放送台本は非公表です。

りてぞありける」とあるが、どういうことか。その説明として最もふさわしいものを次の中から選び、記号で答えなさい。

ア　たいして目立っているわけではないが、豊かにはなったということ。

イ　最後まで何の努力もしなかったが、大変満足して暮らしたということ。

ウ　非常に長い間祈り続けていたので、皆に尊敬されたということ。

エ　光り輝く財宝は手に入れられなかったが、十分納得したということ。

オ　いつも早とちりばかりしていたので、人々に笑われたということ。

問8　文中の□に入る表現として、最もふさわしいものを次の中から選び、記号で答えなさい。

ア　心長く物詣ではすべきなり

イ　夢を人に聞かすまじきなりと言ひ伝へたり

ウ　心にだにも深く念じつれば、仏も見え給ふなりけり

エ　あやしのものどもは、かく希有《けう》のことどもをし侍《はべ》りけるなり

オ　年ごろ、憎みいやしみつる人々、後悔して、みな貴《たふと》みけりとなん

問4 ——線5「いと心憂く、あはれにかなし」について、次の問いに答えなさい。

1　なぜこのように思ったのか。その理由の説明として最もふさわしいものを次の中から選び、記号で答えなさい。

ア　本来の僧侶の職を三百日も放り出し、自分の欲望のためだけに行動してきたいましめとして、貢《みつ》ぎ物を献上しろと言われたから。

イ　具体的なことを何一つ言ってくれない神仏の命令にも素直に従い、熱心に参詣する自分を褒《ほ》めてくれたことに、しみじみと感じ入ったから。

ウ　色々な寺社をたらい回しにされ、一年近くも参詣し続けたのに、最後に出てきた夢ではわずかばかりのものしか自分に与えてくれないと分かったから。

エ　金を稼《かせ》ぐ方法をいとも容易《たやす》く教えてくれたことに驚き、初めからここに来ていればと、今まで思慮深く行動しなかったことを後悔したから。

オ　僧侶として立身出世するためにはどうすればよいのかを告げてもらおうと思っていたのに、神官に職を転ずるように命じられたから。

2　この後、僧の心情はどのように変化したか。最もふさわしいものを次の中から選び、記号で答えなさい。

ア　仲間たちには大きな夢を語って寺を出たのに、全く願いが叶《かな》わなかったので、恥ずかしさのあまり賀茂川に身を投げてしまおうと思いつめている。

イ　散々歩き回って神仏に祈り続けたのに、結局何も手に入れることができなかったので、さすがに自身は何も努力しなかったことを反省している。

ウ　自分の望み通りに神仏が願いを叶えてくれたことに感謝し、次にどのように行動したらよいか命じてくれることを期待している。

エ　夢の中でお告げのものを確実に与えてくれると言ってくれたのだから、延暦寺に戻り、どのようなことが起こるか様子をうかがいたいと思っている。

オ　神のお告げには落胆したが、これで死んでしまっては今までお告げをしてくれた仏たちに申し訳ないと思い、仏道修行をし直す決意を固めている。

問5 〰〰線a「見れば」、b「思ひつれ」、c「賜びたる」の動作の主体の組み合わせとして最もふさわしいものを次の中から選び、記号で答えなさい。

ア　a 僧　b 僧　c 賀茂の神

イ　a 知り合い　b 使　c 僧

ウ　a 僧　b 僧　c 僧

エ　a 知り合い　b 使　c 賀茂の神

オ　a 僧　b 作者　c 使

問6 ——線6「この米をよろづに使ふ」とあるが、その時の法師の心情として最もふさわしいものを次の中から選び、記号で答えなさい。

ア 自戒　**イ** 自重　**ウ** 自棄　**エ** 自慢　**オ** 自足

問7 ——線7「いと別にきらきらしからねど、いとたのしき法師になさすがに身をもえ投げず。

①いかやうに計らはせ給《たま》ふべきにかとゆかしき方もあれば、もとの山の坊に帰りて②ゐたるほどに、知りたる所より、「もの申し候《さぶら》はん」と言ふ人あり。「誰《た》そ」とてa見れば、白き*長櫃《ながびつ》を担ひて、縁《えん》に置きて帰りぬ。いとあやしく思ひて、使《つかひ》を尋ぬれど、おほかたなし。これを開けてみれば、白き米と良き紙とを一長櫃入れたり。これは見し夢のままなりけり。さりともこそb思ひつれ、これぱかりをまことにc賜《た》びたると、いと心憂く思へど、いかがはせんとて、6この米をよろづに使ふに、ただ同じ多さにて、尽くることなし。紙も同じごと使へど、失《う》することなくて、7いと別にきらきらしからねど、いとたのしき法師になりてぞありける。

なほ、［　　］。

（『宇治拾遺物語』による）

*比叡山…滋賀県大津市の比叡山延暦寺。

*鞍馬…京都市左京区の鞍馬山の鞍馬寺。本尊は毘沙門天《びしゃもんてん》で、福徳を授けるものとされた。

*清水…京都市東山区の清水寺。本尊は十一面観音で、霊験あらたかなものとされた。

*賀茂…京都市の賀茂神社。上下両社があり、京都の守護神とされた。

*わ僧…「わ」は親しんで呼ぶことばで、対等またはそれ以下の者に用いられる。

*御幣紙、打撒の米…「御幣紙」は、神に祈る時に奉る物を作るための紙。「打撒の米」は、神を拝む時にまく米。

*長櫃…短い脚の付いた長方形の箱。

問1　══線①「いかやうに」、②「ゐたる」を現代仮名遣いに直しなさい。

問2　――線1「比叡山」、3「清水」はそれぞれどの国に属するか。次の中から選び、それぞれ記号で答えなさい。

ア　下野国　**イ**　山城国　**ウ**　美作国

エ　丹後国　**オ**　近江国

問3　――線2「今七日とて参れども、なほ見えねば」、4「我はえこそ知らね」の現代語訳として最もふさわしいものを次の中からそれぞれ選び、記号で答えなさい。

2「今七日とて参れども、なほ見えねば」

ア　もう七日と思って参詣《さんけい》したが、やはりお告げの夢が見えないので

イ　今が七日目だと思い参詣したが、具体的にしたいことが見つからないので

ウ　たった七日参詣した程度では、当然毘沙門天の夢が見えるはずがないので

エ　今に七日目になるだろうと参詣したが、これまで通り将来の展望が見えないので

オ　さらに七日行こうと思い参詣したが、まだ金持ちになる夢を見られないので

4「我はえこそ知らね」

ア　私にははっきりと分かっている

イ　自分でもよく考えてみたい

ウ　私にはお前の気持ちが理解できない

エ　自分にはどうにもできない

オ　私とは関わらないでくれ

＊CPU…コンピュータの「頭脳」となる処理装置。
＊フロッピーディスク…磁気ディスクを用いた記録媒体。
＊ストレージ…保存・記憶容量。
＊テラバイト…データの容量を表す単位。テラバイトはメガバイトの約百万倍。
＊オッカム…イギリスの哲学者ウィリアムの通称。
＊チョムスキー…アメリカの言語学者。

問1 〰〰線①「フカケツ」、②「タンテキ」、③「キバン」を正しい漢字に書き改めなさい。

問2 A ～ C に入る語としてふさわしいものを次の中からそれぞれ選び、記号で答えなさい。

ア しかし　**イ** 例えば　**ウ** つまり
エ また　**オ** したがって

問3 X に入る語句として最もふさわしいものを次の中から選び、記号で答えなさい。

ア ちょうど逆の方向性となる
イ ほとんど関係性がない
ウ まさしく比例の関係にある
エ むしろ同じ延長線上にある
オ やはり同時には成立しない

問4 ――線1「そういった哲学的な議論よりも、実用性が先行している」とはどういうことか。次に示すような解答形式で説明しなさい。その際、［意味内容、人間にとって］という二語を必ず用いて、その使用箇所を□で囲いなさい。

翻訳を行うAIについては、 十五字以上二十字以内 は後回しで、 十五字以上二十字以内 が優先されているということ。

問5 ――線2「これから述べるようなこと」とあるが、この中で筆者は人の言語が現代のAI翻訳に類似している点を指摘している。それはどのような点か。次に示すような解答形式で説明しなさい。その際、［文法、経験］という二語を必ず用いて、その使用箇所を□で囲いなさい。

人間が 四十字以上五十字以内 を問題なく運用している点。

三　次の文章を読んで、後の問いに答えなさい。

今は昔、[1]＊比叡山に僧あり。いと貧しかりけるが、＊鞍馬《くらま》に七日参りけり。夢などや見ゆるとて参りけれど、見えざりければ、[2]今七日とて参れども、なほ見えねば、七日を延《の》べ延べして百日参りけり。その百日といふ夢に、「我はえ知らず。[3]＊清水《きよみづ》へ参れ」と仰《おほ》せらるると見ければ、明くる日より、また清水へ百日参るに、また、「[4]我はえこそ知らね。＊賀茂《かも》に参りて申せ」と夢に見てければ、また賀茂に参る。

七日と思へども、例の夢見ん夢見んと参るほどに、百日といふ夜の夢に、「＊わ僧がかく参る、いとほしければ、＊御幣紙《ごへいがみ》、打撒《うちまき》の米ほどのもの、たしかに取らせん」と仰せらるると見て、うちおどろきたる心地、[5]いと心憂《う》く、あはれにかなし。所々参り歩きつるに、ありありてかく仰せらるるよ、打撒の代《か》はりばかり賜《たま》はりて、何かはせん。我が山へ帰り登らむも人目はづかし。賀茂川にや落ち入りなましなど思へど、また記憶容量を気にしなくてよければ、「そんなわけないよ」をAbsolutely not! だのThat is incredible. だのI cannot say that. だの、事例を多く収集して、その中から、用例の多いものを選んだり、直前の発話が似ているものを選んだりすることができる。このやり方では、インターネットなどを使って無限にデータが収集でき、それらのデータをもとにシステム自身が妥当だと思う表現を選び出すための共通点を拾い出して、より精度の高いしくみを構築していく方法（ディープ・ラーニング）によって、進化できるのである。

言語哲学者サールは「中国語の部屋」という比喩で、人工知能の課題を指摘したが、そこではインプットに対するアウトプットが正しければ会話のやりとりは成立したことになるものの、そこに「知能」があると言えるのかという疑問があった。

通訳や翻訳を人間がするのなら、わかっていて出力するわけだが、不十分な理解や誤解があって間違えることもある。ＡＩの場合、意味内容の正確な理解と関係なしに的確な翻訳ができることがあり、以前であれば「知能」の条件を満たしているのかという議論になったはずだが、いまは1そういった哲学的な議論よりも、実用性が先行しているのが現実である。

言語学の基本的な考え方も記憶容量が小さい時代の方略に近い。[A]、少ない規則と少ない情報で効率的に記述し、それらを創造的に組み合わせることで、言語産出の可能性を最大化する（可能性としては無限大になる）と考えるのである。言語学では、記述の経済性という考え方をするので、できるだけ少ない規則でスマートに記述したり分析したりする方が優れていると見る。

また、「*オッカムの剃刀《かみそり》」（Occam's razor）という原則で、無駄な規則や原則は切り落として必要最小限の規則体系にするという方針を立てている。これは、時代が変わっても、また2これから述べるようなことがあっても、厳然として変わらない、強固な方法論である。

*チョムスキーのいう「内的言語」は最小限の知識体系を想定していて、実際に発話したことは、たとえ、記録されていてデータとして蓄積されていても、一種の発話の記録、あるいは、積み上がった屍《しかばね》のようなもので、「外的言語」と見なされるに過ぎない。

[B]、人間の言語能力は、規則通りでなくとも、なんども見聞きするうちに取り込み、定着していく要素を含んでいることが指摘されている。②タンテキに言うと、「頻度」が高い用法や表現は規則とは別に成立し、それがまた規則性を生み出す③キバンにもなると考えるのである。

[C]、不規則な動詞の活用はおおむね使用頻度の高いものに集中している。go の過去形の went は別の単語が活用系列に混ざり込んだもので「補充法」と言うが、こういう例外も頻度が高ければ定着してしまう。

そう考えるなら、人間の知能も、かなり記憶容量が確保されていて、頻度の高いものは規則とは別に存在できるとすべきだというのである。種々雑多な使用実績がまずあり、規則はあとからできてくると複雑系言語学では考える。規則でできる限り説明して、説明できないところにだけ頻度に基づく使用実績を導入するやり方とは、[X]。

（加藤重広『言語学講義』による）

*ＡＩ……人工知能。

*構文解析……文法に従って文を解釈し、その構造を明らかにすること。

をついに逸したこと

オ　現場の騒ぎが物々しくなってもなお、自分のなすべきことに終始気づけなかったこと

カ　緊迫した場面を前にして我を失い、意に反して事件の現場に背を向けてしまったこと

問10　この小説において「彼」はどのような人物として描かれているか。その説明として最もふさわしいものを次の中から選び、記号で答えなさい。

ア　目の前に繰り広げられる光景に対し、想像に任せて自分の頭の中で筋書きを組み立てようとする人物

イ　まず事態を冷静に分析し、考えを行動に移すまでに、損得の緻密な勘定をしたうえで実行に及ぶ人物

ウ　窮地に陥った人間への同情心に富み、騒ぎを煽りたて楽しんでいる人々の卑劣さを放置できない人物

エ　弱者の側に立とうとするあまり、時にそれが乗じて暴力的に振舞い、周囲を恐怖に陥れてしまう人物

オ　他人を卑怯者呼ばわりする自分の方こそ、その一人なのではないかという疑問すら頭に浮ばない人物

問11　文学史上、有島武郎と同じ「白樺派」に分類される作家を次の中から一つ選び、記号で答えなさい。

ア　夏目漱石　　イ　森鷗外

ウ　志賀直哉　　エ　太宰治

オ　三島由紀夫

二　次の文章を読んで、後の問いに答えなさい（問題作成の都合により、文章の一部を変更している）。

現在急速に＊ＡＩ翻訳が進歩している。いまＡＩ翻訳と呼んでいるもののほとんどは、音声認識と機械翻訳と音声合成の技術の組み合わせであるが、音声認識も機械翻訳も以前に比べると格段に向上して、部分的に実用に足るレベルになっている。

以前の機械翻訳は、＊構文解析を詳細に行って正確に意味構造を把握し、その意味を表す文を複雑な手順で生成して完成度の高い訳文を提示する方法だったのが、いまは、大量の事例データを蓄積し、その中から頻度の高いものなどを選んで当てはめる方法へとシフトしている。これは、＊ＣＰＵが高性能化してデータの処理能力とデータの収蔵能力がともに画期的に高まったこととインターネットが普及したことが大きい。

昭和から平成に入ったところまではまだ＊フロッピーディスクがあって、＊ストレージもメガバイト単位だったが、平成が終わる時期にいたって＊テラバイト単位になっている。記憶容量が少なければ、必要①フカケツなデータだけで対応せざるを得ないから、文法規則に汎用性を持たせて、語彙《ごい》は最小限に限定することになる。言語学では分析的理解というが、可能な限り小さい形態素に分解して理解することになる。

例えば、「そんなわけないよ」を「そ」「んな＝のような」「わけ」「が（挿入）」「ない」「よ」のように分解し、主格の「が」と文末の「よ」は訳出しにくいので無視し、that / kind of / reason / there is not を組み合わせて、There is not that kind of reason. のような英文を生成するだけなら、少ない記憶容量でも対処できる。しかし、これで通じるケースは期待しにくい。

オ　彼がいずれ泣きを見るのはヒを見るより明らかだ。

問5　文中の【　】に当てはまる言葉として最もふさわしいものを次の中から選び、記号で答えなさい。

ア　涙は出て来なかった　イ　失敗を繕《つくろ》えなかった
ウ　沈黙したままだった　エ　眼を疑ってしまった
オ　にらみ返せなかった

問6　――線5「彼は～立っていた」での彼の心情として最もふさわしいものを次の中から選び、記号で答えなさい。

ア　子供の悪戯が大惨事を招いてしまった事態に直面し、この際、子供の犯した過ちを明るみに出すしかないと覚悟を決めている。
イ　騒ぎの唯一の目撃者として子供の弁護をしてやりたいが、周囲の好奇な視線に晒されることを恐れ、現場に飛び込めずにいる。
ウ　子供たちに囲まれ、罵声を浴びている子供の姿を目の当たりにし、手当たり次第に子供たちを殴りつけたい衝動を抑えている。
エ　周囲の好奇な視線に晒されることを承知の上で、騒ぎの唯一の目撃者として名のりをあげ子供の弁護をする意志を固めている。
オ　苦境に立たされている子供に同情し、自分も労働者であることの強みを活かして配達夫とじかに交渉しようと意気込んでいる。

問7　――線6「これから～知った」から読みとれることとして最もふさわしいものを次の中から選び、記号で答えなさい。

ア　眼前に姿を現した配達夫が書生らしからぬ労働者風の男だったので、子供を容赦なく責め立てるだろうと「彼」が推測していること
イ　予期に反して、配達夫が書生ではなく労働者だったので、子供だけでなく周囲の人間も殴り倒すだろうと「彼」が危惧していること
ウ　牛乳の配達が本職ではない書生の身にとって、眼前の騒ぎを手際よく収拾するのは不可能に近いだろうと「彼」が見越していること
エ　配達夫が書生の身分であることを知るに及び、働きながら苦学している配達夫の怒りに対して、「彼」が一定の理解を示していること
オ　行きがかり上、騒ぎの渦中に飛び込んでいって書生と舌戦をくり広げ、対等に渡り合わなければならないと「彼」が勇んでいること

問8　――線7「ところがどうだ」の説明として最もふさわしいものを次の中から選び、記号で答えなさい。

ア　語り手が前に出て来て、「彼」のとった卑怯な態度を指摘している。
イ　語り手が中立的な立場から、「彼」の苦しい胸の内を明かしている。
ウ　語り手が読者を代表し、「彼」のとるべき行動をほのめかしている。
エ　語り手が目撃者として名のりをあげ、「彼」の罪悪を糺問している。
オ　語り手が沈黙を破り、「彼」に代わって事の行く末を説明している。

問9　――線8「許してくれ許してくれ」とあるが、「彼」はどのようなことに対して「許してくれ」と考えているのか。その内容を具体的に説明したものとしてふさわしいものを次の中から二つ選び、記号で答えなさい。

ア　騒ぎを聞きつけて集まった人々の醜態を目にし、腹を立てて存分に啖呵《たんか》を切ったこと
イ　威勢のいい配達夫を言いなだめることを差し控え、進んで現場に介入しなかったこと
ウ　事件の一部始終を目撃した者として、配達夫の怒りも当然のことだと受けとめたこと
エ　折りを見て事件に介入しようとしながらも、現場に飛び出す機会

＊弥縫…失敗を一時的にとり繕《つくろ》うこと。
＊糾問…罪や不正を厳しく問いただすこと。
＊善後…後始末。
＊木偶の棒…役に立たない人。気のきかない人。
＊啖呵…けんかや口論をする際の、歯切れのいい、鋭い言葉のこと。
＊書生…学生。この小説の背景となっている大正時代においては、他人の家に住み込むなどして勉学に励み、下積みの生活を送る若者のことを指していた。

問1 ――線1「その前後～騒ぎ」とあるが、「子供」が起こした「騒ぎ」の経過を、順序に従って並び替えたものとして最もふさわしいものを後の**ア**～**オ**から選び、記号で答えなさい。

① 牛乳瓶の落ちる物音が周囲に届かないうちに、その場から立ち去ろうとしてしまう。
② 扉の重みに耐えかね手に力を込めようとして体勢を崩し、牛乳がこぼれ出てしまう。
③ 人目を避けて牛乳の配達車に乗り込み、悪戯をしているうちに前扉が開いてしまう。
④ 牛乳瓶が散らばる物音を聞きつけた子供たちに囲まれ、癇高《かんだか》な罵声を浴びてしまう。
⑤ 牛乳の配達車の前扉に寄りかかっていたが、誤って前扉の掛け金をはずしてしまう。
⑥ 牛乳を流してしまったことで、配達夫の怒りに触れ散々にこづきまわされてしまう。
⑦ 配達車の所まで戻っては来るが、泣くこともできずにその場に立ち尽くしてしまう。

ア ③→②→①→④→⑦　**イ** ⑤→②→①→④→⑥
ウ ⑤→②→①→④→⑦　**エ** ③→②→①→④→⑥
オ ②→①→④→⑥→⑤

問2 ――線2「自分の力に～努力していた」の内容が具体的に示されている箇所を文中の――線a～eから一つ選び、記号で答えなさい。

問3 ――線3「子供の無援な立場を憐れんでやる心」の説明として最もふさわしいものを次の中から選び、記号で答えなさい。

ア 仲間から外れて配達車に身をもたせている子供に積極的に関わっていこうとする同情心
イ 開きかかった配達車の扉を押し返そうと悪戦苦闘する子供の姿に惹起《じゃっき》された軽い好奇心
ウ 道を引き返して開きかかっている配達車の扉を閉める手伝いをしてやろうとする親切心
エ 周囲の好奇な視線に晒《さら》されないようあえて子供に手を貸さず放置しておくという道義心
オ 子供の過失を糾問《きゅうもん》せずに瓶の山や乳の海にむしろ美を見いだそうとする芸術への探求心

問4 ――線4「ヒを鳴らす」のカタカナの部分と同じ漢字を含むものを次の中から一つ選び、記号で答えなさい。

ア 彼女は全てをヒして語らなかった。
イ 彼の作品は死後になってヒの目を見ることになった。
ウ 彼女は人格円満でヒの打ちどころがない。
エ 彼女の実力はとうてい私のヒではない。

い。子供は手の甲を知らず知らず眼の所に持って行ったが、そうしてもあまりの心の転倒にやはり【　　　】。

5彼は心まで堅くなってじっとして立っていた。がもう黙ってはいられないような気分になってしまっていた。肩から手にかけて知らず知らず力がこもって、唾を飲み込むとぐっと喉が鳴った。その時に近所から大人までが飛び出して来て、あきれた顔をして配達車とその憐《あわ》れな子供とを見比べていたけれども、誰一人としてその事件の＊善後《ぜんご》を考えてやろうとする者はないらしく、関わり合いになるのを面倒くさがっているように見えた。その体たらくを見せつけられると彼はますます苛立った。いきなり飛び込んで行って、そこにいる人間どもを手当たり次第に殴りつけて、呆気《あっけ》にとられている大人子供を尻眼にかけながら、

「馬鹿野郎！　手前たちは＊木偶《でく》の棒だ。卑怯者《ひきょうもの》だ。この子供が例えば普段悪戯をするからと言って、今も悪戯をしたとでも思っているのか。こんな悪戯がこの子にできるかできないか、考えてもみろ。可哀想《かわいそう》に。はずみから出た過ちなんだ。俺はさっきから一部始終をここで見ていたんだぞ。べらぼうめ！　配達屋を呼んで来い」と存分に＊啖呵《たんか》を切ってやりたかった。彼はいじいじしながら、もう飛び出そうかもう飛び出そうかと二の腕をふるわせながら突っ立っていた。

「えい、退《ど》きねえ」

と言って内職に配達をやっている＊書生とも思わしくない、純粋の労働者肌の男が……配達夫が、二、三人の子供を突き飛ばすようにして人ごみの中に割り込んで来た。

彼は6これから気の詰まるような忌々《いまいま》しい騒ぎが持ちあがるんだと知った。あの男は恐らく本当に怒るだろう。あの泣きもし得ないでおろおろしている子供が、皆から手柄顔に名指されるだろう。配達夫は怒りに任せて、何の抵抗力もないあの子の襟がみでも取ってこづき回すだろう。あの子は突然死にそうな声を出して泣きだす。周りの人々はいい気持ちそうにその光景を見やっている。……彼は飛び込まなければならぬ。飛び込んでその子供のために何とか配達夫を言いなだめなければならぬ。

7ところがどうだ。その場の様子が物々しくなるに連れて、もう彼はそれ以上見ていられなくなって来た。彼は思わず眼をそむけた。と同時に、自分でもどうすることもできないある力に引っ張られて、すたすたと逃げるように行手《いくて》の道に歩き出した。しかも彼の胸の底で、手を合わすようにして「8許してくれ許してくれ」と言い続けていた。自分の行くべき家は通り過ぎてしまったけれども気もつかなかった。ただ訳もなくがむしゃらに歩いて行くのが、その子供を救い出すただ一つの手立てであるかのような気持ちがして、彼は息せき切って歩きに歩いた。そして無性に癇癪《かんしゃく》を起こし続けた。

（有島武郎の文章による）

＊梶棒…荷車を引っ張るために前方につけられた長い棒。
＊笑止…ばかばかしいこと。おかしいこと。またその様。
＊suspense…小説やドラマなどで、筋の展開によって読者に与える不安感や緊張感。
＊三、四寸…寸は長さの単位。一寸は約三センチ。
＊先途…勝敗や運命を決する大事な分かれ目。
＊惹起…惹《ひ》き起こすこと。
＊七、八間…間は長さの単位。一間は約一・八メートル余り。
＊無二無三…無我夢中。

ち半分がた開いてしまった。牛乳瓶はここを＊先途《せんど》とこぼれ出た。そして子供の胸から下をめった打ちに打っては地面に落ちた。子供の上前《うわまえ》にも地面にも白い液体が流れ広がった。

こうなると彼の気持ちはまた変わっていた。3子供の無援な立場を憐《あわ》れんでやる心もいつの間にか消え失せて、牛乳瓶ががらりがらりととめどなく滝のように流れ落ちるのをただ面白いものに眺めやった。実際そこに＊惹起《じゃっき》された運動といい、音響といい、ある悪魔的な痛快さを持っていた。破壊ということに対して人間の抱いている奇怪な興味。小さいながらもその光景は、そうした興味をそそり立てるだけの力を持っていた。もっと激しく、ありったけの瓶が一度に地面に散らばり出て、ある限りが粉微塵《こなみじん》になりでもすれば……

果たしてそれが来た。前扉はぱくんと大きく口を開いてしまった。同時に、三段の棚が、吐き出された舌のように、長々と地面にずり出した。そしてそれらの棚の上にうんざりと積んであった牛乳瓶は、思ったよりもけたたましい音をたてて、壊れたり砕けたりしながら山盛りになって地面に散らばった。

その物音には彼もさすがにぎょっとしたくらいだった。子供はと見ると、もう車から＊七、八間《けん》の所を＊無二無三《むにむさん》に駆けていた。他人の耳にはこの恐ろしい物音が届かない内に、自分の家に逃げ込んでしまおうと思い込んでいるようにその子供は走っていた。しかしそんなことのできるはずはない。彼が、突然地面の上に現れ出た瓶の山と乳の海とに眼を見張った瞬間に、道の向こう側の人垣を作って喚《わめ》き合っていた子供たちの群れは、一人残らず飛び上がらんばかりに驚いて、配達車の方を振り向いていた。逃げかけていた子供は、自分の後に聞こえたけたたましい物音に、すくみ上ったようになって立ち止まった。もう逃げ隠れはできないと観念したのだろう。そしてもう一度何とかして自分の失敗を＊弥《び》縫《ほう》する試みでもしようと思ったのか、小走りに車の手前まで駆けて来て、そこに黙ったまま立ち止まった。そしてきょろきょろと他の子供たちを見やってから、当惑し切ったように瓶の積み重なりを顧みた。取って返しはしたものの、どうしていいのかその子供には皆目《かいもく》見当がつかないのだ、と彼は思った。

群がり集って来た子供たちは遠巻きにその一人の子を取り巻いた。すべての子供の顔には子供に特有な無遠慮な残酷な表情が現れた。そしてややしばらく互いに何か言い交していたが、その中の一人が、

「わーるいな、わるいな」

とさも人の4ヒを鳴らすという調子で呼び出した。それに続いて、

「わーるいな、わるいな。誰かさんはわーるいな。おいらのせいじゃなーいよ」

という意地悪げな声がそこにいるすべての子供たちから一度に張り上げられた。しかもその＊糾問《きゅうもん》の声は調子づいてだんだん高められて、果てはどこからともなくそわそわとする夕暮れの街の空気が、この癇高《かんだか》な叫び声で埋められてしまうほどだった。

しばらく躊躇《ちゅうちょ》していたその子供は、やがて引きずられるように配達車の所までやって来た。もうどうしても逃れる道はないと覚悟を決めたらしい。しょんぼりと泣きも得せずに突っ立ったその周りには、あらん限りの子供たちがぞろぞろとついて来て、皮肉な眼つきでその子供を鞭《むち》打ちながら、その挙動《きょどう》の一つ一つを意地悪げに見やっていた。六つの子供にとって、これだけの過失は想像もできない大きなものであるに違いな

【国　語】（六〇分）〈満点：一〇〇点〉

一　次の文章を読んで、後の問いに答えなさい。

彼は不意な出来事を見い出して思わず足を止めてしまった。

1その前後二、三分の間にまくし上がった騒ぎの一部始終を彼は一つも見落とさずに観察していた訳ではなかったけれども、立ち止まった瞬間からすぐに全てが理解できた。配達車の傍《そば》を通り過ぎた時、a＊梶棒の間に、前扉に寄りかかって、彼の眼に脚《あし》だけを見せていた子供は、ふだんから悪戯《いたずら》が激しいとか、愛嬌《あいきょう》がないとか、引っ込み思案であるとかで、他の子供から隔てを置かれていた子に違いない。その時もその子供だけはb遊びの仲間から外れて、配達車に身をもたせながら、つくねんと皆が道の向こう側で面白そうに遊んでいるのを眺めていたのだろう。一人ぼっちになるとそろそろ腹の空いたのを感じ出しでもしたのか、その子供はc何の気なしに車から尻を浮かして立ち上がろうとしたのだ。その拍子に前扉の掛け金が折り悪しくも外れたので、子供は背中から扉の重みで押さえつけられそうになった。驚いて振り返って、開きかかったその扉を押し戻そうと、小さな手を突っ張って力んでみたのだ。彼が足を止めた時はちょうどその瞬間だった。ようよう六つぐらいの子供で、着物も垢《あか》じみて折り目のつかなくなった紺の単衣《ひとえ》で、それを薄寒そうに裾《すそ》短《みじか》に着ていた。d薄ぎたなく汚れた顔に充血させて、口を食いしばって、寄りかかるように前扉にもたれている様子が彼には＊笑止《しょうし》に見えた。彼は始めのうちは軽い好奇心にそそられてそれを眺めていた。

扉の後には牛乳の瓶がしこたま仕舞《しま》ってあって、抜き差しのできる三段の棚の上に乗せられたその瓶が、傾斜になった箱を一気に滑り落ちようとするので、扉はことのほか重みに押されているらしい。それを押し返そうとする子供は本当に一生懸命だった。人に救いを求めることすらし得ないほどe恐ろしいことがまくし上がったのを、誰も見ないうちに気がつかないうちに始末しなければならないと、気も心も転倒しているらしかった。泣きだす前のような子供の顔……こうした＊suspense の状態が物の三十秒も続けられたろうか。

けれども子供の力はとても扉の重みに打ち勝てるようなものではなかった。ああしているとやがて大事になると彼は思わずにはいられなくなった。単なる好奇心がぐらつき出して、後戻りしてその子供のために扉を閉める手伝いをしてやろうかとふと思ってみたが、あすこまで行くうちには牛乳瓶がもうごろごろと転げ出しているだろう。その音を聞きつけて、往来の子供たちはもとより、向こう三軒両隣の窓の中から人々が顔を突き出して何事が起こったかとこっちを見る時、あの子供と二人で皆の好奇的な眼でなぶられるのも有難い役回りではないと気づかったりして、思った通りを実行に移すにはまだ距離のある考えようをしていたが、その時分には扉はもう遠慮会釈もなく＊三、四寸がた開いてしまっていた。と思う間もなく牛乳のガラス瓶が後から後から生き物のように隙間を目がけて転げ出し始めた。それが地面に響きを立てて落ちると、落ちた上に落ちてくる他の瓶がまたからんからんと音を立てて、破れたり、はじけたり、転がったりした。子供は……それまでは2自分の力にある自信を持って努力していたように見えていたが、……こういう破目になると慌《あわ》て始め、突っ張っていた手にひときわ力を込めるために、体を前の方に持って行こうとした。しかしそれが失敗の因《もと》だった。そんなことをやったおかげで子供の姿勢は惨めにも崩れて、扉はたちま

MEMO

大切なことはメモしておこうネ！

2020年度

解　答　と　解　説

《2020年度の配点は解答欄に掲載してあります。》

＜数学解答＞ 《学校からの正答の発表はありません。》

1　(1)　$(x-5)(x-3)(x-1)(x+1)$　　(2)　$\dfrac{11}{21}$　　(3)　$p=5$，$q=2$

(4)　ア　母集団　　イ　相対度数　　(5)　4.5度

2　(1)　解説参照　　(2)　①　解説参照　　②　$\dfrac{1250\sqrt{3}}{3}$ cm^3

3　(1)　$a=b$　　(2)　①　A＝3，B＝－4　　②　C＝－4，E＝2

4　(1)　$n+m$　　(2)　$n=5$　　(3)　4本

5　(1)　∠DOC＝30度　　$\mathrm{OD}^2=8+4\sqrt{3}$　　(2)　$\dfrac{8+3\sqrt{3}}{2}\pi+6+2\sqrt{3}$ cm^2

(3)　$\dfrac{19+8\sqrt{3}}{6}\pi+1+\sqrt{3}$ cm^2

○推定配点○

1　(1)・(2)　各4点×2　　(3)・(4)　各2点×4　　(5)　4点

2　(1)　8点　　(2)　各6点×2　　**3**　(1)　6点　　(2)　①　6点(完答)　　②　8点(完答)

4　(1)・(2)　各6点×2　　(3)　8点　　**5**　(1)　各3点×2　　(2)　6点　　(3)　8点

計100点

＜数学解説＞

1　(小問群―因数分解，確率，数の性質，2次方程式，資料の整理，角度)

(1)　x^2-4x＝Aとおくと，$(x^2-4x)(x^2-4x-2)-15$＝A(A－2)－15＝A^2－2A－15＝(A＋3)(A－5)　Aを元に戻すと，$(x^2-4x+3)(x^2-4x-5)=\{(x-1)(x-3)\}\{(x+1)(x-5)\}=(x-5)(x-3)(x-1)(x+1)$

やや難　(2)　9枚のカードから3枚を取り出して並べる並べ方の数は，1枚目に9通りの選び方があり，そのそれぞれに対して2枚目に8通りずつの選び方がある。さらに，それらに対して3枚目に7通りずつの選び方があるから，9×8×7(通り)　　例えば，1，2，3と書かれた3枚のカードを同時に取り出すとき，取り出し方としては1通りであるが，並べ方の数としては，123，132，213，231，312，321の6(＝3×2×1)通りある。他の3枚のカードについても同様なので，同時に3枚を取り出す取り出し方の総数は，$\dfrac{9\times8\times7}{3\times2\times1}=84$(通り)　　3枚のカードに書かれた整数の和が偶数になるのは，3枚とも偶数になる場合は，2，4，6，8の4枚のカードから3枚を取り出すのだから，$\dfrac{4\times3\times2}{3\times2\times1}=4$(通り)　　2枚が奇数，1枚が偶数になる場合は，2枚の奇数の選び方が$\dfrac{5\times4}{2\times1}=10$(通り)あり，そのそれぞれに対して，偶数の取り出し方が4通りずつあるから，10×4＝40(通り)　　よって，3枚のカードに書かれた整数の和が偶数になる確率は，$\dfrac{44}{84}=\dfrac{11}{21}$

(3)　異なる2つの整数解をm，n($m<n$)とするとき，$(x-m)(x-n)=0$　　$x^2-(m+n)+mn=0$

よって，$p=m+n$，$q^2=mn$となる素数p，qを求めればよい。$mn=q^2$となるとき，$m=1$，$n=q^2$　$p=m+n=1+q^2$　qが奇数のとき，$1+q^2$は2より大きい偶数となるのでpは素数とはならない。よって，$q=2$　$p=1+2^2=5$

基本　(4)　①　標本調査において，調査の対象全体を母集団という。

②　度数の合計に対する各階級の度数の割合を，その階級の相対度数という。

基本　(5)　弧BCDは円Oの円周の$\frac{2}{5}$なので，$\angle BAD=360°\times\frac{2}{5}\times\frac{1}{2}=72°$　$\angle BAL=180°-72°=108°$　弧ABFGは円O′の円周の$\frac{3}{8}$なので，$\angle ALG=360°\times\frac{3}{8}\times\frac{1}{2}=67.5°$　△AMLの内角の和は180°だから，$\angle AML=180°-108°-67.5°=4.5°$

2　(平面図形─作図，角の二等分線，正三角形　空間図形─相似，体積)

(1)　ABの垂直二等分線を引き，円Oの円周との交点をCとする。次に∠AOCの二等分線を引き，円周との交点をDとすると，$\angle AOD=45°$となる。ODを1辺とする正三角形をODについて点Aと反対側に書くと，頂点の一つは円周上にできる。その点をPとすると，$\angle AOP=\angle AOD+\angle DOP=105°$となる。

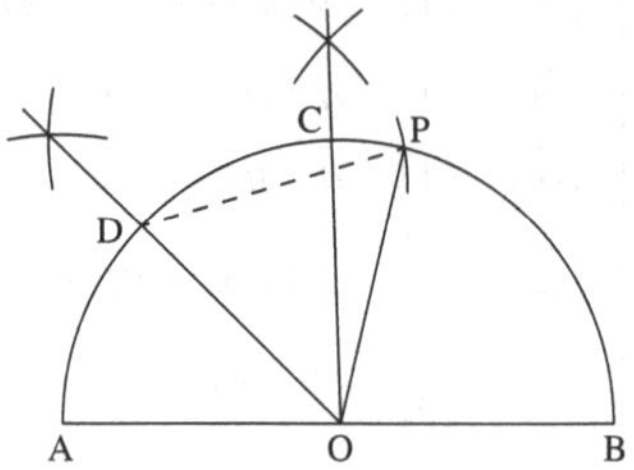

重要　(2)　①　CD，EFはそれぞれ平行な面ACDと面GEFが面BCDと交わるときの交わりの直線なので平行である。同様に，ED，HFはそれぞれ平行な面AEDと面GHFが面BCDと交わるときの交わりの直線なので平行である。△CDEと△EFHにおいて，CD//EFだから同位角は等しく，∠DCE＝∠FEH　同様に，ED//HFだから∠DEC＝∠FHE　2組の角がそれぞれ等しいので，△CDE∽△EFHである。

②　$\angle DCE=90°$，$\angle DEC=60°$なので，△DECは内角の大きさが30°，60°，90°の直角三角形である。よって，$DE:EC:DC=2:1:\sqrt{3}$　$EC=x$とすると，$DE=2x$，$DC=\sqrt{3}x$　△CDE∽△EFHなので，△FHEも内角の大きさが30°，60°，90°の直角三角形となり，$HE=6$だから，$EF=6\sqrt{3}$　EF//CDなので，$BE:BC=EF:CD$　$(9+6):(9+6+x)=6\sqrt{3}:\sqrt{3}x$　$15\sqrt{3}x=90\sqrt{3}+6\sqrt{3}x$　$9\sqrt{3}x=90\sqrt{3}$　$x=10$　よって，$BC=25$，$CD=10\sqrt{3}$　$\angle ACE=90°$，$\angle AEC=45°$なので，△ACEは直角二等辺であり，$AC=EC=10$　$\angle ACB=\angle ACD=\angle DCB=90°$であることから，ACは面BCD上の2直線BC，DCと点Dで垂直に交わっているので，ACは面BCDに垂直である。したがって，三角錐ABCDの体積は，$\frac{1}{3}\times\triangle BCD\times AC=\frac{1}{3}\times\left(\frac{1}{2}\times25\times10\sqrt{3}\right)\times10=\frac{1250\sqrt{3}}{3}(\mathrm{cm}^3)$

3　(連立方程式─解をもたない条件，文字の係数，解)

(1)　方程式$y=ax+2$のグラフと方程式$y=bx-3$のグラフが交点をもたないとき，連立方程式，$y=ax+2$，$y=bx-3$は解をもたない。2つのグラフは直線であり，傾きが等しい直線は平行であって交点をもたないから，$a=b$のときにこの連立方程式は解をもたない。

重要　(2)　①　(ア)と(ウ)が解をもたないとき，そのグラフの傾きは等しい。それぞれの方程式を変形すると，$Ax+By=-12$から，$y=-\frac{A}{B}x-\frac{12}{B}$　$6x-8y=C$から，$y=\frac{3}{4}x-\frac{C}{8}$　よって，$-\frac{A}{B}=\frac{3}{4}$　$3B=-4A$…(ⅰ)　また，(ア)の解の1つが$x=8$，$y=9$であるから，$Ax+By=-12$に代入して，$8A+9B=-12$…(ⅱ)　(ⅰ)×3を(ⅱ)に代入すると，$8A-12A=-12$　$A=3$　よって，$3B=-12$　$B=-4$

② (エ)の解の1つが$x=8$，$y=9$なので，(エ)　8D−54=E…(ⅲ)　A=3，B=−4を代入して(ア)と(イ)の連立方程式を解くと，$3x-4y=-12$から$9x-12y=-36$　$-4x-3y=16$から，$-16x-12y=64$　2式の差から，$25x=-100$　$x=-4$　(イ)に代入して，$-12-4y=-12$　$y=0$　よって，(ウ)と(エ)の解は，$x=2$，$y=2$　(ウ)に代入すると，12−16=C　C=−4　(エ)に代入すると，2D−12=E…(ⅳ)　(ⅲ)，(ⅳ)から，8D−54=2D−12　6D=42　D=7　(ⅳ)に代入して，E=14−12=2

4 (関数・グラフ—交点，直線の傾き，引ける直線の数)

重要 (1) 放物線$y=3x^2$と直線$y=mx$との交点のx座標は，方程式$3x^2=mx$の解として求められる。$3x^2-mx=0$　$x(3x-m)=0$　xは0ではないので$x=\frac{m}{3}$　$y=3\times\left(\frac{m}{3}\right)^2=\frac{m^2}{3}$　よって，$\mathrm{P}\left(\frac{m}{3},\ \frac{m^2}{3}\right)$　同様に，放物線$y=3x^2$と直線$y=nx$との交点のx座標は，方程式$3x^2=nx$の解として求められるから，$3x^2-nx=0$　$x=\frac{n}{3}$　$y=\frac{n^2}{3}$　よって，$\mathrm{Q}\left(\frac{n}{3},\ \frac{n^2}{3}\right)$　直線PQの傾きは，$\left(\frac{n^2}{3}-\frac{m^2}{3}\right)\div\left(\frac{n}{3}-\frac{m}{3}\right)=\frac{n^2-m^2}{3}\div\frac{n-m}{3}=\frac{n^2-m^2}{n-m}=\frac{(n+m)(n-m)}{n-m}=n+m$

(2) 点Pのx座標が−2のとき，$\frac{m}{3}=-2$　$m=-6$　直線PQの傾きが−1のとき，$n+m=-1$　$m=-6$だから，$n-6=-1$　$n=5$

やや難 (3) 傾きが10のとき，$n+m=10$　$n=10-m$　$m<0$なので，$n>10$…①　直線PQの式を$y=10x+b$とおいて，$\left(\frac{n}{3},\ \frac{n^2}{3}\right)$を代入すると，$\frac{n^2}{3}=\frac{10n}{3}+b$　$b=\frac{n^2}{3}-\frac{10n}{3}$　切片が40以下のとき，$\frac{n^2}{3}-\frac{10n}{3}\leqq 40$　$n^2-10n\leqq 120$　$n^2-10n+25\leqq 145$　$(n-5)^2\leqq 145$　$(n-5)^2$は平方数(自然数の2乗で表される数)なので，$(n-5)^2=12^2$，11^2，10^2，…として最大のnを求めると，$n\leqq 17$…②　$b=\frac{n^2}{3}-\frac{10n}{3}=\frac{n(n-10)}{3}$だから，①，②の範囲にある整数$n$が3の倍数か$n-10$が3の倍数のときに$b$は整数となる。そのような$n$は，12，13，15，16である。よって，直線PQは4本かくことができる

+α 5 (平面図形—角度，三平方の定理，長さ，図形の回転，面積)

重要 (1) △DFEで，∠DFE=180°−90°−60°=30°　OF=FDなので∠FOD=∠FDO　∠DFEは△OFDの外角なので，∠FOD+∠FDO=∠DFE　∠DFE=180°−90°−60°=30°だから，∠DOF=15°　△DOEと△COEは直線OEについて対称だから，∠COE=∠DOE=15°　したがって，∠DOC=15°×2=30°　△FDEは内角の大きさが30°，60°，90°の直角三角形であり，DE=1だから，FD=2，FE=$\sqrt{3}$　また，OF=FD=2　△ODEで三平方の定理を用いると，$\mathrm{OD}^2=\mathrm{OE}^2+\mathrm{DE}^2=(2+\sqrt{3})^2+1^2=8+4\sqrt{3}$

(2) 長方形ABCDを，点Bを中心に90°回転させると，図Ⅰのように，長方形ABCDは長方形A′BC′D′に移動する。動いた後にできる面積は，(おうぎ形BDD′)−(△ABD+△C′BD′)　$\mathrm{BC}=1+(2+\sqrt{3})=3+\sqrt{3}$　△BCDで三平方の定理を用いて，$\mathrm{BD}^2=\mathrm{BC}^2+\mathrm{CD}^2=(3+\sqrt{3})^2+2^2=16+6\sqrt{3}$　よって，$\frac{16+6\sqrt{3}}{4}\pi+\frac{1}{2}\times(3+\sqrt{3})\times2\times2=\frac{8+3\sqrt{3}}{2}\pi+6+2\sqrt{3}\ (\mathrm{cm}^2)$

(3) 長方形ABCDを，点Oを中心に90°回転させると，図Ⅱのように，長方形A′B′C′D′に移動する。動いた後にできる面積は，(半円OBA′)+(おうぎ形OC′D)+△BC′O+△ODA′　∠COD=30°なので，おうぎ形OC′Dの中心角は90°+30°=120°　△BC′O，△ODA′の底辺をそれぞれBC′，

A′Dとみたときの高さは1であり，BC′＝A′D＝$(2+\sqrt{3})-1=1+\sqrt{3}$だから，動いた後にできる面積は，$\pi\times1^2\times\frac{1}{2}+\pi\times OD^2\times\frac{120}{360}+\frac{1}{2}\times(1+\sqrt{3})\times1\times2=\frac{1}{2}\pi+\frac{8+4\sqrt{3}}{3}\pi+1+\sqrt{3}=\frac{19+8\sqrt{3}}{6}\pi+1+\sqrt{3}$(cm²)

図Ⅰ

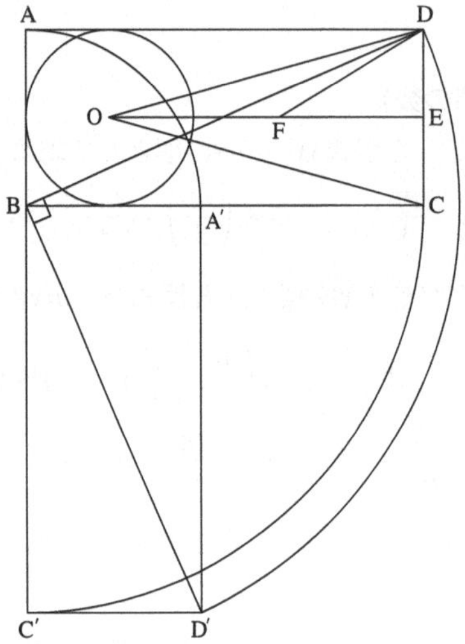

図Ⅱ

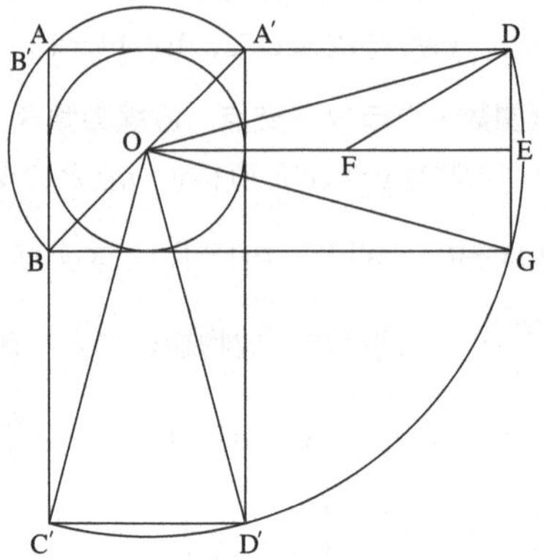

★ワンポイントアドバイス★

2の(2)以降は，いずれも前の問題が後の問題のヒントになるように構成されている。題意を読み取ることに努めよう。4の(3)は，前問を参考にしてmとnの関係式を作ってみる。5は，図を実際に回転させてみながら考えるとよい。

＋α は弊社HP商品詳細ページ(トビラのQRコードからアクセス可)参照。

＜英語解答＞ 《学校からの正答の発表はありません。》

A　1 letter　2 patient　3 face　4 drop　5 fall

B　1, 6, 10

C　1 ① カ　② オ　③ イ　2 ① オ　② イ　③ ア　3 ① コ　② シ　③ キ

D　① It reminded me of the English teacher who was kind to everyone.
② I want to study abroad after I graduate from college.

E　問1 エ　問2 ウ→ア→イ→エ　問3 環境への負担が少ない。また，温室効果ガスの発生量が少ないため，気候変動のリスクを減らすのに役立つ。(49語)

F　問1 エ　問2 Ⅰ (b)　Ⅱ (c)　Ⅲ (a)　問3 イ　問4 1 イ　2 ア　3 ウ　問5 オ

G　問1 ウ　問2 pocket her things　問3 ア　問4 イ　問5 proud of me
問6 イ　問7 リンカーンの息子の教師　問8 (a) 母が私の呼びかけに応じず，目も合わせようとしない(から。)　(b) 私が盗みをしたことで父が失望する(から。)
問9 ウ　問10 3, 4, 12

H　放送問題解答省略

〇推定配点〇
A　各1点×5　B　各2点×3　C　各2点×3(各完答)　D　各4点×2　E　問1　2点
問2　3点　問3　4点　F　各2点×9　G　問2・問5・問7・問8　各3点×5
他　各2点×8　H　Ⅳ　各2点×4　他　各1点×9　計100点

＜英語解説＞

A　(共通語補充：多義語)

1 「英語の文は小文字では始めない」「私は自分の気持ちを表現するために彼女に長い手紙を送った」 letter「文字，手紙」

2 「どうしてそんなにすぐに怒るのですか。もっと忍耐強くなりなさい」「その患者は週に1度，医者に行かなくはならない」 patient「忍耐強い」(形容詞)，「患者」(名詞)

3 「そのホテルの全ての部屋は海に面している」「彼は事故を見たとき，顔が青ざめた」 face「～に面する」(動詞)，「顔」(名詞)

4 「地震が起きたら本が棚から落ちるかもしれない」「父はお酒を飲むのが好きで，いつも最後の一滴までグラスを飲み干す」 drop「落ちる」(動詞)，「しずく」(名詞)

5 「ベッドから落ちないように気をつけなさい」「今年の秋に京都のお寺に行くのはどう？」 fall「落ちる」(動詞)，「秋」(名詞)

やや難　B　(正誤問題：前置詞，動詞)

1 write の後ろに in が必要。write in English「英語で書く」

6 the police「警察」は通例複数扱いなので，is を are とする。

10 reached を arrived に変える。arrive at ～「～に到着する」

C　(語句整序：助動詞，不定詞，前置詞，命令文，熟語，関係代名詞，現在完了，時制)

1 (We) will have nothing to eat in a few days.　have nothing to eat「食べ物がない」〈in＋時間〉「～後には」

2 Be sure to return the book you have borrowed.　命令文。〈be sure to＋動詞の原形〉「必ず～する」 you の前には目的格の関係代名詞が省略されており，you have borrowed「あなたが借りている」が book を後ろから修飾する。

3 The weather forecast says we are going to have a heavy snow (tonight.)「～によると」は「～が言うには」と表現する。〈be going to＋動詞の原形〉は確実性の高い未来のことについて用いる。

重要　D　(和文英訳：関係代名詞，不定詞，接続詞)

① It「それ」で英文を始めるという指示があるので，「それは私に誰にでもやさしかった英語の先生を思い出させた」という英文にする。〈remind＋人＋of ～〉「(人)に～を思い出させる」「誰にでも優しかった」の部分は主格の関係代名詞 who を用いて，the English teacher の後ろに置く。

② 〈want to＋動詞の原形〉「～したい」 study abroad「海外留学する」 graduate from college「大学を卒業する」「大学を卒業したら」は「大学を卒業してから」と考え，接続詞 after を用いる。

E　(長文読解問題・紹介文：語句補充・選択，文整序，内容吟味)

(全訳) インポッシブル・バーガーは牛肉そっくりの味がするバーガーだが，Ⅰ野菜とⅡ科学を使って作られた。菜食主義者のための「ベジーバーガー」はたくさんの種類があるが，これは肉が大好きな人のために作られている。このバーガーを製造するインポッシブル・フード社は気候変動を減らすために人々が食べる食品を変えたいと思っている。

インポッシブル・フード社の研究所では，科学者のセレスト・ホルツシーティンガーがバーガーの味と食感を研究している。彼女は牛肉の鍵となる点――味，におい，音，見た目－を探す。そしてこれらの点は植物ベースの材料を使ってそっくりに作られる。Ⅲウ鍵となる材料はヘムで，それは植物から採取されるが，血のような見た目と味がする。ア これによりそのバーガーは生のときは赤く，調理されると茶色に変わる。イ 他の材料のいくつかは，小麦，ジャガイモ，ココナツ由来である。エ それらは調理されるとジュージューと音を立て，カリッとして肉のような食感になる。

インポッシブル・バーガーは牛肉と同じ栄養があるが，不健康な成分は含まない。実のところ，味，栄養，気候変動を減らすことは，バーガーを作る上で全て等しく重要だ。

牛は実際，環境にとって恐ろしい。彼らは広い土地と大量の水を必要とし，温室効果ガスを発生させる。通常のハンバーガー1個を作るために，10分間のシャワーと同量の水と75平方フィートの土地が必要で，車を18マイル運転したのに相当する温室効果ガスを産出してしまう。しかし，インポッシブル・バーガー1個は牛肉のバーガー1個よりも，土地の利用分が95％少なく，水も75％少なく，発生させる温室効果ガスも85～87％少ない。

そういうわけで，このバーガーは肉が大好きな人のために作られた。その目的は，環境を守るために彼らが肉を食べるのを減らすことだ。その間，彼らは本物の牛肉のような味がするおいしいバーガーを食べることもできる。

インポッシブル・バーガーを食べてみたい？　それはテキサス，ネバダ，カリフォルニア，ニューヨークで入手できる。

問1　第2段落参照。インポッシブル・バーガーは，牛肉そっくりの味や食感を科学的に研究し，それらを植物原料を使って再現したものである。

重要　問2　全訳下線部参照。

重要　問3　第4段落の内容をまとめる。

F　(長文読解問題・エッセイ：語句補充・選択，内容吟味，要旨把握)

(全訳)　私がハワイに引っ越すつもりであることを友人や家族に告げると，彼らは私がどうかしていると思った。彼らは，私が良い仕事を見つける前に貯金を使い果たしてしまうだろう，と心配した。ハワイは，そもそも，アメリカの中で生活するのに最もお金がかかる場所の1つだ。私は彼らの否定的な言葉にうんざりし，2週間早く出発することにした。ホノルルに到着して2日後，新聞に大学での求人広告が載っていて，それは私がまさに夢見ていたものだった！　私は応募し，面接を受け，採用された。もし私が飛行機の便を変更しなかったら，その求人広告を見なかっただろうし，私の人生も違っていただろう，と私は後になって実感した。それは運命だったのか。それとも，私が「偶然」予約を変更したという，単なる幸運だったのか。

最近，いくつかの有力大学の心理学者たちが「運」とは実際にどういう意味なのかを調べている。彼らは，人々がふつう運と結びつけて考える，3つのタイプの状況があることを発見した。(a)第1は環境で，裕福な家庭に生まれるとか，スポーツ遺伝子を引き継ぐようなものである。明確なことだが，このタイプの状況は人がコントロールできるものではない。人は生まれた環境を変えることができない。(b)第2は，サイコロを転がすような，無作為の運による出来事で，これも私たちがコントロールできるものではない。2つのサイコロを転がして7になる確率や落ちてきた隕石に当たる確率は統計に基づく。(c)第3の種類は，夢の仕事を得たり理想的なパートナーと出会ったりする出来事を含む。研究者たちが言うには，私たちが自分の運についてもっとコントロールできるかもしれないのは，この第3の分野だ。

イングランド出身の教授，ロバート・ワイズマンは，人は良いようにも悪いようにも自分の運に対して影響を与えることできる，と信じている。ワイズマンは，もともと運が良い，または運が悪い，と思っている人々に対して，一連の実験を行った。彼は，参加者の態度と彼らの持っている「運」の量に明らかな関連性を発見した。彼は「運が良い」人の4つの重要な態度と行動を発見した。第1に，彼らは好機に対して開かれており，起きた状況を最大限に生かす。第2に，彼らは自分の直感を信頼し，直感に基づく決断を頻繁に下す。多くの人が自分の直感に触れるのに役立つよう，瞑想をしたりヨガをしたりする。第3に，彼らはポジティブに考え，良いことが起きると期待する。ポジティブな態度をすることは，彼らがよく微笑んだり笑ったりすることを意味し，それが他の人々を引き付け，好機を生み出すかもしれない。第4に，運が良い人々は各状況において良いことに着目する傾向があり，ネガティブな人々は悪い面に着目する傾向がある。最後に，運のいい人々は典型的に，簡単にはあきらめない。

ワイズマン教授は人々をより幸運にするために，人々を訓練した。彼は彼らに，日記をつけて，それぞれの日に起きた良いことだけを書くように言った。数日後，かつては運が悪いと感じていた人々が，自分は幸運だと思い始め，もともと運が良いと感じていた人々は，さらに幸運だと思った。

あなたはどのくらい運が良いですか。そしてどのくらい運が良くなりたいですか。

問1　negative「否定的な」　筆者がハワイに引っ越すことを友人や家族は否定的にとらえていた。

問2　Ⅰ「先週，私はついに新しい靴を買った。私が長い間ほしかったものだ。今日，買い物に行くときに初めてその靴を履いた。私は新しい靴を履いてとてもうれしかった。しかし突然外が暗くなり，急な雨に降られてしまった。私のお気に入りの靴はぬれて汚れてしまった。何てひどい日なの！」→にわか雨にあうことは偶然の不運であるから(b)。　Ⅱ「今日私は，学園祭で上演する劇の主役オーディションを受けた。10人ほどの女子がオーディションを受けた。私たちはダンスし，英語の歌を歌った。どの子も私よりずっと上手に見えたので，私はとても不安になった。幸運にも，私はオーディションに合格し，主役を手に入れた！　私は学園祭をとても楽しみにしている」→自分の力で望むものをつかんでいるので(c)。　Ⅲ「私は高校のゴルフチームに所属している。父はスポーツ用品の会社を経営していて，父もゴルフをするのが大好きだ。さらに父は日本でいくつかのゴルフコースを所有している。だから時間があるときはいつでも，私は無料でゴルフを1ラウンドプレーできる。友達の多くはよく私に『何て運がいいの！　うらやましい！』と言う」→生まれつきの恵まれた環境なので(a)。

問3　第3段落に運が良いと感じる人の特徴が書かれている。第6文に「直感に基づく判断をする」とあるのでイの行動がそれに当てはまる。

問4　1「筆者はハワイに住むことを決め，計画よりも早くそこへ行った」　第1段落第1文から空所を含む文までを参照。　2「ロバート・ワイズマンは，運が良いか悪いかはあなた次第だ，と考えている」　第3段落第1文参照。　3「運が良い人々は，それぞれの状況において自分にとって良いことを見つけようとする」　第3段落最後から2番目の文参照。

重要　問5　筆者は，ハワイに引っ越して理想の職を得たが，そのことがワイズマン教授の研究内容(人は自分の運に対して影響を与えることができ，「幸運な人」には特有の態度・行動がある)に当てはまっていると考えている。よってオ「自分で運を作り出す」が適切。

G　(長文読解問題・自伝：語句補充・選択，語句解釈，熟語，内容吟味，脱文補充，内容一致)

(全訳)　7歳になる頃には私はクラスで1番の状態に慣れていた。私は他の困っている生徒を助ける生徒だった。「マララは天才少女よ」と私のクラスメートたちはよく言った。さらに私は何でも参加することでも知られていた。バドミントン，劇，クリケット，美術，さらにはあまり上手ではなかったけれども，合唱までも。だからマルカ・エ・ノールという新入生の女の子が私たちのクラスに入ったとき，私は何とも思わなかった。彼女の名前は「光の女王」という意味で，彼女はパキスタン初の女性の軍長官になりたいと言った。彼女の母親は別の学校の教師で，それは一般的ではないことだった，というのも私たちの母親は誰も働いていなかったからだ。まず，彼女は授業中あまり発言しなかった。競争はいつも私と親友のモニバの間で行われ，彼女は字がきれいで発表も素晴らしく，試験官はそれを気に入ったが，私はI内容で彼女に勝てると思っていた。だから学年末試験をして，マルカ・エ・ノールが1番になったとき，私はショックを受けた。家で私は泣きに泣いて，母に慰めてもらわなければならなかった。

その頃，私たちはモニバと同じ通りにある住まいから，友達が全くいない地域に引っ越した。私たちの新しい通り沿いにはサフィナという女の子がいて，彼女は私より少し年下で，私たちは一緒に遊ぶようになった。彼女は甘やかされている子で，たくさんの人形と靴箱いっぱいのアクセサリーを持っていた。しかし彼女は，父が私に買ってくれたピンク色のプラスチックの偽物の携帯電話をじろじろと見続けた。それは私が持っているわずかなおもちゃのうちの1つだった。私の父はいつも携帯電話で話していたので，私は父のまねをして私の携帯電話で電話をかけるふりをするのが大好きだった。ある日，それがなくなってしまった。

数日後，私はサフィナが私のものと全く同じ電話で遊んでいるのを見た。「どこでそれを手に入れたの？」と私は尋ねた。「私が市場で買ったのよ」と彼女は言った。

今なら私は，彼女が本当のことを言っていた可能性もあるとわかるが，その時は，彼女が私に対してこんなことをしているのだから，①私も彼女に対して同じことをしよう，と思った。私はよく，彼女の家に勉強をしに行ったので，私がそこへ行くときはいつでも，彼女のものを盗んだ。ほとんどがイヤリングやネックレスのようなおもちゃのアクセサリーだった。それは簡単だった。最初盗んだとき，私はぞくっと感じたが，それは長くは続かなかった。すぐにそれは衝動になった。ウ私はどうしたらやめられるか，わからなかった。

ある日の午後，私は学校から帰り，いつものようにおやつを求めてキッチンに駆け込んだ。「ねえ，バビ！」と私は呼びかけた。「おなかがぺこぺこ！」 沈黙があった。私の母は床に座り，鮮やかな色のウコンやクミンなどのスパイスを砕いていて，その香りが充満していた。何度も何度も，母は砕いた。母は私と目を合わせようとしなかった。私が何をしたっていうの？ (a)私はとても悲しくて，自分の部屋に行った。戸棚を開けると，私が取ったものが全てなくなっていることに気づいた。私は見つかっていたのだ。

いとこのリーナが私の部屋に来た。「あなたが盗んでいることを，みんな知っていたのよ」と彼女は言った。「みんなはあなたが②白状するのを待っていたけれど，あなたは続けたわ」

胃がとても嫌な感じだった。私はうなだれて母のもとへ戻った。「マララ，あなたがしたことは間違っている」と母が言った。「私たちがあんなものも買えないと，私たちの顔に泥を塗るつもり？」

「そうじゃない！」 私はうそをついた。「私は取ったんじゃない」

しかし母は私が取ったことを知っていた。「サフィナが始めたの」と私は抗議した。「アバが私に買ってくれたピンク色の電話を，彼女が取ったの」

私の母は冷静だった。「サフィナはあなたより年下よ，あなたが彼女に教え諭すべきだった」と母が言った。「あなたが手本を示すべきだったわ」

私は泣き出し，何度も何度も謝った。「アバには言わないで」と私は懇願した。父が私に失望することを，私は耐えられなかった。両親の目に無価値だと映ることは恐ろしいことだ。

それは初めてではなかった。幼かった頃，私は母と市場に出かけ手押し車の上にアーモンドが山積みになっているのを見かけた。とてもおいしそうに見えたので，私は思わず手に一杯つかんでしまった。母は私を叱り，手押し車の所有者に謝罪した。彼は激怒してなだめられなかった。私たちはまだお金がⅡほとんどなくて，母は財布に何が入っているか確認した。「それらを私に10ルピーで売ってくれませんか」と母は尋ねた。「だめだ」と彼は言った。「アーモンドはとても高価なんだ」

母はとても動揺し，父に言った。父はすぐに行き，その男性から全量を買い，それらをガラスの皿に入れた。

「アーモンドはいいぞ」と父は言った。「寝る直前に牛乳と一緒に食べると，頭が良くなるんだ」しかし私は，父があまりお金を持っておらず，お皿に入れたアーモンドは私の罪を思い出させる物であることを知っていた。私は自分自身に，そのようなことは2度としないと約束した。そして今，私はしてしまったのだ。サフィナと彼女の両親に謝るために，母は私を連れて行った。それはとてもつらかった。サフィナは私の電話については何も言わず，それは公平ではないと思ったが，私もそれについて言わなかった。

私は嫌な気分になったが，終わったことに安堵もした。その日以来，私は1度も嘘をついたり盗んだりしていない。たった1度の嘘もなく，ほんの1ペンスも盗んでいないし，父が家の中に置きっぱなしにした小銭すらも取っていない。私たちはそれでおやつを買うことを許されているのだが。私はまた，アクセサリーを身に着けるのもやめた。なぜなら私は自問したからだ。私をそそのかす，この安物の宝石は何なのか。2，3個の金属の装飾品のために，どうして私の人格を失わなくてはならないのか。それでもいまだに私は罪を感じ，この日まで，祈りの中で神に謝っている。

私の母と父はお互いに何でも話すので，アバはすぐになぜ(b)私がそんなに悲しんでいるのか知った。私が父を失望させたことが，父の目を見てわかった。私は父に私のことを誇らしく思ってほしかった。私が学校で学年1位のトロフィーを授与されたときに③父が私を誇らしく思ってくれたように。または，私がウルドゥ語の授業が始まった時に，早くその言葉を学べるよう，「ウルドゥ語だけで話すこと」とクラスメートに対して黒板に書いたということを，幼稚園のウルファット先生が父に伝えた日のように。

父は私に，偉人が幼い時に犯した誤りについて話し，慰めてくれた。父は私に，マハトマ・ガンジーが「自由の中にⅢ間違える自由が含まれないならば，自由を持つ価値はない」と言ったことを教えてくれた。学校で私たちはムハンマド・アリ・ジンナーについての話を読んだ。カラチで育った少年時代，彼は家に電灯がないため，街灯の明かりで勉強したものだった。彼は他の少年たちに，砂ほこりの中でビー玉遊びをするのをやめて代わりにクリケットをしよう，そうすれば服や手が汚れない，と言った。父は自分の執務室の外側に，エイブラハム・リンカーンが息子の教師宛てに書いた手紙をパシュトー語に翻訳したものを，額に入れて掲げていた。それはとても美しい手紙で，良いアドバイスにあふれている。「もし④あなたが可能であるならば，彼に本のすばらしさを教えてください。しかし，空の鳥や日なたの蜂や青々とした丘の斜面に咲く花々の，永遠なる不思議について思いを巡らす静かな時間も彼に与えてください」とそれには書かれている。「いかさまをするより失敗するほうがずっと名誉であることを彼に教えてください」

問1　content「中身，内容」 筆者は親友のモニバと成績を争っていた。モニバは字がきれいで発表も良かったが，内容で自分が勝つと筆者は考えていた。

問2　彼女が私のものを盗んだのだから，私も同じように彼女のものを盗もう，ということ。下線部①の直後の文に pocket her things「彼女のものを（ポケットに入れて）盗む」とある。

問3　come clean「白状する」→ア「あなたが隠していたことについて，真実を話す」

問4　have little money「お金がほとんどない」

重要　問5　下線部③の直前の proud of me が省略されている。

重要　問6　父親が筆者に偉人が幼い頃に犯した誤りについて話し，筆者を慰めた場面なので，父親が教えたガンジーの言葉も「誤りを犯す」ということがテーマになっていると考える。

やや難 問7　下線部④の2つ前の文に a letter written by Abraham Lincoln to his son's teacher「エイブラハム・リンカーンによって息子の教師宛てに書かれた手紙」とある。よって手紙文中の you は「リンカーンの息子の教師」である。

やや難 問8　(a)　筆者が学校から帰宅して，キッチンにいる母に呼びかけた場面。母が返事をせず，目も合わせないが，理由がわからず，悲しくなった。　(b)　オを含む段落と波線部(b)の直後の文参照。筆者は自分が盗みをしたことで父親を失望させるのが耐えられなかった。

やや難 問9　ウの直前に compulsion「衝動」とあることに着目する。盗むことが衝動になってしまい，どうしたら盗みをやめられるのかわからなかった。

重要 問10　1「マルカ・エ・ノールという新入生がクラスに入るとすぐに，マララは学校でさらに熱心に勉強した」(×)　2「マララもモニバも学年末試験で1番ではなかったが，それは驚きではなかった」(×)　3「マララはある期間，モニバの家の近くに住んでいた」(○)　第2段落第1文参照。4「サフィナは家で，マララよりずっと多くのおもちゃを持っていた」(○)　第2段落第3文参照。5「サフィナはマララと勉強したかったので，よくマララの家に行った」(×)　下線部①の直後の文参照。マララがサフィナの家に行った。　6「ある日，サフィナはピンク色のおもちゃの携帯電話を使っていて，両親がそれを市場で買ってくれた，と言った」(×)　7「マララの両親は，彼女がとても悪いことをしたときでさえも彼女のことを叱らなかった」(×)　8「マララの父親は，彼女に健康になってほしいので，彼女のためにアーモンドを買った」(×)　9「マララがサフィナに謝ったとき，サフィナは彼女を許さなかった」(×)　カの直前の3文参照。サフィナがマララを許したかどうかについては書かれていない。　10「マララは，自分のふるまいは自分自身によってではなく，神によって決まると思っている」(×)　11「マララは，友達たちが彼女を覚えていられるように，黒板に『ウルドゥ語だけで話すこと』と書いた」(×)　12「マララは読書からだけでなく，父親から話を聞くことによって重要なことを学んだ」(○)

H　放送問題解説省略。

★ワンポイントアドバイス★

問題量が非常に多いので時間配分を意識しながら解答すること。

＜国語解答＞《学校からの正答の発表はありません。》

一　問1　ウ　問2　d　問3　ウ　問4　ウ　問5　ア　問6　エ　問7　ア
問8　ア　問9　エ・カ　問10　ア　問11　ウ

二　問1　①　不可欠　②　端的　③　基盤　問2　A　ウ　B　ア　C　イ
問3　ア　問4　(例)　(翻訳を行うAIについては，)意味内容を正確に理解しているかどうか(18字)(は後回しで，)人間にとって役に立つ翻訳ができること(18字)
問5　(例)　(人間が)さまざまな言語の経験を積んでいくうちに，頻度が高いものは規則通りでなくとも定着させ，不規則な文法(を問題なく運用している点。)(48字)

三　問1　①　いかように　②　いたる　問2　1　オ　3　イ　問3　2　ア　4　エ
問4　1　ウ　2　ア　問5　ア　問6　ウ　問7　ア　問8　ア

〇推定配点〇
一　問4・問11　各2点×2　他　各4点×8(問9完答)
二　問1・問2　各2点×6　問3　4点　問4　各4点×2　問5　8点
三　問1・問2　各2点×4　他　各3点×8　計100点

＜国語解説＞

一　(小説―主題・表題，情景・心情，内容吟味，文脈把握，脱文・脱語補充，ことわざ・慣用句，文学史)

問1　「その前後」で始まる段落に「その子供は何の気なしに……立ち上がろうとしたのだ。その拍子に前扉の掛け金が折り悪しくも外れた」とあるので⑤が最初となる。「しばらく」で始まる段落に「その子供は，やがて引きずられるように配達車の所までやって来た……しょんぼりと泣きも得せずに突っ立った」とあるので，最後は⑦となる。⑤で始まり⑦で終わるウがふさわしい。「彼はこれから」で始まる段落の「あの男は恐らく本当に怒るだろう……あの子の襟がみでも取ってこづき回すだろう」は「彼」の想像なので，⑥の「散々にこづきまわされてしまう」は，「騒ぎ」の経過としてふさわしくない。

基本　問2　子供が，何をしようと「努力していた」のかを考える。「その前後」で始まる段落で，配達車の前扉の掛け金が外れ，子供は「開きかかったその扉を押し戻そうと」している様子を描写している。したがって，前扉を押し戻そうと努力している様子を具体的に述べている箇所を選ぶ。dの「顔に充血させて，口を食いしばって，寄りかかるように」に注目する。

問3　――線3「子供の無援な立場を憐れんでやる心」は，直前の段落の「子供の力はとても扉の重みに打ち勝てるようなものではなかった。ああしているとやがて大事になると彼は思わずにはいられなくなった。単なる好奇心がぐらつき出して，後戻りしてその子供のために扉を閉める手伝いをしてやろうかとふと思ってみた」ことをふまえている。この「後戻りしてその子供のために扉を閉める手伝いをしてやろうか」という心情を意味するウがふさわしい。ここでの「ぐらつき出し」た好奇心は，「その前後」で始まる段落の子供が「薄ぎたなく汚れた顔に充血させて前扉にもたれている様子が彼には笑止に見えた。彼は始めのうちは軽い好奇心にそそられてそれを眺めていた」の「好奇心」を意味しているので，――線3の「憐れんでやる心」としてイの「軽い好奇心」はふさわしくないことも確認する。

問4　――線4は「非を鳴らす」と書き，激しく非難するという意味。同じ漢字を含むものはウ。アは「秘」，イは「日」，エは「比」，オは「火」の漢字が用いられている。

問5　直前の「やはり」は，以前と比べて違いがない様子を表す。同じ段落の前で「しょんぼりと泣きも得せずに」と子供の様子を描写しているので，泣くこともできなかったと同じ意味を表す言葉があてはまる。

問6　直後の文に「がもう黙ってはいられないような気分になってしまっていた」とあり，「彼」が言おうとしていたことは何かを探す。後の「馬鹿野郎！手前たちは木偶の棒だ。卑怯者だ……こんな悪戯がこの子にできるかできないか，考えてもみろ。可哀想に。はずみから出た過ちなんだ。俺はさっきから一部始終をここで見ていたんだぞ。べらぼうめ！配達屋を呼んで来い」は，騒ぎの唯一の目撃者として子供を弁護するものである。この内容を述べているものを選ぶ。

問7　直前の場面で，労働者肌の配達夫が現れて，「彼」がどのようなことを「知った」のかを考える。直後で「あの男は恐らく本当に怒るだろう……配達夫は怒りに任せて，何の抵抗力もないあの子の襟がみでも取ってこづき回すだろう」という「彼」の推測を述べている。

問8　文章は，「彼は不意な出来事を見い出して思わず足を止めてしまった」や「こうなると彼の気持ちはまた変わっていた」とあるように，「彼」の行動と心情を知る「語り手」の視点で描かれている。——線7の前後に着目すると，前に「彼は飛び込まなければならぬ……その子供のために何とか配達夫を言いなだめなければならぬ」とあるが，後に「その場の様子が物々しくなるにつれて……彼は思わず目をそむけた」と予想とは違う行動を述べている。「彼」のとった態度が，「語り手」にとって思いがけないものであったことを「ところがどうだ」と表現している。

重要　問9　直前の「その場の様子が物々しくなるに連れて，もう彼はそれ以上見ていられなくなって来た。彼は思わず目をそむけた。と同時に，自分でもどうすることもできないある力に引っ張られて，すたすたと逃げるように行手の道に歩き出した」に着目する。直前の段落で，唯一の目撃者として折りを見て介入し子供を弁護しようとしていた「彼」が，その場の雰囲気に我を失い，事件の現場から逃げ出してしまったことに対して「許してくれ」と考えていることを読み取る。

やや難　問10　文章の前半で，「彼」は子供がふだんどのような子供であったのかを想像し，後半では，これから持ちあがる騒ぎの様子を自分の頭の中で組み立て想像している。最終段落の「許してくれ許してくれ」からは，子供を助けなかっただけでなく，唯一の目撃者として子供を弁護することをしなかった自分を卑怯者と自覚していることが読み取れるので，オはふさわしくない。

問11　「白樺派」は，日本近代文学の一派で，明治四十三年(一九一〇年)創刊の雑誌「白樺」によった文学者を言う。島崎藤村らの自然主義に対抗して人道主義・理想主義を唱え，他の代表者に武者小路実篤や里見弴らがいる。

二　(論説文—大意・要旨，文脈把握，接続語の問題，脱文・脱語補充，漢字の読み書き)

問1　①　なくてはならないこと。「欠く可からず」と考える。　②　要点だけを言うこと。「端」の訓読みは「はし」「は」「はた」。　③　物事が成り立つ基礎となるもの。「盤」を使った熟語は，他に「羅針盤」「盤石」などがある。

問2　A　前の「言語学の基本的な考え方も記憶容量が小さい時代の方略に近い」を，後で「少ない規則と少ない情報で……言語産出の可能性を最大化する」とわかりやすく説明しているので，説明の意味を表す語が入る。　B　前の「実際に発話したことは……積み上がった屍のようなもの」に対して，後で「なんども見聞きするうちに取り込み，定着していく要素を含んでいる」と相反する内容を述べているので，逆接の意味を表す語が入る。　C　前の「『頻度』が高い用法や表現は規則とは別に成立し，それがまた規則性を生み出すキバンにもなる」例を，後で「不規則な動詞の活用はおおむね使用頻度の高いものに集中している……例外も頻度が高ければ定着してしまう」と挙げているので，例示の意味を表す語が入る。

問3　直前の「規則でできる限り説明して，説明できないところにだけ頻度に基づく使用実績を導入するやり方」と，直前の文の「種々雑多な使用実績がまずあり，規則はあとからできてくる」とする「複雑系言語学」のやり方の関係をとらえる。「使用実績」と「規則」の扱い方が，ちょうど逆となっており，この内容を述べている語句を選ぶ。

やや難　問4　空欄の前後をよく読み，まず「翻訳を行うAI」について述べていることを確認する。さらに，一つ目の空欄の後に「後回し」とあるので，一つ目の空欄には「哲学的な議論」に相当する部分が入り，二つ目の空欄の後に「優先されている」とあるので，二つ目の空欄には「実用性」に相当する部分が入る。これらの「哲学的な議論」と「実用性」を，指定語を参考に具体的に述べる。一つ目の空欄に入るべき「哲学的な議論」とは，具体的にはAIが意味内容を理解しているかどうかという議論を意味している。二つ目の空欄の「実用性」は，AIが人間にとって役に立つ翻訳ができることを意味している。それぞれを指定字数に合うようにまとめる。

重要　問5　「人の言語」について，一つ後の段落で「人間の言語能力は，規則通りでなくとも，なんども見聞きするうちに取り込み，定着していく要素を含んでいる」，最終段落で「人間の知能も……頻度の高いものは規則とは別に存在できるとすべきだというのである。種々雑多な使用実績がまずあり，規則はあとからできてくる」と述べている。これは，「以前の機械翻訳は」で始まる段落で述べている，現在の機械翻訳の「大量の事例データを蓄積し，その中から頻度の高いものを選んで当てはめる方法」に類似している。「種々雑多な使用実績」を指定語の「経験」に，「規則」を「文法」に置き換えてまとめる。

三 （古文―主題・表題，情景・心情，内容吟味，文脈把握，脱文・脱語補充，文と文節，仮名遣い，口語訳）

〈口語訳〉　今は昔，比叡山延暦寺に僧がいた。大変貧しかったが，鞍馬寺に七日参詣した。（仏のお告げの）夢などが見えるかと思って参ったが，見なかったので，もう七日と思って参詣したが，やはり（お告げの夢が）見えないので，七日をつぎつぎと延ばして百日参詣した。その百日目にあたる夢に，「自分にはどうにもできない。清水寺へ参りなさい」とおっしゃっていると（いう夢を）見たので，次の日から，また清水寺へ百日参ると，また，「自分にもどうにもできない。賀茂神社へお参りして言いなさい」と夢を見たので，また賀茂神社に参詣した。

七日と思って，例のとおり夢を見よう見ようと参り続けていると，百日目にあたる夜の夢に，「お前がこのようにお参りするのが，かわいそうなので，供物用の紙と，打ち撒きの米ほどの物なら，たしかに授けよう」と仰せになる夢を見て，目が覚めたときの気持ちは，なんとも情けなく，残念で悲しい。方々をお参りしてまわったのに，そうしたあげくにこのようにおっしゃるとは，打ち撒きの代わりの米ぐらいをいただいても，何になろうか。比叡山へ帰り登ってもきまりが悪いことだ。加茂川にでも飛び込んでしまおうかなどと思うが，やはりさすがに身を投げることもできない。

どのようになさるおつもりだろうかと，知りたく思われたこともあって，もとの比叡山に帰っていると，知っている所から，「おたずね申します」と言う人がいる。「誰だろう」と見ると，白い長櫃を担いで，縁側に置いて帰った。たいそう不思議に思って，使いの者を探すが，どこにもいない。この長櫃を開けてみると，白い米と良い紙が長櫃いっぱいに入っていた。これは見た夢のままだ。それにしてもと思ったが，ただこれだけを本当にくださったのだと，たいそう情けなく思うが，しかたないと，この米をいろいろに使ったところ，いつも同じ多さで，なくなることがない。紙も同じように使ったが，なくなることはなくて，それほどぜいたくというほどではないが，たいそう安楽な法師として暮らすことができた。

やはり，気長にお参りはするべきものである。

基本　問1　①「やう」は，現代仮名遣いでは「よう」に直す。　②「ゐ」は，代仮名遣いでは「い」に直す。

問2　1　後の注釈に「比叡山」は滋賀県とある。オの近江国に属する。　3「清水」は京都市内にある。現在の京都府南東部にあたるイの「山城国」に属する。

問3　2　前に「鞍馬に七日参りけり。夢などや見ゆるとて参りけれど，見えざりければ」とあり，後に「七日を延べ延べして」とある。鞍馬に七日参ったが夢を見ないので，さらに七日と思って参詣したが夢が見えず，七日をつぎつぎと延ばしたという文脈にふさわしい現代語訳を選ぶ。

4「え」は，打消しの語を伴って～することはできないという意味に。私は知ることができないというのであるから，私はどうしたらよいかわからないという意味の現代語訳を選ぶ。

問4　1　直後で「所々参り歩きつるに，ありありてかく仰せらるるよ，打撒の代はりばかり賜はりて，何かはせん」と，「いと心憂く，あはれにかなし」と思った理由を述べている。僧は授けられたのが御幣紙と打撒の米だけであったことを不満に思っている。

2　一つ後の文で「我が山へ帰り登らむも人目はづかし。賀茂川にや落ち入りなましなど思へど」

と僧の心情を述べている。

問5　a「『もの申し候はん』と言ふ人」があったので「誰ぞ」と思って見たのは，僧。　b「白き米と良き紙」が入った長櫃を見て「夢のまま」だと思い「さりとも」と思ったのは，僧。　c「賜びたる」は，お与えになったという意味。「白き米と良き紙」が入った長櫃を僧にお与えになったのは誰かを考える。

問6　直前で「いと心憂く思へど，いかがはせん」と僧の心情を述べている。「心憂し」は辛い，「いかがはせん」はどうしようもない，という意味なので，失望してやけを起こすという意味の心情がふさわしい。

重要　問7　直前の「この米をよろづに使ふに，ただ同じ多さにて，尽くることなし。紙も同じごと使へど，失することなくて」は，僧にとってどのような情況だろうか。「きらきらし」はきらめくほど立派なという意味だと推察し，たいして立派なわけではないが，たいそう楽しい法師になったという意味のものを選ぶ。

やや難　問8　比叡山の僧は，夢のお告げにしたがい，鞍馬に百日，清水に百日，さらに賀茂に百日参った後に，尽きることがない白き米と良き紙が入った長櫃を与えられたという内容にふさわしい表現が入る。

★ワンポイントアドバイス★

小説の読解問題では，現代では使われない言葉が多く用いられているが，注釈や前後の内容，あるいは前後の状況から意味を推察しながら読み進めていくことが大切だ。情況を正確に読み取ることが，心情の読み取りにもつながる。大問二の記述問題に十分な時間が取れるよう，他の大問をすばやく解答することを意識しよう。

2019年度

★★★★★★★★★★★★★★★★★★★★★★★

入　試　問　題

2019年度

早稲田実業学校高等部入試問題

【数　学】（60分）〈満点：100点〉

【注意】　1. 答えは，最も簡単な形で書きなさい。

2. 分数は，これ以上約分できない分数の形で答えなさい。

3. 根号のつく場合は，$\sqrt{12}=2\sqrt{3}$ のように根号の中を最も小さい正の整数にして答えなさい。

1　次の各問いに答えよ。

(1)　$x=1+\sqrt{2}+\sqrt{3}$ のとき，x^2-2x-4 の値を求めよ。

(2)　$x>0$，$y>0$ のとき，次の連立方程式を解け。

$$\begin{cases}(x+y)^2+x^2+y^2+(x-y)^2=2019\\(x+y)(x-y)=385\end{cases}$$

(3)　大中小 3 個のサイコロを投げ，出た目の数をそれぞれ a，b，c とする。このとき，$(a-b)(b-c)=0$ となる確率を求めよ。

(4)　底面の直径 AB が 8cm，高さが $2\sqrt{5}$ cm の円錐がある。A から B へ円錐の側面上に線を引くとき，最も短くなるような線の長さを求めよ。

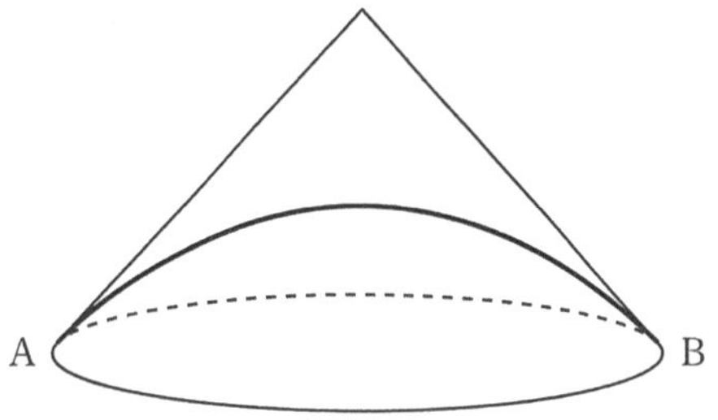

2　次の各問いに答えよ。

(1)　あるお店ではＴシャツが 50 枚売られている。Ｔシャツの値段は 1 枚 3000 円で，2 枚目以降は 1 枚買うごとに総額から 1 %ずつ割引される。例えば，Ｔシャツを 10 枚買うと 9 %総額から割引される。代金が 63900 円のとき，買ったＴシャツの枚数を答えよ。ただし，消費税は考えないものとする。

<u>答えに至るまでの過程も丁寧に記述すること。</u>

(2)　あるクラスで 100 点満点のテストを実施した。男子の結果を度数分布表にまとめてヒストグラムを作成したところ，**図 1** のようになった。**図 1** では，例えば 50 点以上 60 点未満の男子生徒が 3 人いることが分かる。

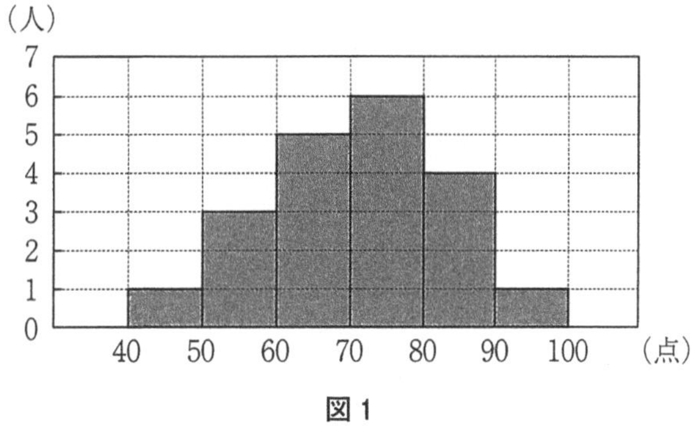

図 1

① 男子の得点の平均値を求めよ。また，中央値が属する階級の階級値を求めよ。

② 右の**表 1** はこのクラスの女子の結果をまとめた度数分布表である。次の**(ア)**～**(カ)**のことが分かっているとき，**表 1** の空欄 A ～ C に最もあてはまる数字を答えよ。

ただし，最頻値，平均値はすべて度数分布表から求めているものとする。

(ア) 女子の人数は，男子と等しい。

(イ) 得点は，すべて 40 点以上 100 点未満である。

(ウ) 50 点以上 60 点未満の人数と，70 点以上 80 点未満の人数はどちらも 3 人である。

(エ) 得点の最頻値は，男子の得点の最頻値より 10 点低く，最頻値が属する階級の度数はそれぞれ等しい。

(オ) 70 点以上の人数は 10 人である。

(カ) 得点の平均値は，男子の得点の平均値より 1 点高い。

表 1

階級（点）	度数（人）
40以上 ～ 50未満	A
50 ～ 60	
60 ～ 70	B
70 ～ 80	
80 ～ 90	C
90 ～ 100	
合計	

3 下の図のように，3 つの関数 $y=\frac{a}{x}\ (x>0)$，$y=bx^2$，$y=2x$ のグラフがあり，それらは点 A で交わっている。点 A から x 軸へ垂線 AH を引いたところ，△OAH の面積は 16 であった。あとの各問いに答えよ。

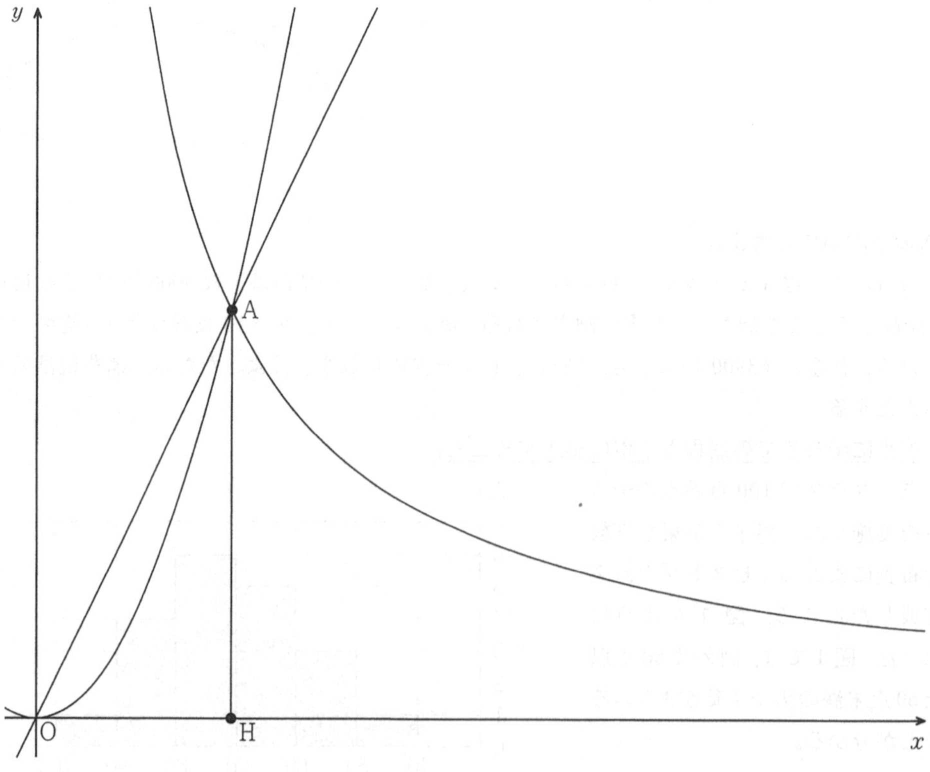

(1)　a，b の値をそれぞれ求めよ。

(2)　$y=\dfrac{a}{x}\ (x>0)$ 上に OA＝OB を満たす点 A とは異なる点 B を，$y=2x$ 上に BO＝BC を満たす点 O とは異なる点 C をそれぞれとった。

①　点 C の座標を求めよ。

②　$y=bx^2$ 上の x 座標が正の部分を動く点 P がある。直線 AP が△OBC の面積を 1：7 に分けるとき，点 P の座標を求めよ。

4　右の図のような $OA_1=A_1A_2=1$，$\angle A_1=90^\circ$ の直角二等辺三角形 OA_1A_2 がある。まず $A_2A_3=OA_1$，$\angle A_2=90^\circ$ となるように直角三角形 OA_2A_3 を作る。次に $A_3A_4=OA_2$，$\angle A_3=90^\circ$ となるように直角三角形 OA_3A_4 を作る。同様に直角三角形を順番に作るとき，次の各問いに答えよ。

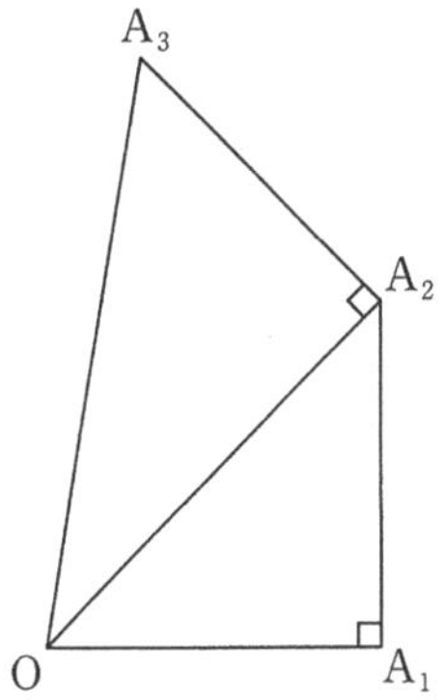

(1)　$n \geqq 2$ とする。OA_n の長さが初めて整数になるような n の値を求めよ。

(2)　ある 3 つの連続する OA_n の長さを短い順に a，b，c とする。

①　$\dfrac{c}{a}$ の値を x とするとき，$\dfrac{b}{a}$ の値を x を用いて表せ。

②　$\dfrac{c}{b}=k\times\dfrac{b}{a}$ とするとき，$\dfrac{c}{a}$ の値を k を用いて表せ。

5　(1)　**図 1** のような AB を直径とする半円 O がある。円周上の点 C から AB に垂線 CH を引く。AH＝1，HB＝a のとき，CH の長さを a を用いて表せ。

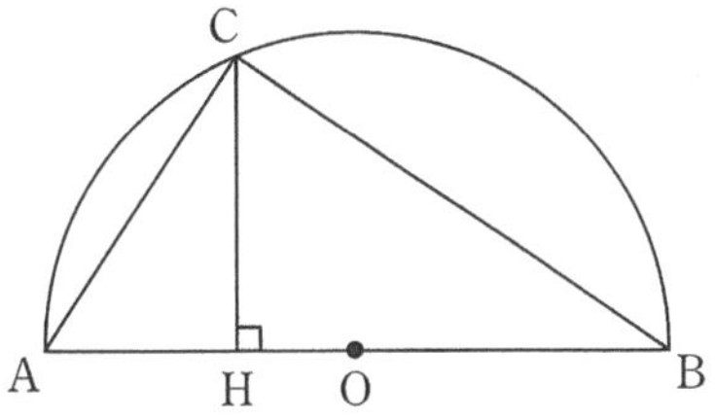

図 1

(2)　次のページの**図 2** のような AD＝1，AB＝$b\,(1<b<2)$ の長方形 ABCD がある。まず辺 AB 上に点 E をとり，さらに DE⊥CF となるように線分 DE 上に点 F をとった。次に長方形 ABCD から△AED，△CDF，四角形 EBCF を切り取り，3 つの図形をすき間なく並べたところ，次のページの**図 3** のような正方形ができた。

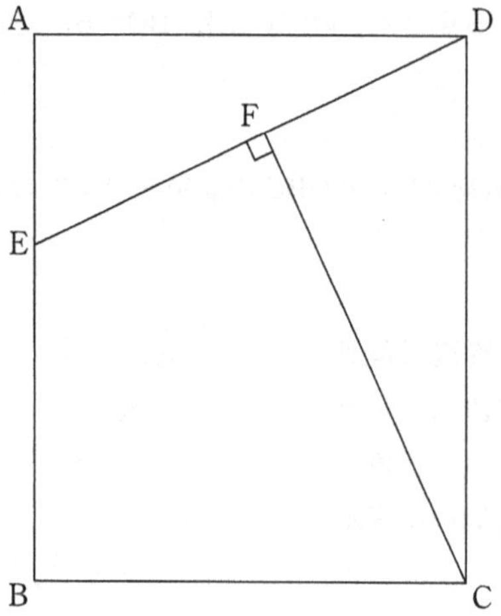

図2

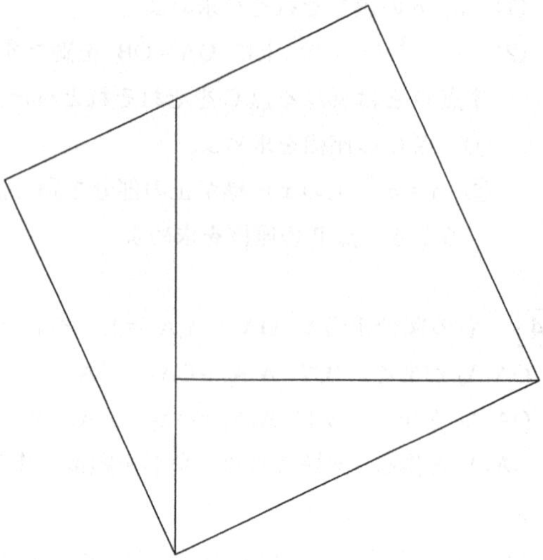

図3

① AE の長さを b を用いて表せ。

② 解答欄の図にコンパスと定規を用いて点Eの位置を作図せよ。作図に用いた線は消さないこと。

[必要ならば，右の図を使ってよい。]

【英　語】（70分）〈満点：100点〉

【注意】 試験開始後53分たったら，チャイムの合図でHの放送問題が始まります。

A　次の１～５は，ある単語の定義とその例文です。それぞれの例文の（　　）に当てはまる語を**適切な形で**１語答えなさい。ただし，書き出しの文字が与えられている場合は，その文字で始まる語を答えること。

1　to become greater in number, size, and so on

We hope sales will (i-　　　) *by 25 percent next year.*

2　having no mistakes, faults, or damage

The car was in (p-　　　) *condition.*

3　a set of steps built between two floors inside a building

The children ran down the (　　　　).

4　a room or part of a building for preparing and cooking food

My mother doesn't like cleaning the (　　　　).

5　to receive something with the promise or understanding of returning it

To start their business they will (　　　　) *a lot of money from the bank.*

B　文法的な誤りを含む文を**３つ**選び，番号で答えなさい。

1　Our teacher told our class that he would be in the hospital.
2　The record says John F. Kennedy was born in 1917.
3　Ms. Green was enough kind to help me with my homework.
4　When I came home, the garden was all covered with snow.
5　We are looking forward to visiting Korea next month.
6　Which are you interested, this topic or that one?
7　Would you like another cup of coffee?
8　I want to thank her for giving me her seat.
9　I needed at least two days to solve these math problems.
10　The dog I have kept for two years bark very loudly.

C　日本語に合うように【　　】内の語を並べかえなさい。ただし，解答欄には①～③に入る語のみ記号で答えなさい。

1　易しい単語でも読み間違えてしまうものがある。

【ア easy / イ read / ウ are / エ always / オ some / カ correctly / キ words / ク not】.

(　　)(　①　)(　　)(　②　)(　　)(　③　)(　　)(　　).

2　妹の英語の試験の出来がとてもよかったので驚いている。

【ア did / イ my / ウ English / エ that / オ very / カ am / キ sister / ク on / ケ I / コ well / サ surprised / シ the】exam.

(　　)(　　)(　①　)(　　)(　　)(　②　)(　　)(　　)(　③　)(　　)(　　)
(　　) exam.

3　何か飲み物を買ってくる間，席をとっておいてくれない？

【ア get / イ you / ウ to / エ while / オ and / カ can / キ seat / ク I / ケ something / コ keep / サ go / シ my】 drink?

(　　)(　　)(①)(　　)(　　)(②)(　　)(　　)(③)(　　)(　　)

(　　) drink?

D　下線部を英語になおしなさい。ただし，**②は関係代名詞を用いること。**

A：I heard you have a math test tomorrow.

B：Yes. But I think math is not so important in my life. So, I won't study math today, Mom!

A：①将来どんな科目が役に立つかなんて，誰にもわからないわよ。Then, have you ever thought of your future dream, Ken?

B：Of course, Mom! ②僕の夢は，みんなを幸せにする人になることなんだ。

A：That's a wonderful dream. I know you are a good boy. A good boy studies for tests anytime. Now it's time you study math.

E　次の英文を読んで，設問に答えなさい。

Nearly every child and adult enjoys the zoo, but how about the animals? Many people wonder if it is *cruel to remove animals from their homes and ①confine them behind bars and trenches where thousands of human beings *stare at them.

②In certain ways animals may *fare better in (1) than in (2). Wild animals may be underfed. Some must *roam far and wide to find sufficient food. Some wild animals suffer from wounds or disease. Most animals must be on guard constantly against *enemies. After a few weeks in a zoo, the steady food supply, clean *living quarters, and medical care often *give rise to an improvement in the physical health and appearance of *captive animals. Many mate and rear young in captivity. Many also seem to enjoy human visitors just as much as the visitors enjoy them.

[　　Ⅰ　　] Monkeys and apes also appear to enjoy human companionship, especially that of their keepers. The Lincoln Park Zoo in Chicago once tried using one-way glass in the monkey house. People could look in and see the monkeys, but the monkeys could not look out and see the people. The monkeys became unhappy, and the glass was removed. At once, ③the animals *regained their lively spirits.

[　　Ⅱ　　] Endless *pacing back and forth may be simply an animal's way of getting exercise. When brown bears *pad the ground for hours, they are following an *instinct to pack down snow, even though they have no snow to pack. If a monkey gazes longingly into space, is it wishing it was back in the jungle? It is probably just waiting for its food.

[　　Ⅲ　　] They want an area to claim as their territory, a place where they can hide and feel safe. On the rare occasions when an animal escapes from a zoo, it usually comes back to its quarters after a few hours or days, especially if it escapes into areas of human habitation. ④That world — so different from the animal's native habitat and from its zoo quarters — is likely terrifying. The animal returns to the place where it feels *secure and where it can find food and water. Often the animals walk back through the open cage door ⑤of their own accord.

cruel：残酷な　stare at ～：～をじろじろ見る　fare：暮らす　roam：歩きまわる
enemy：敵　living quarter：住居　give rise to ～：～を引き起こす　captive：捕らえられた
regain：取り戻す　pace back and forth：行ったり来たりする　pad：踏みつける
instinct：本能　secure：安心して

問1 下線部①，⑤の本文中の意味に最も近いものを**ア**～**エ**から１つずつ選び，記号で答えなさい。

① **ア** hit them with sticks　**イ** kill them to make clothes
　ウ lock them in cages　**エ** sell them in the market

⑤ **ア** willingly　**イ** angrily
　ウ carefully　**エ** luckily

問2 下線部②の"In certain ways animals may fare better in（　1　）than in（　2　）."の(1)，(2)に入るものの組み合わせとして最も適切なものを**ア**～**エ**から１つ選び，記号で答えなさい。

ア (1) forests　(2) their natural *surroundings
イ (1) zoos　(2) their natural surroundings
ウ (1) their natural surroundings　(2) forests
エ (1) their natural surroundings　(2) zoos

［注］ surroundings：環境

問3 [Ⅰ]～[Ⅲ]に入る最も適切な文を**ア**～**エ**から１つずつ選び，記号で答えなさい。

ア Bears and seals, for example, love to *show off for zoo visitors.
イ Zoo visitors should pay more attention to animals' health condition.
ウ Most animals have a great need to feel secure.
エ Visitors may mistake certain animal actions as signs of unhappiness.

［注］ show off：注意をひこうとする

問4 下線部③の理由として最も適切なものを**ア**～**エ**から１つ選び，記号で答えなさい。

ア They communicated with their keepers.
イ They watched their visitors' behavior.
ウ They improved their physical health thanks to their keepers.
エ They got steady food supply from their visitors.

問5 下線部④に当てはまるものを**ア**～**エ**から１つ選び，記号で答えなさい。

ア the wild　**イ** the zoo　**ウ** nature　**エ** a human house

F 次の英文を読んで，設問に答えなさい。問題の便宜上，段落間にスペースがあります。

Headaches are a big problem. But they are not just a problem for the person suffering from the headache. They are a problem for society as well. Each year, millions of people suffer from severe headaches that keep them from doing their jobs. In fact, according to one estimate, headaches cost *individuals and businesses more than $50 billion each year! This is one of the reasons research into headaches has become a worldwide effort.

── ア ──

Although he did not know much about how headaches work, Hippocrates was the first doctor to find a way to treat them. Before 400 B.C., Hippocrates discovered that the *bark from willow trees was useful in treating pain. He made a white powder from the tree's bark and gave it to his patients.

── イ ──

Hippocrates did not know it, but he was actually *prescribing a natural chemical in willow bark called salicin. When a person eats salicin, the chemical is changed inside his or her body into salicylic acid. It *turns out that salicylic acid is good for stopping pain, including headache pain, but it is bad for a person's stomach. In the 1800s, a chemist in Germany changed the acid's form a little to make it easier for people to take. This new form of the chemical was called acetylsalicylic acid, commonly known as aspirin today.

── ウ ──

Aspirin was used throughout most of the 1900s to treat headaches, but doctors had little idea about what really caused headaches. When doctors know the cause of a disease, they can find better ways to treat it. Therefore, as medical technology developed, doctors began to use the technology to learn more about the human *brain and about headaches.

── エ ──

Currently, doctors classify headaches into two general types: primary and secondary. A primary headache is a condition suffered as only the headache itself. On the other hand, a secondary headache is one caused by another condition. For example, someone who catches the *flu may suffer from headaches along with other *symptoms of the illness. Flu headaches are thus secondary headaches.

── オ ──

For primary headaches, doctors have determined three possible causes. One kind of primary headache is caused by stress. Doctors usually call headaches of this kind tension headaches. Such headaches are characteristically felt on both sides of the head as a dull, steady pain.

── カ ──

Another kind of primary headache is the migraine headache. Doctors believe this headache is caused by reduced *flow of blood to certain parts of the brain. A migraine sufferer usually feels intense pain on one side of the head. The sufferer also becomes *sensitive to light and noise. If the migraine is severe, the sufferer may *vomit repeatedly.

── キ ──

The third kind of primary headache is known as the cluster headache. Cluster headaches typically *occur around the same time each day for weeks or months at a time. The person suffering from this kind of headache usually feels pain on one side of her or his head, and the pain is centered around one of the person's eyes. Doctors do not know much at present about cluster headaches, but they seem more common among men and could be related to *alcohol or other things that affect a person's blood flow.

── ク ──

Using computers and more advanced medical *equipment, doctors continue to learn more about what happens in the brain before and during headaches. Especially in the case of migraines, some doctors believe they have found the part of the brain that sets off the reaction for severe attacks. With this new *insight into brain processes, doctors hope new ways will be discovered to disable headaches before they begin.

individual：個人　bark：樹皮　prescribe：処方する　turn out ～：～であることがわかる
brain：脳　flu：インフルエンザ　symptom：症状　flow of blood：血流　sensitive：敏感な
vomit：吐く　occur：起こる　alcohol：アルコール飲料　equipment：機器　insight：見識

問1　次のような症状を訴える人が抱えている頭痛の種類が，tension headache ならＴ，migraine headache ならＭ，cluster headache ならＣと答えなさい。

1 "I sometimes feel like throwing up. I feel very strong headache. I don't want to watch TV or listen to the radio."

2 "My headache doesn't go away. I have to work very hard. I feel a lot of pressure from my boss and co-workers."

3 "My head always hurts in the morning. My whole head doesn't hurt, though. The pain comes around my left eye."

問2　この英文を内容のまとまりからⅠ～Ⅳの４つに分けるとすると，どのように分けられるか。①ⅠとⅡの区切り，②ⅡとⅢの区切り，③ⅢとⅣの区切りとして最も適切な位置を**ア～ク**から１つずつ選び，記号で答えなさい。

問3　この英文のタイトルとして最も適切なものを**ア～エ**から1つ選び，記号で答えなさい。

ア　Effort to Cure Headaches　　**イ**　Studying Headaches
ウ　Rise in Headache Sufferers　　**エ**　The Cause of Headaches

問4　本文の内容に一致するものには○，一致しないものには×と答えなさい。

1 As headaches cost us a lot, we have come to investigate why headaches happen around the world.

2 Hippocrates, a German chemist, discovered the chemical which is now called aspirin.

3 Salicylic acid has a better effect for stopping pain than salicin.

4 If you feel pain in your head when you are in bed with a cold, the condition is called a secondary headache.

G　次の英文を読んで，設問に答えなさい。

Atri is the name of a little town in Italy. It is a very old town, and is built half-way up the side of a steep hill.

A long time ago, the King of Atri bought a fine large bell, and had it hung up in a tower in the market place. A long rope that reached almost to the ground was fastened to the bell. The smallest child could ring the bell by pulling upon this rope.

"It is the bell of justice," said the king.

When at last everything was ready, the people of Atri had a great holiday. All the men and women and children came down to the market place to look at the bell of justice. It was a very pretty bell, and was, *polished until it looked almost as bright and yellow as the sun.

"How we should like to hear it ring!" they said.

Then the king came down the street.

"Perhaps he will ring it," said the people; and everybody stood very still, and waited to see what he would do.

But he did not ring the bell. He did not even take the rope in his hands. When he came to the foot of the tower, he stopped, and raised his hand.

"My people," he said, "do you see this beautiful bell? It is your bell; but ①it must never be rung except in case of need. If any one of you is wronged at any time, he may come and ring the bell; and then the judges shall come together at once, and hear his case, and give him justice. Rich and poor, old and young, all *alike may come; but no one must touch the rope *unless he knows that he has been wronged."

Many years passed by after this. Many times did the bell in the market place ring out to call the judges together. Many wrongs were righted, many *ill-doers were punished. At last the hempen rope was almost *worn out. The lower part of it was untwisted; some of the strands were broken; it became so short that only a tall man could reach it.

"This will never do," said the judges one day. "*What if a child should be wronged? It could not ring the bell to let us know it."

②They gave orders that a new rope should be put upon the bell at once, — a rope that should hang down to the ground, so that the smallest child could reach アit. But there was not a rope to be found in all Atri. They would have to send across the mountains for one, and イit would be many days before ウit could be brought. What if some great wrong should be done before エit came? How could the judges know about オit, if the injured one could not reach the old rope?

"Let me fix it for you," said a man who stood by.

He ran into his garden, which was not far away, and soon came back with a long *grapevine in his hands.

"This will do for a rope," he said; and he climbed up, and fastened it to the bell. The slender vine, with its leaves and *tendrils still upon it, *trailed to the ground.

"Yes," said the judges, "it is a very good rope. Let it be as it is."

Now, on the hill-side above the village, there lived a man who had once been a brave knight. In his *youth he had ridden through many lands, and he had fought in many a battle. His best friend through all that time had been his horse, — a strong, noble steed that had borne him safe through many a danger.

But the knight, when he grew older, cared no more to ride into battle; he cared no more to do brave *deeds; he thought of nothing but gold; he became ③a miser. At last he sold all that he had, except his horse, and went to live in a little hut on the hill-side. Day after day he sat among his money bags, and planned how he might get more gold; and day after day his horse stood in his bare *stall, half-starved, and *shivering with cold.

"What is the use of keeping that lazy steed?" said the miser to himself one morning. "Every week it costs me more to keep him than he is worth. I might sell him; but there is not a man that wants him. I cannot even give him away. I will turn him out to *shift for himself, and pick grass by the roadside. If he starves to death, so much the better."

So the brave old horse was turned out to find what he could among the rocks on the barren hill-side. Lame and sick, he strolled along the dusty roads, glad to find a blade of grass or a thistle. The boys threw stones at him, the dogs barked at him, and in all the world there was no one to pity him.

One hot afternoon, when no one was upon the street, the horse chanced to *wander into the market place. Not a man nor child was there, for the heat of the sun had driven them all indoors. The gates were wide open; the poor beast could roam where he pleased. He saw the grapevine rope that hung from the bell of justice. The leaves and tendrils upon it were still fresh and green, for it had not been there long. What a fine dinner they would be for a starving horse!

He stretched his thin neck, and took one of the tempting *morsels in his mouth. It was hard to break it from the vine. He pulled at it, and ④the great bell above him began to ring. All the people in Atri heard it. It seemed to say, — "Someone has done me wrong! Someone has done me wrong! Oh! Come and judge my case! Oh! Come and judge my case! For I've been wronged!"

The judges heard it. They put on their robes, and went out through the hot streets to the market place. They wondered who it could be who would ring the bell at such a time. When they passed through the gate, they saw the old horse nibbling at the vine.

"Ha!" cried one, "it is the miser's steed. He has come to call for justice; for his master, as everybody knows, has treated him most shamefully."

"He *pleads his cause as well as any dumb brute can," said another.

"And he shall have justice!" said the third.

Meanwhile a crowd of men and women and children had come into the market place, eager to learn what cause the judges were about to try. When they saw the horse, all stood still in wonder. Then every one was ready to tell how they had seen him wandering on the hills, unfed, uncared for, while his master sat at home counting his bags of gold.

"Go bring the miser before us," said the judges.

And when he came, they *bade him stand and hear their judgment.

"This horse has served you well for many a year," they said. "He has saved you from many a peril. He has helped you gain your *wealth. Therefore we order that one half of all your gold shall be *set aside to buy him shelter and food, a green pasture where he may *graze, and a warm stall to comfort him in his old age."

The miser hung his head, and *grieved to lose his gold; but the people shouted with joy, and the horse was led away to his new stall and a dinner such as he had not had in many a day.

polish：磨く　alike：等しく　unless ...：もし…でなければ　ill-doer：悪事をはたらく人
wear out ～：～をすり切らす　what if ...?：…したらどうするのか　grapevine：ブドウのつる
tendril：巻きひげ　trail：はう　youth：若い時　deed：行為　stall：馬小屋の一仕切り
shiver：震える　shift：どうにか暮らす　wander：歩きまわる　morsel：ひと口
plead one's cause：訴訟理由を申し立てる　bade：bid(命ずる)の過去形　wealth：財産
set aside ～：～を取っておく　graze：草を食べる　grieve：深く悲しむ

問1　下線部①から推測されることとして最も適切なものを**ア**～**エ**から１つ選び，記号で答えなさい。

ア　The bell will never be rung forever.
イ　The bell will be rung every hour.
ウ　The bell will be rung when someone steals a bag of his friend.
エ　The bell will be rung when a horse runs into the town.

問2　下線部②で新しいロープに交換しなければならなくなった理由を次のように説明するとき，(　　)に指定された字数で適切な表現を入れなさい。

元々のロープが(　**7字以内**　)ので(　**20字以内**　)から。

［下書き用］

元々のロープが								5			ので						5
				10					15					20	から。		

問3　二重下線部**ア**～**オ**のうち，同じものを指している it をすべて選び，記号で答えなさい。

問4　下線部③の本文中の意味に最も近いものを**ア**～**エ**から１つ選び，記号で答えなさい。

ア　a person who likes saving money
イ　a person who fights bravely
ウ　a person who loves keeping animals
エ　a person who lives alone

問5　下線部④の原因を次のように説明するとき，(1)～(5)に適切な語を１語ずつ入れなさい。

When the poor (　1　) was walking around the market place, he found the bell with a rope (　2　) of a grapevine. As he was very (　3　), the rope looked like a good (　4　) for him. He started (　5　) the rope, and the bell began to ring.

問6　本文の内容に合うものを３つ選び，番号で答えなさい。

1　Atri is a main city in Italy and has a long history.
2　People living in Atri were very excited by the large bell hung up in the market place when it was ready to ring at last.
3　The king introduced the bell and tried ringing it in front of the citizens.

4 Few people have heard its sound since the bell was set in a tower.

5 The bell was so beautiful that a lot of people tried to steal it.

6 The king of Atri told the citizens to bring a new rope for the bell.

7 One of the citizens went over mountains and found a grapevine.

8 The miser's horse ate a lot, so he decided to sell it to a rich man in the market place.

9 The knight hit the horse very often, and so it ran out of the stall.

10 Once the judges saw the horse at the bell, they recognized its owner.

11 The judges gave the miser punishment because of his unfair way of treating the horse and its active role in the past.

12 After hearing the judgement, the miser asked the judges to forgive him with tears.

H **放送問題Ⅰ** 英文No. 1～No. 4を**1回ずつ**放送します。その応答として最も適切なものを**ア～エ**から１つずつ選び，記号で答えなさい。

No.1
ア No, I won't.
イ Yes, I'd be happy to.
ウ I'm going to leave soon, but I have a few minutes.
エ Sure. No problem.

No.2
ア Does this pen work?
イ You are right.
ウ Let's have something light for lunch.
エ He lent me an eraser.

No.3
ア No, it doesn't have a card.
イ Don't worry, they'll be picked up soon.
ウ So our students have a place to visit.
エ It's not so big.

No.4
ア I'm not 100% sure he is.
イ He needs both parts.
ウ The place he went to last time.
エ Yes, he probably isn't.

放送問題Ⅱ 対話文とそれに関する質問を，チャイムをはさんで**2回ずつ**放送します。答として最も適切なものを**ア～エ**から１つずつ選び，記号で答えなさい。

No.1
ア Because she wants to learn more about Japanese culture through *origami*.
イ Because she wants to give Nancy *origami* as her birthday present.
ウ Because she wants to tell how wonderful *origami* is to Davis.
エ Because she wants to tell Davis that she bought a book about *origami*.

No.2
ア She may stop buying organic food.
イ She has cut down on the money to use for shopping.
ウ She wishes to save the environment.
エ She has found a cheaper organic-food store.

放送問題Ⅲ 対話文とそれに関する3つの質問を，チャイムをはさんで**2回ずつ**放送します。答として最も適切なものを**ア～エ**から1つずつ選び，記号で答えなさい。

No.1
ア The local time.
イ The arrival time.
ウ The reason to put on the seat belt.
エ The announcement.

No.2
ア 5:00
イ 5:05
ウ 4:55
エ 5:55

No.3
ア To turn off cell phones or computers.
イ To tell the staff when you see someone smoking.
ウ To fasten the seat belt while seated.
エ All of the above.

放送問題Ⅳ 次の英文は，これから放送される話を聞いたある中学生の感想文です。放送された内容に合うように次の①～④の（　）に入る適切な語を1語ずつ答えなさい。ただし，書き出しの文字が与えられている場合は，その文字で始まる語を答えること。英文はチャイムをはさんで**2回**放送します。

Today I read a story about Sakina, a 12-year-old girl in Nigeria. Her parents were (①) (②) for her to study in school. I was sad to hear that (③) she could write was her name. I realize now how happy I am to go to school. Another thing that impressed me was the activities of Action Aid. The group told her parents the importance of (④ e-　　). Thanks to that, Hawwau, Sakina's younger sister, could go to school. The charity activity moved their hearts and actually changed her life. As Action Aid did, I want to help people around the world in the future.

※リスニングテストの放送台本は非公表です。

問5　[A] に入る語として最もふさわしいものを次の中から選び、記号で答えなさい。

ア　城外にて　　イ　城外の　　ウ　城中へ
エ　城中や　　オ　城中より

問6　――線4「扱ひ」とはどのようなことを指したものか。その内容として最もふさわしいものを次の中から選び、記号で答えなさい。

ア　降参する代わりに命は助けてもらうという条件交渉
イ　降参するにあたり事前連絡する際の情報の取り扱い
ウ　降参の前に女子供の命を助けてもらうための嘆願書
エ　降参に際して命を捨てることを約束した誓約書
オ　降参の見返りとして差し出す土地の権利書

問7　――線5「此の義に同じて、事、調のふたり」の現代語訳として最もふさわしいものを次の中から選び、記号で答えなさい。

ア　この教義を参考にして、事情の整合性を確認した。
イ　この規則と同様に、事件の前後関係を整えた。
ウ　この義理を励みとして、事件の調査をした。
エ　この内容に同意して、調停が成立した。
オ　この義心に同調して、仕事を納めた。

問8　――線ア〜エについて、「佐々内蔵介方」と「佐々内蔵介の敵方」のどちらにあたるかを考え、「佐々内蔵介の敵方」を全て選び、記号で答えなさい。

問9　――線6「昨日飛びし人玉、又ことごとく何処よりかは出でけん、城中さして飛びもどりけり」の説明として最もふさわしいものを次の中から選び、記号で答えなさい。

ア　昨日は死ぬ覚悟を決めていたため、それぞれの祖先の霊魂が死後の世界から迎えに出てくれていたが、自決はしないと人々が意見を変えたため、祖先の霊魂もまた死後の世界に戻っていった。
イ　昨日は死ぬ覚悟もできていなかったため、恨みの炎である人魂が敵陣に飛び出して恨み言を言いにいったが、もう自決の覚悟も固まったため人魂は潔くそれぞれの人間の中に戻っていった。
ウ　昨日は死ぬ準備をしたため、人間が持っている命の証である人魂が各々から飛び出していったが、自決をしないことになったので、またそれぞれの人間の中に戻っていった。
エ　昨日は生き恥をさらすまいと意志を固めていたため、人間の誇りの炎である人魂もひときわ輝いて出ていったが、この世への未練が生じたために、人魂も輝きを失ってそれぞれの人間の中に戻っていった。
オ　昨日は討ち死にをした人が多かったため、霊魂は死後の世界へ飛び出していったが、討ち死にを免《まぬか》れようとした人もいたことを死後に知り、裏切られた思いで死後の世界から霊魂を飛ばしてきた。

問10　[B] に入る語を文中から漢字一字で抜き出しなさい。

問11　この作品は、文禄年間（一五九二〜九六）に成立したものであるが、この直後の江戸時代に成立した作品としてふさわしくないものを次の中から一つ選び、記号で答えなさい。

ア　日本永代蔵　　イ　国性爺《こくせんや》合戦　　ウ　雨月物語
エ　源氏物語玉の小櫛《おぐし》　　オ　戯作三昧《げさくざんまい》　　カ　南総里見八犬伝

歴《れき》の人、歴然のやうにのたまへども、1しかと肯《う》けがたく候《さうら》ひしか。北国の人申されしは、2越中の大津の城とやらむを、*佐《さっ》々《さ》内蔵《くら》介《のすけ》、攻め申されしに、ア城にも強く防ぐといへども、イ多勢の寄せて手痛く攻め申さるるAほどに、城中弱りて、すでにはや明日は討死せんと、おひおひ暇乞《いとまご》ひしければ、3女わらんべ泣き悲しむ事たぐひなし。まことに哀れに見えはんべりし。かかるBほどにすでにはや日も暮れかかりぬれば、［A］*天目《てんもく》ほどなる光り玉、いくらといふ数かぎりもなく、飛び出でけるCほどに、ウ寄せ衆、これを見て、「すはや城中は死用意しけるぞや。あの人玉の出《い》づる事をみよ」とて、我もわれもと見物したりけり。

かかるによりて、降参して城をわたし、一命をなだめ候ふやうにと、さまざま4扱ひを入れられければ、内蔵介、5此《こ》の義に同じて、事、調《とと》のふたり。「さては」とて、エ上下喜ぶ事かぎりなし。かくてその日も暮れければ、6昨日飛びし人玉、又ことごとく何処《いづこ》よりかは出でけん、城中さして飛びもどりけり。これを見る人幾許《いくばく》といふ［B］を知らず。不思議なることどもなり。

（『義残後覚』による）

＊佐々内蔵介…越中を領国とした武将、佐々成政。

＊天目…天目茶碗《わん》。茶の湯茶碗の一種。

問1　――線1「しかと肯けがたく候ひしか」の意味として最もふさわしいものを次の中から選び、記号で答えなさい。

ア　はっきりと是正すべきだと誰もが皆思っていた。

イ　はっきりとは受け入れにくいと作者は思っていた。

ウ　はっきりとは認めがたいと大勢の人が思っていた。

エ　はっきりと見た話があったと書き手は思っていた。

オ　はっきりと聞いたことはないと各時代の人が思っていた。

問2　――線2「越中」は現在の何県にあたるか。正しいものを次の中から選び、記号で答えなさい。

ア　滋賀県　イ　福井県　ウ　石川県

エ　富山県　オ　新潟県

問3　＝＝線A～Cの「ほどに」の意味の説明として最もふさわしいものを次の中から選び、記号で答えなさい。

ア　Aは「～するうちに」の意味で、B・Cは「～ので」の意味である。

イ　A・Bは「～ので」の意味で、Cは「～するうちに」の意味である。

ウ　A・Cは「～ので」の意味で、Bは「～するうちに」の意味である。

エ　A・Cは「～するうちに」の意味で、Bは「～ので」の意味である。

オ　A・B・Cは全て「～ので」の意味である。

問4　――線3「女わらんべ泣き悲しむ事たぐひなし」とあるが、そのようになったのはなぜか。その説明として最もふさわしいものを次の中から選び、記号で答えなさい。

ア　戦況から見て、討ち死にの前に女性たちを逃がそうと、男たちから離婚の申し出があったから。

イ　戦況から見て、明日には討ち死にをしようと、男たちが次々に死にゆくあいさつをしたから。

ウ　時勢から考えて、戦争回避のために城全体を弱く見せねばならないのが悔しかったから。

エ　時勢から考えて、北国では大規模な戦闘が起こるかもしれないと誰もが考えたから。

オ　時勢から考えて、戦争は避けられないので女たちを田舎に逃がすことにしたから。

「差別」という。おおむねいい意味でつかわれることばではない。しかし「あのひとは慈善家なんだって」「彼女は司法試験に一発で合格したんだって」とかいった［A］評価だって「偏見」であり「差別」なのである。わたしたちはだれだって、そういう偏見によって他人をみているし、他人からも偏見によってみられているのだ。そのことは「イタリア人は陽気だ」「こどもは無邪気だ」「政治家はウソつきだ」といった認識にわたしたちが支配されていることからもわかる。俗なことばでいえば、わたしたちは「色眼鏡」で自他をみているのである。わたしたちはひとりの例外もなく偏見のかたまりなのである。

（中略）世間は外側にある何枚、何十枚、いや何百枚もの皮、すなわちモノサシを用意してひとを評価しているのだ。その分厚い皮膜におおわれて人間はつねに他人から「見られて」いる。そして同時に他人をみている。だんだん交際が深まれば、「色眼鏡」が変化することがすくなくないが、それでも「全人格」（カ）が理解されることはありはしない。そもそも「全人格」などというものがある、というのが錯覚なのである。

（加藤秀俊『社会学』による）

問1　――線①「ギゾウ」、②「ベンギ」、③「オウボ」のカタカナを漢字に直しなさい。

問2　［A］に入る言葉として最もふさわしいものを次の中から選び、記号で答えなさい。

ア　一般的な　　イ　好意ある　　ウ　核心をついた

エ　人物本位の　　オ　世間からの

問3　本文中の〰〰線ア～カのうち、――線1「ラッキョウの皮」とは異質なものを全て選び、記号で答えなさい。

問4　――線2「いろんな変数を組み合わせてつくりあげたプロフィール」とはどのようなものか。［II］の文章を参考にしながら四十字以上六十字以内で説明しなさい。解答は「プロフィールというものは、」という書き出しに続けて、次の二つの言葉を示された順番通りにすべて用いること。句読点等の記号は一字として数える。

（用語）［恣意的］　［無視できない］

問5　══線「『わたし』という劇」とあるが、この例を用いて筆者は文章全体で何を論じようとしているのか。「わたしは［A］するが、［B］に気づかされてしまうということ。」という形を用いて説明しなさい。ただし、Aでは「承認」、Bでは「ほんとうのわたし」という言葉を必ず用い、Aは十字以上二十字以内、Bは三十字以上四十字以内で答えること。句読点等の記号は一字として数える。

わたしは［　　A　　］するが、［　　B　　］に気づかされてしまうということ。

（余白は下書きに使用してよい）

三　次の文章は、「人の怒りや恨みによって炎が燃え上がるという例が仏教の教えにも多い。しかし実際に自分の目で見ないことにはそんなことが本当にあるのか疑わしいものだ」という作者の主張の後に続く文章である。これを読んで、後の問いに答えなさい。なお、表記は一部改めた。

これとひとつ事に思ひしは、人毎《ごと》に人玉といふものの有るよしを、歴《れき》

二　次のⅠ、Ⅱの文章を読んで、後の問いに答えなさい。

Ⅰ　だいぶむかしのことになるが、「わたし」という劇があった。残念なことに作者を記憶していないが、たいへん哲学的な構成だった。主人公はただひとり。その主人公とカゲの第三者との問答。問い「あなたは誰?」、答え「山田太郎です」。問い「それを証明できますか?」、答え「ハイ、ここにア身分証明書があります」。問い「その証明書がホンモノだと証明できますか?」、答え「ハンコが押してあります」。問い「ハンコなんていくらでも①ギゾウできるじゃないの。ほんとにあなたは誰なの?」

……あなたの名前も、またそれを確実に立証してくれる手段もない。だいたいイ「名前」などというものだって②ベンギ上つけられたもの。名前があるからといって、そんなものなんの役にもたたない。いきなり知らない世界のどこかにひょいとほうり出されたらどうなるか。自己証明は不可能にちかい。むずかしくいえば「自己が自己であることの証明」は不可能なのである。あるいは「アイデンティティ」というものがどこにどんなふうにあるのか、それもわからないのである。わたしにいわせれば、「アイデンティティ」というのはせいぜいラッキョウの皮の一片にしがみついているだけのことなのである。

Ⅱ　世間ではひとりの人間、つまり、あなただのわたしだのを個別に認識し、他人と区別してくれる。その「区別」のウモノサシのことを「社会的分類」と名づける。

といって、べつだんむずかしいはなしではない。似顔絵描きとおなじように、世間は特定の人間の輪郭を描いてそれぞれのひとのイメージをつくっているのである。そのイメージが「プロフィール」である。日本語でいえば「人物像」とでもいうべきか。わたしたちは似顔絵をスケッチする画家がエンピツで輪郭線を描くのとおなじように、1ラッキョウの皮のあれこれを手がかりにして他人の肖像を心のなかに描くのである。

（中略）

そうしてできあがった「プロフィール」によってわたしたちはひとを判断する。その思い描いた人物像を基準にして「東大出のくせに」とか「さすが関西人、目先がよく利《き》くなあ」といったふうに判断に狂いがなかったことを確認する。ときにモノサシと現実がちがうと「やっぱりフランス人は粋《いき》だなあ」「十七歳だって!　よくもあんな問題が解けるものだ」「大学もでていないのに、事業をあそこまで成功させたのにはおどろいた」といったふうにひとを「見直す」のである。そして、そのたんびに「やっぱり」とか「まさか」とか「さすが」とかつぶやくのである。

2いろんな変数を組み合わせてつくりあげたプロフィールが、ただしいものかどうかはわからない。ときには、いやしばしば、頭のなかで構築した人物像とエ本人とはずいぶんちがっている。だが、現実にはそれを確認するわけにはゆかない。たとえば人事採用は「人物本位」というけれども、担当の求人係は履歴書をみて基本的ないくつかのモノサシで③オウボ者をふるいわける。オ学歴、経験、資格などからみて不適格と判断された人間はなかなか面接にまでこぎ着けない。たったひとりを採用しようとしているのに、万人平等の原則で数千人ぜんぶに面談というわけにはゆかないのである。

そんなふうに勝手につくりあげたプロフィールでひとや人柄をあらかじめ「区別」することをばあいによっては「偏見」といい、あるいは

きしていることに打点王氏が戸惑っていると僕は危惧《きぐ》したが、本人はそのような様子ではなかった。

イ　大して努力もしていないのに野球選手としての片鱗《へんりん》を覗《のぞ》かせる草壁に対して、打点王氏が驚き動揺していると僕は危惧したが、本人はそのような様子ではなかった。

ウ　大して努力もしていないのにプロ野球選手になれると思い始めた草壁の甘さに、打点王氏が不満を覚えていると僕は危惧したが、本人はそのような様子ではなかった。

エ　安斎と久留米先生の言い争いを目にして、打点王氏が久留米先生の教員としての資質に疑問を抱き始めていると僕は危惧したが、本人はそのような様子ではなかった。

オ　安斎と久留米先生の言い争いを目にして、打点王氏が安斎の大人に対する失礼な態度に憤りを覚え始めていると僕は危惧したが、本人はそのような様子ではなかった。

問6　――線4「草壁はゆっくりと、『僕は、そうは、思いません』と言い切った」とあるが、草壁の変化を次のように説明した。（　）に入る最もふさわしい言葉を、この傍線部以降のⅠの文章中から二十二字で抜き出し、最初の三字を答えなさい（句読点等の記号も一字とする）。

草壁は今回の件をきっかけに自信を持ち始めるようになる。その変容ぶりは（　　　）という表現によって表されている。

問7　【A】に入る最もふさわしい言葉を、【A】より後のⅠの文章中から三字で抜き出しなさい。

問8　――線5「その時僕は初めて、早く大人になりたい、と感じたかもしれない」とあるが、そこから読み取れる「僕」の感情として最もふさわしいものを次の中から選び、記号で答えなさい。

ア　自己肯定感を持つことができなかった草壁に希望を与えた打点王氏に感動し、自分も何か一芸に秀でた大人になりたいと考え始めている。

イ　野球教室を通じて見違えるようになった草壁に対して頼もしさを覚え、今後彼がどのような大人になっていくのか期待を膨らませている。

ウ　安斎の作戦で草壁が人間として大きく成長したのを目撃し、自分も安斎についていけば共に成長できるに違いないと確信している。

エ　感動の場面を台無しにしてしまう久留米先生の態度に嫌気が差し、そのような彼を反面教師として成長していくことを心に決めている。

オ　久留米先生を言い負かした草壁がプロ野球選手になったら今日の喜びを安斎と共有できると考え、その日が来るのを楽しみにしている。

問9　【B】に入る最もふさわしい表現を、Ⅰの文章中から二十五字以上三十字以内で抜き出し、最初の五字を答えなさい。

問10　この文章全体を通じて描かれていることは何か。最もふさわしいものを次の中から選び、記号で答えなさい。

ア　友人から支援を受けた子供の反骨精神の芽生え。

イ　偏見にまみれた大人たちへの反抗と挫折。

ウ　信念ある大人の援助による子供の成長。

エ　教師と子供双方が固定観念にとらわれている姿。

オ　第三者の介入による教師と子供との間のわだかまりの氷解。

客たちが無言ながら、一斉にそう思う。ボールはどこだ？

誰もが息を呑《の》む、短い時間があり、その後で、中堅手が挙げた左のグローブに白いボールが見えた。観客席から場内の空気をひっくり返す、大きな声が湧き上がった。

中堅手はその場で、右の肘を曲げると、空中に浮かぶ透明の宝を、大事に、そして、全身の力で、握り締めるかのような仕草をした。小さなガッツポーズとも見える。それから、【　B　】。

（伊坂幸太郎『逆ソクラテス』による）

問1 〰〰線a「□押された」、b「豪放磊落」について、次の問いに答えなさい。

① aの表現は、「□を押す」という慣用表現であるが、□に入る最もふさわしい語を次の中から選び、記号で答えなさい。

ア 韻《いん》　イ 駄目　ウ 太鼓判　エ 烙印《らくいん》　オ 横車

② b「豪放磊落」の意味として最もふさわしいものを次の中から選び、記号で答えなさい。

ア 何事にも物怖じしない
イ 誰に対しても思いやりがある
ウ 他人に対して裏表がない
エ 細かいことにこだわらない
オ 洞察力に富んでいる

問2 ――線1「次の作戦」とは、どのような作戦か。（①）～（③）に入る最もふさわしい登場人物を、後のア～オからそれぞれ選び、記号で答えなさい（同じ記号を重ねて用いても構わない）。

野球教室を利用して、（ ① ）に皆の前で（ ② ）のことを称賛してもらい、（ ③ ）の考え方を変えさせようとする作戦。

ア 安斎　イ 草壁　ウ 久留米先生
エ 校長先生　オ 打点王氏

問3 ――線2「久留米の立つ方向から、鼻で笑う声が聞こえた」とあるが、この場面において僕は久留米先生の言動をどのようにとらえているか。最もふさわしいものを次の中から選び、記号で答えなさい。

ア 突拍子もない質問を繰り返す草壁のことを笑いものにすることで、自分が優位に立っていることを周囲に知らしめようとしている。
イ 反抗的な態度をとってくる安斎を懲らしめるために、その手始めとして安斎の片棒を担いでいる草壁を叱りつけようとしている。
ウ 打点王氏の発言で興奮している草壁のことを小馬鹿にし、予想に違わず草壁に一方的に自分の考えを押しつけようとしている。
エ 打点王氏が草壁のことを認めるような発言をすると草壁が調子に乗ってしまうと思い、打点王氏の言動を牽制《けんせい》しようとしている。
オ 打点王氏を独占したいと思っている草壁に苦言を呈することで、他の生徒たちが打点王氏と触れ合う時間を作ろうとしている。

問4 次の一文は、Ⅰの文章中のア～オのどこに入るのが適当か。最もふさわしいものを選び、記号で答えなさい。

代わりに何か、非常に事務的な、安斎の盛り上がりに水を差す言葉を発した。

問5 ――線3「打点王氏は僕の予想に反して、明るい顔をしていた」とあるが、この部分から読み取れることとして最もふさわしいものを次の中から選び、記号で答えなさい。

ア 打点王氏の発言は頼まれてのものだったので、その言葉が一人歩

「サイン？　色紙にするやつ？」

「そのサインじゃなくて」安斎は言うと、指を二本出してみたり、ガッツポーズを取ったりと、ああでもないこうでもない、と体を動かしはじめた。

「それは何なの」草壁もバットを止め、疑問を口にした。

「いつかさ、おまえがプロ野球で活躍したとするだろ」

「たとえば、ね」僕は笑うが、安斎は真面目な顔だった。「その時、たぶん、俺たちは今みたいに毎日会ってるわけじゃないんだから、俺たちに向けて、合図を出してくれよ」

「合図？」

「活躍した後で、たとえば」安斎は自分の顔を洗う仕草をし、その後で、二本の指を前に突き出した。目潰しでもするかのように、だ。

「こういうの、とか」　エ

「その恰好《かっこう》、何か意味あるの？」尋ねたのは僕だ。

『顔を洗って、ちゃんと自分の目で見てみろ』ってそういう意味だよ。大人たちの先入観に負けなかったぞ、って俺たちにサインを送ってくれよ」

ああなるほどね、と草壁は目を細めて、聞いていた。

「たぶん、その時にはもう、草壁はプロで忙しくて、俺のことなんて覚えてないかもしれないけどさ」安斎は言った。あの時にはすでに、小学校卒業後に引っ越す、と決まっていたのだろうか。

「覚えてないわけないよ」草壁は当然のように言ったが、安斎は首を傾《かし》げるだけだ。その後で、「もし、久留米先生がテレビを見ていたら、驚くだろうな」と言った。「たぶん、つらくてテレビを消しちゃうぜ」

そこで僕は視線を感じ、はっと振り返る。すぐ後ろに久留米が立っていた。安斎も、あ、まずいな、という表情を浮かべたが、弁解を加えることはしなかった。

話は聞こえていたのは間違いないが、久留米はそれには触れなかった。

オ　内容は覚えていない。

僕は、また草壁を眺めた。久留米の言葉など耳に入っていない様子であることに、心強くなる。プロ野球選手に褒められたことが、安斎言うところの、「教師期待効果」として彼に影響をもたらすのではないか。ありえるかもしれないな、と思い、おそらくその時僕は初めて、早く大人になりたい、と感じたかもしれない。

Ⅱ　センターの一番深いスタンドに向かい、ボールは落下していく。大きな放物線を描く、その動きに、観客の誰もが見入っていた。

その時、背中を見せ、走っているのは守備要員で入ったばかりの選手だった。体は大きくないものの、粘り強さと選球眼で打率は良く、今シーズンのチームの原動力となっていた。ただし、独断専行が過ぎる監督に反発したが故に、スタメンから外されることが多くなっており、そのことはたびたびスポーツ紙やファンから嘆かれてもいた。私怨《しえん》で、監督がチームの足を引っ張って、どうするつもりなのか、と。その、中堅手は俊足で飛ばしている。日ごろの監督との対立で溜まっていた鬱憤《うっぷん》を晴らすかのような快速だ。

捕まってなるものか、とボールが速度を上げたようでもある。

中堅手がセンターフェンスに向かい、跳躍する。ぐんと、飛び上がる。そして、宙で体を反り返らせ、着地した。ボールは？　注視していた観恥ずかしさよりも、気持ちの高まりのためだったはずだ。2久留米の立つ方向から、鼻で笑う声が聞こえたのもその時だ。何か、草壁をたしなめる台詞《せりふ》を発したかもしれない。

「先生、草壁には野球の素質があるかもしれないよ。もちろん、ないかもしれないし。ただ、決めつけるのはやめてください」

「安斎はどうして、そんなにムキになっているんだ」［ア］久留米が冷静に、淡々といなす。

「でも、草壁君、野球ちゃんとやってみたらいいかもよ」佐久間（クラスで一番の優等生の女子）がいつの間にか、僕たちの背後に立っていた。

「ほら、プロにa［　］押されたんだから」

草壁は首を力強く縦に振った。

恐る恐る目を向けると、3打点王氏は僕の予想に反して、明るい顔をしていた。あれは、乗りかかった舟、の気持ちだったのだろうか。それとも、先生と安斎とのやり取りから、嘘をつき通すべきだと判断したのか、そうでなければ、草壁の隠れた能力を実際に見抜いたのか、いやもしかすると、b豪放磊落《らいらく》の大打者は、あまり深いことは考えていなかったのかもしれない。彼は、草壁に向かい、「そうだね。努力すれば、きっといい選手になる」と付け足した。

久留米はそこでも落ち着き払っていた。［イ］「何だかそんな風に、持ち上げてもらってありがたいです」と打点王氏に頭を下げた。「草壁、おまえ、本気にするんじゃないぞ」とも言った。「あくまでもお世辞だからな」

念押しする口調が可笑《おか》しかったから、いく人かが笑った。場が和んだといえば、和んだが、わざわざそんなことを言わなくとも、と僕は承服できぬ思いを抱いた。

「先生、でも」草壁が言ったのはそこで、だ。「僕は」

「何だ、草壁」

「先生、僕は」4草壁はゆっくりと、「僕は、そうは、思いません」と言い切った。

安斎の表情がくしゃっと歪《ゆが》み、笑顔となるのが目に入るが、すぐに見えなくなった。なぜなら、僕も目を閉じるほど顔を歪め、笑っていたからだ。

野球教室が終われば、教室に戻ることもなく、校庭で解散となった。記憶の場面ではそうだ。打点王氏が帰るのを、生徒全員で拍手で見送った後で校長先生の挨拶《あいさつ》があった。それから、みながばらばらに帰路へ向かったのだが、僕と安斎たちはしばらく校庭に残っていた。

草壁が自主的に素振りをするのを眺め、それこそ、「プロ野球選手が褒めたから」という【　A　】があったからか、「言われてみれば、草壁の素振りはなかなか上手だな」と感心し、「もっと前から、正式に野球をやっていれば良かったじゃないか」と余計なお世話を口にした。

「でも、不思議なもんだよね」草壁はその日、水を補給された植物さながらに、急に活力を得たのかもしれない。喋《しゃべ》り方も明瞭になっていた。「ちょっと褒められただけなのに、すごく嬉《うれ》しい」と笑った。

「草壁、おまえ、本当にプロの選手になったらさ」横に立った安斎が言った。

「なれるわけないけど」［ウ］

「いや、分かんないよ、そんなの」安斎が真面目な顔で言い返す。「とにかくさ、プロになったら、テレビに向かって、サインを出してくれよ」

テレビでしか見たことがないプロ野球選手は、目の前にすると体が大きく、僕たちは圧倒された。プロのスラッガーとはこれほどの貫禄《かんろく》に満ちているのか、と眩《まぶ》しさを覚えた。

「それなんです」安斎は強い声で訴えた。「その野球教室でお願いがあって」

「同級生のことを褒《ほ》めてもらいたいんです」安斎は単刀直入に言い、そこに至り僕も、彼の閃《ひらめ》いた計画について想像することができた。

「褒める？」

「明日、野球教室をやる時、うちのクラスに草壁って男子がいるんだけど、彼のスウィングを見たら、『素質がある』って褒めてあげてほしいんです」

「それは」選手は言いながら、頭を整理している様子だった。「その草壁君のために？」

「そう思ってもらって、構いません」安斎は曖昧に答えた。厳密に言えば、草壁のためではないからだろう。

（中略）

草壁が、プロ顔負けの美しいスウィングを披露し、その場にいる誰もが呆気《あっけ》に取られ、草壁がいちやく学校の人気者になる、といった劇的な出来事が起こると期待していたわけではなかった。むろん、そのようなことは起きなかった。草壁の一振りは、先ほどの腰砕けのものに比べればはるかに良くなっていたが、目を見張るほどではなかった。

安斎を見ると、彼はまた、打点王氏を見上げていた。

腕を組んでいた打点王氏は、草壁を見つめ、「もう一回やってみよう」と言う。

こくりとうなずいた草壁がまた、バットを回転させる。弱いながらに、風の音がした。

「君は、野球が好きなの？」打点王氏が尋ねると、草壁はまた首だけで答えかけたが、すぐに、「はい」と言葉を足した。

「よく練習するのかな」

「テレビの試合を見て、部屋の中だけど、時々」とぼそぼそと言った。

「ちゃんとは、やったことありません」

「そうか」打点王氏はそこで、少し考える間を空けた。体を捻《ひね》り、安斎と僕に一瞥《いちべつ》をくれ、久留米とも視線を合わせた。その後で、草壁の肘や肩の位置を修正した。

草壁が素振りをする。

ずいぶん良くなったのは、僕にも分かる。同時に、打点王氏が、「いいぞ！」と大きな、透明の風船でも破裂させるような、威勢の良い声を出した。まわりの生徒たちからの注目が集まる。

「中学に行ったら、野球部に入ったらいいよ」選手は言い、そして、僕たちが望んでいたあの言葉を口にした。「君には素質があるよ」と。

自分の周囲の景色が急に明るくなった。安斎もそうだったに違いない。白く輝き、腹の中から光が放射される。報われた、という思いだったのか、達成した、という思いだったのか、血液が指先にまで辿《たど》り着く、充足感があった。

草壁は目を丸くし、まばたきを何度もやった。「本当ですか」

その時、久留米がどういう顔をしていたのか、僕は見逃していた。もしかすると、見てはいたのかもしれないが、今となっては覚えていない。

「プロの選手になれますか」草壁の顔面は朱に染まっていたが、それは

【国　語】〈六〇分〉〈満点：一〇〇点〉

一　次のⅠ、Ⅱの文章を読んで、後の問いに答えなさい。

　主人公の「僕」が通っている小学校に、打点王になったプロ野球選手が野球教室を行うためにやって来た。

Ⅰ　野球に詳しくない僕ですら、一流の野球選手が体育館に現れた当日は高揚した。講演も楽しかった。小学生にも分かるレベルの、子供時代、授業中に眠らぬように工夫した話であるとか、少年野球で初めて試合に出た時に緊張のあまり三塁に向かって走った話であるとか、教訓めいたものよりもただの思い出話に終始していたからかもしれない。

　唯一、残念であったのは天気が悪く、予定されていた野球教室が中止になったことだ。

　打点王氏もそのことは気にし、話の最後には、「本当は今日、晴れていれば外で野球教室をやる予定だったんだけれど、残念です」と言ったが、すると生徒たちは露骨に、不満と残念さを口々に漏らしはじめた。いつもは自己主張をしない草壁ですら、ぶうぶう、と文句を垂れるほどだった。

　校長先生や教師たちが、静かにするように、と声を張り上げるまで、ブーイングは続き、打点王氏は、「あ、でも、明日は晴れるのかな？　午前中、もし晴れていたら、明日来ますよ」と急に提案をした。

　生徒たちから拍手が湧く。草壁も驚くほど快活に、手を叩いた。僕はといえば、「明日も雨だったら、どうするつもりなんだろう」と余計なことが気にかかっていたのだが、安斎はさらに、まったく別のことを考えていた。

「よし、これだ」と言った。「あの選手にお願いしてみよう」と。

「お願い？　どういうこと」

1「次の作戦だよ」

　おたおたとする僕のことも気にせず、安斎は思うがままに行動に移した。

　講演が終わると、校長室から出てくる打点王氏を待ち構え、後を追ったのだ。校門でタクシーに乗り込まれた時には、もう、選手には追いつけないな、と諦めかけたのだが、安斎が、「赤信号で停まったぞ！」と雨の中に駆け出したため、慌てて続いた。

　水たまりを踏みつけ、車道に出て、タクシーに駆け寄ると、後部座席の窓に向かい、選手の名前を呼んだ。窓を叩《たた》くのはさすがにやり過ぎに思えたから、手を振った。雨で髪をびしょびしょにしながら、「〇〇さん！　〇〇さん！」と二人で、必死に声をかけた。自分がその選手の熱烈なファンであったと錯覚するほどだった。諦めかける直前、ドアが開いた。中から、「どうしたんだい。とにかく乗りなよ」と打点王氏から言われた時には、感激のあまり、涙ぐんだ。

「いったい、どうしたんだい」打点王氏は一人だった。球団関係者なのか、もしくは絵本の出版社なのか、学校で同行していた男性がいたはずだが、タクシーには乗らなかったらしい。僕たちは、選手の横から後部座席にぐいぐいと中に入った。閉めるよ、とタクシー運転手の無愛想な声がすると同時に、車が発進した。

「こんな風にやってこなくても、君たちの学校には、明日また行くよ。晴れたら、野球教室を」

2019年度

解　答　と　解　説

《2019年度の配点は解答欄に掲載してあります。》

＜数学解答＞《学校からの正答の発表はありません。》

1　(1)　$2\sqrt{6}$　　(2)　$x=23$, $y=12$　　(3)　$\frac{11}{36}$　　(4)　$6\sqrt{3}$ cm

2　(1)　(過程の記述は解説参照)　　(答え)　30枚
　(2)　①　(平均値)　71点　　(階級値)　75点　　②　A　1　　B　6　　C　5

3　(1)　$a=32$, $b=\frac{1}{2}$　　(2)　①　$\left(\frac{32}{5},\ \frac{64}{5}\right)$　　②　(2, 2)

4　(1)　$n=11$　　(2)　①　$\sqrt{x^2-1}$　　②　$\frac{1+\sqrt{1+4k^2}}{2k}$

5　(1)　$\sqrt{a}$　　(2)　①　$\sqrt{b-1}$　　②　解説参照

○推定配点○

1　各5点×4　　2　(1)　解説　5点　　答え　5点　　(2)　①　各2点×2　　②　各2点×3
3　(1)　各3点×2　　(2)　①　6点　　②　8点
4　(1)　4点　　(2)　①　8点　　②　8点
5　(1)　5点　　(2)　①　5点　　②　10点　　　計100点

＜数学解説＞

1　(小問群－式の値，平方根の計算，連立方程式，確率，円錐，最短距離，三平方の定理)

基本　(1)　x^2-2x-4を変形すると，$x^2-2x+1-5=(x-1)^2-5$　　この式に$x=1+\sqrt{2}+\sqrt{3}$を代入すると，$(1+\sqrt{2}+\sqrt{3}-1)^2-5=(\sqrt{2}+\sqrt{3})^2-5=2+2\sqrt{6}+3-5=2\sqrt{6}$

基本　(2)　$(x+y)^2+x^2+y^2+(x-y)^2=2019$の左辺を展開して整理すると，$x^2+2xy+y^2+x^2+y^2+x^2-2xy+y^2=3x^2+3y^2=2019$　　$x^2+y^2=673$…①　　$(x+y)(x-y)=385$の左辺を展開すると，$x^2-y^2=385$…②　　①＋②から，$2x^2=1058$　　$x^2=529=23^2$　　$x>0$なので，$x=23$　　①－②から，$2y^2=288$　　$y^2=144=12^2$　　$y>0$なので，$y=12$

(3)　大中小3個のサイコロを投げたときの目の出方の総数は$6^3=216$　　$(a-b)(b-c)=0$となるとき，$a-b=0$または$b-c=0$である。$a=b=c$の場合が1から6までの6通りある。…①　　$a=b=1$のとき，cは2から5までの5通りあり，$a=b=2$, 3, 4, 5, 6の場合も同様だから，$a=b$でcが異なる数の場合が$5\times6=30$(通り)ある。…②　　$b=c$で，aが異なる数の場合も同様に30通りある。…③　　よって，$(a-b)(b-c)=0$となる場合が66通りあるので，その確率は$\frac{66}{216}=\frac{11}{36}$

(4)　円錐の頂点をC，底面の円の中心をOとし，△CAOで三平方の定理を用いると，$CA=\sqrt{CO^2+AO^2}=\sqrt{(2\sqrt{5})^2+4^2}=6$　　よって，円錐の側面の展開図であるおうぎ形は，半径6の円の一部であり，その円周は12πである。底面の円の円周はおうぎ形の弧の長さに等しく8πである。よって，側面の展開図であるおうぎ形は半径6の円Cの$\frac{8\pi}{12\pi}=\frac{2}{3}$なので，お

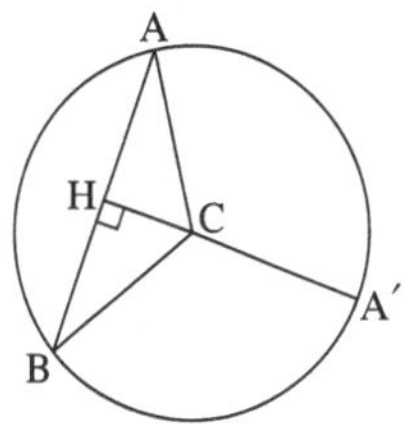

うぎ形の中心角は$360°\times\frac{2}{3}=240°$　　ところで，線分ABが2点A，Bを結ぶ最も短い線である。$\angle ACB=\angle A'CB=120°$であり，△CABは二等辺三角形なので，点CからABに垂線CHをひくと△CAHは内角の大きさが30°，60°，90°の直角三角形となる。よって，$AH=\frac{\sqrt{3}}{2}CA=3\sqrt{3}$
$AH=BH$だから，$AB=6\sqrt{3}$(cm)

2　(小問群―方程式の応用，二次方程式，資料の整理，連立方程式)

(1)　買ったTシャツがx枚であるとすると，総額は$3000x$円となる。$(x-1)$枚が割引の対象となり，総額の$(x-1)$%が割引される。よって，$3000x-3000x\times\frac{x-1}{100}=63900$　　$3000x-30x^2+30x=63900$　　両辺を30でわって整理すると，$x^2-101x+2130=0$　　$2130=2\times3\times5\times71=30\times71$だから，$(x-30)(x-71)=0$　　Tシャツは50枚までだから，$x\leqq50$　　よって，$x=30$　　買ったTシャツは30枚である。

(2)　①　ヒストグラムから男子の人数は，$1+3+5+6+4+1=20$(人)　　各階級の階級値と度数(人数)の積の総和は，$45\times1+55\times3+65\times5+75\times6+85\times4+95\times1=1420$(点)　　よって，平均値は，$1420\div20=71$(点)　　また，20人の中央値は，低い方(または高い方)から10番目と11番目の人の得点の平均で求められる。70点未満が9人，80点以上が5人なので，10番目の人も11番目の人も70点以上80点未満の階級に属している。その階級値は75(点)

②　(ア)から，合計は20人であり，(イ)から，40点以上100点未満の人数も20人である。(ウ)から，2カ所の階級の人数が3人ずつであることがわかり，(エ)から，男子の得点の最頻値75点よりも10点低い65点が最頻値であり，65点が階級値である60点以上70点以下の人数が6人であることと，他の階級の人数が6人未満であることがわかる。(エ)までのことと(オ)から，80点以上は7人であり，50点未満が1人であることがわかる。(カ)から，女子の得点の平均値が72点であることがわかる。したがって，80点以上90点未満の階級の度数をx，90点以上100点未満の階級の度数をyとすると，$x+y=7$…①　　$45\times1+55\times3+65\times6+75\times3+85x+95y=72\times20$
$85x+95y=615$…②　　①×95－②から，$10x=50$　　$x=5$　　よって，$y=2$　　以上のことから，A，B，Cにはそれぞれ，1，6，5があてはまる。

3　(関数・グラフと図形―反比例のグラフ，yがxの2乗に比例する関数のグラフ，直線，座標，面積の比)

基本　(1)　点Aのx座標をsとするとy座標は$\frac{a}{s}$と表せる。$\triangle OAH=\frac{1}{2}\times OH\times AH=\frac{1}{2}\times s\times\frac{a}{s}=16$から，$a=32$　　点Aは$y=2x$のグラフ上にあるので，$\frac{32}{s}=2s$　　$s^2=16$　　$s>0$なので，$s=4$　　よって，A(4，8)　　点Aが$y=bx^2$のグラフ上にあることから，$8=16b$　　$b=\frac{1}{2}$

重要　(2)　①　点Bの座標については，反比例$y=\frac{32}{x}$のグラフが直線$y=x$について対称であることから(8，4)と求められるが，次のような考えかたもある。$OA^2=OH^2+AH^2=80$　　点B$(p,\ q)$とすると，$p^2+q^2=80$…①　　また，$pq=32$…②　　①－②×2から，$p^2-2pq+q^2=16$　　$(p-q)^2=16$　　$p-q=\pm4$…③　　②，③から，差が4で積が32の2数を求めると4と8　　A(4，8)なので，B(8，4)である。点Cのx座標をtとすると，$C(t,\ 2t)$　　$BO=BC$のとき，$BO^2=BC^2=80$　　点Bを通るx軸に平行な直線と点Cを通るy軸に平行な直線の交点をDとして，△BDCで三平方の定理を用いると，$(8-t)^2+(2t-4)^2=80$　　$5t^2-32t=0$　　$t(5t-32)=0$　　点Cは原点ではないので，$t=\frac{32}{5}$　　よって，$C\left(\frac{32}{5},\ \frac{64}{5}\right)$

やや難　② 直線APが△OBCの面積を1：7に分けるときの直線APとOBの交点をQとすると，△OAQの面積は△OBCの面積の$\frac{1}{8}$である。線分ABを引くと，$\triangle OAQ=\frac{OQ}{OB}\times\triangle OAB$…ア　また，$\triangle OAB=\frac{OA}{OC}\times\triangle OBC$…イ　イをアに代入すると，$\triangle OAQ=\frac{OQ}{OB}\times\frac{OA}{OC}\times\triangle OBC$　よって，$\frac{OQ}{OB}\times\frac{OA}{OC}=\frac{1}{8}$　同一直線上の線分の比は線分の両端のx座標の差の比に等しいので，点Qのx座標をmとすると，$\frac{OQ}{OB}=\frac{m}{8}$　また，$\frac{OA}{OC}=OA\div OC=4\div\frac{32}{5}=\frac{5}{8}$　よって，$\frac{m}{8}\times\frac{5}{8}=\frac{1}{8}$　$5m=8$　$m=\frac{8}{5}$　OBは直線$y=\frac{1}{2}x$上にあるので，$Q\left(\frac{8}{5},\ \frac{4}{5}\right)$　このとき直線AQの傾きは，$\left(8-\frac{4}{5}\right)\div\left(4-\frac{8}{5}\right)=3$　$y=3x+b$とおいて(4，8)を代入してbを求めると，$b=-4$　直線AQの式は$y=3x-4$　よって，直線AQと$y=\frac{1}{2}x^2$のグラフとの交点のx座標は，$\frac{1}{2}x^2=3x-4$の解であり，$x^2-6x+8=0$　$(x-2)(x-4)=0$　点Pは点Aと一致しないから，$x=2$　よって，P(2，2)

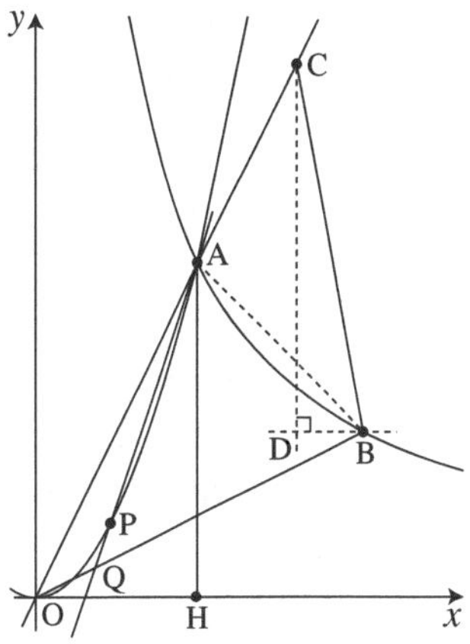

＋α　4　(平面図形－三平方の定理，規則性，文字式の計算)

基本　(1)　$OA_2=\sqrt{1^2+1^2}=\sqrt{2}$　$OA_3=\sqrt{(\sqrt{2})^2+1^2}=\sqrt{3}$　$OA_4=\sqrt{(\sqrt{3})^2+(\sqrt{2})^2}=\sqrt{5}$　$OA_5=\sqrt{(\sqrt{5})^2+(\sqrt{3})^2}=\sqrt{8}$　このように，平方根の中の数字がその前の2つの数字の和になる並び方で進んでいく。$OA_6=\sqrt{13}$，$OA_7=\sqrt{21}$，$OA_8=\sqrt{34}$，$OA_9=\sqrt{55}$，$OA_{10}=\sqrt{89}$，$OA_{11}=\sqrt{144}=12$　よって，$n=11$のときOA_nの長さが初めて整数となる。

やや難　(2)　①　a^2，b^2，c^2の間には，$c^2=b^2+a^2$の関係が成り立っている。$\frac{c}{a}=x$のとき，$\frac{c^2}{a^2}=x^2$　$\frac{b^2}{a^2}=\frac{c^2-a^2}{a^2}=\frac{c^2}{a^2}-1=x^2-1$　よって，$\frac{b}{a}=\sqrt{x^2-1}$

②　$\frac{c}{b}=k\times\frac{b}{a}$のとき，$c=k\times\frac{b^2}{a}$　$\frac{c}{a}=k\times\frac{b^2}{a^2}=k\times\frac{c^2-a^2}{a^2}=k\times\left(\frac{c^2}{a^2}-1\right)$　$\frac{c}{a}=y$とおくと，$\frac{c^2}{a^2}=y^2$　よって，$y=k(y^2-1)$　$ky^2-y-k=0$　2次方程式の解の公式を用いて，$y=\frac{1\pm\sqrt{1+4k^2}}{2k}$　$y>0$なので，$y=\frac{1+\sqrt{1+4k^2}}{2k}$

＋α　5　(平面図形－円の性質，相似，三平方の定理，作図)

基本　(1)　直径に対する円周角なので，∠ACB＝90°　よって，∠ACH＝90°－∠BCH＝∠CBH　また，∠AHC＝∠CHB　2組の角がそれぞれ等しいので，△ACH∽△CBH　対応する辺の比は等しいから，AH：CH＝HC：HB　CH＝xとすると，$1:x=x:a$　$x^2=a$　したがって，$x=\sqrt{a}$

図Ⅰ

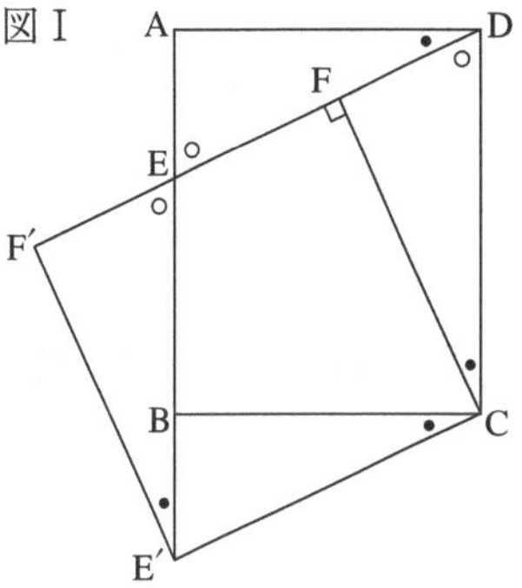

やや難　(2)　①　長方形ABCDの面積は$1\times b=b$　並べかえて作る正方形も同じ面積なので，その1辺の長さは$\sqrt{b}$である。ADとBCが重なるように置くと，∠ADE＝90°－∠FDC＝∠FCDだから，図Ⅰの∠E′CFは90°となる。また，EE′＝AB＝DCだから，DCをEE′と重なるように置くと，∠F′E′E＋∠EE′C＝90°とな

り，また，∠FDC＝∠AED(錯角)だから，F′E，EFは同一直線上にある。このようにして，問題文の図3の正方形を作ることができる。E′C＝ED＝$\sqrt{b}$，AD＝1なので，△ADEで三平方の定理を用いると，$AE^2=ED^2-AD^2=b-1$　　したがって，AE＝$\sqrt{b-1}$

やや難　②　点Aを中心に半径AD＝1の円を書き，ABとの交点をPとする。ABの垂直二等分線を引き，ABの中点Qを求める。点Qを中心として半径QAの円を書く。点Pを通るABに垂直な直線を引き，円Qとの交点をRとする。△APR∽△RPBなので，AP：RP＝PR：PB　1：RP＝PR：($b-1$)　$PR^2=b-1$　PR＝$\sqrt{b-1}$　したがって，AB上にAE＝PRとなる点をとればよい。図Ⅱは作図したものである。

図Ⅱ

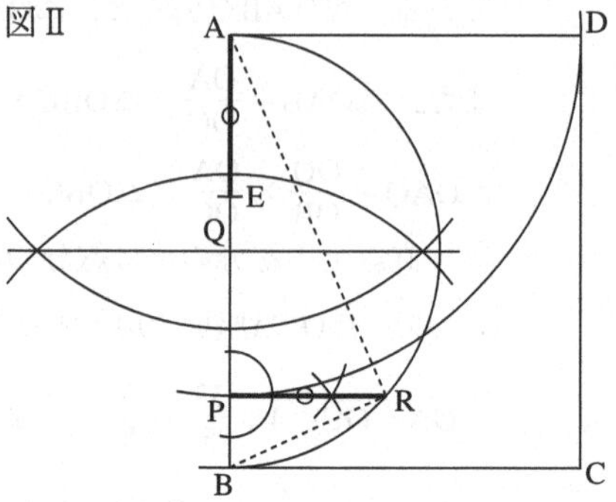

★ワンポイントアドバイス★

[2]の(1)は，x枚買ったときに($x-1$)％割引される。[3]の(2)の②は，線分の長さを求めなくても，線分の比を利用して考えることができる。[4]の(2)は，(1)の結果を応用する。[5]の(2)②は，(1)で用いた相似を利用して線分の長さを求める方法を活用する。

＋α は弊社HP商品詳細ページ(トビラのQRコードからアクセス可)参照。

＜英語解答＞《学校からの正答の発表はありません。》

[A]　1 increase　2 perfect　3 stairs　4 kitchen　5 borrow

[B]　3，6，10

[C]　1 ① ア　② ウ　③ エ　2 ① サ　② キ　③ コ　3 ① コ　② エ　③ オ

[D]　① (例) No one [Nobody] knows what subject will be useful in the future.
② (例) My dream is to become a person who makes everyone happy.

[E]　問1 ① ウ　⑤ ア　問2 イ　問3 Ⅰ ア　Ⅱ エ　Ⅲ ウ　問4 ア　問5 エ

[F]　問1 1 M　2 T　3 C　問2 ① ア　② エ　③ ク　問3 イ
問4 1 ○　2 ×　3 ×　4 ○

[G]　問1 ウ　問2 短くなった(5字)／小さい子供は手が届かず，鐘を鳴らせない(19字)
問3 ア，ウ，エ　問4 ア　問5 (1) horse　(2) made　(3) hungry　(4) dinner　(5) pulling　問6 2，10，11

[H]　放送問題解答省略

○推定配点○

[A]　各1点×5　[B]　各2点×3　[C]　各2点×3(各完答)　[D]　各4点×2
[E]～[G]　各2点×29　[H]　Ⅳ　各2点×4　他　各1点×9　計100点

＜英語解説＞

基本 **A** （語句補充：語彙）

1 「数や大きさなどが大きくなること」→「私たちは売上が来年は25パーセント増加することを望んでいる」 increase「増える，増加する」

2 「間違いや欠陥や傷がない」→「その車は完璧な状態だった」 perfect「完璧な」

3 「建物内で2つの階の間に作られた段差の集まり」→「子供たちは階段を駆け下りた」 stairs「階段」

4 「食べ物を準備したり調理したりする部屋または建物内の箇所」→「私の母は台所を掃除するのが好きではない」 kitchen「台所，キッチン」

5 「返す約束または返す認識を持ってものを受け取ること」→「起業するために彼らは銀行から多額のお金を借りるだろう」 borrow「～を借りる」

B （正誤問題：語順，不定詞，熟語，前置詞）

3 enough と kind の語順が逆。〈形容詞＋ enough to ＋動詞の原形〉「～するほど…」

6 interested の後ろに in が必要。be interested in ～「～に興味がある」

10 bark を barks とする。この文の主語は The dog で3人称単数なので，動詞には -s が付く。

C （語句整序：受動態，接続詞，助動詞，不定詞）

1 Some easy words are not always read correctly. 受動態〈be動詞＋過去分詞〉の文。英文の直訳は「いくつかの簡単な単語はいつも正しく読まれるわけではない」。not always「いつも～というわけではない，～とは限らない」

2 I am surprised that my sister did very well on the English (exam.) 直訳は「私は妹が英語の試験でとてもうまくやったことに驚いている」。be surprised that ～「～ということに驚いている」 do well on ～「～でうまくやる」

3 Can you keep my seat while I go and get something to (drink?) Can you ～?「～してくれませんか」 while ～「～している間」〈go and ＋動詞の原形〉「～しに行く」 something to drink「飲み物」

重要 **D** （和文英訳：間接疑問，助動詞，不定詞，関係代名詞）

① No one［Nobody］knows「誰にもわからない」の後に what subject will be useful in the future「将来どんな科目が役に立つか」を続ける。in the future があるので助動詞 will が必要。

② 「～になること」は名詞的用法の不定詞で to become ～ とする。「みんなを幸せにする」の部分は主格の関係代名詞 who を用いて who makes everyone happy とする。〈make ＋目的語＋形容詞〉「～を…にする」

E （長文読解問題・自然科学系論説文：語句解釈，熟語，語句補充・選択，脱文補充，内容吟味，指示語）

（全訳） ほぼすべての子供も大人も動物園を楽しむが，動物たちはどうだろうか。動物をすみかから引き離し①柵と堀の向こうに閉じ込めて何千もの人間がじろじろと見るというのは，残酷なことではないかと多くの人が思っている。

②ある意味では，動物たちは(2)自然環境よりも(1)動物園のほうが良い環境で暮らしているかもしれない。野生動物は栄養不良かもしれない。十分な食料を得るには遠くまであちこち歩きまわらなくてはならない動物もいる。けがや病気に苦しむ野生動物もいる。ほとんどの動物は常に敵を警戒していなくてはならない。動物園で数週間が過ぎると，定期的な食事，清潔な獣舎，医療ケアが，捕らえられた動物の肉体的健康と外見を向上させる。捕らえられた状況では，多くが若いうちにつがいになり子供を育てる。また，見物人が動物を見て喜ぶのと同じように，多くの動物も見物人を

見て喜んでいるようようだ。

Ⅰ例えば，クマやアザラシは動物園の見物人の気を引くのが大好きだ。サルや類人猿も人間との付き合い，特に自分の飼育員との付き合いを楽しんでいるように見える。シカゴのリンカーン動物園はかつて，サルの獣舎に片側からしか見えないガラスを試しに使った。人間はサルを見ることができたが，サルからは人間が見えなかった。サルたちは不機嫌になり，そのガラスは撤去された。③すぐにその動物たちは元気を取り戻した。

Ⅱ見物人は特定の動物の行為を不機嫌のサインだと誤解するかもしれない。行ったり来たりし続けていることは，単にその動物の運動の仕方なのかもしれない。ヒグマが何時間も地面を踏みつけている時，彼らは雪を踏み固める本能に従っている。たとえ踏み固めるべき雪がなくても。サルが思いにふけった様子で空を眺めていたら，それはジャングルに戻ることを願っているのだろうか。おそらく単にエサを待っているのだろう。

Ⅲほとんどの動物が安全だと感じる必要がある。彼らは自分の縄張りだと主張する範囲がほしい。そこは彼らが身を隠し，安全だと感じることのできる場所だ。動物が動物園から脱走するというめったにない状況では，その動物はふつう数時間か数日後に自分の場所へ戻ってくる。特にその動物が人間の居住地に入り込んでしまった場合は。④その世界はその動物の自然の居住地とも動物園とも大変異なっていて，恐ろしいのだろう。その動物は自分が安全と感じ，エサや水を見つけられる場所に戻ってくる。動物たちが⑤自発的に開いた檻の戸を通って戻ってくることもよくある。

問1　①　ウ「彼らを檻に入れて鍵をかける」　⑤　of one's own accord「自発的に」 willingly「進んで」

問2　全訳下線部参照。

重要 問3　全訳下線部参照。段落の最初には，その段落の話題を提示し，段落の内容を端的にまとめた文を置く。

問4　空所Ⅰの直後の文参照。サルは飼育員との付き合いを楽しむ傾向があるので，飼育員とのふれあいによって元気を取り戻したと考えられる。よってア「彼らは飼育員と気持ちを通じあった」が適当。

問5　下線部④は直前の areas of human habitation を指す。よってエ「人間の家」が適当。

F　**（長文読解問題・自然科学系論説文：内容吟味，要旨把握，内容一致）**

（全訳）　頭痛は大きな問題だ。しかそれは頭痛に苦しむ人にとって問題というだけではない。社会にとっても問題なのだ。毎年，数百万もの人々が仕事ができないほどのひどい頭痛に苦しむ。実際，ある試算によると，頭痛のせいで個人や企業は毎年500億ドル以上もお金がかかる。これは，頭痛の研究が世界的な取り組みとなった理由の1つだ。

—ア—

ヒポクラテスは頭痛の仕組みをよくわかっていなかったけれども，頭痛の治療の仕方を発見した最初の医師である。紀元前400年より前に，ヒポクラテスはヤナギの木の樹皮が痛みの治療に役立つことを発見した。彼はその木の樹皮から白い粉を作り，患者に渡した。

—イ—

ヒポクラテスはわかっていなかったが，実は彼はサリシンと呼ばれるヤナギの樹皮に含まれる天然の化学物質を処方していたのだ。人がサリシンを食べると，その化学物質はその人の体内でサリチル酸に変化する。サリチル酸は，頭痛を含む痛みを止めるのに効果があるが，胃に悪いことが分かっている。1800年代に，ドイツの化学者がその酸の形を少し変化させて人が飲みやすいようにした。この新しい形の化学物質はアセチルサリチル酸と呼ばれ，現在はアスピリンとしてよく知られている。

—ウ—

アスピリンは1900年代のほとんどを通じて頭痛の治療のために使われたが，医師たちは何が頭痛を起こすのかについてほとんどわかっていなかった。医師は病気の原因がわかれば，それを治療するより良い方法を見つけることができる。そこで，医療テクノロジーが発展するにつれ，医師たちは人の脳と頭痛について知るためにそのテクノロジーを使うようになった。

—エ—

現在，医師は頭痛を2つの一般的な種類に分ける。一次的と二次的だ。一次的な頭痛は頭痛だけを患う状態である。対して，二次的な頭痛は別の状態によって引き起こされるものだ。例えば，インフルエンザにかかった人は，その病気の他の症状に加えて頭痛にも苦しむかもしれない。従ってインフルエンザ頭痛は二次的な頭痛だ。

—オ—

一次的な頭痛には，医師たちは3つの可能性のある原因を発見している。一次的な頭痛の1つのタイプはストレスによって引き起こされる。医師たちはふつう，この種の頭痛を緊張性頭痛と呼ぶ。そのような頭痛は特徴的に，頭の両側で鈍い継続的な痛みとして感じられる。

—カ—

一次的な頭痛のもう1つのタイプは偏頭痛だ。医師たちは，この頭痛は脳のある個所の血流が減ることによって引き起こされると考えている。偏頭痛患者はふつう頭の片側に強い痛みを感じる。その患者はまた，光や騒音にも敏感になる。偏頭痛がひどいと，患者は繰り返し吐いてしまうかもしれない。

—キ—

一次的な頭痛の3つ目のタイプは群発頭痛として知られている。群発頭痛は特徴的に，毎日ほぼ同じ時間に数週間から数か月間ずっと起こる。この種の頭痛に苦しむ人はふつう，頭の片側に痛みを感じ，その痛みは片方の目の周りに集中している。医師たちは現在，群発頭痛についてよくわかっていないが，群発頭痛は男性により多くみられ，アルコールや血流に影響を与える物と関係がありうる。

—ク—

コンピュータやさらに進歩した医療機器を用いて，医師たちは頭痛の前や最中に脳の中で何が起きているのかについて，より多くを学び続けている。特に偏頭痛の場合，深刻な発作の反応を発する脳の個所を発見したと信じる医師もいる。この脳の作用についての新しい見解を得て，医師たちは頭痛が始まる前に頭痛をなくさせる新しい方法が発見されることを願っている。

重要 問1　1「時々吐きたくなります。とても強い頭痛がします。テレビを見たりラジオを聴いたりしたくありません」→M(偏頭痛)　2「頭痛が消えません。私はものすごく仕事をしなくてはなりません。上司や同僚からたくさんのプレッシャーを感じます」→T(緊張性頭痛)　3「いつも午前中に頭が痛くなります。でも頭全体が痛いわけではありません。痛みは左目の周りから来ます」→C(群発頭痛)

やや難 問2　本文を4つに分けると，第1段落が「頭痛」という話題の提示，第2～4段落がヒポクラテスが発見した頭痛の薬について，第5～8段落が頭痛の種類について，最終段落がまとめ，となる。よって区切りの個所は，ア，エ，ク。

重要 問3　論説文の構成は一般的に，第1段落が話題提示，最終段落がまとめとなる。よってタイトルを選ぶ問題では，特に第1段落および最終段落の表現に注目する。ここでは，第1段落最終文のresearch into headaches has become a worldwide effortに着目し，イ Studying Headaches「頭痛の研究」が適当。

問4　1「頭痛には大きなコストが伴うので，私たちは頭痛が起こる理由を世界中で調査するようになった」(○)　2「ドイツ人科学者のヒポクラテスは現在アスピリンと呼ばれている化学物質を発見した」(×)　3「サリチル酸はサリシンよりも痛みを止める効果が高い」(×)
4「風邪をひいて寝ている時に頭に痛みを感じたら，その状態は二次的頭痛と呼ばれる」(○)

G **(長文読解問題・物語文：内容吟味，指示語，語彙，語句補充，内容一致)**

(全訳)　アトリはイタリアの小さな町の名前だ。それは非常に古い町で，険しい丘の斜面を半分上がったところに作られている。

昔，アトリの王が立派で大きな鐘を買い，市場にある塔に吊り下げさせた。ほとんど地面に届きそうなくらい長いロープが鐘に結びつけられた。このロープを引くことで最も小さな子供でもその鐘を鳴らすことができた。

「それは正義の鐘だ」と王が言った。

ついにすべての準備が整うと，アトリの人々は盛大なお祝いの日を開いた。すべての男性，女性，子供たちが正義の鐘を見ようと市場へやってきた。それはとても美しい鐘で，太陽と同じくらい明るく輝いて見えるまで磨かれた。

「鐘が鳴るのを聞きたいものだな！」と彼らは言った。

すると王が通りを歩いてやってきた。

「もしかしたら王が鳴らすのかもしれない」と人々は言い，誰もがじっとその場に立ち，王が何をするのか見守った。

しかし王は鐘を鳴らさなかった。王は手にロープを持つことさえもしなかった。王は塔の下まで来ると立ち止まり，手を挙げた。

「私の民よ」と王は言った。「この美しい鐘が見えるか？　それはお前たちの鐘だ。だが①必要な時以外は決して鳴らしてはならぬ。もし，お前たちの誰でも不当な扱いを受けたなら，いつでもここへ来て鐘を鳴らすがよい。そうすれば判事たちがすぐにやってきて，申し立てを聞き，正義を下すであろう。裕福な者も貧しい者も，老いも若きも，すべて等しく来るがよい。しかし自分が不当な扱いを受けたのでなければ，決してロープに触ってはならぬ」

この後，何年も過ぎた。市場の鐘は何度も判事たちを集めるために鳴らされた。多くの不正が正され，多くの悪人が罰を受けた。とうとうその麻のロープはほぼ擦り切れた。下のほうの部分がほどけ，撚った糸の数本が切れ，とても短くなってしまったので，背の高い男性しか手が届かなかった。

「これではよくない」とある日判事たちが言った。「子供が不当な扱いを受けたらどうするのか。私たちに知らせるために鐘を鳴らすことができないだろう」

②彼らはすぐに新しいロープを鐘に取りつける命令を出した。地面まで垂れ下がるロープを。そうすれば最も小さな子供でもアそれに手が届く。しかしアトリ中を探してもロープは見つからなかった。彼らはロープを探すために山々を超えて使者を送らなくてはならず，ウそれが運ばれて来るには何日もかかるだろう。エそれが届く前に大いなる不正が行われたらどうするのか。もし傷ついた者があの古いロープに手が届かなかったら，判事たちはどうやってオそのことを知るのか。

「私にそれを修理させてください」とそばに立っていた男が言った。

彼は自分の庭へと走っていき，そこはそれほど遠くなく，すぐに手に長いブドウのつるを持って戻ってきた。

「これはロープの代わりになります」と彼は言い，塔に上ってそれを鐘に結びつけた。葉や巻きひげが付いたままの細いブドウのつるが地面まで垂れ下がった。

「よし」と判事たちは言った。「それは非常に良いロープだ。そのままにしておきなさい」

さて，村の上の丘の斜面に，かつて勇敢な騎士だった男が住んでいた。若い時，彼は諸国を渡り，多くの戦闘に参加した。その時を通じてずっと彼の親友だったのは彼の馬だった。彼を乗せて，多くの危機を無事に切り抜けた，強く気高い馬だった。

しかしその騎士は，年を取ってくると，もはや馬に乗って戦闘に参加しようとは思わず，勇敢な行為をしようとも思わず，金のことだけを考えた。彼は③守銭奴になったのだ。ついに彼は馬以外の自分の持ち物をすべて売り，丘の斜面の小さな小屋に住むようになった。来る日も来る日も彼はお金を入れた袋に埋もれて座り，どうすればもっと金が手に入るかを画策した。そして来る日も来る日も，彼の馬はむき出しの馬小屋に立ち，飢えて寒さに震えていた。

「あの怠けものの馬を飼っておくことが何の役に立つ？」 ある朝，守銭奴が独り言を言った。「毎週，あいつを飼っているとその働きぶり以上にお金がかかる。あいつを売ってもいいが，あいつをほしがる人もいないだろう。あいつを人にあげることさえできない。あいつを外に出して，自分で生きさせ，道端の草を食べさせよう。もしあいつが飢え死にしたら，ますます好都合だ」

そうして，その勇敢で年老いた馬は外に出され，不毛な丘の斜面の岩の間で自分で見つけられるものを探した。足が不自由で具合も悪かったが，馬はほこりっぽい道をさまよい，草の葉やアザミを見つけては喜んだ。少年たちは馬に向かって石を投げつけ，犬たちが馬に向かって吠えたが，馬を憐れむ人は世界中どこにもいなかった。

ある暑い午後，道に誰もいない時に，馬は偶然にも市場へ入り込んだ。そこには人っ子一人いなかった，というのも太陽の熱が彼らをみな屋内へと追いやったからだ。門が大きく開いていたので，その哀れな動物は自分の行きたいところへ行くことができた。馬は正義の鐘から垂れ下がるブドウのつるのロープを見た。それに付いている葉や巻きひげはまだ新鮮で青々としていた，というのもそれほど長時間そこにあったわけではなかったからだ。それらは飢えている馬にとって，何と立派な夕食になることだろう！

馬は細い首を伸ばし，食欲をそそられる一口を口に含んだ。それはつるから引きちぎるのが大変だった。馬はそれを引っ張った，すると④馬の頭上にある，あの偉大な鐘が鳴りだした。アトリのすべての人がそれを聞いた。それはこう言っているようだった。「誰かが私に不当な仕打ちをしています！　誰かが私に不当な仕打ちをしています！　さあ！　私の件を裁いてください！　さあ！　私の件を裁いてください！　私は不当に扱われているのですから！」

判事たちはそれを聞いた。彼らは法服を着て，暑い通りを歩いて市場へ出かけた。彼らは，そんな時間に鐘を鳴らす人は誰なのかと不思議に思った。彼らが門をくぐると，あの年老いた馬がブドウのつるをかじっているのが見えた。

「ああ！」と1人が叫んだ。「あの守銭奴の馬だ。あの馬は正義を求めてやってきた。というのも，皆が知っての通り，主人があの馬にひどい扱いをするからだ」

「あの馬も，口のきけない動物でもみな，訴訟理由を申し立てることができる」と別の人が言った。

「そしてあの馬は正義を手にする！」と3人目が言った。

そうこうするうちに，大勢の男女と子供たちが市場にやってきて，判事たちがどんな訴えを裁こうとしているのか知りたがっていた。彼らは馬を見ると，不思議に思って立ちすくんだ。その後，誰もが，主人は家で座って金の入った袋を数えているのに，その馬がエサももらわず，世話もされていない状態で丘の上をさまよっているのを見かけた，と進んで語った。

「その守銭奴を我々の前に連れてきなさい」と判事たちが言った。

そして彼がやってくると，彼らは彼に立って判決を聞くように命じた。

「この馬は何年間もお前によく仕えている」と彼らは言った。「この馬はお前を多くの危険から救った。この馬はお前が財を得るのに役立った。よって我々は，お前の金の半分をとっておき，この馬に小屋と食べ物と草を食べることができる牧草地と，老年の体を休ませることのできる温かい馬房を買うことを命ずる」

守銭奴はうなだれ，金を失うことを嘆いたが，人々は喜んで叫び，その馬は新しい馬房へ連れていかれ，何日も食べられなかった夕食にありついた。

問1　続く王の言葉から考える。不当な扱いを受けた場合にその鐘をならすことができる，という内容から，ウ「誰かが友人のカバンを盗んだ時に鐘が鳴らされる」が適当。

問2　下線部②の前の2つの段落の内容を参照する。

やや難　問3　ア，ウ，エは a rope を指す。イの it は漠然と状況を指すもので，日本語に訳さない。オは直前の文の some great wrong should be done の部分を指す。

問4　miser は「守銭奴」という意味。この語を知らなくても文脈から意味を推測する力が問われている。ア「お金を貯めるのが好きな人」が適当。

重要　問5「そのかわいそうな(1)馬は市場を歩き回っている時に，ブドウのつるで(2)できたロープの付いた鐘を見つけた。馬はとても(3)お腹が空いていたので，そのロープはちょうどよい(4)夕食のように見えた。馬がロープを(5)引っ張り始めると，鐘が鳴りだした」　(2)　A made of B「BでできたA」　(5)　start ~ing「～し始める」

重要　問6　1「アトリはイタリアの主要都市で長い歴史がある」(×)　2「アトリに住んでいる人々は，市場に吊り下げられた大きな鐘がついに鳴る準備が整うと，とてもわくわくした」(○)
3「王はその鐘を紹介し，市民たちの前で試しに鳴らした」(×)　4「その鐘は塔の中に設置されていたので，その音を聞いた人はほとんどいない」(×)　5「その鐘はとても美しかったので，多くの人がそれを盗もうとした」(×)　6「アトリの王は市民に，その鐘のための新しいロープを持ってくるように言った」(×)　7「市民の1人が山を越えていき，ブドウのつるを見つけた」(×)　8「その守銭奴の馬はたくさん食べるので，彼はその馬を市場で金持ちに売ることにした」(×)　9「その騎士はその馬を頻繁に叩いたので，馬は馬房から逃げ出した」(×)　10「判事たちはその馬を鐘のところで見かけるとすぐに，その飼い主がわかった」(○)
11「その守銭奴はその馬を不当に扱い，その馬は過去に積極的な役割を果たしたため，判事たちはその守銭奴に罰を与えた」(○)　12「判決を聞いた後，その守銭奴は判事たちに自分を許してくれるよう泣いて頼んだ」(×)

H　放送問題解説省略。

★ワンポイントアドバイス★

問題の多さと難度に圧倒されることのないよう，十分な準備が必要である。

＜国語解答＞《学校からの正答の発表はありません。》

一　問1　①　ウ　②　エ　問2　①　オ　②　イ　③　ウ　問3　ウ　問4　オ
問5　ア　問6　水を補　問7　先入観　問8　オ　問9　自分の顔を　問10　ア

二　問1　①　偽造　②　便宜　③　応募　問2　イ　問3　ウ・エ・カ
問4　(例)（プロフィールというものは，）学歴や経験などによって恣意的につくられ，無視できない現実に接するとその都度見直されることでつくりあげられるものである。(59字)

問5　A　(例)　自分が自分であることを承認しようと(17字)　　B　(例)　ほんとうのわたしがどこにどんなふうにあるのか，その存在の証明さえ不可能であること(40字)

三　問1　イ　　問2　エ　　問3　ウ　　問4　イ　　問5　オ　　問6　ア　　問7　エ
問8　ア・エ　　問9　ウ　　問10　数　　問11　オ

○推定配点○

一　問1・問2　各2点×5　　他　各4点×8

二　問1～問3　各2点×5(問3完答)　　問4　10点　　問5　各4点×2

三　問2・問3・問11　各2点×3　　他　各3点×8(問8完答)　　計100点

＜国語解説＞

一　(小説－主題・表題，情景・心情，内容吟味，文脈把握，脱文・脱語補充，熟語，ことわざ・慣用句)

問1　①「太鼓判を押す」で，絶対に大丈夫だと自信を持って保証する，という意味の慣用表現になる。　②「ごうほうらいらく」と読む。直後の「あまり深いことは考えていなかったのかもしれない」に通じることからも判断できる。

基本　問2「次の作戦」について，この後の場面で具体的に述べている。「僕」と安斎は，打点王氏に明日の野球教室で草壁のことを褒めてやってほしいと頼んでいる。また，(中略)の前の「厳密に言えば，草壁のためではないからだろう」にも注目する。安斎の本当の目的は，草壁に自信をつけさせるためだけではないことが読み取れる。「久留米はそこでも」で始まる段落以降で「久留米は『草壁，おまえ，本気にするんじゃないぞ』とも言った。『あくまでもお世辞だからな』念押しする口調が……わざわざそんなことを言わなくとも，と僕は承服できぬ思いを抱いた」や「『先生，僕は』草壁はゆっくりと，『僕は，そうは，思いません』と言い切った。安斎の表情がくしゃっと歪み，笑顔となる……僕も目を閉じるほど顔を歪め，笑っていた」から，安斎と「僕」が変えさせようとしたのは，久留米先生の考え方だとわかる。

問3「鼻で笑う」は，軽蔑して笑うこと。打点王氏に「プロの選手になれますか」と顔面を朱に染めて聞く草壁に向けたものであることから，久留米先生の言動の意味を考える。直後の文「何か，草壁をたしなめる台詞を発したかもしれない」にも着目する。「僕」は，久留米先生が自分の考えを押しつけようとしているととらえていることが読み取れる。

問4　挿入文の内容から，「安斎の盛り上がり」が感じられる言葉の後に入るとわかる。Ⅰの後半に「もし，久留米先生がテレビを見ていたら，驚くだろうな」「たぶん，つらくてテレビを消しちゃうぜ」という安斎の言葉がある。その後に久留米が現れ，「久留米はそれには触れなかった」とあり，「内容は覚えていない」と続いているので，この間に久留米が何かを言ったとわかる。したがって，挿入文が入るのはオ。

やや難　問5「僕の予想」の内容をとらえる。打点王氏に草壁のことを褒めてやってほしいと頼みはしたものの，その気になった草壁が「プロの選手になれますか」とまで言い出し，周囲の人物も盛り上がっている状況である。頼まれたから褒めただけなのにと打点王氏が戸惑っているのではないかと「僕」は予想したのである。後で「努力すれば，きっといい選手になれる」とこれからの努力を打点王氏が言っているので，「大して努力もしていないのに」とあるウはふさわしくない。

重要　問6　草壁が自信を持ち始めた様子がわかる表現を探す。「草壁が自主的に」で始まる段落に「草壁はその日，水を補給された植物さながらに，急に活力を得たのかもしれない。喋り方も明瞭になっていた」から，変容ぶりを象徴的に示す比喩表現を抜き出す。

問7　直前の「プロ野球選手が褒めたから」草壁は自主的に素振りをし，「僕」や安斎も感心し「もっと前から，正式に野球をやっていれば良かったじゃないか」と余計なお世話を口にするようになったのである。最初にそう言われたことによってつくられる固定した考えを意味する言葉を探す。この文章の大きなテーマになっている言葉である。

問8　Ⅰの後半で「僕」と安斎，草壁で，草壁が将来プロの選手になったときのことを語っている。直前に「プロ野球選手に褒められたことが，安斎言うところの，『教師期待効果』として彼に影響をもたらすのではないか。ありえるかもしれないな，と思い」とあるように，「僕」は草壁が「プロ野球選手になって活躍しテレビに向かって」自分たちにサインを送り，それを見て安斎とともに喜べる日が来るかもしれないと，大人になることが楽しみになったのである。

問9　同じ段落の「中堅手」が，プロ野球選手になった草壁だと考えられる。草壁が，「僕」と安斎に向けた「大人たちの先入観に負けなかった」ことを意味する合図を抜き出す。

重要　問10　Ⅰの文章の「『先生，僕は』草壁はゆっくりと，『僕は，そうは，思いません』に表れているように，安斎と僕の「作戦」によって，草壁は久留米先生に逆らい久留米先生の先入観を否定することができたのである。イは「挫折」の部分がふさわしくない。

二　（論説文ー大意・要旨，内容吟味，文脈把握，脱文・脱語補充，漢字の読み書き）

問1　①　にせものをつくること。「偽」の訓読みは「にせ」「いつわ(る)」。　②　ある目的によって好都合なこと。「宜」には，他に「時宜」「適宜」などの熟語がある。　③　募集に応じること。「募」の訓読みは「つの(る)」。

基本　問2　直前の「あのひとは慈善家なんだって」「彼女は司法試験に一発で合格したんだって」などの「評価」は，一般的にどのような評価とされるか。直前の文に「いい意味でつかわれることばではない」とあり，「しかし」という逆接から始まる文の一部であることも確認する。

問3　――線1以降に「ラッキョウの皮のあれこれを手がかりにして他人の肖像を心のなかに描く……わたしたちはひとを判断する」，最終段落「世間は外側にある何枚，何十枚，いや何百枚もの皮，すなわちモノサシを用意してひとを評価している」とある。ここから，「ラッキョウの皮」は，どのような人なのかを判断するモノサシとなり得るものの意味で，アの「身分証明書」，イの「名前」，オの「学歴」が含まれる。ウの「モノサシ」は，「ラッキョウの皮」という語の言い換えではあるが，人を評価する要素とはなり得ないので異質なものになる。

やや難　問4　用語の「恣意的」は思いつくままに自由にという意味であり，――線2の「変数」は一定の範囲内でいろいろな値をとって変化する数の意味である。「プロフィール」とはどのようなものかと問われているので「プロフィール」について述べている部分を探すと，「といって」で始まる段落に「世間は特定の人間の輪郭を描いてそれぞれのひとのイメージをつくっているのである。そのイメージが『プロフィール』である。日本語でいえば『人物像』とでもいうべきか」とあり，直前の段落に「『プロフィール』によってわたしたちはひとを判断する。その思い描いた人物像を基準にして」「ときにモノサシと現実がちがうと……ひとを『見直す』のである」とある。この「見直す」が「変数」に相当する。「現実がちがうと」を，「無視できない」という用語を用いて，無視できない現実に接すると，と置き換えてまとめる。

重要　問5　「承認」はそのことが事実であると認めるという意味。空欄の前後の文脈から，『「わたし」という劇』の例を用いて，「わたし」は何をしようとしたが，どんなことに「気づかされてしまう」のか考える。Ⅰの文章に「自己証明は不可能にちかい……『自己が自己であることの証明』は不可能なのである。あるいは『アイデンティティ』というものがどこにどんなふうにあるのか，それもわからないのである」とある。ここから，「わたし」がしようとしたことは，自分が自分であると承認しようとしたことであり，「気づかされてしま」ったのは，ほんとうのわたしなどというものがどこにどんなふうにあるのかはわからないということだとわかる。Ⅱの文章の最後「そもそも『全人格』などというものがある，というのが錯覚なのである」という内容も付け加えたい。

三　(古文ー情景・心情，内容吟味，文脈把握，脱文・脱語補充，語句の意味，品詞・用法，口語訳，文学史)

〈口語訳〉　これと同じことに思ったのは，一人一人に人魂というものがあるいわれを，一流の人が，明らかなことであるようにおっしゃるけれども，はっきりと受け入れにくいことでございませんか。北国の人が言うには，越中の大津の城とやらを，佐々内蔵介が，攻めなさったときに，城が強く防ぐといっても，多数の(敵が)押し寄せてはげしく攻められましたので，城中(で守る勢力)は弱って，もはや明日には討ち死にしようと，(男たちが)次々と死にゆくあいさつをしたので，女も子供も泣いて悲しむことたいへんなことである。たいそう哀れに見えました。このようにしているうちにすでに日も暮れかかったところ，城の中から天目茶碗ほどの大きさの光る玉が，いくつと数えられないほど，飛び出てきたので，集まってきた人々は，これを見て，「あっ城の中は死の覚悟を決めたのだ。あの人魂が出てくるのを見ろ」と，我も我もと(人が集まり)見物したのだった。

これによって，降参をして城を明け渡し，命が助かりますようにと，(敵方が)さまざまに交渉をお入れになったので，内蔵介が，この内容に同意して，調停が成立した。「それでは」と，(城中の人々は)身分の高い者も低い者もたいそう喜んだ。そのようにしてその日も暮れたところ，昨日飛んだ人魂が，再びすべて残らずどこからか出てきたのだろう，城の中をさして飛び戻ったのだった。これを見る人はどれほどか数がわからないほどだ。不思議なことである。

問1　「肯く」は受け入れる，「～がたし」はすることが難しいという意味になる。「歴々の人」が「歴然のように」おっしゃるけれど，本当にそうだろうかと作者は読者に問いかけている。大問の設問に「『実際に自分の目で見ないことにはそんなことが本当にあるのか疑わしいものだ』という作者の主張の後に続く文章」とあることもヒントになる。

基本　問2　アは近江，イは越前，ウは加賀・能登，オは越後。

問3　「ほどに」には，時間の経過を示す「～しているうちに」と，理由を示す「～ので」の意味がある。Aは，直前の「多勢の……攻め申さるる」が，直後の「城中弱りて」の理由となっている。Bを含む「かかるほどに」は，このようにしているうちにという意味合いなので，時間の経過を表している。Cは，直前の「光り玉，……飛び出でける」が，直後の「寄せ衆，これを見」の理由となっている。

問4　直前の「すでにはや明日は討死せんと，おひおひ暇乞ひしければ」が理由にあたる。「暇乞ひ」をしにきたのは，「女わらんべ」以外の人間である。

基本　問5　「天目ほどなる光り玉」が，どこから「飛び出」てきたのかを考える。本文の最後に「昨日飛びし人玉……城中さして飛びもどりけり」とある。

問6　直前の「降参して城をわたし，一命をなだめ候ふやうに」が，「扱ひ」の具体的な内容を指している。

問7　直前の文「かかるによりて，降参して城をわたし，一命をなだめ候ふやうにと，さまざま扱ひを入れられければ」と，直後の文「『さては』とて，上下喜ぶ事かぎりなし」をつなぐ内容を考える。降参して城を明け渡すかわりに命は助けようという条件に同意して，調停が成立したという現代語訳が最もふさわしい。

やや難　問8　「佐々内蔵介」は「大津の城」を攻めているので，城の中にいる人は「佐々内蔵介の敵方」である。アは「城」なので「佐々内蔵介の敵方」。イは城を攻めている「多勢」なので「佐々内蔵介方」。ウは城の外にいる「寄せ衆」なので「佐々内蔵介方」。エは佐々内蔵介との調停が成立したことによって喜んだ，城中の「上下」なので「佐々内蔵介方」。

重要 問9　本文中の「光り玉」あるいは「人玉」は，どのようなときに飛び出し，どのようなときに飛びもどってきたのかを考える。城中で男たちが自決の覚悟を決めたときに飛び出し，和議の調停が成立し，自決を免れたときにもどってきたのであるから，「光り玉」「人玉」は，人間が持っている命の証である「人魂」の意味だとわかる。この内容を述べているものを選ぶ。

問10　前の「幾許」は，どれほどのという意味になる。 B の後に「知らず」とあるので，わからないのは「数」になる。数え切れないほどの人が，人魂を見たという内容になる。

問11　オは芥川龍之介の小説なので，江戸時代に成立した作品としてふさわしくない。

★ワンポイントアドバイス★

論説文の読解問題で，用語を用いてまとめる六十字以内の記述問題と，八十五字以内の記述問題にいかに時間をかけられるかがポイントだ。時間配分を意識し，記述問題の時間を残しつつ確実に得点できる部分を取りこぼさないという意識をもとう。

平成30年度

★★★★★★★★★★★★★★★★★★★★★★★★★

入　試　問　題

平成30年度

早稲田実業学校高等部入試問題

【数　学】（60分）〈満点：100点〉

【注意】　1. 答えは，最も簡単な形で書きなさい。

2. 分数は，これ以上約分できない分数の形で答えなさい。

3. 根号のつく場合は，$\sqrt{12}=2\sqrt{3}$ のように根号の中を最も小さい正の整数にして答えなさい。

1　次の各問いに答えよ。

(1)　$x=\dfrac{\sqrt{6}+\sqrt{3}}{2}$，$y=\dfrac{\sqrt{6}-\sqrt{3}}{2}$ のとき，$2x^2y+2xy^2-x-y$ の値を求めよ。

(2)　関数 $y=-\dfrac{1}{2}x^2$ において，x の変域が $a\leqq x\leqq 2$ のとき，y の変域が $-9\leqq y\leqq b$ である。a，b の値を求めよ。

(3)　最大公約数が 24，最小公倍数が 720 である 2 つの 3 桁の自然数 a，b を求めよ。ただし，$a<b$ とする。

(4)　袋 A には赤球 3 個，白球 2 個，袋 B には赤球 1 個，白球 5 個が入っている。2 つの袋から同時に 1 個ずつ球を取り出し，袋 A から取り出した球を袋 B に，袋 B から取り出した球を袋 A に入れたとき，もとの状態と変わらない確率を求めよ。

2　次の各問いに答えよ。

(1)　12km 離れた 2 つの地点 P，Q を結ぶ道を，A 君は時速 4 km で P から Q へ，B 君は時速 x km で Q から P へ向かって同時に出発した。出発してから y 時間後に 2 人がすれ違い，さらに 48 分後に B 君は P 地点に到着した。このとき，x，y の値を求めよ。

(2)　右の図のように，3 点 A，B，C は円 O の周上にあり，AB＝9 cm, BC＝8 cm, CA＝7 cm である。次の①，②に答えよ。

①　点 A から線分 BC に垂線を引き，BC との交点を D とする。このとき，線分 AD の長さを求めよ。

②　円 O の直径 AE の長さを求めよ。

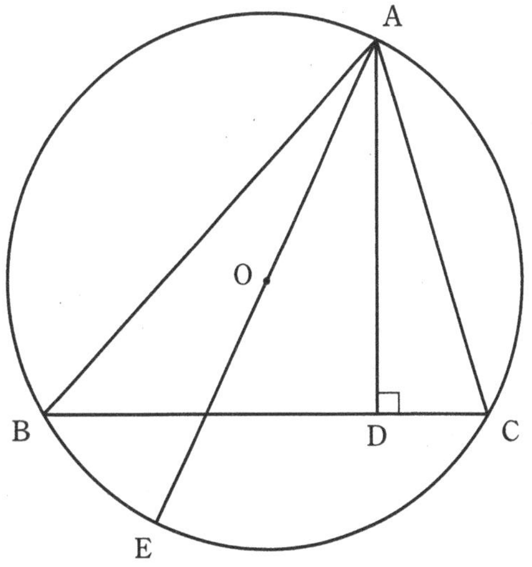

3 A，B，C の 3 つの学校の生徒に登校に関するアンケートを行ったところ，すべての学校で，電車を利用して登校している生徒はそれぞれの学校の生徒数の 72.5%，自転車を利用して登校している生徒はそれぞれの学校で 83 人だった。このとき，［ア］～［エ］に最も適する数を求めよ。

(1) 学校 A では，電車と自転車の両方を利用して登校している生徒は 5 人，電車と自転車のどちらも利用していない生徒は 10 人であった。学校 A の生徒数は［ア］人である。

(2) 学校 B の生徒数は 200 人である。この学校で，電車と自転車の両方を利用して登校している生徒として考えられる人数は，最大で［イ］人，最小で［ウ］人である。

(3) 学校 C では，電車と自転車のどちらも利用していない生徒は 55 人であった。学校 C の生徒数として考えられる人数は最大で［エ］人である。

4 右の図のように，1 辺 6cm の正八面体 ABCDEF がある。点 G は△ABC の重心，点 H は辺 DF 上の点で，DH＝5cm である。次の各問いに答えよ。

(1) 点 G から面 BCDE に垂線を引き，面 BCDE との交点を I とする。このとき，線分 GI の長さを求めよ。

(2) 線分 GE の長さを求めよ。

(3) 線分 GH の長さを求めよ。

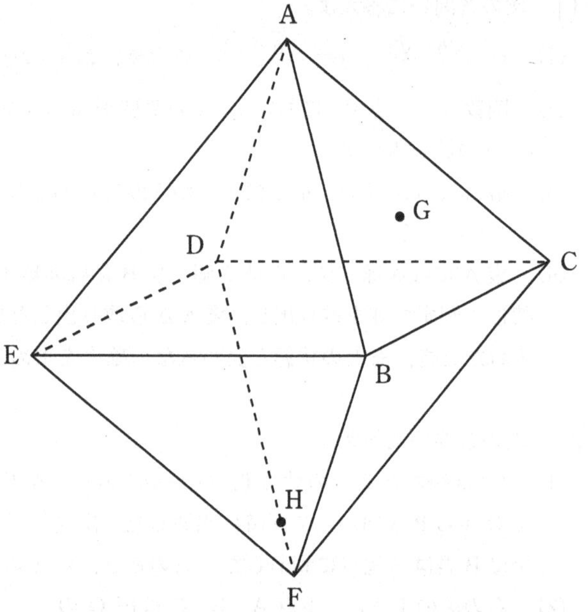

5 2つの放物線 $y=4x^2$, $y=-\frac{3}{8}x^2$ と2つの直線 ℓ, m がある。

下の図のように，2つの放物線と直線 ℓ, m が点A，B，C，Dで交わり，ℓ と m は，x 軸上の点Eで交わっている。また，点A，点Eの x 座標はそれぞれ -1，-4，直線 m の切片は -3 である。

座標軸の1目盛りを1 cmとして，次の各問いに答えよ。

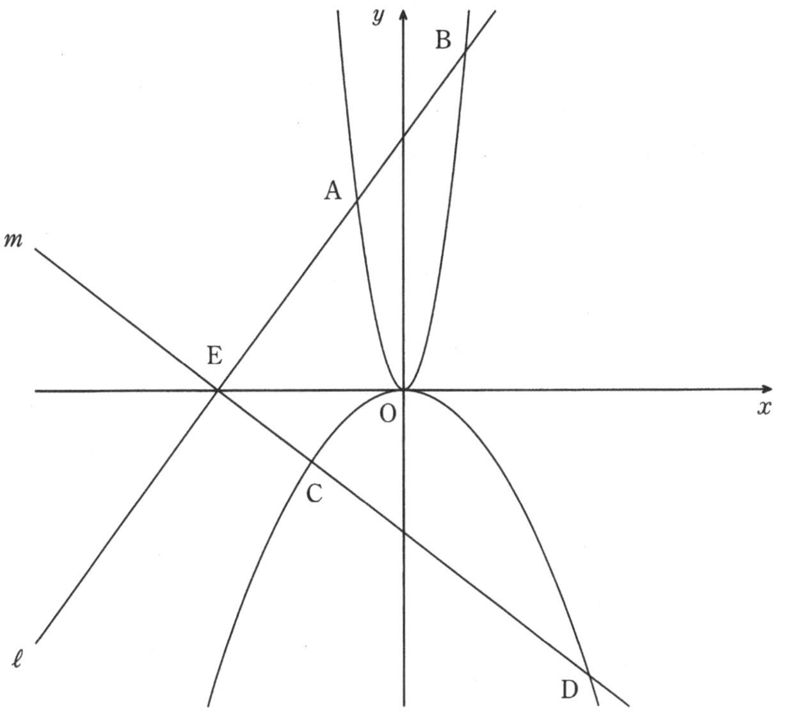

(1) 直線 ℓ の式と，点Dの座標を求めよ。

(2) △BEDの面積を求めよ。

(3) ∠BEDの二等分線を直線 n とする。直線 n の式を求めよ。

(4) 直線BDと直線 n との交点をF，点Dから直線 n に垂線を引き，直線 n との交点をGとする。このとき，△DFGの面積を求めよ。

【英　語】（70分）〈満点：100点〉

【注意】 試験開始後55分たったら，チャイムの合図で G の放送問題が始まります。

A　次の１～５は，ある単語の定義とその例文です。それぞれの例文の（　　）に当てはまる語を**適切な形で**１語答えなさい。ただし，書き出しの文字が与えられている場合は，その文字で始まる語を答えること。

1　coming before all others in time or order

The (　　　) boy to finish the difficult homework was John.

2　to ask somebody to come to a social event

Thank you for (　　　) us for dinner.

3　to put or keep something out of sight

He tried to (h-　　　) *himself behind the door.*

4　the system of communication in speech and writing that is used by people of a particular country or area

What's the best way to learn a (　　　)?

5　a piece of special glass that reflects images, so that you can see yourself when you look in it

She often looks at herself in a (　　　).

B　文法的に**間違っている文**をア～オから１つずつ選び，記号で答えなさい。

1　ア　No other mountain in Japan is higher than Mt. Fuji.
　イ　Mt. Fuji is higher than any other mountain in Japan.
　ウ　No other mountain in Japan is as high as Mt. Fuji.
　エ　Nothing is higher than Mt. Fuji in Japan.
　オ　Any of the mountains are not high as Mt. Fuji.

2　ア　When has his fever gone down?
　イ　His fever has just gone down.
　ウ　His fever hasn't gone down yet.
　エ　His fever has already gone down.
　オ　How long did it take for his fever to go down?

3　ア　There is only a little food left in the fridge.
　イ　How many homework did the teacher give you?
　ウ　Did you have much interest in English as a child?
　エ　He has no plans for his summer vacation.
　オ　Recently we have seen very few whales in this area.

4　ア　A friend of mine said, “In Japan, schools start in April. ”
　イ　I found a nice clock on the wall when I entered the room.
　ウ　I am going to go shopping with my friends on Sunday morning.
　エ　I went fishing to Lake Biwa alone last Saturday.
　オ　This train will soon arrive at Tokyo Station.

C　下線部①，②を英語になおしなさい。

A：I'm planning to go on a trip to Japan this winter, but I don't know where to visit.

B：That's great! I've been to many places in Japan. How about going to Kyoto?
①京都は外国人の間で最も人気のある都市の一つだよ。

A：I heard there is a temple covered in gold leaf. What's the name of the temple?

B：It is *Kinkakuji*-temple. It's so beautiful. I went there by bus from Kyoto Station two months ago.
There were a lot of bus services in Kyoto. ②僕はバスに乗る前に一日乗車券を買うのを忘れてしまったんだ。 It cost me a lot of money.

A：I see. It's good to know. I will definitely visit Kyoto!

D　次の英文を読んで，設問に答えなさい。

Son:　Daddy, I wasn't covered with a *shell like a *chick when I was born, was I?

Father:　No, you ①(　　　). Why do you ask such a strange question?

Son:　I just thought, I was safe because Mother protected me in her body until my birth, but *hens lay eggs and sit on them. I'm afraid they break their eggs before the baby chicks come out?

Father:　That's a good point, son. But in fact, hens don't break their eggs.

Son:　[　A　] Is it because an eggshell is very hard?

Father:　No, the eggshell itself is easy to *crack, but the secret lies in the shape of the egg. Take an egg from Mother. If you *squeeze the ends of an egg between the palms of your hands, it won't break.

Son:　Is that so? Let me try. Give me an egg! Oof, I can't break it, you're right.

Father:　However, if you squeeze it in the middle, you'll break it. Don't do it! It creates a terrible mess!

Son:　[　B　] I wanted to do it myself, though...

Father:　Anyway, this arch shape is the secret. Thanks to the curved shape, an arch shaped object can share the weight and the pressure coming on the top equally with the whole body.

Son:　It sounds a bit difficult for me.

Father:　Well, take a closer example. Do you remember how eggs are sold in a supermarket?

Son:　Yes. They are kept with their ends pointing up and are never left lying *horizontally.

Father:　It is because...

Son:　Because it can stand forces from ②(a-　　　), so that egg cases can be piled up. It makes sense!

Father:　Clever, my son. Now, you may want to see how strong the eggshells are.

Son:　Shall we do some scientific test?

Father: [C] Bring some eggs and a dinner plate.

Son: Alrighty!

Father: First, stick thick tape around the middle of an egg. Second, carefully crack the eggshell at the pointy end of the narrower end. Make a small hole and remove the contents of the egg into a bowl.

Son: Yuck.

Father: Thirdly, carefully cut through the tape with a cutter. Repeat this process two more times.

Son: Do we use the halves with a hole?

Father: No, we only use the rounder arch halves.

Son: I'll throw them away.

Father: Now, it's fun time. Turn the plate upside down, I mean, put it with the open end facing down.

Son: Like this?

Father: Correct. Put the prepared eggshells on the *flat surface at equal spaces so that they form a triangle.

Son: [D]

Father: Lastly, lay books or magazines on the eggshells. Do the shells crack?

Son: [E] One, two, three... Look, I put ③a book and 12 magazines on top!

Father: Now, you understand why hens don't break their eggs.

［注］ shell：殻《から》　chick：ひよこ　hen：雌鶏　crack：割れる　squeeze：強く握る
horizontally：水平に　flat surface：平らな表面

問1 下線部①の（　）に入る英語１語を書きなさい。

問2 [A]～[E]に入る最も適切なものを**ア～ケ**から１つずつ選び，記号で答えなさい。

ア What a pity!　**イ** You're lying.　**ウ** Yes, let's.
エ Let me check!　**オ** Why so?　**カ** How about you?
キ I've done it.　**ク** No, it won't.　**ケ** Yes, we're.

問3 下線部②の（　）に入る，a から始まる英語1語を答えなさい。

問4 下線部③の下にある卵の殻の数を**算用数字**で答えなさい。

問5 本文からわかる原理を最も利用している橋の形状を**ア～カ**から１つ選び，記号で答えなさい。

ア

イ

ウ

エ

オ

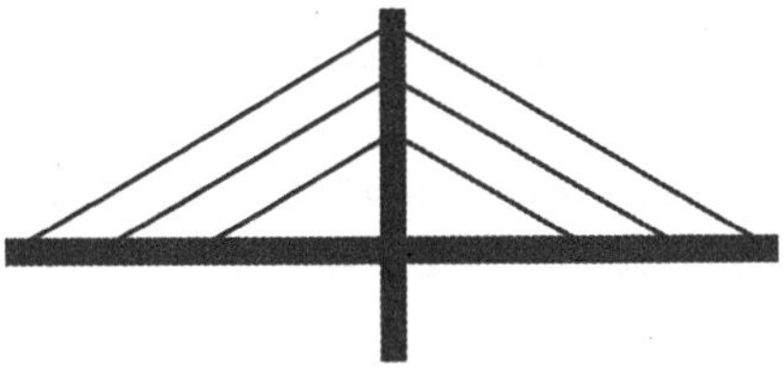

カ

E　次の英文を読んで，設問に答えなさい。

Japan has long been known for its technology. In fact, Japan is fourth in number of Internet users in the world. It follows close behind China, the United States, and India. Kids in Japan seem to have the newest gadgets and most *advanced video games. *In response to the need for more advanced toys, Internet cafés began to ①spring up. They *offer food, showers, drinks, books, movies, microwaves, *comfortable chairs that can lay flat, lockers, and of course, the Internet.

[　　A　　] It could also have been because there were so many things to do at cafés. Another reason they were so appealing is because the level of service at such *establishments is *exceptional. They try to *cater to every need. ②People began to spend (1) and (2) time at cafés and (3) time at home.

[　　B　　] A child is said to be *addicted if he or she spends more than five hours a day online. Too much time looking at a screen has led to obesity, depression, sleep problems like insomnia, and a drop in grades.

In response to this technological issue, Japan began organizing "Internet fasting camps" where children are *required to ③"unplug." They are required to take part in outdoor activities and go to counseling to help with their addiction. Some parents have had a difficult time getting their children away from such devices because the children suffer from *withdrawal symptoms. In response, kids *rebelled and left home. They ended up staying a few days or weeks at Internet cafés. It was cheap and easy. They only had to pay $15-$25 per night.

However, some people think that the issue of staying in Internet cafés has ④nothing to do with addiction. They believe it has everything to do with necessity. Large cities like Tokyo are very expensive. *Due to economic decline, some *job seekers find themselves *unemployed and without a place to live. Some are recent college graduates. Many of them sleep in such cafés because they are so cheap. These graduates move from café to café each night after working some sort of ⑤casual job. Some young Japanese may live in the cafés for weeks or months.

Though some may believe that such people are homeless, they simply may not have the money to pay for a *down payment for an apartment. Others could live with family, but may choose not to due to the convenience of the cafés.

［注］ advanced：進歩した　in response to ～：～に応じて　offer：提供する　comfortable：快適な
establishment：施設　exceptional：ひときわ優れた　cater：応じる　addicted：中毒の
require：要求する　withdrawal symptoms：禁断症状　rebel：反抗する
due to ～：～が原因で　job seeker：求職者　unemployed：仕事のない　down payment：頭金

問1　下線部①，③，④，⑤の本文中の意味に最も近いものをア～エから１つずつ選び，記号で答えなさい。

① spring up

ア be imported　イ water the street　ウ start to grow　エ suddenly jump

③ unplug

ア look back at their lives　イ give up using the Internet
ウ go over a mountain　エ have their own computers

④ nothing to do with

ア no connection with　イ no problem with
ウ no worry about　エ no importance of

⑤ casual job

ア job which is not boring　イ job which is not regular
ウ job which is fashionable　エ job which is successful

問2 [A]と[B]に入る最も適切な文をア～エから１つずつ選び，記号で答えなさい。

ア Recently, a study by the Japanese Ministry of Education *estimates that 518,000 children between the ages of 12 and 18 are addicted to the Internet.
［注］ estimate：推定する

イ These days a lot of parents make rules about how to use the Internet for their children.

ウ At first, such places were built because people wanted a place to get away from home.

エ Some Internet cafés have *launched new campaigns to increase the number of customers.
［注］ launch：始める

問3　下線部②の “People began to spend（ 1 ）and（ 2 ）time at cafés and（ 3 ）time at home.” の(1)～(3)に入る単語の組み合わせとして最も適切なものをア～エから１つ選び，記号で答えなさい。

ア 1 less　2 less　3 more
イ 1 more　2 less　3 more
ウ 1 more　2 less　3 less
エ 1 more　2 more　3 less

問4　この英文のタイトルとして最も適切なものをア～エから１つ選び，記号で答えなさい。

ア Various Kinds of Cafés in the World
イ Too Much Internet or a Lifestyle Choice?
ウ Why Don’t You Join Internet Fasting Camps?
エ The Effect of Using the Internet on Our Health

問5　本文の内容に**合わないもの**をア～オから**2つ**選び，記号で答えなさい。

ア　Korea is a country which has fewer Internet users than Japan.

イ　If children use the Internet six hours a day, we can say that they are addicted.

ウ　The Internet can be a very convenient tool if people understand how to use it correctly.

エ　The writer is against using the Internet too much because it may have a bad influence on the health of people.

オ　The writer does not tell us his or her own opinion on the Internet clearly.

F　次の英文を読んで，設問に答えなさい。

Theodore Voler was a middle-aged man who had led a very sheltered life. From the moment that he was born, his mother had protected him from the *rough and *rude parts of life. When she died, she left Theodore in a world that was much rougher and ruder than he had expected it to be, with the result that he was easily annoyed by things that "were not quite right." For a man like Theodore, traveling in a railway *carriage was not very *pleasant, especially if he had to travel in second class. The windows were never clean enough, the seats were always either too soft or too hard, and his fellow-passengers annoyed him by coughing, talking, moving around, or humming tunes.

On this occasion, he was pleased to note, as he entered the carriage and *settled into his seat, that he had only one fellow-passenger, a middle-aged lady who seemed to be fast asleep in the corner. He could smell something, however, and he didn't like it, although he knew that it did not come from his fellow-passenger. He could smell mice. He had been staying with his mother's friend, a vicar, and when the time came for him to go to the train station, he went into the stable to help harness the horse. He did not like being in stables because they were always dirty and smelly. This time, he had smelled mice, and as he sat in the carriage he imagined that some of the *straw from the stable had stuck to his shoes or *trousers and that he could still smell it. Fortunately, the middle-aged lady, being asleep, did not notice it.

The train had only just begun to move when he noticed that he was not alone in the carriage with the sleeping lady. In fact, ①he was not even alone in his own clothes. He felt a warm creeping movement on his leg and instantly realized that what he could smell was not straw from the stable, but a mouse from the stable that had somehow got into his clothes while he was harnessing the horse. He stamped his foot and shook his leg, but the mouse did not want to leave the warm dark place it had found.

Theodore lay back against the cushions and wondered what to do. It would be an hour before the train stopped, and allowing the mouse to stay there all that time was unthinkable. On the other hand, the only way to *get rid of it was to remove most of his clothes, but just thinking about undressing in front of a lady made his face red with embarrassment. He looked at the lady in the corner, who was still asleep. The mouse seemed to be making a grand tour of his body, and suddenly it bit him.

②Theodore made the bravest decision of his life. His face turned the color of a beet as, keeping a nervous watch on the sleeping lady, he took his railway blanket, tied it to the *luggage racks to make an almost private dressing room in the carriage, and began to undress. Then when he was almost *naked, several things happened all at once. The mouse escaped from his clothes and ran into a corner of the carriage. The railway blanket fell to the floor, and his sleeping fellow-passenger woke up and opened her eyes. Theodore moved almost as quickly as the mouse. He picked up the blanket and covered himself with it as he sat in the other corner of the carriage. He could feel the blood racing through his *veins and beating in his neck and forehead as he waited for the lady to pull the emergency cord to stop the train and complain about the almost naked gentleman in her carriage, but she just sat and *stared silently at him.

He wondered how much she had seen and what she thought about his present position, covered with a blanket. "I think I have caught a cold," he said.

"I'm sorry to hear that," she said. "I was just going to ask you if you would open this window."

"I think it is a serious cold," he said, his teeth *chattering from *fear.

"I've got some brandy in my bag if you'd like to get it down for me," she said. Of course, Theodore couldn't do that without *revealing more of himself than he wanted his fellow-passenger to see.

"No, it's all right. I never take anything for ③it."

He wondered what to do next. How could he get dressed before they arrived at the station? He decided that he would try and tell her what had happened. "Are you afraid of mice?" he asked.

"No, not *unless there are lots and lots of them," she replied. "Why do you ask?"

"I had one crawling inside my clothes just now, which was very uncomfortable."

"Yes, I *suppose it would be."

"I had to get rid of it while you were asleep, and that's why I am like ④this," he said.

"Surely getting rid of one small mouse wouldn't give you a cold," she replied.

Theodore thought she was enjoying his problem, and he became redder than ever. Then he suddenly realized that the train would arrive at the station soon, and he would still be undressed. He sat quietly, hoping that the lady would go back to sleep. She didn't.

"I think we must be getting close to the station now," she said.

Theodore had to act. He stood up, throwing the blanket onto the floor, and struggled back into his clothes. He was so embarrassed that he almost choked, but he did not dare to look at the corner where his fellow-passenger remained completely silent. Finally, he was dressed, and he sank back into his seat, his heart racing and his face throbbing. He had never felt so bad in all his life.

Then the lady spoke. "Would you be so kind as to get me a *porter for my bag? I don't like to *trouble you because you are unwell, but ［　　　　　］."

［注］ rough：粗野な　rude：不作法な　carriage：客車　pleasant：心地よい
settle into ～：～にゆったりと座る　straw：わら　trousers：ズボン
get rid of ～：～を取り除く　luggage rack：網棚　naked：裸の　vein：静脈
stare：じっと見つめる　chatter：ガチガチ鳴る　fear：恐怖　reveal：見せる
unless ～：～でない限り　suppose：思う　porter：荷物運搬人　trouble：迷惑をかける

問1　下線部①が表す意味として最も近いものを**ア**～**エ**から1つ選び，記号で答えなさい。

ア　he felt comfortably warm in his fine jacket
イ　there was another living thing under his clothes
ウ　another passenger was wearing the same clothes as Theodore's
エ　he didn't feel lonely because his trousers were made by his mother

問2　下線部②を具体的に次のように言いかえるとき，空欄に適切な語を1語ずつ入れなさい。

Bravely, he decided to (　　　) (　　　) his clothes.

問3　下線部③が指すものを**ア**～**エ**から1つ選び，記号で答えなさい。

ア　a cold　**イ**　some brandy　**ウ**　the lady's bag　**エ**　some medicine

問4　下線部④を次のように説明するとき，空欄に適切な語を1語ずつ入れなさい。

The word "this" in the phrase has two meanings in the story. For Theodore, it meant that he (　　　) (　　　). On the other hand, the lady thought it meant that he (　　　) (　　　) (　　　).

問5　次の**ア**～**カ**の出来事を起きた順に並べかえ，記号で答えなさい。

ア　Theodore asked the lady if she was scared of mice.
イ　Theodore's mother died.
ウ　A mouse bit Theodore.
エ　Theodore could keep away from a world that was rough and rude.
オ　Theodore helped to take care of the horse.
カ　Theodore noticed a mouse on the train.

問6　［　　　］に入る，この話の結末として最も適切なものを**ア**～**オ**から1つ選び，記号で答えなさい。

ア　I'm not strong enough to put down my bag and carry it
イ　I'll call the police if you refuse my request
ウ　carrying it by myself also makes me unwell
エ　traveling without my family gives me no choice
オ　being blind makes things difficult at railway stations

問7　本文の内容に合うものを<u>3つ</u>選び，番号で答えなさい。

1　The world for Theodore was not the same one before his mother's death.
2　Theodore didn't like to be around noisy people, so he chose a first-class carriage on this trip.
3　When Theodore first entered the car of the train, he was happy because he found his company was female.
4　Theodore wanted the middle-aged lady to move to another carriage since she

smelled strange.

5 Theodore had to make a private space for himself by using things around him.

6 Theodore covered himself up with the blanket when he thought his cold was getting worse.

7 Theodore was a man of justice so that he worked hard to kill the mouse because the lady didn't like mice.

8 The fellow-passenger was not afraid of a large amount of mice because she loved animals.

9 The most embarrassing experience for Theodore happened in the train carriage.

10 The fellow-passenger who was not scared of mice didn't mind seeing the naked man.

11 Theodore could not get dressed before he reached the train station because his fellow-passenger was watching him.

12 Theodore told the woman his family background on the way back home.

G **放送問題Ⅰ** 英文No. 1～No. 4を，1回ずつ放送します。その応答として最も適切なものをア～エから１つずつ選び，記号で答えなさい。

No.1 ア Yes, I have just washed them.
イ Twice a week.
ウ I carefully wash them by hand.
エ I don't know where the nearest coin laundry is.

No.2 ア In and around Mitaka City.
イ No, you can't go.
ウ I miss you. I'll send you a letter.
エ Has it been so long?

No.3 ア I wasn't able to attend.
イ Yes, I plan to be there.
ウ It's a beautiful gift.
エ I made a speech about him.

No.4 ア I'll look for it for you.
イ You found it, right?
ウ Do you mind buying a new one?
エ I put it in my pencil case.

放送問題Ⅱ 対話文とそれに関する質問を，1回ずつ放送します。答として最も適切なものをア～エから１つずつ選び，記号で答えなさい。

No.1 ア She enjoys ordering the food she already knows.
イ She didn't like the dish using tomatoes.
ウ She likes simpler food.
エ She remembers the strange dish they ate before.

No.2 ア He wants to have a change.
イ He wants to study in America.
ウ He wants to enjoy campus life.
エ He wants to keep doing the same thing.

放送問題Ⅲ 対話文とそれに関する 3 つの質問を，チャイムをはさんで **2 回ずつ**放送します。答として最も適切なものを**ア～エ**から 1 つずつ選び，記号で答えなさい。

No.1 ア 8:30
イ 9:00
ウ 9:30
エ 10:00

No.2 ア Take a bath.
イ Play a video game.
ウ Listen to a story.
エ Change into pajamas.

No.3 ア Kanako has taken care of this family before.
イ Mr. and Mrs. Brown will not be home until midnight.
ウ Kanako drove her own car to the Browns' house.
エ Kanako is going to *babysit one child.

［注］ babysit：(他人の子供)の世話をする

放送問題Ⅳ 英文を聞き，その内容について述べた文章の①～③の(　　)に入る適切な語を 1 語つずつ答えなさい。ただし，書き出しの文字が与えられている場合は，その文字で始まる語を答えること。英文はチャイムをはさんで **2 回**放送します。

The speaker talks about his experience of studying in the United States. First, he talks about several differences in ①(c-　　　) between his hometown and San Francisco. He thinks that the important thing to live in a new country is to make ②(　　　). Also, it is important to ③(s-　　　) the same experiences and feelings with them. He hopes to help people who are in trouble in a new environment.

※ヒアリングテストの放送台本は非公表です。

(2) 次の文章は、オノマトペ（擬声語・擬態語）について説明したものである。A・Bに入る語として最もふさわしいものを後の選択肢の中からそれぞれ選び、記号で答えなさい。

オノマトペ（擬声語・擬態語）は、言語音と意味との間に直接的関係があるのが特徴である。そのため、理性よりもAに訴えかけ、普通の語にはないB的な描写力を持つ。

ア 意志　イ 身体　ウ 統一　エ 停滞　オ 迫真
カ 緊張　キ 感情　ク 知性

問6 〰線a「見ゆる」、b「お打ちあれば」、c「おぼしめし」の動作の主体として最もふさわしいものを次の中からそれぞれ選び、記号で答えなさい。

ア 小栗　イ 十人の殿ばら　ウ 閻魔大王
エ 見る目とうせん　オ 藤沢のお上人　カ 横山一門
キ 作者

問7 ――線7「藤沢」は神奈川県藤沢市の寺院を指すが、その属する旧国名を次の中から選び、記号で答えなさい。

ア 相模国　イ 武蔵国　ウ 讃岐国　エ 上総国
オ 下野国

問8 この物語の内容の説明として最もふさわしいものを次の中から選び、記号で答えなさい。

ア 従者たちの懇願によりこの世に復活した小栗であったが、非道なことばかりしていた大悪人だったので、この世の者とも思えない餓鬼の姿で閻魔大王は蘇生《そせい》させた。
イ 生前の罪業を補ってあまりある名大将であったため小栗は復活し、さらに藤沢の上人の法力を得て、餓鬼阿弥陀仏と呼ばれるまでに立派な姿となった。
ウ 人並み以上の力を持っていた小栗は土葬され、魂の帰る肉体があったため復活したが、それを横山家に悟られぬよう藤沢の上人は小栗を餓鬼の姿に変じた。
エ 小栗のたぐいまれな人柄は閻魔大王をも魅了し、鳥などでさえその姿にほほえみ、蘇生した姿を見た藤沢上人も横山家に見つからぬよう小栗を僧侶の姿にした。
オ 小栗は三年もの間あの世を遍歴していたため、もとの人間とは似ても似つかぬような姿で復活してしまい、誰にも気付かれなかった。

問9 「をぐり」は、中世末から近世にかけて盛んに行われた説経節《せっきょうぶし》という語り物文芸である。語り物文芸である作品を次の中から二つ選び、記号で答えなさい。

ア 平家物語　イ 雨月物語　ウ 伊勢物語　エ 曽我物語
オ 栄花物語　カ 宇治拾遺物語

＊八葉の峰…高野山のこと。　＊にんは杖…未詳。
＊卒塔婆…死者の供養のために墓などに立てる細長い板。
＊お上人…「上人」はここでは、僧侶の敬称。

問1　══線①「なう」、②「とらせう」を現代仮名遣いに直しなさい。

問2　――線1「娑婆へもどいてとらせう」とあるが、閻魔大王はなぜこのように言ったのか。その理由として最もふさわしいものを次の中から選び、記号で答えなさい。

ア　主人に関わったために死んだだけだから。
イ　生前は悪人であったが改心しているから。
ウ　やむを得ず法を犯してしまったから。
エ　善人とも悪人とも判断がつかないから。
オ　主人の死後も忠義を尽くしているから。

問3　――線2「とがに任せてやりてたまはれの」、5「なにしに十人の殿ばらたち、悪修羅道へは落とすべし」、6「おいはひあつて」の現代語訳として最もふさわしいものを次の中からそれぞれ選び、記号で答えなさい。

2「とがに任せてやりてたまはれの」
ア　全員まとめて一つの所にお送りください
イ　生前の罪業にしたがってお送りください
ウ　閻魔様のお望み通りになさってください
エ　われわれの願うところにお送りください
オ　ぜひわれわれの本望をかなえてください

5「なにしに十人の殿ばらたち、悪修羅道へは落とすべし」
ア　十人の殿たちを、悪修羅道へ落として何をさせてやろうか
イ　どのような手段で十人の殿たちを、悪修羅道へ落とそうか
ウ　十人の殿たちを、悪修羅道へ何とかして落としてやりたい
エ　どうして十人の殿たちを、悪修羅道へ落とすことがあろうか
オ　十人の殿たちを、悪修羅道へ何としても落としてはいけない

6「おいはひあつて」
ア　お並べになって　　イ　向かい合って
ウ　仕えさせなさって　　エ　相談し合って
オ　おまつりになって

問4　――線3「さてもなんぢらは、主に孝あるともがらや」とあるが、なぜ閻魔大王はこのように言ったのか。その理由の説明として最もふさわしいものを次の中から選び、記号で答えなさい。

ア　自分たちは火葬されているので現世に戻れないと諦めており、土葬されて肉体の残っている主人に望みを託しているから。
イ　自分たちの置かれた立場を客観的にとらえることができ、論理立てて今後の解決策を述べているから。
ウ　自分たちの非力をよく理解しており、願いを果たすのに主人によみがえる機会を譲っているから。
エ　自分たちの今後の運命に不安を抱いているはずなのに、主人だけが極楽へ行くことを願っているから。
オ　自分たちに与えられたよみがえりの機会を、主人も同じでなければ承知しないと断っているから。

問5　――線4「はつたと」はオノマトペ（擬声語・擬態語）である。これについて、次の問いに答えなさい。

(1)「はつたと」と同じ種類のことばを本文中から抜き出しなさい。

の三つの言葉をすべて用いること。書き出しは字数に含めず、句読点等の記号は一字として数える。また、指定された言葉を使用する順番は問わない。

テクスト　変容　過程

三　次の文章は「をぐり」の一節である。横山家の照手姫《てるてひめ》を強引に妻にした小栗判官《おぐりはんがん》は、照手姫の一家の怒りを買い、従者十人とともに毒殺され、恨みながら死んでいった。次の文章はこれに続く場面である。本文を読んで、後の問いに答えなさい。

閻魔《えんま》大王様は御覧じて、「さてこそ申さぬか、悪人が参りたは。あの小栗と申するは、娑婆《しやば》にありしその時は、善と申せば遠うなり、悪と申せば近うなる、大悪人の者なれば、あれをば、*悪修羅道《あくしゆらだう》へ落とすべし。十人の殿ばらたちは、お主《しゆう》に係り、非法の死にのことなれば、あれをば今一度、1娑婆へもどいてとらせう」との*御諚《ごぢやう》なり。

十人の殿ばらたちは承り、閻魔大王様へござありて、「①なう、いかに大王様。我ら十人の者どもが、娑婆へもどりて、本望遂《と》げうことは難《かた》いこと。あのお主の小栗殿を一人、御もどしあつてたまはるものならば、我らが本望までお遂げあらうは一定《いちぢやう》なり。我ら十人の者どもは、浄土へならば浄土へ、悪修羅道へならば修羅道へ、2とがに任せてやりてたまはれの、大王様」とぞ申すなり。

大王この由《よし》きこしめし、3「さてもなんぢらは、主に孝あるともがらや。その儀にてあるならば、さても末代の*洪基《こうき》に、十一人ながら、もどいてと②らせう」とおぼしめし、*見る目《みめ》とうせん御前《おまへ》に召され、「日本にからだがあるか見て参れ」との御諚なり。「承つてござある」と、*八葉《はちえふ》の峰《みね》に上がり、*にんは杖《ぢやう》といふ杖《つゑ》で、4虚空《こくう》をはつたと打てば、日本は一目にa見ゆる。閻魔大王様へ参りつつ、「なう、いかに大王様。十人の殿ばらたちは、お主に係り、非法の死にのことなれば、これをばからだを火葬につかまつり、からだがござなし。小栗一人は名大将のことなれば、これをばからだを土葬につかまつり、体がござある、大王様」とぞ申すなり。

大王この由きこしめし、「さても末代の洪基に、十一人ながらもどいてとらせうとは思へども、からだがなければ詮《せん》もなし。5なにしに十人の殿ばらたち、悪修羅道へは落とすべし。我らが脇立《わきだち》に頼まん」と、五体づつ両のわきに、十王十体と6おいはひあつて、今で末世の衆生をお守りあつておはします。

「さあらば小栗一人をもどせ」と、閻魔大王様の自筆の御判をおすゐある。（中略）にんは杖といふ杖で、虚空をはつたとbお打ちあれば、あら有り難の御事や、築《つ》いて三年になる小栗塚が、四方へ割れてのき、*卒塔《そと》婆《ば》は前へかつぱと転び、群鳥《むらがらす》笑ひける。

7藤沢のお上人*は、なんとかたへござあるが、上野《うはの》が原に、無縁《むゑん》の者があるやらん、鳶《とび》・烏が笑ふやと、立ち寄り御覧あれば、あらいたはしや小栗殿、（中略）足手は糸より細うして、腹はただ鞠《まり》をくくたやうなもの、あなたこなたをはひ回る。（中略）このことを横山一門に知られては大事とcおぼしめし、押さへて髪を剃り、なりが餓鬼《がき》に似たぞとて、餓鬼阿弥陀仏《あみだぶつ》とお付けある。

*悪修羅道…ここでは「阿修羅道《あしゆらどう》」のこと。「阿修羅道」は、天上の神々に争いを挑む悪神、阿修羅の住む世界で、常に争いが絶えない。

*御諚…ご命令。　*洪基…大きな事業の基礎。

*見る目とうせん…閻魔の役所にいる死者の善悪を弁別する存在。

がそうした観念に生命を吹きこむということ。

オ　現在の読書体験が人間を過去や未来に連れて行き、時間という制約から解放してくれるということ。

問7　――線3「ということをどこかで読んだ」とあるが、この表現に込められた筆者の心情として最もふさわしいものを次の中から選び、記号で答えなさい。

ア　自負　イ　愉悦　ウ　諦観　エ　憤慨　オ　諧謔《かいぎゃく》

問8　――線4「異なった事態」について、以下のⅠ～Ⅲに示された本との関わり方の中で、ベンヤミンと共通するものにはA、レヴィ＝ストロースと共通するものにはB、本文内容と関係があるとは言えないものにはCをそれぞれつけなさい。ただし、同じ記号を二回以上使ってはならない。

Ⅰ　書物を固定的なモノではなく、価値ある情報の集積として扱う。

Ⅱ　書物を断片の連なりではなく、総体として意味をもつものと考える。

Ⅲ　書物を知識人の占有物ではなく、人々の啓蒙《けいもう》のための道具ととらえる。

問9　――線5「何かがまちがっている」とあるが、筆者の考えの説明として最もふさわしいものを次の中から選び、記号で答えなさい。

ア　テクストとは解釈や記憶の対象ではなく、読者に進むべき方向を示す道しるべのようなものである。

イ　一冊の本の内容は、それに類する他のテクストと関連づけながら読まなければ理解することができない。

ウ　一冊の本の価値を絶対視することが余計な重圧を生み、結果的にテクストの理解が困難になってしまう。

エ　書物を「冊」という単位でとらえるのではなく、「テクスト」というまとまりで整理するべきである。

オ　テクストというとらえがたい現象を、一義的で閉じられたものとして考えてしまうのは不合理である。

問10　――線6「書物の擬人化」とあるが、書物が「擬人化」されている表現を本文中から二十字以内で探し、はじめの五字を抜き出しなさい。ただし、句読点等の記号も一字として数える。

問11　――線7「読むことと書くことと生きることはひとつ」とあるが、その説明として最もふさわしいものを次の中から選び、記号で答えなさい。

ア　読者や作者とはそれぞれが独立して存在するわけではなく、テクストとの相互作用を通してその都度生成するものであるということ。

イ　テクストとの響き合いによって身につくものが人間の生を形づくっていくという意味で、読書と生は不可分であるということ。

ウ　テクストと読者が出会い反響する中で新たな作者が生まれ、テクストという大きな流れが複線的になっていくということ。

エ　読書体験を通じてテクストという絶え間ない流れをコントロールしながら、読者は自分の生き方を模索していくということ。

オ　読み書きの習熟にマニュアルは存在せず、読者とテクストとの関わりを反映する形で自然と体得されていくものであるということ。

問12　――線8「本は読めないものだから心配するな」について、本文全体をふまえて、筆者にとって読書とはどのようなものかを三十字以内で説明しなさい。解答は「読書とは」という書き出しに続けて、次かうかということにつきる。7 読むことと書くことと生きることはひとつ。それが読書の実用論だ。そしていつか満月の夜、不眠と焦燥に苦しむきみが本を読めないこと読んでも何も残らないことを嘆くはめになったら、このことばを思いだしてくれ。

8 本は読めないものだから心配するな。

（管啓次郎『本は読めないものだから心配するな』による）

＊ニーチェ…ドイツの哲学者（1844〜1900）。

＊ヴァルター・ベンヤミン…ドイツの文芸批評家、哲学者（1882〜1940）。

＊レヴィ＝ストロース…フランスの人類学者（1908〜2009）。

問1　――線a「ギゲイ」、b「キンベン」をそれぞれ漢字に直しなさい。

問2　本文は構成上大きく二つに分けることができる。後半のはじまりにあたる段落を探し、はじめの五字を抜き出しなさい。ただし、句読点等の記号も一字として数える。

問3　[A]に入る最もふさわしい言葉を次の中から選び、記号で答えなさい。

ア　無知の暗闇を恐れてはいけない

イ　今しか見えない風景がある

ウ　君はすぐ歳をとる

エ　いつか真理に手が届く

オ　無知を認めることが始まりだ

問4　[B]には十七世紀に出版されたある海外文学の作品名が入る。それは主人公の名前でもあるのだが、文脈を考慮し、最もふさわしい言葉を答えなさい。

問5　――線1「きわめて偏狭な、読書の実用論者だ」について、以下の問いに答えなさい。

(1)　「偏狭」の読み方をひらがなで答えなさい。

(2)　この部分に表れている筆者の様子として最もふさわしいものを次の中から選び、記号で答えなさい。

ア　読書は役に立つものだという信念が過大な本への期待につながって、何を読んでも物足りなくなってしまっている空しさ。

イ　役に立つかどうかを常に気にしてしまい、時を忘れて本に浸るという子どもの頃の純粋さを失っていることに対する後ろめたさ。

ウ　読書に現実的な効用を求めることを肯定し、知識という本当の贅沢を得る機会を逃しても構わないと開き直る態度。

エ　本来読書から享受できるはずの喜びを自ら手放してでも、役に立つかどうかを基準に読書に臨むのだという覚悟。

オ　読書から効率的に利益を得るために本を厳選することと、多くの本を読まなければ幅広い教養が身につかないこととの葛藤。

問6　――線2「一種の時間の循環装置」とあるが、その説明として最もふさわしいものを次の中から選び、記号で答えなさい。

ア　過去の書物を現在の人間が読むという行為の中には、新しい未来への流れを生じさせる力があるということ。

イ　現在も未来もかつて起こったことの焼き直しであるという原理を、過去の記録が教えてくれるということ。

ウ　過去の積み重ねが現在につながっているという実感を書物から得ることで、未来への責任感が生まれるということ。

エ　過去や未来とは実体のない抽象的な概念であり、現在の読書体験痕跡を言語によってなぞってきた過去を、どのようにこの加速の機構をつうじてひとつに合流させてゆくかということにほかならない。そしてこの流れだけが想念に力を与え、自分だけでなく「われわれ」の集合的な未来を、実際にデザインしてゆく。

　ところが、ああ、われわれの記憶力ほどあてにならないものもない。読書という、記憶がすべてである領域でさえ、その土台は鯰《なまず》の背に乗ったようにぐらぐらと揺れてやまない。

　われわれの大部分はただ霧の森をさまよい、おなじ樹木に何度も出会いながらひどいときにはそうと気づきもせずに通り過ぎ、おなじ草を何度も踏んではかたわらに生えるおなじキノコにぼんやり目をとめるだけで、疲労をためていく。読書の道は遠い。

　ヴァルター・ベンヤミン*は、いつのころからか、自分が読んだ本に通し番号をつけていた[3]（ということをどこかで読んだ）。本に関してはマニアックなやつだったので、潔癖にも読みもしない本に番号をつけるようなまねはしなかった（と書いてあったような気がする）。その番号は彼の死にいたるまで着実にふえてゆき、たしか千七百冊とか、そのへんの数字になっていた（まったく断言できないが）。まだ学部学生のころの話だが、その数をなんだそんなものかと思ったことを覚えている。というのもレヴィ＝ストロース*が一冊の本を書くためには七千冊の本に目をとおすとこれはどこかのインタビューでいっていたのを覚えていたからで、この数の差は端的にいって文芸批評家と人類学者がおなじ「本を読む」という表現でどれほど[4]異なった事態をさしているかの証言になるとそのとき思った。ぼくも長いあいだ、本は表紙から裏表紙まで読むもの読みたいものと考えて、その考えが災いして結局大部分の本は背表紙しか読まない結果に終わるのがつねだった。[5]何かがまちがっている。ぼくは考えを変えることにした。本に「冊」という単位はない。あらゆる本はあらゆる本へと、あらゆるページはあらゆるページへと、瞬時のうちに連結されてはまた離れることをくりかえしている。一冊一冊の本が番号をふられて書棚におさまってゆくようすは、銀行の窓口に辛抱強く並ぶ顧客たちを思わせる。そうではなく、整列をくずし、本たちを街路に出し、そこでリズミカルに踊らせ、あるいは暴動を起こし、ついにはそのまま連れだって深い森や荒野の未踏の地帯へとむかわせなくてはならないのだ。ヒトではじまりレミングの群れとなり狼《おおかみ》の群れとなって終わる。あるいは、終わらない。どこまでもゆく。そんなふうに連係的・運動的に、さまざまな本から逃げだしたいろんな顔つきのページたちを組織する。そして読み、読みつつ走り、走りつつ転身する。それが「テクスト」であり、時間の経過の中ではじめて編み上げられてゆく「テクスト」という概念は、もともと運動的なものだ。「冊」という単位、[6]書物の擬人化に、鋭敏さを徹底して欠くぼくは、あまりに長く囚《とら》われていた。

　本に「冊」という単位はない。とりあえず、これを読書の原則の第一条とする。本は物質的に完結したふりをしているが、だまされるな。ぼくらが読みうるものはテクストだけであり、テクストとは一定の流れであり、流れからは泡が現れては消え、さまざまな夾雑物《きょうざつぶつ》が沈んでゆく。本を読んで忘れるのはあたりまえなのだ。本とはいわばテクストの流れがぶつかる岩や石か砂か樹《き》の枝や落ち葉や草の岸辺だ。流れは方向を変え、かすかに新たな成分を得る。問題なのはそのような複数のテクスチュアルな流れの合成であるきみ自身の生が、どんな反響を発し、どこにむ

と似たような内面を秘めているということ

エ　「青年」の言葉が薬品のように「私」に作用し、少女の心変わりには無関心になってしまっているということ

オ　「私」は筋書き通りに事を運ぶ「青年」に感化され、その愛の方法を会得しようと考え始めているということ

問12　[2]に当てはまる言葉を文中から五字以内で抜き出しなさい。

二　次の文章を読んで、後の問いに答えなさい。

本は読めないものだから心配するな。あらゆる読書論の真実は、これにつきるんじゃないだろうか。

少年よ[A]、ごくわずかな間と思える光と影のうつろいも軽んじてはいけない、と古人は教えたが、人生はたしかに異常に短く、[a]ギゲイの道は長い。ぼくも人の世の森のなかばに達したが、無知はいまも圧倒的につづく。世界にありうるすべての知はもとより、ひとりの人間だってせめてこのくらいの実用的知識は身につけられるはずだという予測的蜃気楼《しんきろう》すら、茫洋《ぼうよう》とした地平線に浮かぶだけ。あそこまでは行けるんじゃないかという空間中の一点すら、まだまだグランド・キャニオンの谷底からはるか上方へとそびえたつ豪壮な断崖を見上げるようなもの。あたりまえだ、すべての人間は根本的に無知であり、どの二人をとっても共有する知識よりは共有する無知のほうが比較を絶して大きいのだから。でもその無知に抵抗して、願わくは花粉を集める蜜蜂、巣をはる蜘蛛《くも》、ダムを作るビーバーのような[b]キンベンさで、人は本を読む。

私と世界、といった比べものにならないものをむすぶ「と」の使い方は*ニーチェを大笑いさせたが、もちろんぼくは「私」を「世界」に（少なくとも文法的に対等なものとして）対峙《たいじ》させるような、[B]的学識をめざしているわけではない。ただ、ひたすら海をめざして砂浜をはう海亀の赤ちゃんのように、海の明るみに飛びこみ、波に翻弄されつつ海流に乗り、遠い未知の大洋を自由に遍歴することを願うだけだ。その大洋の感触との関係に立って、何かをつかみ、しっかりと考え、的確に行動する。その「何か」が何なのかは、わからない。それはたぶん事後的にふりかえったときにしか、わからないものなのだろう。わからないなりに、その何かへの期待があるからこそ、本を読む。こうして見ると、[1]ぼくはきわめて偏狭な、読書の実用論者だ。ただ楽しいからおもしろいから気持ちがいいから本を読み時を忘れ物語に没入するということは、ぼくにはまるでない。未来において「何か」の役にたつと思うから、読むのだ。「贅沢《ぜいたく》な読書」や「文学の楽しみ」といった考えほど、ぼくに無縁のものはない。第一、読書は贅沢よりははるかに窮乏の原因であり、楽しみよりははるかにひどい苦痛をもたらす。

読書とは、[2]一種の時間の循環装置だともいえるだろう。それは過去のために現在を投資し、未来へと関係づけるための行為だ。過去の痕跡をたどりその秘密をあばき、見いだされた謎により変容を強いられた世界の密林に、新たな未来の道を切り拓いてゆくための行為。時間はこうしてぐるぐるまわり、自分はどんどん自分ではなくなってゆく。そこでもっともあからさまに問われる能力は、結局、記憶力だということになる。記憶力とは、流れをひきおこす力だ。過去が呼びだされ、その場に現在するテクストを通過して、ものすごい速さで予測される未来のどこかへと送りこまれてゆく。この加速力こそ読書の内実であり、読書の戦略とはさまざまな異質な過去を、自分だけではなく無数の人々が体験しその

としたが、テニスの誘いに応じてしまい、思惑通りに事が運ばなかったこと

イ　当初はスポーツを通じて少女の兄たちと男同士の絆《きずな》を深めようと考えていたが、テニスをしたのをきっかけに少女に思いを寄せるようになってしまい、どっちつかずの状態のまま休暇が終わってしまったこと

ウ　当初は田舎での愛の方法に従い、なるべく少女を遠ざけていたが途中で彼女が可哀想になってしまい、兄妹のように親しく接するようになって、挙句《あげく》、村人から実の兄と間違われるまでになってしまったこと

エ　当初はスポーティヴになろうと海水着やグローブを持参し、少女の兄たちとスポーツを楽しんでいたが、テニスでしくじったことをきっかけに自信を失い、終《しま》いには彼女の一族から浮き上がってしまったこと

オ　当初は勉強から解放され夏休みを満喫すべく、意気込んで避暑地にやってきたが、少女の兄たちと同様、学問をボイコットし地元の不良を相手に粋《いき》がっている内に、肝心の宿題がお留守になってしまったこと

問9　――線7「そういう姉の影響が～入れ代わったのであろうか」とあるが、入れ代わる前の「兄たちの影響」を読みとることのできる、「お前」の表情を描写した一文を抜き出し、はじめの五字を答えなさい。

問10　――線8「自分の苦痛」とあるが、何が「自分」に「苦痛」をもたらしたのか。その説明として最もふさわしいものを次の中から選び、記号で答えなさい。

ア　兄たちと一緒になって「お前」をスポーツの世界から締め出してしまったことが、結局は「お前」を追いつめ、文学かぶれの「青年」の側に追いやってしまったこと

イ　何とか「お前」の歓心を買おうとし、兄たちと一緒になって地元の不良を相手に暴れたことがきっかけとなって「お前」の心が「私」から離れていってしまったこと

ウ　恋の競争者として現れた「青年」が、かつて「お前」が求めていた男性像とかけ離れた存在であり、結果的に「私」の妄信してきた愛の方法が功を奏さなかったこと

エ　「青年」が恋の競争者として現れ、唐突に挑戦状とも受け取れる長い手紙を寄こしているにも関わらず、「私」が彼に対抗し得る文学的素養をもっていなかったこと

オ　病的な「青年」の出現によって、スポーティヴな若者こそ「お前」の相手にふさわしいという前提が崩れ、「私」が方向転換を検討せざるを得ない状況に陥ったこと

問11　――線9「その苦しみが私をたまらなく魅した」の部分からうかがえるのはどのようなことか。最もふさわしいものを次の中から選び、記号で答えなさい。

ア　「私」は「青年」に憧《あこが》れすら抱いており、今や文学青年の仲間入りを果たしたいと切に願っているということ

イ　「青年」の手紙を読んだ「私」が、文学青年とは全く相容れない自己の資質を改めて確認しているということ

ウ　「私」は小説の主人公さながらの感傷に浸っており、実は「青年」

イ　「お前」の気に入るには、スポーティヴになろうとすることで兄たちの仲間入りを果たすことが得策だ。

ウ　「お前」の気に入るには、親密に接しながら時には突き放すといったような独特の愛の方法が効果的だ。

エ　「お前」の気に入るには、避暑客のような素振りは見せず兄たちと同じように田舎になじむのが肝要だ。

オ　「お前」の気に入るには、彼女とあらゆる遊戯を共にしてスポーティヴな面をアピールするのが一番だ。

問4　――線3「私も彼らに見習って～ボイコットした」ことに対して、「お前」はどのように反応したのか。それが示されている部分をⅥの章段から二十五字以上三十字以内で抜き出し、はじめと終わりの三字を答えなさい（句読点は一字に数えるものとする）。

問5　――線4「真面目くさって向かい合った」ときの、「私」の心情の説明として最もふさわしいものを次の中から選び、記号で答えなさい。

ア　少女を男性的なスポーツから排除しようと考えていることに勘《かん》づかせないように気をつけている。

イ　少女には近づきたいがテニスをすることに気が進まない素振りを見せないように気をつけている。

ウ　大の男が少女を相手に本気でプレーするつもりのないことを看破られないように気をつけている。

エ　この機会に少女にいいところを見せようと意気込んでいる気配を出さないように気をつけている。

オ　男性のたしなむスポーツからテニスを除外していることを態度に出さないように気をつけている。

問6　[1] に当てはまる三字の言葉を考えて答えなさい。

問7　――線5「私は頬を～拭いていた」での「私」の心情を説明したものとして最もふさわしいものを次の中から選び、記号で答えなさい。

ア　うかつにも少女のテニスの相手をしてしまい、結果として、それまで少女が抱いていた「私」のスポーティヴなイメージを自ら損なってしまったことを悔いている。

イ　少女の誘いに乗ってはみたものの、兄たちが軽蔑するテニスという競技に本気で取り組むことができずに、結果的に少女の不興を買ってしまったことを悔いている。

ウ　慣れないテニスに思わぬ苦闘を強いられるが、その姿が少女の目に手加減してプレーしているかのように映ってしまい、彼女のプライドを損ねたことを悔いている。

エ　少女の技量に合わせてテニスに応じていたことが、少女を遠ざけようとする意志の表れと受けとられてしまい、二人の仲に亀裂が生じてしまったことを悔いている。

オ　少女にスポーティヴな印象を与えようと、虚勢を張ってテニスに応じたが思いのほか難しく、いつもの「私」らしからぬ醜態をさらしてしまったことを悔いている。

問8　――線6「自分の宿題の最後の方が少し不出来」とは、具体的にはどのようなことを指していったものか。最もふさわしいものを次の中から選び、記号で答えなさい。

ア　当初は徹底してスポーツを核として結びついている少女の兄たちの側に身を置き、彼女と一線を引くことで逆に彼女を惹《ひ》きつけよういた。そうして彼よりずっと年下の私に、私の学校の様子などを、何かと聞きたがった。

　その青年がお前の兄たちよりも私に好意を寄せているらしいことは、私はすぐ見てとったが、私の方では、どうも彼があんまり好きになれなかった。もし彼が私の競争者として現れたのでなかったならば、私は彼に見向きもしなかっただろう。が、彼がお前の気に入っているらしいことに、誰よりも早く気がついたのも、この私であった。

　その青年の出現が、薬品のように私を若返らせた。このころすこし悲しそうにばかりしていた私は、再び元のような快活そうな少年になって、お前の兄たちと泳いだり、キャッチボールをし出した。実はそうすることが、8自分の苦痛を忘れさせるためであるのを、自分でもよく理解しながら、今年九つになったお前の小さな弟も、このころは私たちの仲間入りをし出した。そして彼までが私たちに見習って、お前をボイコットした。それが一本の大きな松の木の下に、お前を置いてきぼりにさせた。その青年といつも二人っきりに！　私は、その大きな松の木かげに、お前たちを、＊ポールとヴィルジニイのように残したまんま、ある日、ひとり先に、その村を立ち去った。

Ⅷ

秋になってから、その青年が突然、私に長い手紙を寄《よ》こした。私はその手紙を読みながら、膨れっ面をした。その手紙の終わりの方には、お前が出発するとき、車の上から、彼の方を見つめながら、今にも泣き出しそうな顔をしたことが、まるで田園小説の＊エピローグのように書かれてあったから。しかし、私はその小説の感傷的な主人公たちをこっそり羨ましがった。だが、何だって彼は私になんかお前への恋を打明けたんだろう？　そうとすれば、その手紙は確かに効果的だった。

その手紙が私に最後の打撃を与えた。私は苦しがった。が、9その苦しみが私をたまらなく魅《み》したほど、その時分はまだ私も子供だった。私は好んでお前を諦めた。

　私はその時分から、空腹者のようにがつがつと、詩や小説を読み出した。私はあらゆる［ 2 ］から遠ざかった。私は見ちがえるようにメランコリックな少年になった。

（堀　辰雄「麦藁帽子」）

＊メランコリック…憂鬱な。

＊ポールとヴィルジニイ…フランスの作家、ベルナルダン・ド・サン＝ピエールの小説「ポールとヴィルジニイ」の主人公。小説は、南海の孤島で、美しい自然のなかに成長した純真な二人の少年少女、ポールとヴィルジニイの清らかな恋と悲痛な結末を書いた。

＊エピローグ…終章。

問1　――線a「ヨウイ」、b「ウチョウテン」を漢字に直しなさい。

問2　――線1「めいめいの野薔薇目ざして…」に含まれている表現技巧として最もふさわしいものを次の中から選び、記号で答えなさい。

ア　直喩法　　イ　隠喩法　　ウ　対句法　　エ　擬人法

オ　体言止め　　カ　反語法

問3　――線2「都会では～田舎暮らしよ！」とあるが、ここでいう「愛の方法」とは具体的にはどのようなことを示しているか。その説明として最もふさわしいものを次の中から選び、記号で答えなさい。

ア　「お前」の気に入るには、本人よりもまず兄たちと親密になり彼女への思いを伝えてもらうのが近道だ。

VI

夏が一周りしてやってきた。

私はお前たちに招待されたので、再びT村を訪れた。私は、去年からそっくりそのままの、綺麗《きれい》な、小じんまりした村を、それからその村のどの隅々にも一杯に充満している、私たちの去年の夏遊びの思い出を、再び見いだした。しかし私自身はと言えば、去年とはいくらか変わって、ことにお前の家族たちの私に対する態度にはかなり神経質になっていた。

それにしてもこの一年足らずのうちに、お前はまあなんとすっかり変わってしまったのだ！　顔だちも見ちがえるほど*メランコリックになってしまっている。そしてもう去年のように親しげに私に口をきいてはくれないのだ。昔のお前をあんなにもあどけなく見せていた、赤いさくらんぼのついた麦藁帽子もかぶらずに、若い女のように、髪を葡萄《ぶどう》の房のような恰好《かっこう》に編んでいた。鼠色《ねずみいろ》の海水着をきて海岸に出てくることはあっても、去年のように私たちに仲間はずれにされながらも、私たちにうるさくつきまとうようなこともなく、小さな弟のほんの遊び相手をしているくらいのものだった。私はなんだかお前に裏切られたような気がしてならなかった。

日曜日ごとに、お前はお前の姉と連れ立って、村の小さな教会へ行くようになった。そう言えば、お前はどうもお前の姉に急に似て来だしたように見える。お前の姉は私と同い年だった。いつも髪の毛を洗ったあとのような、いやな臭いをさせていた。しかしいかにも気立てのやさしい、つつましそうな様子をしていた。そして一日中、イギリス語を勉強していた。

7 そういう姉の影響が、お前が年ごろになるにつれて、突然、それまでの兄たちの影響と入れ代わったのであろうか。それにしてもお前が、何かにつけて、私を避けようとするように見えるのはなぜなのだ？　それが私には分からない。

VII

お前たちが教会にいると、よく村の若者どもが通りすがりに口ぎたなく罵《ののし》って行くといっては、お前たちが厭《いや》がっていた。

ある日曜日、お前たちが讃美歌《さんびか》の練習をしている間、私はお前の兄たちと、その教会の隅っこに隠れながら、バットをめいめい手にして、その村の悪者どもを待ち伏せていた。彼らは何も知らずに、いつものように、白い歯をむき出しながら、お前たちをからかいに来た。お前の兄たちがだしぬけに窓をあけて、恐ろしい権幕で、彼らを呶鳴《どな》りつけた。

私もその真似をした。…不意打ちをくらった、彼らはあわてふためきながら、一目散に逃げて行った。

私はまるで一人で彼らを追い返しでもしたかのように、得意だった。私はお前からの褒美《ほうび》を欲しがるように、お前の方を振り向いた。すると、一人の血色の悪い、痩せこけた青年が、お前と並んで、肩と肩をくっつけるようにして、立っているのを私は認めた。彼はもの怖《お》じたような目つきで、私たちの方を見ていた。私はなんだか胸さわぎがしだした。

私はその青年に紹介された。私はわざと冷淡を装って、ちょっと頭を下げたきりだった。

彼はその村の呉服屋の息子だった。彼は病気のために中学校を途中で止《よ》して、こんな田舎に引き籠《こも》って、講義録などをたよりに独学してがしたほどに。そうして村の善良な人々は、私のことを、お前の兄だと間違えていた。それが私をますますbウチョウテンにさせた。

Ⅳ　ああ、私はお前たちの兄に見習って、お前に意地悪ばかりしてさえ居れば、こんな失敗はしなかっただろうに！　ふと魔がさした。私は一度でもいいから、お前と二人きりで、遊んで見たくてしようがなくなった。

「あなた、テニス出来て？」ある日、お前が私に言った。

「ああ、すこしくらいなら…」

「じゃ、私と丁度いいくらいかしら？…ちょっと、やって見ない」

「だってラケットはなし、一体どこでするのさ」

「小学校へ行けば、みんな貸してくれるわ」

それがお前と遊ぶにはもってこいの機会に見えたので、私はそれを逃すまいとして、すぐ分かるような嘘《うそ》をついた。私はまだ一度もラケットを手にしたことなんかなかったのだ。そんなものはすぐ出来そうに思えた。お前の兄たちがいつもテニスなんか！　と軽蔑していたから。しかし彼らも、私たちに誘われると、一緒に小学校に行った。そこへ行くと砲丸投げが出来るので。

小学校の庭には、夾竹桃《きょうちくとう》が花ざかりだった。彼らは、すぐその木陰で、砲丸投げをやり出した。私とお前は、そこから少し離して、白墨で線を描いて、ネットを張って、それからラケットを握って、4真面目くさって向かい合った。が、やって見ると、思ったよりか、お前の打つ球が強いので、私の受けかえす球は、大概ネットにひっかかってしまった。五、六度やると、お前は怒ったような顔をして、ラケットを投げ出した。

「もう止しましょう」

「どうしてさ？」私はすこしおどおどしていた。

「だって、ちっとも本気でなさらないんですもの…つまらないわ」

そうして見ると、私の嘘は看破《みやぶ》られたのではなかった。が、お前のそういう誤解が、私を苦しめたのは、それ以上だった。むしろ、そんな薄情な奴になるより、【1】になった方がましだ。

5私は頬をふくらませて、何も言わずに、汗を拭《ふ》いていた。どうも、さっきから、あの夾竹桃の薄紅《うすくれな》い花が目ざわりでいけない。

Ⅴ　とうとう休暇が終わった。

私はお前の家族と一緒に帰った。汽車の中には、避暑地がえりの真っ黒な顔をした少女たちが、何人も乗っていた。お前はその少女たちの一人一人と色の黒さを比較した。そうしてお前が誰よりも一番色が黒いので、お前は得意そうだった。私は少しがっかりした。だが、お前がちょっと斜めに冠《かぶ》っている、赤いさくらんぼの飾りのついたお前の麦藁帽子《むぎわらぼうし》は、お前のそんな黒いあどけない顔に大層よく似合っていた。もしも汽車の中の私がいかにも悲しそうな様子に見えたというなら、それは私が6自分の宿題の最後の方が少し不出来なことを考えているせいだったのだ。私はふと、この次の駅に着いたら、サンドウイッチでも買おうかと、お前の母がお前の兄たちに相談しているのを聞いた。私はかなり神経質になっていた。そして自分だけがそれからのけ者にされはしないかと心配した。

【国　語】（六〇分）〈満点：一〇〇点〉

一　次の文章を読んで、後の問いに答えなさい。

Ⅰ　夏休みが来た。

寄宿舎から、その春、入寮したばかりの若い生徒たちは、一群の熊《くまん》蜂《ばち》のように、うなりながら、巣離れていった。1めいめいの野薔薇《のばら》目ざして…

しかし、私はどうしよう！　私には私の田舎がない。私の生まれた家は都会のまん中にあったから。おまけに私は一人息子で弱虫だった。それで、まだ両親の許《もと》をはなれて、ひとりで旅行するなんていう芸当も出来ない。だが、今度は、いままでとは事情がすこし違って、ひとつ上の学校に入ったので、この夏休みには、こんな休暇の宿題があったのだ。田舎へ行って一人の少女を見つけてくること。

その田舎へひとりでは行くことが出来ずに、私は都会のまん中で、一つの奇跡の起こるのを待っていた。それは無駄ではなかった。C県のある海岸にひと夏を送りに行っていた、お前の兄のところから、思いがけない招聘《しょうへい》の手紙が届いたのだった。

おお、私のなつかしい幼友達よ！　私は私の思い出の中を手探りする。真っ白な運動服を着た、二人とも私より少し年上の、お前の兄たちの姿が、まず目に浮かぶ。毎日のように、私は彼らとベースボールの練習をした。ある日、私は田圃《たんぼ》に落ちた。花環を手にしていたお前の傍で、私は裸にさせられた。私は真っ赤になった…。

やがて彼らは、二人とも地方の高等学校へ行ってしまった。もうかれこれ三、四年になる。それからはあんまり彼らとも遊ぶ機会がなくなった。その間、私はお前とだけは、しばしば、町の中ですれちがった。何にも口を聞かないで、ただ顔を赤らめながら、お辞儀をしあった。お前は女学校の制服をつけていた。すれちがいざま、お前の小さな靴の鳴るのを私は聞いた…。

私はその海岸行きを両親にせがんだ。そしてやっと一週間の逗留《とうりゅう》を許された。私は海水着やグローヴで一杯になったバスケットを重そうにぶらさげて、心臓をどきどきさせながら、出発した。

Ⅱ　2都会では難しいものに見える愛の方法も、至極簡単なものでいいことを会得《えとく》させる田舎暮らしよ！　一人の少女に気に入るためには、彼女の家族の様式を呑《の》み込んでしまうのが好い。そしてそれは、お前の家族と一緒に暮らしているおかげで、私にはaヨウイだった。お前の気に入っている若者は、お前の兄たちであることを、私は簡単に会得する。彼らはスポーツが大好きだった。だから、私も出来るだけ、スポーティヴになろうとした。それから、彼らは、お前に親密で、同時に意地悪だった。3私も彼らに見習って、お前をば、あらゆる遊戯からボイコットした。

お前がお前の小さな弟と、波打ちぎわで遊び戯《たわむ》れている間、私はお前の気に入りたいために、お前の兄たちとばかり、沖の方で泳いでいた。

Ⅲ　まだあんまり開けていない、そのT村には、避暑客らしいものは、私たちの他には、一組もないくらいだった。私たちはその小さな村の人気者だった。海岸などにいると、いつも私たちの周りには人だかり

平成30年度

解答と解説

《平成30年度の配点は解答用紙に掲載してあります。》

＜数学解答＞ 《学校からの正答の発表はありません。》

1 (1) $\frac{\sqrt{6}}{2}$ (2) $a=-3\sqrt{2}$，$b=0$ (3) $a=120$，$b=144$ (4) $\frac{13}{30}$

2 (1) $x=6$，$y=\frac{6}{5}$ (2) ① $3\sqrt{5}$cm ② $\frac{21\sqrt{5}}{5}$cm

3 (1) ア 320 (2) イ 83 ウ 28 (3) 480

4 (1) $\sqrt{2}$cm (2) 6cm (3) $\sqrt{31}$cm

5 (1) ℓ $y=\frac{4}{3}x+\frac{16}{3}$ D(4，−6) (2) $\frac{400}{9}$cm^2 (3) $y=\frac{1}{7}x+\frac{4}{7}$ (4) $\frac{25}{17}$cm^2

＜数学解説＞

1 （小問群ー式の値，平方根の計算，因数分解，関数の変域，自然数の性質，確率）

基本 (1) $2x^2y+2xy^2-x-y=2xy(x+y)-(x+y)$　$x+y=$Aとおくと，$2xy$A$-$A$=$A$(2xy-1)$　よって，$2x^2y+2xy^2-x-y=(x+y)(2xy-1)$　$x+y=\frac{\sqrt{6}+\sqrt{3}}{2}+\frac{\sqrt{6}-\sqrt{3}}{2}=\sqrt{6}$　$xy=\frac{\sqrt{6}+\sqrt{3}}{2}\times\frac{\sqrt{6}-\sqrt{3}}{2}=\frac{6-3}{4}=\frac{3}{4}$　よって，$\sqrt{6}\times\left(2\times\frac{3}{4}-1\right)=\frac{\sqrt{6}}{2}$

基本 (2) $y=-\frac{1}{2}x^2$において，$x=2$のときのyの値は-2である。よって，$x=a$のときに$y=-9$となる。$-9=-\frac{1}{2}x^2$から，$x^2=18$　$x=\pm3\sqrt{2}$　$x\leqq2$なので，$a=x=-3\sqrt{2}$　xの範囲が0を含むので，yの最大値は0となる。よって，$b=0$

(3) 最大公約数が24だから，共通な素因数をもたない自然数m，nを用いて，$a=24m$，$b=24n$と表すことができる。最小公倍数が720だから，$24mn=720$　$mn=30$　$100\div24=4$余り4なので，a，bが3桁の自然数になるとき，m，nはともに4より大きい。よって，$m=5$，$n=6$　したがって，$a=24\times5=120$，$b=24\times6=144$

(4) 袋Aから取り出した球を袋Bに，袋Bから取り出した球を袋Aに入れたときにもとの状態と変わらないのは，袋Aから取り出した球と袋Bから取り出した球の色が同じときである。袋Aから赤球を取り出す確率は$\frac{3}{5}$，袋Bから赤球を取り出す確率は$\frac{1}{6}$であり，それが同時に起こる確率は$\frac{3}{5}\times\frac{1}{6}=\frac{3}{30}$　袋Aから白球を取り出す確率は$\frac{2}{5}$，袋Bから白球を取り出す確率は$\frac{5}{6}$であり，それが同時に起こる確率は$\frac{2}{5}\times\frac{5}{6}=\frac{10}{30}$　よって，$\frac{3}{30}+\frac{10}{30}=\frac{13}{30}$

2 （小問群ー速さに関する方程式の応用問題，2次方程式，平面図形，三平方の定理，円の性質，相似）

基本 (1) y時間にA君，B君が進む道のりは，それぞれ，$4y$km，xykm　すれ違った時までに2人が進んだ道のりの和が12kmだから，$4y+xy=12$…①　48分$=\frac{4}{5}$時間であり，B君は12km進むのに$\left(y+\frac{4}{5}\right)$時間かかったから，$x\left(y+\frac{4}{5}\right)=12$　$\frac{4}{5}x+xy=12$…②　①，②から，$4y=\frac{4}{5}x$　両辺に$\frac{5}{4}$をかけると，$x=5y$…③　③を①に代入すると，$5y^2+4y=12$　$5y^2+4y-12=0$　$(5y-6)(y+2)=0$　よって，$y=\frac{6}{5}$　③に代入して，$x=6$

重要　(2)　①　BD$=x$cmとすると，CD$=(8-x)$cm　△ABD，△ACDでそれぞれ三平方の定理を用いてAD²を表すと，$AD^2=AB^2-BD^2=81-x^2$，$AD^2=AC^2-CD^2=49-(8-x)^2$　よって，$81-x^2=49-(8-x)^2=49-64+16x-x^2$　$16x=96$　$x=6$　よって，$AD^2=81-36=45$　$AD=\sqrt{45}=3\sqrt{5}$

②　△ABEと△ADCにおいて，直径に対する円周角は直角だから，∠ABE＝∠ADC＝90°　弧ABに対する円周角なので，∠AEB＝∠ACD　2組の角がそれぞれ等しいので，△ABE∽△ADC　よって，AE：AC＝AB：AD　AE：7＝9：$3\sqrt{5}$　したがって，$AE=\frac{63}{3\sqrt{5}}=\frac{21}{\sqrt{5}}=\frac{21\sqrt{5}}{5}$(cm)

3　(その他の問題―集合の考え方)

重要　(1)　学校Aの生徒数をx人とすると，電車を利用している生徒は$0.725x$人と表せる。(電車を利用している生徒の数)＋(自転車を利用している生徒の数)－(電車と自転車の両方を利用している生徒の数)＋(電車と自転車のどちらも利用していない生徒の数)＝(生徒数全体)であるので，$0.725x+83-5=x$　$0.275x=88$　$x=320$　学校Aの生徒数は320人である。

(2)　学校Bで，電車を利用している生徒の数は$200\times0.725=145$(人)である。電車と自転車の両方を利用している生徒の数が最大となるのは自転車を利用している83人がすべて電車も利用している場合である。また，電車と自転車の両方を利用している生徒の数が最小となるのは，電車と自転車のどちらも利用していない生徒がいないときで，$145+83-200=28$(人)である。よって，最大で83人，最小で28人である。

やや難　(3)　学校Cの生徒数をy人，電車と自転車のどちらも利用している生徒数をz人とすると，$0.725y+83-z+55=y$，つまり，$0.725y+83+55\geqq y$となる。よって，$0.275y\leqq138$　$y\leqq501.81$…　また，$0.725y=\frac{725}{1000}y=\frac{29}{40}y$であり，生徒数は自然数だから，$y$は40の倍数である。501以下で500に最も近い40の倍数は480だから，学校Cの生徒数は最大で480人である。

4　(空間図形―切断，三平方の定理，重心，平行線と線分の比)

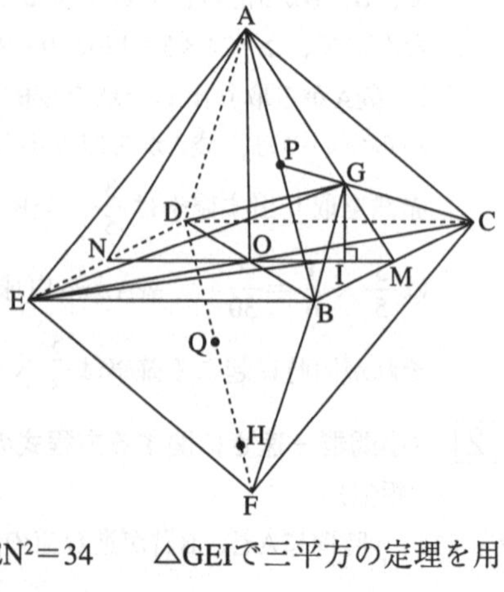

(1)　BC，DEの中点をそれぞれM，Nとすると，AM，ANは1辺が6の正三角形の高さなので，$AM=AN=3\sqrt{3}$　正方形BCDEの対角線の交点をOとすると，MNは点Oを通り，AO⊥MNである。MO＝3だから，△AMOで三平方の定理を用いると，$AO=\sqrt{(3\sqrt{3})^2-3^2}=3\sqrt{2}$　また，点Gは△ABCの重心なので，それぞれの頂点と向かい合う辺の中点を結ぶ線分(中線という)の交点であり，中線を2：1の比に分ける点だから，GM：AM＝1：3　GI//AOなので，GI：AO＝GM：AO＝1：3　よって，$GI=\sqrt{2}$(cm)

(2)　MI：MO＝MG：MA＝1：3だからMI＝1　よって，IN＝5　△IENで三平方の定理を用いると，$IE^2=IN^2+EN^2=34$　△GEIで三平方の定理を用

いると，$GE^2=IE^2+GI^2=36$　よって，$GE=6$(cm)

やや難　(3)　正八面体ABCDEFは面AMFNについて対称だから，$GD=GE=6$　AB，DFの中点をそれぞれP，Qとすると，正八面体ABCDEFは面CPEQについても対称である。よって，$GF=GD=6$　$FD=6$だから，△GDFは1辺の長さが6の正三角形となる。$DH=5$，$DQ=3$だから，$QH=2$　GQは正三角形GDFの高さなので，$GQ=3\sqrt{3}$　よって，$GH=\sqrt{(3\sqrt{3})^2+2^2}=\sqrt{31}$(cm)

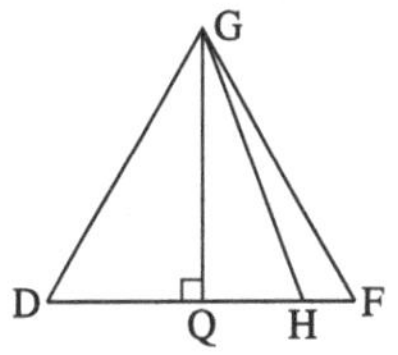

5　**（関数・グラフと図形－直線の式，交点の座標，面積，角の二等分線，相似，三平方の定理）**

重要　(1)　点Aのy座標は$4\times(-1)^2=4$　よって，A$(-1,\ 4)$　x軸上の点のy座標は0だから，E$(-4,\ 0)$　直線ℓの傾きは，$4\div\{-1-(-4)\}=\dfrac{4}{3}$　直線ℓの式を$y=\dfrac{4}{3}x+b$とおいて$(-4,\ 0)$を代入すると，$0=-\dfrac{16}{3}+b$　$b=\dfrac{16}{3}$　直線ℓの式は，$y=\dfrac{4}{3}x+\dfrac{16}{3}$　直線mは，傾きが$-\dfrac{3}{4}$で切片が-3だから，$y=-\dfrac{3}{4}x-3$　点Dは放物線$y=-\dfrac{3}{8}x^2$と直線$y=\dfrac{4}{3}x+\dfrac{16}{3}$の交点なので，その$x$座標は方程式$-\dfrac{3}{8}x^2=-\dfrac{3}{4}x-3$の解である。両辺に$-\dfrac{3}{8}$をかけて整理すると$x^2-2x-8=0$　$(x+2)(x-4)=0$　$x=4$　y座標は$-\dfrac{3}{8}\times4^2=-6$　よって，D$(4,\ -6)$

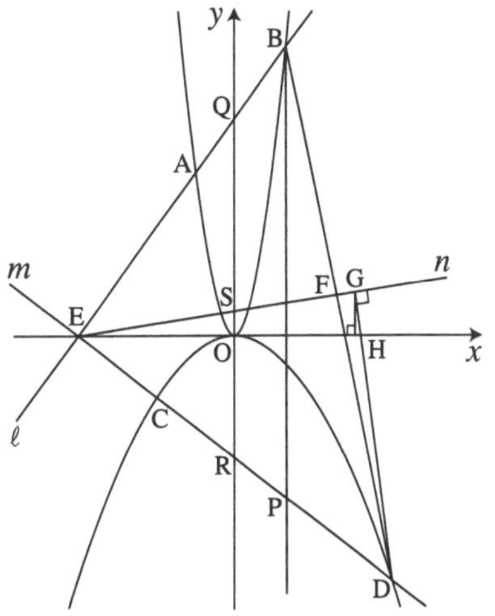

(2)　点Bのx座標は方程式$4x^2=\dfrac{4}{3}x+\dfrac{16}{3}$の解である。$3x^2-x-4=0$　$(3x-4)(x+1)=0$から，$x=\dfrac{4}{3}$　y座標は，$4\times\left(\dfrac{4}{3}\right)^2=\dfrac{64}{9}$　点Bを通るy軸に平行な直線と直線mの交点をPとすると，点Pのy座標は，$-\dfrac{3}{4}\times\dfrac{4}{3}-3=-4$　$BP=\dfrac{64}{9}-(-4)=\dfrac{100}{9}$　$\triangle BED=\triangle BEP+\triangle BDP=\dfrac{1}{2}\times\dfrac{100}{9}\times\left\{\dfrac{4}{3}-(-4)\right\}+\dfrac{1}{2}\times\dfrac{100}{9}\times\left(4-\dfrac{4}{3}\right)=\dfrac{1}{2}\times\dfrac{100}{9}\times8=\dfrac{400}{9}$(cm²)

やや難　(3)　直線ℓ，m，nとy軸との交点をそれぞれQ，R，Sとすると，三角形の角の二等分線は，その対辺を，角をつくる2辺の比に分けるから，$QS:RS=EQ:ER$　△EQOと△REOは，$EO:QO=RO:EO=3:4$　$\angle EOQ=\angle ROE=90^\circ$　よって，$\triangle EQO\backsim\triangle REO$　$EQ:RE=4:3$　(EQ：REの比を△OEQ，△OERで三平方の定理を用いて求めてもよい。$EQ=\sqrt{4^2+\left(\dfrac{16}{3}\right)^2}=\sqrt{\dfrac{16\times9+16^2}{9}}=\sqrt{\dfrac{16\times(9+16)}{9}}=\sqrt{\dfrac{16\times25}{9}}=\dfrac{20}{3}$　$ER=\sqrt{4^2+3^2}=5$　よって，$EQ:RE=\dfrac{20}{3}:5=4:3$)　$QR=\dfrac{16}{3}-(-3)=\dfrac{25}{3}$　よって，$SR=\dfrac{25}{3}\times\dfrac{3}{7}=\dfrac{25}{7}$　点Sのy座標は，$\dfrac{25}{7}-3=\dfrac{4}{7}$　直線nの傾きは$\dfrac{4}{7}\div4=\dfrac{1}{7}$　したがって，直線nの式は，$y=\dfrac{1}{7}x+\dfrac{4}{7}$

やや難　(4)　E$(-4,\ 0)$，B$\left(\dfrac{4}{3},\ \dfrac{64}{9}\right)$なので，$EB=\sqrt{\left(\dfrac{4}{3}+4\right)^2+\left(\dfrac{64}{9}\right)^2}=\sqrt{\dfrac{16^2}{9}+\dfrac{64^2}{81}}=\sqrt{\dfrac{16^2\times9}{81}+\dfrac{16^2\times4^2}{81}}=$

$\sqrt{\dfrac{16^2\times(9+16)}{81}}=\dfrac{16\times5}{9}=\dfrac{80}{9}$　　D(4，−6)なので，ED$=\sqrt{(4+4)^2+6^2}=10$　　よって，EB：ED$=\dfrac{80}{9}$：10=8：9　　点Fのx座標をfとすると，$\left(f-\dfrac{4}{3}\right):(4-f)=8:9$　（EB：EDの比を，点B，点Dからそれぞれx軸に垂線をひいてできる三角形が相似であることを用いて求めることもできる）　$9f-12=32-8f$　　$17f=44$　　$f=\dfrac{44}{17}$　　点Gのx座標をgとすると，y座標は$\dfrac{1}{7}g+\dfrac{4}{7}$　　点Gからx軸に垂線GHを引くと，EH$=g+4$，GH$=\dfrac{1}{7}g+\dfrac{4}{7}$　　△DEGは直角二等辺三角形だから，EG$=$ED$\times\dfrac{1}{\sqrt{2}}=\dfrac{10}{\sqrt{2}}$　　△EGHで三平方の定理を用いると，$(g+4)^2+\left(\dfrac{1}{7}g+\dfrac{4}{7}\right)^2=\left(\dfrac{10}{\sqrt{2}}\right)^2$　　$(g+4)^2+\left(\dfrac{1}{7}\right)^2\times(g+4)^2=50$　　$\dfrac{49}{49}(g+4)^2+\dfrac{1}{49}(g+4)^2=50$　　$\dfrac{50}{49}(g+4)^2=50$　　$(g+4)^2=49$　　よって，$g+4=\pm7$　　$g>0$だから，$g=3$　　よって，FG：EG$=\left(3-\dfrac{44}{17}\right):(3+4)=\dfrac{7}{17}:7=1:17$　　△DFGと△DEGはFG，EGを底辺とみたときの高さが等しく，△DEGの面積は$\dfrac{1}{2}\times\dfrac{10}{\sqrt{2}}\times\dfrac{10}{\sqrt{2}}=25$　　したがって，△DFGの面積は，$25\times\dfrac{1}{17}=\dfrac{25}{17}$(cm²)

★ワンポイントアドバイス★

2の(2)①は，ADをxとするとうまくいかない。BDまたはBCをxとしてAD²を表す。3の(3)は，生徒数の0.725が自然数になることから条件を考える。4は誘導形式なので，結果を活用するとよい。5の(3)は，三角形の角の二等分線の性質を使う。

＜英語解答＞《学校からの正答の発表はありません。》

A　1 first　2 inviting　3 hide　4 language　5 mirror

B　1 オ　2 ア　3 イ　4 エ

C　① Kyoto is one of the most popular cities among foreign people.
② I forgot to buy a one-day ticket before I got on the bus.

D　問1 weren't　問2 A オ　B ア　C ウ　D キ　E エ　問3 above
問4 3　問5 ウ

E　問1 ① ウ　③ イ　④ ア　⑤ イ　問2 A ウ　B ア　問3 エ
問4 イ　問5 ウ，エ

F　問1 イ　問2 take off　問3 ア
問4 was naked[undressed]，had[caught] a cold　問5 エ→イ→オ→カ→ウ→ア
問6 オ　問7 1，5，9

G　放送問題解答省略

＜英語解説＞

基本 **A** （語句補充・選択：語彙，動名詞，不定詞）

1 「時間や順番で他のすべてより前に来る」→「その難しい宿題を終わらせた最初の少年はジョンだった」 first「最初の」

2 「ある社会的なイベントに来るよう頼むこと」→「私たちを夕食に招待してくれてありがとう」 invite「～を招待する」

3 「何かを見えないところに置いたり保管したりすること」→「彼はドアの後ろに身を隠そうとした」 hide「～を隠す」

4 「特定の国や地域の人々によって使われる，話し言葉や書き言葉の体系」→「言語を学ぶ最良の方法は何ですか」 language「言語」

5 「像を反射する特別なガラスで，のぞくと自分自身が見える」→「彼女はよく鏡で自分を見る」 mirror「鏡」

B （正誤問題：比較，現在完了，名詞，前置詞）

1 オが誤り。None of the mountains is as high as Mt. Fuji.「富士山より高い山はない」とする。

2 アが誤り。When did his fever go down ? とする。現在完了は疑問詞 when と共に使うことができない。

3 イが誤り。homework は不可算名詞なので How much homework did the teacher give you ? とする。

4 エが誤り。I went fishing in Lake Biwa alone last Saturday. とする。日本語の「…へ～しに行く」は英語では go ～ing in … となり，方向を表す to ではなく，場所を表す in を用いる。

重要 **C** （和文英訳：比較，不定詞，接続詞）

① 〈one of the ＋最上級＋名詞〉「最も…な(名詞)のうちの1つ」 be popular among ～「～の間で人気がある」

② 〈forget to ＋動詞の原形〉「～するのを忘れる」 before ～「～する前に」 get on ～「～に乗る」 one -day ticket「一日乗車券」

D （会話文読解問題：語句補充，文補充・選択，要旨把握）

（全訳） 息子：父さん，僕が生まれたとき，ひよこみたいに殻で覆われていなかったよね？

父　：ああ，①そうではなかったよ。なぜそんな変な質問をするのかい？

息子：僕，考えたんだけど，僕は生まれるまで母さんが体の中で守っていてくれたから安全だったでしょ，でもメンドリは卵を産んで，その上に座るよね。メンドリはひよこがかえる前に卵を割ってしまうんじゃないかと思って。

父　：それは良い指摘だね。でも実際のところ，メンドリは卵を割らないよ。

息子：Ⓐどうして？　卵の殻がとても硬いから？

父　：いや，卵の殻自体は割れやすいけれど，卵の形に秘密がある。母さんから卵をもらってきてくれ。卵の両端を手のひらで挟んで強く握っても，割れないよ。

息子：そうなの？　やらせて。卵をちょうだい！　うわ，割れないよ，父さんの言う通りだ。

父　：でも真ん中を強く握ると割れる。やるなよ！　大変なことになる！

息子：Ⓑああ，なんてこと！　でも自分でやってみたかったんだよ…

父　：いずれにせよ，このアーチ型が秘訣だよ。曲がった形のおかげで，アーチ型の物体は上にかかる重さや圧力を体全体に等しく分散するんだ。

息子：それはちょっと僕には難しいな。

父　：じゃあ，身近な例を取り上げよう。スーパーで卵がどのように売られているか，覚えているかい？
息子：うん，端が上を向くよう保たれていて，水平に置かれていることは絶対にないよ。
父　：なぜなら…
息子：②上からの力に耐えることができるから，卵ケースは積み上げることができるんだ！　なるほど！
父　：賢いぞ。じゃあ，卵の殻がどのくらい強いか，見たいだろう。
息子：理科実験をしない？
父　：Ⓒうん，やろう。卵をいくつかとお皿を1枚持ってきてくれ。
息子：わかった！
父　：まず，卵の真ん中に厚いテープを張り付ける。次に，幅が狭まっている方の先端の殻を慎重に割る。小さな穴を開けて卵の中身を取り出してボウルに入れる。
息子：うん。
父　：第3に，カッターでテープ越しに切る。この過程をあと2回繰り返す。
息子：穴を開けた方の半分は必要？
父　：いや，丸いアーチ型の半分しか使わないよ。
息子：じゃあ捨てるね。
父　：さあ，お楽しみだぞ。お皿をひっくり返そう。口が開いているほうを下に向けるっていう意味だよ。
息子：こんなふうに？
父　：そうだ。用意した卵の殻を平らな面に等間隔に置き，三角形を作る。
息子：Ⓓやったよ。
父　：最後に，卵の殻の上に本や雑誌を載せる。卵は割れるか？
息子：Ⓔ確認させて。1，2，3，見て，③本1冊と雑誌12冊が上に載せられたよ！
父　：これでメンドリは卵を割らないとわかっただろう。

問1　前文 I wasn't ～ を受け，No, you weren't. となる。
問2　全訳下線部参照。Ⓑ父親に「卵の真ん中を強く握るな」と言われたのに，やってしまった場面。
やや難　問3　stand forces from above「上からの力に耐える」 stand「～に耐える」 from above「上から」
問4　父の最後から6番目の発言 Repeat this process two more times.「この過程(卵を半分に切ること)をあと2回繰り返す」より，卵は合計3個使ったとわかる。
重要　問5　ウが，上からの力をアーチで分散させて支えるという原理を利用している。

E　（長文読解問題・紹介文：同意語，語句解釈，文選択・補充，語句補充・選択，要旨把握，内容一致）

（全訳）　日本はその技術力で長く知られてきた。実は，日本はインターネット利用者数で世界第4位だ。中国，アメリカ，インドに僅差で迫っている。日本の子供たちは最新の電子機器や最先端のゲーム機を持っているようだ。より進歩したオモチャに対するニーズを受け，インターネットカフェが①成長し始めた。そこでは，食べ物，シャワー，飲み物，本，映画，電子レンジ，寝そべることのできる快適なイス，ロッカー，そしてもちろんインターネットが提供される。

Ⓐ最初，そのような場所は，人々が家から逃げるための場所を望んでいたので作られた。カフェではやることがとてもたくさんあるからというのもその理由だっただろう。それほど魅力的であるもう1つの理由は，そのような施設のサービスのレベルがひときわ優れていることだ。彼らはすべ

てのニーズに応えようとしている。②人々はネットカフェで過ごす時間がどんどん増え，家で過ごす時間が減っていった。

[B]最近，日本の文部科学省の調査委によると，12歳から18歳の子供518,000人がインターネット中毒だと推定されている。子供は1日に5時間以上ネットにつながっていると，中毒であると言われる。画面を長時間見過ぎると，肥満，うつ，不眠症のような睡眠障害，成績の低下などにつながる。

このテクノロジー問題に応じるため，日本は「インターネット絶ちキャンプ」を発足させ始め，そこでは子供たちは「③電源を抜く」ことが要求される。子供たちは野外活動に参加し，自分たちの依存問題に役立つようカウンセリングに行くことが要求される。子供たちが禁断症状に苦しむため，子供たちをそのような機器類から引き離すのに苦労する親もいる。それに応じ，子供たちは反抗して家を出てしまった。彼らはその結果，インターネットカフェで数日や数週間を過ごした。それは安くて手軽だった。一晩に15ドルから25ドルを支払うだけでよかった。

しかしながら，インターネットカフェに入り浸る問題は依存と④何の関係もない，と考える人もいる。それは必要性によるものだとそのような人々は確信している。東京のような大都市は非常にお金がかかる。経済不況が原因で，求職者の中には仕事がなく住む場所もない人がいる。その中には最近大学を卒業した人もいる。彼らの多くはネットカフェで寝泊まりする，なぜならとても安いからだ。これら既卒者たちは⑤臨時の仕事をした後，一晩ごとにネットカフェをはしごする。若い日本人の中には，数週間，または数か月もネットカフェに住んでいる人がいるかもしれない。

そのような人はホームレスだ，と考える人もいるかもしれないが，彼らは単に，アパートの頭金を支払うお金を持っていないだけかもしれない。家族と一緒に住めるけれども，ネットカフェの利便性が原因で，一緒に住まないことを選ぶ人もいるかもしれない。

問1　①　spring up は「飛び上がる」「成長する」の意味があるが，ここでは　ウ「成長し始める」が適当。　③　unplug「プラグを抜く，電源を切る」→イ「インターネットを使うのをやめる」　④　have nothing to do with ～「～と関係がない」→ア「～と関連性がない」　⑤　casual job「臨時の仕事」→イ「定期的ではない仕事」

問2　全訳下線部参照。

問3　全訳下線部参照。more and more ～「ますます～」

問4　この英文は，インターネットカフェについての文章。ネットカフェで若者が寝泊まりするのは，ネット依存だけでなく不況で職がないことやネットカフェが便利なことが要因だと書かれているので，イ「インターネットのし過ぎか，それとも生活様式の選択か」が適切。

問5　ア「韓国は日本よりインターネット利用者が少ない」（○）　世界のインターネット人口は中国，アメリカ，インド，日本という順位なので，韓国のインターネットは日本より少ないと言える。　イ「もし子供が1日に6時間インターネットを利用したら，その子供は依存症だと言える」（○）　ウ「人々がインターネットの正しい使い方を理解すれば，インターネットは非常に便利なツールになり得る」（×）　一般論としては正しいと言えるが，本文にはこのような記述はない。エ「筆者はインターネットを使い過ぎることに反対している，なぜなら人々の健康に悪影響があるかもしれないからだ」（×）　because 以下の内容は本文に記述があるが，筆者が反対しているかどうかは本文から読み取れない。　オ「筆者はインターネットに関する自分の意見をはっきりと述べていない」（○）

F　（長文読解問題・物語文：語句解釈，熟語，指示語，文整序，要旨把握，内容一致）

（全訳）　セオドア・ボウラーは過保護な人生を送った中年男性だった。彼が生まれた瞬間から，母親が彼を人生の粗野で不作法な部分から守った。母親が死ぬと，セオドアは自分が願うよりもずっと粗野で不作法な世界に置き去りにされ，その結果，彼は「ちゃんとしていない」事柄にすぐにイライラした。セオドアのような男にとって，列車に乗って旅行することはあまり心地の良いものではなかった。2等車に乗らなくてはいけない時は特にそうだった。窓がとてもきれいだったことは一度もないし，座席は常に柔らかすぎるか硬すぎるかのどちらかで，乗り合わせた乗客たちは咳をしたり，おしゃべりをしたり，うろうろ歩き回ったり，鼻歌を歌ったりして彼をいらだたせた。

今回，彼が客車に入って自分の席にゆったりと腰を下ろしたとき，彼は他の乗客が隅で熟睡しているように見える中年女性1人だけだと気付いて喜んだ。しかし彼は何かのにおいがすることに気付いた，そしてそのにおいがその乗客から来るものではないとわかってはいたが，彼はそのにおいが嫌だった。ネズミのにおいがしたのだ。彼は母親の友人である司祭の家に滞在していて，彼が駅に行かなければならない時間が来ると，彼は馬小屋に行って馬に馬具をつけるのを手伝った。馬小屋はいつも汚くてくさいので，彼は馬小屋にいるのが好きではなかった。今回，彼はネズミのにおいに気付いた，そして客車に座りながら，彼は馬小屋のわらが靴やズボンについたから今でもにおいがするのだろう，と思った。幸運にも，その中年女性は眠っていて，それに気付かなかった。

列車がちょうど動き始めると，彼は客車の中にいるのは寝ている女性と自分だけではない，ということに気付いた。実際，①彼の服の中に入っているのは，彼だけではなかったのだ。彼は脚の上で温かいものが這う動きを感じ，彼がにおいを感じたのは，馬小屋のわらではなく，彼が馬具をつけている間に彼の服の中に入り込んでしまった馬小屋のネズミだったのだ，と瞬時に気付いた。彼は足踏みしたり，脚を振ったりしたが，そのネズミは自分が見つけた温かくて暗い場所を離れようとしなかった。

セオドアはクッションにもたれて，どうしたらよいか考えた。列車が止まるには1時間あり，その間中ずっとネズミをそのままにするというのは考えられないことだった。他方で，ネズミを取り除く唯一の方法は，服をほとんど脱ぐことだが，女性の前で服を脱ぐと考えただけで彼の顔は恥かしさで赤くなった。彼は隅の女性を見た。彼女はまだ眠っていた。ネズミは彼の体を大移動しているようで，そしてそれは突然彼に噛みついた。

②セオドアは人生で最も勇気が必要な決断をした。寝ている女性を不安そうに見ながら，列車用の毛布を取って網棚に結び付け，客車内に自分だけの更衣室を作って服を脱ぎ始めたとき，彼の顔は赤大根の色になった。そして彼がほとんど裸になったとき，いくつかのことが一斉に起こった。ネズミが彼の服から逃げ出し，客車の隅へと走って行った。列車用の毛布が床に落ち，寝ていた乗客が起きて目を開けた。セオドアはネズミと同じくらい素早く動いた。彼は毛布を拾い上げ，それで体を覆って，客車の反対側の隅に座った。彼は血が血管を駆け巡り，首やおでこで脈打つのを感じつつ，その女性が緊急コードを引っぱって列車を止め，客車内にほとんど裸の男性がいると苦情を言うのを覚悟したが，彼女は座ったまま，黙ってじっと彼を見つめるだけだった。

彼は，彼女はどの程度見たのだろう，毛布にくるまっている彼の現状をどう思っているだろう，と思った。「かぜをひいてしまったようです」と彼は言った。

「お気の毒ですね」と彼女は言った。「ちょうど窓を開けてくれませんかとお願いするところでしたわ」

「ひどいかぜのようです」と彼は言い，歯が恐怖でガチガチ鳴っていた。

「私の代わりにバッグを下ろしてくださるのなら，その中にブランデーが入っていますが」と彼女が言った。もちろん彼がそんなことをしたら，相手の乗客に自分の体を自分が望む以上に見せてしまうことになる。

「いいえ，大丈夫です。私は③かぜには何も飲まないので」

彼は次にどうするべきか悩んだ。駅に着く前にどうしたら服を着られるだろう？　彼は彼女に何が起きたか伝えようと決心した。「あなたはネズミが怖いですか？」と彼はたずねた。

「いいえ，ものすごくたくさんいるのでなければ怖くないですよ」と彼女はこたえた。「どうしてそんなことを聞くのですか？」

「今さっき，私の服の中でネズミが1匹這い回っていて，とても気持ちが悪かったのです」

「ええ，それはそうだと思います」

「私はあなたが寝ている間にそのネズミを取り除こうとして，それで私は④こんな状態なんですよ」と彼は言った。

「小さな1匹のネズミを取り除くことでかぜを引くなんて，そんなことないでしょう」と彼女はこたえた。

セオドアは彼女が彼の状況を楽しんでいるのだと思い，ますます顔を赤くした。その時突然，彼は列車がもうすぐ駅に着き，自分はまだ服を着ていないということに気付いた。彼は黙って座り，女性がまた寝るよう願った。女性は寝なかった。

「もう駅に近づいているに違いないですね」と彼女は言った。

セオドアは行動しなくてはならなかった。彼は立ちあがり，毛布を床に投げ，洋服を着るのに奮闘した。彼はとても恥ずかしくて息がつまりそうだったが，相手の乗客が全く無言のままでいるその隅のほうを見る勇気はなかった。ついに彼は服を着て，席に座り，心臓は脈打ち，顔は火照っていた。彼は人生においてこれほどきまり悪く感じたことはなかった。

するとその女性が話しかけた。「すみませんが，私のバッグを運ぶために運搬人を手配してくださいませんか？　あなたは具合が悪いのでご迷惑をおかけしたくないのですが，目が見えないと駅でいろいろと大変なんです」

問1　下線部①は服の中にネズミが入り込んだことを表している。イ「彼の服の下には別の生物がいた」が適切。

問2　「勇敢にも，彼は服を脱ぐことにした」とする。take off ～「～を脱ぐ」

問3　セオドアは，かぜにブランデーを勧めた女性に対し，「私はかぜのために何か飲んだりしません」と言った。

やや難　問4　「その言葉の『これ』という単語は，物語の中で2つの意味を持っている。セオドアにとっては，自分が裸であることを意味した。他方でその女性は，彼がかぜをひいていることを意味していると思った」 naked「裸の」 undressed「服を着ていない」 have a cold「かぜをひいている」

重要　問5　エ「セオドアは粗野で不作法な世界から離れていることができた」→イ「セオドアの母親が死んだ」→オ「セオドアは馬の世話を手伝った」→カ「セオドアは列車の上でネズミに気付いた」→ウ「ネズミがセオドアを噛んだ」→ア「セオドアはその女性にネズミが怖いかたずねた」

重要　問6　全訳参照。セオドアは女性に自分の裸を見られないよう，苦労していたが，その女性は実は目が見えなかった，というのがこの話の結末。女性はセオドアを見て驚いたり，怪しんだりしていないことから，目が見えないとわかる。

問7　1「セオドアにとって，世の中は母親の死の前と同じではなかった」（○）　セオドアは母親によって過保護に育てられたので，母親の死後は，世間で苦労していた。　2「セオドアは騒がしい人々の周りにいるのが嫌だったので，今回の旅行では1等車を選んだ」（×）　3「セオドアが最初に客車に入ったとき，相席客が女性だったので喜んだ」（×）　女性だったからではなく，その人1人しかいなかったので喜んだ。　4「セオドアはその女性客から変なにおいがしたので，別の客車に移動してほしいと思った」（×）　5「セオドアは身の回りの物を使って自分用の空間を作らなくてはならなかった」（○）　6「セオドアは自分のかぜが悪くなっていると思い，毛布で身を包んだ」（×）　7「セオドアは正義感の強い男だったので，そのネズミを殺そうと頑張った，なぜならその女性がネズミを嫌っていたからだ」(×)　8 「その相手の乗客は動物好きだったので多数のネズミを恐れていなかった」(×)　9 「セオドアにとって最も恥ずかしい出来事が列車の客車で起きた」(○)　10 「ネズミを怖がらないその相手の乗客は，裸の男を見ても気にしなかった」(×) 「見ても気にしなかった」のではなく，目が見えないため見えなかった。　11 「セオドアは相手の乗客が見ていたため，駅に着く前に服を着ることができなかった」(×)　12 「セオドアは家に帰る途中に，その女性に自分の家庭環境を話した」(×)

G 放送問題解説省略。

★ワンポイントアドバイス★

Fの問6は文章最後の文を空所補充する問題。物語の結末やオチ(笑いのポイント)を問う問題は，要旨把握力を問うもので，この問題が正解できれば文章全体を正しく読むことができたと言える。

＜国語解答＞ 《学校からの正答の発表はありません。》

一　問1 a 容易　b 有頂天　問2 イ　問3 ウ　問4 私たち～まとう　問5 イ
問6 嘘つき　問7 ウ　問8 ア　問9 そうしてお　問10 ウ　問11 ウ
問12 スポーツ

二　問1 a 技芸　b 勤勉　問2 ところが，　問3 ウ　問4 ドン・キホーテ
問5 (1) へんきょう　(2) エ　問6 ア　問7 オ　問8 Ⅰ B　Ⅱ A
Ⅲ C　問9 オ　問10 銀行の窓口　問11 イ　問12 (例) (読書とは)時間の経過とともに変容しつつ形成されるテクストに触れる作業。(30字)

三　問1 ① のう　② とらそう　問2 ア　問3 2 イ　5 エ　6 ウ
問4 イ　問5 (1) かつぱと　(2) A キ　B オ　問6 a エ　b ウ
c オ　問7 ア　問8 ウ　問9 ア・エ

＜国語解説＞

一 **(物語－心情把握，内容吟味，文脈把握，脱語補充，漢字の書き取り，表現技法)**

問1 a 「容易」は，物事がたやすく，骨が折れないこと。同音異義語の「用意」との混同に注意。
b 「有頂天」は，喜びで夢中になって我を忘れる様子。

問2 「野薔薇」は，めいめいの生徒たちの目ざす田舎を比喩したものである。「～のような」などの比喩であることを表す語がないので，直喩ではなく隠喩である。

問3 「愛の方法」は，「私」が思いを寄せる少女である「お前」の心を自分に向ける方法を意味し，同じ段落に，その方法を「私は簡単に会得する」とある。具体的には「お前の気に入っている若者は，お前の兄たち」なので，兄たちと同様に「私」も「スポーティヴ」になるのとあわせて，「お前」に対して「親密で，同時に意地悪」に振る舞おうとすることだとわかる。直後の段落で「お前がお前の小さな弟と，……遊び戯れている間，私はお前の気に入りたいために，お前の兄たちとばかり，沖の方で泳いでいた」と「私」の行動が述べられており，この様子を示す内容としてはウが適切である。

やや難 問4　ここでの「ボイコット」は，団結して特定の人を排除することという意味で，この――部3は，去年の夏に「私」が「お前」の兄たちとともにスポーツをしたときに「お前」を仲間はずれにしたことを言っている。そのときの「お前」の反応が書かれている部分を，指定のⅥの章段から探す。「それにしてもこの……」で始まる段落で「顔だちも……メランコリックになってしまっている」，「去年のように親しげに……口をきいてはくれない」，「去年のように私たちに仲間はずれにされながらも，私たちにうるさくつきまとうこともなく」，さらに，「それにしてもお前が……」で始まる段落でも「何かにつけて，私を避けようとする」と，「お前」の様子が述べられている。これらのなかから，去年の夏に「私」が「お前」をボイコットしたことによる，そのときの「お前」の反応が読み取れる部分を抜き出す。

問5　「それがお前と遊ぶにはもってこいの機会に見えたので，私はそれを逃すまいとして，すぐ分かるような嘘をついた」とあり，心からテニスをしたいのではなく，お前に近づくための便宜上の手段として応じていることがわかる。その気持ちをお前に悟られないように「真面目くさっ」た顔つきになっている。

問6　お前の歓心を買うために「私」は経験のないテニスができると嘘をついた。しかし実際にやってみると難しくてうまくいかない。それをお前は「本気でなさらない」と誤解する。そのことに「私」は苦しい思いをして，自分がお前を誤解させるような薄情者になるのなら，嘘つきの方がまだましだと思う場面である。

問7　「頬をふくらませて」は，物事が思うようにならないときの心情を表すが，ここでは，自分がテニスができるという嘘をついたことよりも，テニスはできるが，本気でやらないとお前に思わせてしまった「誤解が，私を苦しめたのは，それ以上だった」とあるので，ウが適切。

重要 問8　「宿題」とは，Ⅰ段落に「田舎へ行って一人の少女を見つけてくること」というものである。「見つけてくる」とは，その少女と親しくなることを指す。そして「私」は，かつての幼友達からの招聘を受けて，お前や兄たちとT村へ赴くが，少女と親しくなったとはいえなかった。それが「最後の方が少し不出来」と表現されている。イ・エ・オは本文での「宿題」の内容に合わない。ウは「なるべく少女を遠ざけていた」ことが「田舎での愛の方法」とはいえない。

問9　傍線部は，姉の影響によって，顔だちが去年とは見違えるほどメランコリックになっていることを表す。これに対して，去年までは兄の影響を強く受けていた。兄たちは「スポーツが大好きだった」。とくに水泳やベースボール，砲丸投げなど屋外でするスポーツである。それで，兄たちも顔は陽に焼けていると考えられる。お前もまた同様に陽に焼けて真っ黒であることを得意がる様子がⅤ段落に書かれている。

問10　ここでの「苦痛」は，「お前」のそばに恋人としている「青年の出現」によるものである。前にあるように，「血色の悪い，痩せこけた青年」は，「病気のために中学校を途中で止して……講義録などをたよりに独学して」おり，「私」が「お前」の歓心を得ようと振る舞った姿からはかけ離れている。「私」が，「自分の宿題」とした「愛の方法」によって「お前」に近づこうとしていたことは意味がなかったと述べているウが適切である。

やや難 問11　「しかし，私はその小説の感傷的な主人公たちをこっそり羨ましがった」に着目する。アは「文学青年の仲間入りを果たしたい」とは思っていない。イは「全く相容れない自己の資質」，エは「少女の心変わりには無関心」，オは「愛の方法を会得しよう」がそれぞれ本文に合わない。

問12　直後に「見ちがえるようにメランコリックな少年になった」とあり，本文でメランコリックと対照的に扱われているものを考える。

二　（論説文一内容吟味，段落構成，脱語補充，漢字の読み書き）

問1　a 「技芸」は，美術作品などを制作する技術。　b 「勤勉」は，勉強や仕事などにまじめに一生懸命励むこと。

問2 「ところが」以降では，それまで述べた「読書とは，結局記憶力だ」という論調に対して，「本を読んで忘れるのはあたりまえなのだ」と反論し，筆者が考える読書論を展開している。

問3 「ごくわずかな間と思える光と影のうつろい」「人生はたしかに異常に短く」などの表現から考える。また「少年老いやすく学成りがたし」という朱嘉の詩の一句も存在する。

問4 『ドン・キホーテ』は，スペインの作家ミゲル・デ・セルバンテスの小説。ドン・キホーテは旅の途中で出くわした多数の風車を巨人だと思い込み，全速力で突撃して大けがをする。本文ではこれが「私」と「世界」の対峙と表現されている。

やや難 問5 (1) 「偏狭」は，度量や考えがせまいこと。 (2) 読書には「ただ楽しいからおもしろいから気持ちがいいから」という読み方があることを知っていながら，そうした読み方を放棄し，「未来において『何か』の役に立つと思うから，読むのだ」とあり，エが合致する。

問6 直後の「過去のために現在を投資し」は，これまでに書かれた書物を読むという行為のこと。現在存在する書物はすべて過去に書かれたものばかりである。「未来へと関係づける」は，この後の「新たな未来の道を切り拓いてゆく」と同意で，アの「新しい未来への流れを生じさせる」という説明が適切である。

やや難 問7 「諧謔」は，おどけた表現や話，また気の利いた冗談のこと。ここでは，これ以降の同じように(　)で括られた表現と同様に，筆者が実際に体験したことをあえて曖昧にぼかした言い方をすることで，文章に面白みを出す効果を果たしている。

問8 レヴィ＝ストロースは「一冊の本を書く」という目的で本を読んでいるのでそれらの本は「価値ある情報」である。ベンヤミンは「通し番号」をつけるのは，それぞれを断片とするのではなく「総体」と考えているからである。Ⅲの「啓蒙のための道具」は話題にされていない。

重要 問9 「テクスト」について，「もともと運動的なもの」であり，「さまざまな本から逃げ出した……走りつつ転身する」ものだと述べ，それは一冊の本という閉じた世界ではなく，さまざまな本のテクストがぶつかりあい合流することを示す。本を「表紙から裏表紙まで読む」という完結した世界として扱うことを「まちがい」と指摘するのでオが適切。

やや難 問10 「銀行の窓口に辛抱強く並ぶ顧客たち」は，「一冊一冊の本が番号をふられて書棚におさまってゆくようす」を表現したものなので，書物を擬人化した表現といえる。

重要 問11 「複数のテクスチュアルな流れの合成であるきみ自身の生」がイの「テクストとの響き合いによって身につくものが人間の生を形づくっている」に合致する。

やや難 問12 本文後半を中心に，筆者の独自の読書観を把握する。とくに本を「冊」単位ではなく，テクストとして捉えて読む方法を踏まえてまとめる。

三 (古文ー内容吟味，文脈把握，口語訳，旧国名，文学史)

〈口語訳〉 閻魔大王様はご覧になって「さて正直に話してみないか。悪人が参ったことだよ。あの小栗と申す者は，娑婆にいたときは，善人であったかといえばそれとは遠くなり，悪人であったかといえばそれに近く，大悪人の者であるので，あの者を悪修羅道へ落とそうと思う。十人の手下たちは，主君にかかわって非業の死をしたので，あの者たちは，もう一度娑婆へ戻してやろう」とのご命令である。

十人の手下たちはこれをお聞きして，閻魔大王のもとへ出て，「いいえ，大王様。我々十人の者たちが娑婆へ戻っても，本望を遂げることは難しいことです。あの主君である小栗殿ただ一人を，(娑婆へ)戻してくだされば，我々の本望までも遂げてくださるのは確かなことです。我々十人のものは，浄土であれば浄土へ，悪修羅道であれば悪修羅道へ，それぞれの生前の罪業にしたがってお送りください。」と申すのである。

大王はこのことをお聞きになって「それにしてもお前たちは，主君に忠誠心のあるものたちだ。そういうことであれば，とにかく末代の大きな事業の基礎になるように，十一人とも（娑婆に）戻してやろう」とお考えになり，見る目とうせんを御前にお呼びになり，「日本に(十一人の)からだが残っているか見て参れ」とのご命令である。見る目とうせんは，「承りました」と(言って)八葉の峰(高野山)にのぼり，にんわ杖という杖で，虚空をはったと打つと，日本は一望のもとに見える。(見る目とうせんは)閻魔大王様のもとへ参上して，「はい，いかにも大王様。十人の殿たちは，ご主君に関わって，法に触れる死罪にされたので，この人たちの体は火葬にされてしまい，体は残っておりません。小栗一人だけは名だたる大将のことなので，この者の体は土葬にして，体が残っています，大王様」と申すのである。

大王はこのことをお聞きになって，「さて，これから将来の大きな事業の基礎にするために，十一人とも(娑婆へ)戻らせてやろうと思ったけれど，体がなければどうしようもない，（しかし）どうして十人の殿たちを，悪修羅道へ落とすことがあろうか(いや，落とすつもりはない)。私の脇立ちに(なってくれるよう)頼もう」と，五人ずつを左右の脇に置き，十王十体と仕えさせなさって，現在に至るまで末世の衆生をお守りあっていらっしゃる。

「そういうことであれば，小栗一人を(娑婆へ)戻せ」と，閻魔大王様が自筆のお判を書きなさる。そしてにんわ杖という杖で，虚空をはったとお打ちになると，ああ不思議なことであるよ，築いて三年になる小栗塚が，四方へ割れて飛び散り，卒塔婆は前へかっぱと転び，群れていた烏たちが(祝福して)笑った。

藤沢のお上人は，ある所へお出かけになるが(その途中で)，上野が原に，無縁の者(が亡くなって)でもいるのであろうか，鳶や烏が笑う(鳴き騒ぐ)ことだと思って，立ち寄ってご覧になると，ああいたわしいことだよ，小栗殿が，足や手は糸より細くなって，腹はただ鞠をくくったようなものであちこちをはいまわっている。このことを横山一族に知られては大変だとお思いになって，(上人は小栗殿を)押さえつけて髪を剃り，身なりは餓鬼に似てきたというので，餓鬼阿弥陀仏と名づけなさる。

やや難　問1　①　呼びかけの感動詞である。「アウ」音が「オー」に変化し「な」は「の」に変わる。
②「う」は意志の助動詞で，「とらす」を未然形にする。

問2　「十人の殿ばらたちは，お主に係り，非法の死にのことなれば」と話しているのでアが適切。

問3　2　「とが」は「罪」のこと。「任せて」はそれぞれの罪(の種類や重さ)に応じて。　5　「なにしに～」は「どうして～か，(～ではない)」という反語形。エとオは同意であるが，反語形のエが適切。　6　「我らが脇立に頼まん」とあることから考える。

問4　大王は主も含めた十一人全員を娑婆に戻してやりたいと思っている。ここでは，その布石として理由を述べているのでイが適切。この段階では十人が火葬されていることは明らかになっていない。

問5　(1)　卒塔婆が転ぶ様子に擬態語が用いられている。　(2)　A　聞く人の感覚に訴える。
B　現実にその場にいるような感覚を持つ。

重要　問6　a　大王の命によって八葉の峰に上がった人物。　b　「お～ある」と尊敬語を使用している。
c　餓鬼の体をした小栗を見つけた人物。

問7　アは現在の神奈川県。イは現在の東京都，埼玉県の大半と神奈川県の東部を含むが藤沢市は神奈川県西部。ウは現在の香川県。エは現在の千葉県。オは現在の栃木県。

重要　問8　生き返った小栗を見つけた藤沢の上人は「このことを横山一門に知られては大事」と思って，髪を剃り，餓鬼に似た姿にしたのでウが適切。

やや難　問9　「平家物語」は，平曲として，琵琶法師によって独特の節回しでかたられた。「曽我物語」は

「曽我物」として，浄瑠璃などの題材となった。

★ワンポイントアドバイス★

論説文は論旨を把握することが重要である。文章全体から繰り返し使用される語句を拾い出し「何について」「どのように」述べているのかを読み取る練習をしておこう。

解答用紙集

○月×日　△曜日　天気（合格日和）

◆ご利用のみなさまへ

＊解答用紙の公表を行っていない学校につきましては、弊社の責任において、解答用紙を制作いたしました。

＊編集上の理由により一部縮小掲載した解答用紙がございます。

＊編集上の理由により一部実物と異なる形式の解答用紙がございます。

人間の最も偉大な力とは、その一番の弱点を克服したところから生まれてくるものである。　――カール・ヒルティ――

東京学参株式会社

早稲田実業学校高等部　2024年度　◇数学◇

※ 141％に拡大していただくと，解答欄は実物大になります。

1

(1)	(2)	(3)	(4)
			通り

(5)
答え

2

(1)			
ア		ウ	
イ			
エ			

(2)
分

3

(1)	(2)	
	①	②
	t =	a =

4

(1)	(2)	(3)	(4)
		OH^2 =	

5

(1)	
①	②
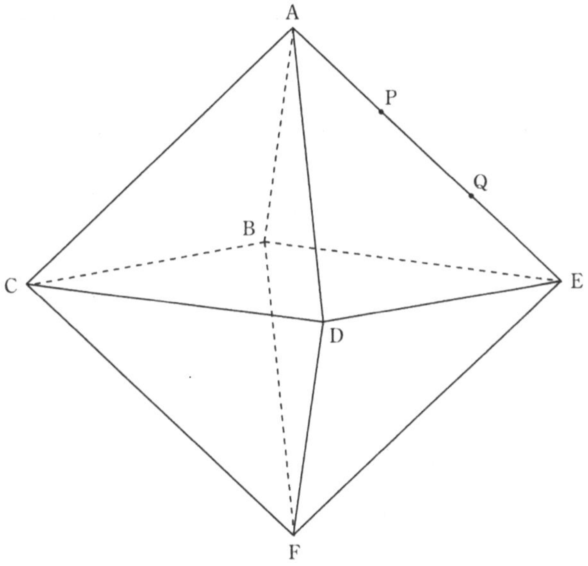	PR = cm

(2)	(3)
cm^2	cm^3

早稲田実業学校高等部　2024年度

◇英語◇

※ 141％に拡大していただくと，解答欄は実物大になります。

A	1		2		3	

B	1	記号　訂正	2　記号　訂正
	3	記号　訂正	

D	(1)	But　　　　.
	(2)	But　　　　.

E	問 3	In order to [　　　　], it is more important to remove dangerous bacteria than to [　　　　].
	問 4	・Wash [　　　　] before consuming them. ・Choose the food which contains [　　　　].

F	問 2	
	問 4	眼鏡をかけて [　　　　] のであれば [　　　　] から。
	問 5	15　20　25　30　35

G	問 4	
	問 8	Chloe が　10　15　20　写真。
	問 9	(A)　(B) (C)　(D) (E)

H 放送	Ⅲ	Q 2	(1)	
			(2)	

※ 116%に拡大していただくと，解答欄は実物大になります。

【記入方法】

1. 記入は、**黒鉛筆**またはシャープペンシルで、
　◯の中を正確にぬりつぶしてください。
2. 訂正する場合は、消しゴムできれいに消してください。
3. 解答用紙を汚したり、折り曲げたりしないでください。

良い例	●
悪い例	⌀
	⊙
	◐

解答番号	解答欄									
1	①	②	③	④	⑤	⑥	⑦	⑧	⑨	⓪
2	①	②	③	④	⑤	⑥	⑦	⑧	⑨	⓪
3	①	②	③	④	⑤	⑥	⑦	⑧	⑨	⓪
4	①	②	③	④	⑤	⑥	⑦	⑧	⑨	⓪
5	①	②	③	④	⑤	⑥	⑦	⑧	⑨	⓪
6	①	②	③	④	⑤	⑥	⑦	⑧	⑨	⓪
7	①	②	③	④	⑤	⑥	⑦	⑧	⑨	⓪
8	①	②	③	④	⑤	⑥	⑦	⑧	⑨	⓪
9	①	②	③	④	⑤	⑥	⑦	⑧	⑨	⓪
10	①	②	③	④	⑤	⑥	⑦	⑧	⑨	⓪
11	①	②	③	④	⑤	⑥	⑦	⑧	⑨	⓪
12	①	②	③	④	⑤	⑥	⑦	⑧	⑨	⓪
13	①	②	③	④	⑤	⑥	⑦	⑧	⑨	⓪
14	①	②	③	④	⑤	⑥	⑦	⑧	⑨	⓪
15	①	②	③	④	⑤	⑥	⑦	⑧	⑨	⓪
16	①	②	③	④	⑤	⑥	⑦	⑧	⑨	⓪
17	①	②	③	④	⑤	⑥	⑦	⑧	⑨	⓪
18	①	②	③	④	⑤	⑥	⑦	⑧	⑨	⓪
19	①	②	③	④	⑤	⑥	⑦	⑧	⑨	⓪
20	①	②	③	④	⑤	⑥	⑦	⑧	⑨	⓪
21	①	②	③	④	⑤	⑥	⑦	⑧	⑨	⓪
22	①	②	③	④	⑤	⑥	⑦	⑧	⑨	⓪
23	①	②	③	④	⑤	⑥	⑦	⑧	⑨	⓪
24	①	②	③	④	⑤	⑥	⑦	⑧	⑨	⓪
25	①	②	③	④	⑤	⑥	⑦	⑧	⑨	⓪

解答番号	解答欄									
26	①	②	③	④	⑤	⑥	⑦	⑧	⑨	⓪
27	①	②	③	④	⑤	⑥	⑦	⑧	⑨	⓪
28	①	②	③	④	⑤	⑥	⑦	⑧	⑨	⓪
29	①	②	③	④	⑤	⑥	⑦	⑧	⑨	⓪
30	①	②	③	④	⑤	⑥	⑦	⑧	⑨	⓪
31	①	②	③	④	⑤	⑥	⑦	⑧	⑨	⓪
32	①	②	③	④	⑤	⑥	⑦	⑧	⑨	⓪
33	①	②	③	④	⑤	⑥	⑦	⑧	⑨	⓪
34	①	②	③	④	⑤	⑥	⑦	⑧	⑨	⓪
35	①	②	③	④	⑤	⑥	⑦	⑧	⑨	⓪
36	①	②	③	④	⑤	⑥	⑦	⑧	⑨	⓪
37	①	②	③	④	⑤	⑥	⑦	⑧	⑨	⓪
38	①	②	③	④	⑤	⑥	⑦	⑧	⑨	⓪
39	①	②	③	④	⑤	⑥	⑦	⑧	⑨	⓪
40	①	②	③	④	⑤	⑥	⑦	⑧	⑨	⓪
41	①	②	③	④	⑤	⑥	⑦	⑧	⑨	⓪
42	①	②	③	④	⑤	⑥	⑦	⑧	⑨	⓪
43	①	②	③	④	⑤	⑥	⑦	⑧	⑨	⓪
44	①	②	③	④	⑤	⑥	⑦	⑧	⑨	⓪
45	①	②	③	④	⑤	⑥	⑦	⑧	⑨	⓪
46	①	②	③	④	⑤	⑥	⑦	⑧	⑨	⓪
47	①	②	③	④	⑤	⑥	⑦	⑧	⑨	⓪
48	①	②	③	④	⑤	⑥	⑦	⑧	⑨	⓪
49	①	②	③	④	⑤	⑥	⑦	⑧	⑨	⓪
50	①	②	③	④	⑤	⑥	⑦	⑧	⑨	⓪

◇国語◇

早稲田実業学校高等部　２０２４年度

※ １３２％に拡大していただくと、解答欄は実物大になります。

一

問1　問2　問3　・　問4

問5　問6　問7　問8

二

問1　①　②　③　（て）

問2

A　にとらわれず、

B　十五字　。

問3　自由な行為は、

A　二十字　であり、

また、

B　二十字　ということ。

三

問1　問2　問3　(1)　(2)　問4

問5　問6　問7　問8　問9

早稲田実業学校高等部　2023年度

◇数学◇

※ 141％に拡大していただくと，解答欄は実物大になります。

1

（1）	（2）

（3）	（4）
$x=$ 　　　　, $y=$	$a=$ 　　　　, $b=$

2

（1）	
①	②

（2）

3

(1)
4点の座標　A_1(　　,　　)　A_2(　　,　　)　B_1(　　,　　)　B_2(　　,　　)
(証明)

(2)	(3)
	$a=$

4

(1)	(2)	(3)
cm	cm	cm

5

(1)	(2)
秒後	

(3)	
①	②
秒後	

早稲田実業学校高等部　2023年度

◇英語◇

※ 141%に拡大していただくと，解答欄は実物大になります。

A

ア		イ		ウ	
エ		オ		カ	

B

記号	訂正	記号	訂正
記号	訂正	記号	訂正

C

1		2		3	
4		5			

D

(1)	
(2)	

E

問 2	
問 3	

F

問 3	A	10 / 20
	B	10 / 20
問 4		

G

問 2		
問 4	A	10 / 15
	B	10

H 放送問題

Ⅲ	問 2	ア			
		イ		ウ	
Ⅳ	No.1				
	No.2				

※ 116%に拡大していただくと，解答欄は実物大になります。

【記入方法】

1. 記入は、**黒鉛筆**またはシャープペンシルで、
 ○の中を正確にぬりつぶしてください。
2. 訂正する場合は、消しゴムできれいに消してください。
3. 解答用紙を汚したり、折り曲げたりしないでください。

良い例	●
悪い例	∅ ⊙ ◐

解答番号	解答欄									
1	①	②	③	④	⑤	⑥	⑦	⑧	⑨	⓪
2	①	②	③	④	⑤	⑥	⑦	⑧	⑨	⓪
3	①	②	③	④	⑤	⑥	⑦	⑧	⑨	⓪
4	①	②	③	④	⑤	⑥	⑦	⑧	⑨	⓪
5	①	②	③	④	⑤	⑥	⑦	⑧	⑨	⓪
6	①	②	③	④	⑤	⑥	⑦	⑧	⑨	⓪
7	①	②	③	④	⑤	⑥	⑦	⑧	⑨	⓪
8	①	②	③	④	⑤	⑥	⑦	⑧	⑨	⓪
9	①	②	③	④	⑤	⑥	⑦	⑧	⑨	⓪
10	①	②	③	④	⑤	⑥	⑦	⑧	⑨	⓪
11	①	②	③	④	⑤	⑥	⑦	⑧	⑨	⓪
12	①	②	③	④	⑤	⑥	⑦	⑧	⑨	⓪
13	①	②	③	④	⑤	⑥	⑦	⑧	⑨	⓪
14	①	②	③	④	⑤	⑥	⑦	⑧	⑨	⓪
15	①	②	③	④	⑤	⑥	⑦	⑧	⑨	⓪
16	①	②	③	④	⑤	⑥	⑦	⑧	⑨	⓪
17	①	②	③	④	⑤	⑥	⑦	⑧	⑨	⓪
18	①	②	③	④	⑤	⑥	⑦	⑧	⑨	⓪
19	①	②	③	④	⑤	⑥	⑦	⑧	⑨	⓪
20	①	②	③	④	⑤	⑥	⑦	⑧	⑨	⓪
21	①	②	③	④	⑤	⑥	⑦	⑧	⑨	⓪
22	①	②	③	④	⑤	⑥	⑦	⑧	⑨	⓪
23	①	②	③	④	⑤	⑥	⑦	⑧	⑨	⓪
24	①	②	③	④	⑤	⑥	⑦	⑧	⑨	⓪
25	①	②	③	④	⑤	⑥	⑦	⑧	⑨	⓪

解答番号	解答欄									
26	①	②	③	④	⑤	⑥	⑦	⑧	⑨	⓪
27	①	②	③	④	⑤	⑥	⑦	⑧	⑨	⓪
28	①	②	③	④	⑤	⑥	⑦	⑧	⑨	⓪
29	①	②	③	④	⑤	⑥	⑦	⑧	⑨	⓪
30	①	②	③	④	⑤	⑥	⑦	⑧	⑨	⓪
31	①	②	③	④	⑤	⑥	⑦	⑧	⑨	⓪
32	①	②	③	④	⑤	⑥	⑦	⑧	⑨	⓪
33	①	②	③	④	⑤	⑥	⑦	⑧	⑨	⓪
34	①	②	③	④	⑤	⑥	⑦	⑧	⑨	⓪
35	①	②	③	④	⑤	⑥	⑦	⑧	⑨	⓪
36	①	②	③	④	⑤	⑥	⑦	⑧	⑨	⓪
37	①	②	③	④	⑤	⑥	⑦	⑧	⑨	⓪
38	①	②	③	④	⑤	⑥	⑦	⑧	⑨	⓪
39	①	②	③	④	⑤	⑥	⑦	⑧	⑨	⓪
40	①	②	③	④	⑤	⑥	⑦	⑧	⑨	⓪
41	①	②	③	④	⑤	⑥	⑦	⑧	⑨	⓪
42	①	②	③	④	⑤	⑥	⑦	⑧	⑨	⓪
43	①	②	③	④	⑤	⑥	⑦	⑧	⑨	⓪
44	①	②	③	④	⑤	⑥	⑦	⑧	⑨	⓪
45	①	②	③	④	⑤	⑥	⑦	⑧	⑨	⓪
46	①	②	③	④	⑤	⑥	⑦	⑧	⑨	⓪
47	①	②	③	④	⑤	⑥	⑦	⑧	⑨	⓪
48	①	②	③	④	⑤	⑥	⑦	⑧	⑨	⓪
49	①	②	③	④	⑤	⑥	⑦	⑧	⑨	⓪
50	①	②	③	④	⑤	⑥	⑦	⑧	⑨	⓪

◇国語◇

早稲田実業学校高等部　２０２３年度

※１３２％に拡大していただくと、解答欄は実物大になります。

一
問1 問2 問3 問4 問5
問6 問7 問8 問9

二
問1 ①　（う）　②　③

問2
A 近世以前では、　　がてきたが、
B 近世になると、　　必要が生じた。

問3 死者は、　　のために墓地から離脱していた。

問4
A 近世では、　　存在だったが、
B 現代では、　　存在になった。

三
問1 問2 問3 問4
問5 問6 問7 問8 問9

早稲田実業学校高等部　2022年度

◇数学◇

※ 143％に拡大していただくと，解答欄は実物大になります。

1

(1)	(2)	(3)	(4)
	$z=$	度	cm^2

2

(1)
連立方程式
答え

2

（2）
①

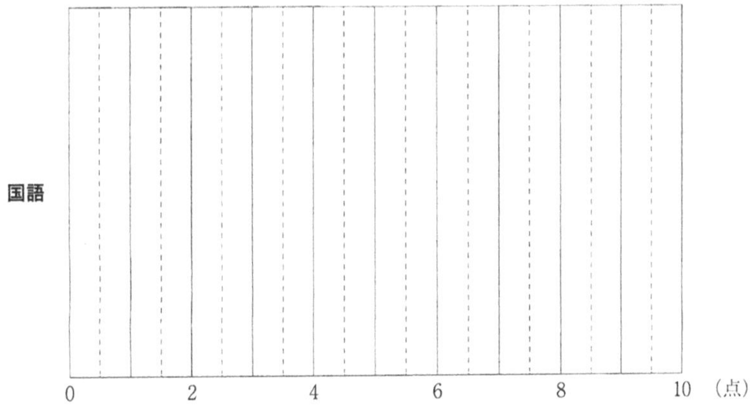

②

3

（1）		（2）	（3）
D の座標	直線 CD		

4

（1）	（2）	（3）
通り	通り	通り

5

（1）	（2）	（3）
cm^3	cm^3	cm^3

◇英語◇

※ 133％に拡大していただくと，解答欄は実物大になります。

A	1	ア		イ			
	2	ウ		エ		オ	
	3	カ		キ		ク	

E	(1)	.
	(2)	.

G	問 2	
	問 3	
	問 6	•
		•
		•
	問 7	

H	問 2	10 20 30

I 放送問題	IV	問 3	1	
			2	
			3	

※ 111%に拡大していただくと，解答欄は実物大になります。

【記入方法】

1. 記入は、黒鉛筆またはシャープペンシルで、
○の中を正確にぬりつぶしてください。
2. 訂正する場合は、消しゴムできれいに消してください。
3. 解答用紙を汚したり、折り曲げたりしないでください。

良い例	●
悪い例	⌀ ⊙ ◑

解答番号	解答欄									
1	①	②	③	④	⑤	⑥	⑦	⑧	⑨	⓪
2	①	②	③	④	⑤	⑥	⑦	⑧	⑨	⓪
3	①	②	③	④	⑤	⑥	⑦	⑧	⑨	⓪
4	①	②	③	④	⑤	⑥	⑦	⑧	⑨	⓪
5	①	②	③	④	⑤	⑥	⑦	⑧	⑨	⓪
6	①	②	③	④	⑤	⑥	⑦	⑧	⑨	⓪
7	①	②	③	④	⑤	⑥	⑦	⑧	⑨	⓪
8	①	②	③	④	⑤	⑥	⑦	⑧	⑨	⓪
9	①	②	③	④	⑤	⑥	⑦	⑧	⑨	⓪
10	①	②	③	④	⑤	⑥	⑦	⑧	⑨	⓪
11	①	②	③	④	⑤	⑥	⑦	⑧	⑨	⓪
12	①	②	③	④	⑤	⑥	⑦	⑧	⑨	⓪
13	①	②	③	④	⑤	⑥	⑦	⑧	⑨	⓪
14	①	②	③	④	⑤	⑥	⑦	⑧	⑨	⓪
15	①	②	③	④	⑤	⑥	⑦	⑧	⑨	⓪
16	①	②	③	④	⑤	⑥	⑦	⑧	⑨	⓪
17	①	②	③	④	⑤	⑥	⑦	⑧	⑨	⓪
18	①	②	③	④	⑤	⑥	⑦	⑧	⑨	⓪
19	①	②	③	④	⑤	⑥	⑦	⑧	⑨	⓪
20	①	②	③	④	⑤	⑥	⑦	⑧	⑨	⓪
21	①	②	③	④	⑤	⑥	⑦	⑧	⑨	⓪
22	①	②	③	④	⑤	⑥	⑦	⑧	⑨	⓪
23	①	②	③	④	⑤	⑥	⑦	⑧	⑨	⓪
24	①	②	③	④	⑤	⑥	⑦	⑧	⑨	⓪
25	①	②	③	④	⑤	⑥	⑦	⑧	⑨	⓪

解答番号	解答欄									
26	①	②	③	④	⑤	⑥	⑦	⑧	⑨	⓪
27	①	②	③	④	⑤	⑥	⑦	⑧	⑨	⓪
28	①	②	③	④	⑤	⑥	⑦	⑧	⑨	⓪
29	①	②	③	④	⑤	⑥	⑦	⑧	⑨	⓪
30	①	②	③	④	⑤	⑥	⑦	⑧	⑨	⓪
31	①	②	③	④	⑤	⑥	⑦	⑧	⑨	⓪
32	①	②	③	④	⑤	⑥	⑦	⑧	⑨	⓪
33	①	②	③	④	⑤	⑥	⑦	⑧	⑨	⓪
34	①	②	③	④	⑤	⑥	⑦	⑧	⑨	⓪
35	①	②	③	④	⑤	⑥	⑦	⑧	⑨	⓪
36	①	②	③	④	⑤	⑥	⑦	⑧	⑨	⓪
37	①	②	③	④	⑤	⑥	⑦	⑧	⑨	⓪
38	①	②	③	④	⑤	⑥	⑦	⑧	⑨	⓪
39	①	②	③	④	⑤	⑥	⑦	⑧	⑨	⓪
40	①	②	③	④	⑤	⑥	⑦	⑧	⑨	⓪
41	①	②	③	④	⑤	⑥	⑦	⑧	⑨	⓪
42	①	②	③	④	⑤	⑥	⑦	⑧	⑨	⓪
43	①	②	③	④	⑤	⑥	⑦	⑧	⑨	⓪
44	①	②	③	④	⑤	⑥	⑦	⑧	⑨	⓪
45	①	②	③	④	⑤	⑥	⑦	⑧	⑨	⓪
46	①	②	③	④	⑤	⑥	⑦	⑧	⑨	⓪
47	①	②	③	④	⑤	⑥	⑦	⑧	⑨	⓪
48	①	②	③	④	⑤	⑥	⑦	⑧	⑨	⓪
49	①	②	③	④	⑤	⑥	⑦	⑧	⑨	⓪
50	①	②	③	④	⑤	⑥	⑦	⑧	⑨	⓪

◇国語◇

早稲田実業学校高等部　２０２２年度

※１４３％に拡大していただくと、解答欄は実物大になります。

一

問1　問2　問3　問4

問5　問6　問7

二

問1　①　②　った　③　ぎ

問2　a　b　c

問3

人間を「劣った認知マシン」と捉える見方は

A　　にすぎないのだが、

あたかも

B　　危険性があること。

問4

バイアスを

　　見方。

三

問1　問2　A　B　問3　問4　(1)　(2)

問5　問6　(1)　(2)　(3)

◇数学◇

※ 147%に拡大していただくと，解答欄は実物大になります。

1

(1)	(2)	(3)	(4)
	$n=$	$a=$	点

2

(1)	
①	②
	cm

2

（2）

3

（1）	（2）	（3）

4

（1）	（2）	（3）
cm	cm^2	cm

5

（1）	（2）	（3）

早稲田実業学校高等部　2021年度

◇英語◇

※ 149％に拡大していただくと，解答欄は実物大になります。

A					
1		2		3	
4		5			

B				
1	記号		正しい形	
2	記号		正しい形	
3	記号		正しい形	

C	
①	.
②	.

D						
問1						
問2	their (r　　)					
問3	Ⅰ		Ⅱ			
問4	ア					
	イ					
問5						
問6						
問7	A		B		C	
問8	→ → →					
問9		問10				
問11	, ,					

E										
問1										
問2	Ⅰ		Ⅱ		Ⅲ		IV		V	
問3		問4								
問5										
問6	ア									
	イ									
問7										
問8	ア									
	イ									
問9	,									

F 放送問題									
Ⅰ	No. 1		No. 2		No. 3		No. 4		
Ⅱ	No. 1		No. 2						
Ⅲ	No. 1		No. 2		No. 3				
IV	問1	(1)		(2)		(3)		問2	

◇国語◇

早稲田実業学校高等部　２０２１年度

※１３７％に拡大していただくと、解答欄は実物大になります。

一

問1

問2

問3

問4

問5

問6 1 2 3 4 5 6 7 8 9 10 11 12 13

二

問1 ① ② ③ めて

問2 a b

問3 政治家や経済人は、

A することなく、

B している。

問4 科学は、

A を答えることはできるが、

B を負うことはできない。

三

問1

問2

問3

問4

問5

問6 ア イ ウ エ オ

問7

早稲田実業学校高等部　2020年度

◇数学◇

※ 143％に拡大していただくと，解答欄は実物大になります。

1

(1)	(2)

(3)	(4)		(5)
	ア	イ	
$p=$　　　，$q=$			度

2

(1)

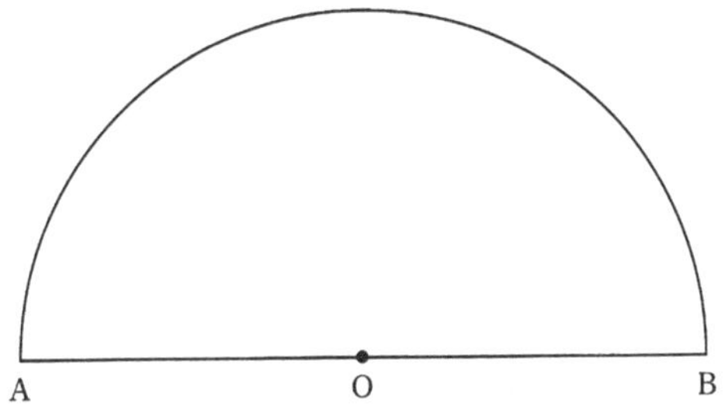

2

（2）	
①	②
	cm^3

3

（1）	（2）	
	①	②
	A =　　　　　, B =	C =　　　　　, E =

4

（1）	（2）	（3）
	n =	本

5

（1）		（2）
∠DOC	OD^2	
度		cm^2

（3）
cm^2

早稲田実業学校高等部　2020年度

◇英語◇

※ 148％に拡大していただくと，解答欄は実物大になります。

A						
	1		2		3	
	4		5			

B	
	,　,

C							
	1	①		②		③	
	2	①		②		③	
	3	①		②		③	

D		
	①	
	②	

E		
	問1	
	問2	→　→　→
	問3	牛肉を使ったハンバーガーと比べて，健康に良いだけではなく，(5) (10)(15)(20) (25)(30)(35) (40)(45)(50)

F							
	問1						
	問2	I		II		III	
	問3						
	問4	1		2		3	
	問5						

G				
	問1			
	問2	I will (　　)(　　)(　　)		
	問3		問4	
	問5			
	問6			
	問7			
	問8	(a)	から。	
		(b)	から。	
	問9			
	問10	,　,		

H 放送問題									
	I	No. 1		No. 2		No. 3		No. 4	
	II	No. 1		No. 2					
	III	No. 1		No. 2		No. 3			
	IV	①		②		③			
		④	1－800－＿＿＿－＿＿＿＿						

◇国語◇

早稲田実業学校高等部　２０２０年度

※ １２９％に拡大していただくと、解答欄は実物大になります。

一

問1 問2 問3 問4 問5 問6

問7 問8 問9 問10 問11

二

問1 ① ② ③

問2 A B C

問3

問4 翻訳を行うＡＩについては、

は後回しで、

が優先されているということ。

問5 人間が

を問題なく運用している点。

三

問1 ① ②

問2 1 3

問3 2 4

問4 1 2

問5

問6

問7

問8

早稲田実業学校高等部　　2019年度

◇数学◇

※この解答用紙は142％に拡大していただくと，実物大になります。

1

（1）	（2）	（3）	（4）
	$x=$　　　，$y=$		cm

2

（1）
答え　　　　枚

（2）				
①		②		
平均値	階級値	A	B	C
点	点			

3

（1）	（2）	
	①	②
$a=$　　　，$b=$		

4

(1)	(2)	
	①	②
$n =$		

5

(1)	(2)
	①

(2)
②

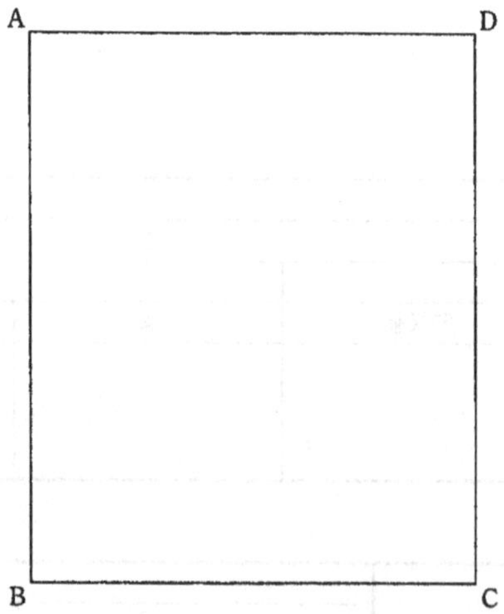

早稲田実業学校高等部　2019年度

◇英語◇

※この解答用紙は143％に拡大していただくと，実物大になります。

A

1		2		3	
4		5			

B

, ,

C

1	①		②		③	
2	①		②		③	
3	①		②		③	

D

①	
②	

E

問1	①		⑤			
問2						
問3	Ⅰ		Ⅱ		Ⅲ	
問4						
問5						

F

問1	1		2		3			
問2	①		②		③			
問3								
問4	1		2		3		4	

G

問1	
問2	元々のロープが　　　　　　　　ので　　　　　　　　　　　　　　　　　　　　から。
問3	
問4	
問5	1 ／ 2 ／ 3 ／ 4 ／ 5
問6	, ,

H 放送問題

Ⅰ	No.1		No.2		No.3		No.4	
Ⅱ	No.1		No.2					
Ⅲ	No.1		No.2		No.3			
Ⅳ	①		②					
	③		④					

◇国語◇

早稲田実業学校高等部　２０１９年度

※この解答用紙は１３９％に拡大していただくと、実物大になります。

一

問1 ① ②

問2 ① ② ③

問3

問4

問5

問6

問7

問8

問9

問10

二

問1 ① ② ③

問2

問3

問4 プロフィールというものは、

問5 わたしは A するが、

B に気づかされてしまうということ。

三

問1

問2

問3

問4

問5

問6

問7

問8

問9

問10

問11

早稲田実業学校高等部　平成30年度

◇数学◇

※この解答用紙は140%に拡大していただくと，実物大になります。

1

(1)	(2)	(3)	(4)
	$a=$　　　, $b=$	$a=$　　　, $b=$	

2

(1)	(2) ①	(2) ②
$x=$　　　　　, $y=$	cm	cm

3

(1) ア	(2) イ	(2) ウ	(3) エ

4

(1)	(2)	(3)
cm	cm	cm

5

(1)		(2)
ℓ	D(　　　,　　　)	cm^2

(3)	(4)
	cm^2

○推定配点○
1 (1) 6点　(2)，(3)a・b 各3点×4　(4) 6点
2 (1)x・y 各3点×2　(2)①・② 各4点×2
3 (1) 6点　(2) 各3点×2　(3) 6点　4 各6点×3
5 (1) 各4点×2　他 各6点×3　計100点

/100

早稲田実業学校高等部　平成30年度

◇英語◇

※この解答用紙は146%に拡大していただくと，実物大になります。

A

1		2		3	
4		5			

B

1		2		3		4	

C

①	
②	

D

問1										
問2	A		B		C		D		E	
問3										
問4										
問5										

E

問1	①		③		④		⑤	
問2	A		B					
問3								
問4								
問5	,							

F

問1	
問2	(　　　)(　　　)
問3	
問4	(　　　)(　　　)
	(　　　)(　　　)(　　　)
問5	→ → → → →
問6	
問7	, ,

G 放送問題

Ⅰ	No.1		No.2		No.3		No.4	
Ⅱ	No.1		No.2					
Ⅲ	No.1		No.2		No.3			
Ⅳ	①		②		③			

○推定配点○　A・B・D・E　各2点×28　　C　各3点×2
F　問4　各3点×2　　問5　3点(完答)　他　各2点×7
G　Ⅳ　各2点×3　　他　各1点×9　　計100点

／100

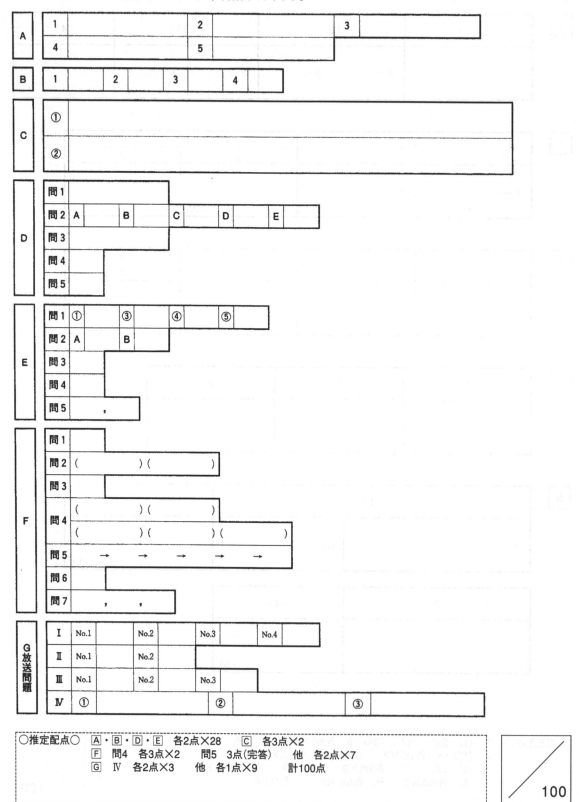

◇国語◇

早稲田実業学校高等部　平成30年度

※この解答用紙は141%に拡大していただくと、実物大になります。

一

問1　a　b

問2　問3　問4　〜

問5　問6　問7　問8

問9　問10　問11　問12

二

問1　a　b　問2

問3　問4　問5（1）　（2）

問6　問7　問8　Ⅰ　Ⅱ　Ⅲ

問9　問10　問11

問12　読書とは

三

問1　①　②　問2　問3　2　5　6

問4　問5（1）　（2）　A　B

問6　a　b　c　問7　問8　問9　・

○推定配点○　一　各2点×13　二　問12　10点　他　各2点×15　三　各2点×17　計100点

／100

東京学参の

中学校別入試過去問題シリーズ

＊出版校は一部変更することがあります。一覧にない学校はお問い合わせください。

東京ラインナップ

あ 青山学院中等部(L04)
麻布中学(K01)
桜蔭中学(K02)
お茶の水女子大附属中学(K07)
か 海城中学(K09)
開成中学(M01)
学習院中等科(M03)
慶應義塾中等部(K04)
啓明学園中学(N29)
晃華学園中学(N13)
攻玉社中学(L11)
国学院大久我山中学
(一般・CC)(N22)
(ＳＴ)(N23)
駒場東邦中学(L01)
さ 芝中学(K16)
芝浦工業大附属中学(M06)
城北中学(M05)
女子学院中学(K03)
巣鴨中学(M02)
成蹊中学(N06)
成城中学(K28)
成城学園中学(L05)
青稜中学(K23)
創価中学(N14)★
た 玉川学園中学部(N17)
中央大附属中学(N08)
筑波大附属中学(K06)
筑波大附属駒場中学(L02)
帝京大中学(N16)
東海大菅生高中等部(N27)
東京学芸大附属竹早中学(K08)
東京都市大付属中学(L13)
桐朋中学(N03)
東洋英和女学院中学部(K15)
豊島岡女子学園中学(M12)
な 日本大第一中学(M14)
日本大第三中学(N19)
日本大第二中学(N10)
は 雙葉中学(K05)
法政大学中学(N11)
本郷中学(M08)
ま 武蔵中学(N01)
明治大付属中野中学(N05)
明治大付属八王子中学(N07)
明治大付属明治中学(K13)
ら 立教池袋中学(M04)
わ 和光中学(N21)
早稲田中学(K10)
早稲田実業学校中等部(K11)
早稲田大高等学院中学部(N12)

神奈川ラインナップ

あ 浅野中学(O04)
栄光学園中学(O06)
か 神奈川大附属中学(O08)
鎌倉女学院中学(O27)
関東学院六浦中学(O31)
慶應義塾湘南藤沢中等部(O07)
慶應義塾普通部(O01)
さ 相模女子大中学部(O32)
サレジオ学院中学(O17)
逗子開成中学(O22)
聖光学院中学(O11)
清泉女学院中学(O20)
洗足学園中学(O18)
捜真女学校中学部(O29)
た 桐蔭学園中等教育学校(O02)
東海大付属相模高中等部(O24)
桐光学園中学(O16)
な 日本大中学(O09)
は フェリス女学院中学(O03)
法政大第二中学(O19)
や 山手学院中学(O15)
横浜隼人中学(O26)

千・埼・茨・他ラインナップ

あ 市川中学(P01)
浦和明の星女子中学(Q06)
か 海陽中等教育学校
(入試Ⅰ・Ⅱ)(T01)
(特別給費生選抜)(T02)
久留米大附設中学(Y04)
さ 栄東中学(東大・難関大)(Q09)
栄東中学(東大特待)(Q10)
狭山ヶ丘高校付属中学(Q01)
芝浦工業大柏中学(P14)
渋谷教育学園幕張中学(P09)
城北埼玉中学(Q07)
昭和学院秀英中学(P05)
清真学園中学(S01)
西南学院中学(Y02)
西武学園文理中学(Q03)
西武台新座中学(Q02)
専修大松戸中学(P13)
た 筑紫女学園中学(Y03)
千葉日本大第一中学(P07)
千葉明徳中学(P12)
東海大付属浦安高中等部(P06)
東邦大付属東邦中学(P08)
東洋大附属牛久中学(S02)
獨協埼玉中学(Q08)
な 長崎日本大中学(Y01)
成田高校付属中学(P15)
は 函館ラ・サール中学(X01)
日出学園中学(P03)
福岡大附属大濠中学(Y05)
北嶺中学(X03)
細田学園中学(Q04)
や 八千代松陰中学(P10)
ら ラ・サール中学(Y07)
立命館慶祥中学(X02)
立教新座中学(Q05)
わ 早稲田佐賀中学(Y06)

公立中高一貫校ラインナップ

北海道 市立札幌開成中等教育学校(J22)
宮　城 宮城県仙台二華・古川黎明中学校(J17)
市立仙台青陵中等教育学校(J33)
山　形 県立東桜学館・致道館中学校(J27)
茨　城 茨城県立中学・中等教育学校(J09)
栃　木 県立宇都宮東・佐野・矢板東高校附属中学校(J11)
群　馬 県立中央・市立四ツ葉学園中等教育学校・
市立太田中学校(J10)
埼　玉 市立浦和中学校(J06)
県立伊奈学園中学校(J31)
さいたま市立大宮国際中等教育学校(J32)
川口市立高等学校附属中学校(J35)
千　葉 県立千葉・東葛飾中学校(J07)
市立稲毛国際中等教育学校(J25)
東　京 区立九段中等教育学校(J21)
都立大泉高等学校附属中学校(J28)
都立両国高等学校附属中学校(J01)
都立白鷗高等学校附属中学校(J02)
都立富士高等学校附属中学校(J03)
都立三鷹中等教育学校(J29)
都立南多摩中等教育学校(J30)
都立武蔵高等学校附属中学校(J04)
都立立川国際中等教育学校(J05)
都立小石川中等教育学校(J23)
都立桜修館中等教育学校(J24)
神奈川 川崎市立川崎高等学校附属中学校(J26)
県立平塚・相模原中等教育学校(J08)
横浜市立南高等学校附属中学校(J20)
横浜サイエンスフロンティア高校附属中学校(J34)
広　島 県立広島中学校(J16)
県立三次中学校(J37)
徳　島 県立城ノ内中等教育学校・富岡東・川島中学校(J18)
愛　媛 県立今治東・松山西中等教育学校(J19)
福　岡 福岡県立中学校・中等教育学校(J12)
佐　賀 県立香楠・致遠館・唐津東・武雄青陵中学校(J13)
宮　崎 県立五ヶ瀬中等教育学校・宮崎西・都城泉ヶ丘高校附属中学校(J15)
長　崎 県立長崎東・佐世保北・諫早高校附属中学校(J14)

公立中高一貫校「適性検査対策」問題集シリーズ

総合編　作文問題編　資料問題編　数と図形編　生活と科学編　実力確認テスト編

私立中・高スクールガイド

THE《ザ》 私立

私立中学＆高校の学校生活がわかる！

〈ダウンロードコンテンツについて〉

本問題集のダウンロードコンテンツ、弊社ホームページで配信しております。現在ご利用いただけるのは「2025年度受験用」に対応したもので、**2025年3月末日**までダウンロード可能です。弊社ホームページにアクセスの上、ご利用ください。

※配信期間が終了いたしますと、ご利用いただけませんのでご了承ください。

高校別入試過去問題シリーズ

早稲田実業学校高等部　2025年度

ISBN978-4-8141-2905-8

[発行所] 東京学参株式会社
〒153-0043　東京都目黒区東山2-6-4

書籍の内容についてのお問い合わせは右のQRコードから ⇒

※書籍の内容についてのお電話でのお問い合わせ、本書の内容を超えたご質問には対応できませんのでご了承ください。

2024年4月11日　初版